水泥混凝土铺面工程

田波 等 著

人民交通出版社股份有限公司
北京

内 容 提 要

本书结合作者20余年来的科研、试验和实践,对水泥混凝土铺面结构设计、施工方法、养护技术等方面进行阐述。重点介绍了水泥混凝土铺面材料特性、结构设计方法、特殊铺面施工工艺与技术要求、养护新方法等,形成了水泥混凝土铺面设计、施工、养护全流程的技术成果,并在我国高等级公路、市政道路、机场飞行区进行了工程应用,经济、社会效益显著。

本书可供从事水泥混凝土铺面结构设计、施工、科研技术人员以及高校研究生参考。

图书在版编目(CIP)数据

水泥混凝土铺面工程 / 田波等著. — 北京:人民交通出版社股份有限公司,2021.11
ISBN 978-7-114-16647-1

Ⅰ.①水… Ⅱ.①田… Ⅲ.①水泥混凝土路面—道路施工 Ⅳ.①U416.216

中国版本图书馆 CIP 数据核字(2020)第 104118 号

审图号:GS(2020)3714 号

Shuini Hunningtu Pumian Gongcheng
书　　名:水泥混凝土铺面工程
著 作 者:田　波 等
责任编辑:周　宇　潘艳霞
责任校对:孙国靖　扈　婕
责任印制:刘高彤
出版发行:人民交通出版社股份有限公司
地　　址:(100011)北京市朝阳区安定门外外馆斜街 3 号
网　　址:http://www.ccpcl.com.cn
销售电话:(010)59757973
总 经 销:人民交通出版社股份有限公司发行部
经　　销:各地新华书店
印　　刷:北京市密东印刷有限公司
开　　本:787×1092　1/16
印　　张:24.75
字　　数:583 千
版　　次:2021 年 11 月　第 1 版
印　　次:2021 年 11 月　第 1 次印刷
书　　号:ISBN 978-7-114-16647-1
定　　价:150.00 元

(有印刷、装订质量问题的图书由本公司负责调换)

交通运输科技丛书编审委员会
（委员排名不分先后）

顾　问：王志清　汪　洋　姜明宝　李天碧

主　任：庞　松

副主任：洪晓枫　林　强

委　员：石宝林　张劲泉　赵之忠　关昌余　张华庆
　　　　郑健龙　沙爱民　唐伯明　孙玉清　费维军
　　　　王　炜　孙立军　蒋树屏　韩　敏　张喜刚
　　　　吴　澎　刘怀汉　汪双杰　廖朝华　金　凌
　　　　李爱民　曹　迪　田俊峰　苏权科　严云福

总　　序

　　科技是国家强盛之基,创新是民族进步之魂。中华民族正处在全面建成小康社会的决胜阶段,比以往任何时候都更加需要强大的科技创新力量。党的十八大以来,以习近平同志为核心的党中央做出了实施创新驱动发展战略的重大部署。党的十八届五中全会提出必须牢固树立并切实贯彻创新、协调、绿色、开放、共享的发展理念,进一步发挥科技创新在全面创新中的引领作用。在最近召开的全国科技创新大会上,习近平总书记指出要在我国发展新的历史起点上,把科技创新摆在更加重要的位置,吹响了建设世界科技强国的号角。大会强调,实现"两个一百年"奋斗目标,实现中华民族伟大复兴的中国梦,必须坚持走中国特色自主创新道路,面向世界科技前沿、面向经济主战场、面向国家重大需求。这是党中央综合分析国内外大势、立足我国发展全局提出的重大战略目标和战略部署,为加快推进我国科技创新指明了战略方向。

　　科技创新为我国交通运输事业发展提供了不竭的动力。交通运输部党组坚决贯彻落实中央战略部署,将科技创新摆在交通运输现代化建设全局的突出位置,坚持面向需求、面向世界、面向未来,把智慧交通建设作为主战场,深入实施创新驱动发展战略,以科技创新引领交通运输的全面创新。通过全行业广大科研工作者长期不懈的努力,交通运输科技创新取得了重大进展与突出成效,在黄金水道能力提升、跨海集群工程建设、沥青路面新材料、智能化水面溢油处置、饱和潜水成套技术等方面取得了一系列具有国际领先水平的重大成果,培养了一批高素质的科技创新人才,支撑了行业持续快速发展。同时,通过科技示范工程、科技成果推广计划、专项行动计划、科技成果推广目录等,推广应用了千余项科研成果,有力促进了科研向现实生产力转化。组织出版"交通运输建设科技丛书",是推进科技成果公开、加强科技成果推广应用的一项重要举措。"十二五"期间,该丛书共出版72册,全部列入"十二五"国家重点图书出版规划项目,其中12册获得国家出版基金支持,6册获中华优秀出版物奖图书提名奖,行业影响力和社会知名度不断扩大,逐渐成为交通运输高端学术交流和科技成果公开的重要平台。

　　"十三五"时期,交通运输改革发展任务更加艰巨繁重,政策制定、基础设施建设、运输管理等领域更加迫切需要科技创新提供有力支撑。为适应形势变化的需要,在以往工作的基础上,我们将组织出版"交通运输科技丛书",其覆盖内容由建设技术扩展到交通运输科学技术各领域，汇集交通运输行业高水平的学术专著，及时集中展示交通运输重大科技成果，将对提升交通运输决策管理水平、促进高层次学术交流、技术传播和专业人才培养发挥积极作用。

当前，全党全国各族人民正在为全面建成小康社会、实现中华民族伟大复兴的中国梦而团结奋斗。交通运输肩负着经济社会发展先行官的政治使命和重大任务，并力争在第二个百年目标实现之前建成世界交通强国，我们迫切需要以科技创新推动转型升级。创新的事业呼唤创新的人才。希望广大科技工作者牢牢抓住科技创新的重要历史机遇，紧密结合交通运输发展的中心任务，锐意进取、锐意创新，以科技创新的丰硕成果为建设综合交通、智慧交通、绿色交通、平安交通贡献新的更大的力量！

2016 年 6 月 24 日

前言

水泥混凝土铺面是机场道面、港口铺装和道路路面等的总称。世界上第一条水泥混凝土铺面是由英国人在1865年修筑的,我国从20世纪20年代开始修筑水泥混凝土铺面。目前,全国95%机场跑道为水泥混凝土道面结构,所有码头堆场仍旧保持水泥混凝土结构,水泥混凝土路面总里程达到309.8万公里,其中高速公路水泥混凝土路面里程约有3000多公里。虽然高等级公路中水泥混凝土路面占比不高,但水泥混凝土铺面整体设计、施工和养护技术一直不断有新的突破。

我国对水泥混凝土铺面的系统研究始于20世纪70年代中期,在"025课题""八五课题"等重大项目的支持下,全国40多家单位的科技人员开展联合攻关,2000年基本建立了适应我国国情的水泥路面设计理论和方法,形成了2002版的《公路水泥混凝土路面设计规范》。

彼时,笔者刚刚进入水泥混凝土铺面研究领域,1998—2001年在同济大学攻读博士学位期间开始探索重载水泥混凝土铺面的破坏机制与结构设计方法。自2001年进入交通部公路所以来,先后主持、参与了多项与水泥混凝土铺面相关的交通部西部课题,有机会针对水泥混凝土铺面结构计算理论、服役性能演化规律、低坍落度铺面混凝土工作性调控、滑模施工平整度提升方法、特殊功能混凝土铺面修筑技术、养护修复技术等开展系统深入的研究和工程实践,本书即是这一阶段探索实践的结晶。

相较于欧美发达国家,我国交通荷载表现出特殊的多轴化、重载化和高频次等特征,在结构组合中习惯采用半刚性基层,这使得我国水泥混凝土铺面的结构行为和破坏模式与西方国家大相径庭。在大量现场调研和观测数据的基础上,本书提出了考虑荷载应力、温度翘曲应力、内嵌温度应力和结构附加应力的水泥混凝土铺面结构设计方法。在我国水泥混凝土铺面从小型机具施工向滑模机械施工转变的历史进程中,基于引气剂滚珠效应的低坍落度混凝土工作性调控方法有效解决了混凝土铺面的塑性沉降和塑性开裂问题,提高了铺面平整度。在水泥混凝土铺面抗滑降噪方向,探索了功能梯度设计理念和双层湿接摊铺工艺,应用了露石混凝土、镶嵌金刚砂、透水混凝土面层等技术。在混凝土铺面长期服役性能保持提升方面,提出了金刚石纵向铣刨装备、预制拼装换板工艺、二次搅拌维修等技术,支撑了水泥混凝土铺面的长寿命运行。

本书是笔者二十年青春岁月的见证,在此要感谢交通行业科技建设项目"西部地区耐久性水泥混凝土路面关键技术""基于耐久性水泥混凝土路面结构设计研究""水泥混凝土路面材料与结构耐久性研究""低噪声水泥混凝土路面研究"和"山区贫混凝土透水基层研究"等的资助,使得笔者得以深入开展水泥混凝土铺面研究。

2.1、3.3、5.3参考了李思李的硕士论文;3.4、3.5参考了权磊的博士论文;4.5参考了彭鹏和凌海宇的硕士论文;4.3.4参考了李金凤的硕士论文;5.1、5.2参考了陈亮亮的博士论文;6.3、6.4参考了屈允勇和何璐的硕士论文;6.5参考了柳海文的硕士论文;7.2参考了柯国炬的硕士论文;9.5参考了刘卫东和贺凯涵的硕士论文。同时,本书在编写过程中,引用了穆占领、张江、张建华、张艳聪、孙晓彬、蔡猛、胡双达、何哲、张倩倩、荆禄波、胡师杰、袁野真、蔡正森、郑少鹏和白志文等共同发表的论文,引用了王大鹏博士和罗薷博士的部分研究成果,再次向他们表示感谢。

要感谢哈尔滨工业大学王永平教授将我推荐给道路教研室,要感谢哈尔滨工业大学王哲人教授、郭大智教授、马松林教授、钟阳教授和吴思刚教授的悉心教导,让我爱上道路学科。

要感谢同济大学姚祖康教授的谆谆教导,才使笔者有机会接触水泥混凝土铺面这一领域。要感谢长安大学王秉纲教授和原交通部规划院顾敏浩院长的勉励。

要感谢内蒙古高路公司的张志耕博士,内蒙古准兴高速的冯志安总工,广西高速公路投资公司的吴忠杰高级工程师,广西交通集团陈智杰高级工程师、傅琴高级工程师和黄世武高级工程师,山西路桥集团荆冰寅高级工程师提供的实践机会。

要感谢交通运输部公路科学研究院牛开民研究员和傅智研究员,山西交通科学研究院赵队家研究员、刘少文研究员和申俊敏研究员,重庆交通大学唐伯明教授,同济大学谈至明教授、凌建明教授和赵鸿铎教授,广西大学梁军林教授,广西交通科学研究院谭华研究员,中国民航建设集团姜昌山总工,中国交通建设集团刘伯莹博士,长安大学陈栓发教授。

要感谢郭骅(Edward H. Guo)博士将我领入国际水泥混凝土路面协会(ISCP),要感谢美国得州农工大学Dan G. Zollinger教授,国际水泥混凝土路面协会前主席 Mark B. Snyder 博士,伊利诺伊大学香槟分校 Jeffery Roesler 教授,佛罗里达 Jamshid Armaghani 博士,日本港湾技术研究所八谷好高博士,德国慕尼黑工业大学 Guenther Leykauf 教授、Berhard Lechner 博士,美国佐治亚理工赖森荣(James Lai)教授。

要感谢交通运输部公路科学研究院给我宽松的研究环境,感谢王稷良博士、刘英研究员、侯荣国研究员、谢晋德工程师、莫秀雄工程师和孙宏峰工程师。

笔 者

2020 年 1 月

目 录

第1章 概述 ·· 001
  1.1 水泥混凝土铺面的诞生与发展 ·· 001
  1.2 水泥混凝土铺面的设计 ··· 002
  1.3 水泥混凝土铺面的施工 ··· 003
  1.4 水泥混凝土铺面养护 ·· 005
  本章参考文献 ··· 006

第2章 行车荷载、环境与混凝土材料特性 ······························· 008
  2.1 行车荷载 ·· 008
  2.2 温度因素 ·· 016
  2.3 混凝土结构的内部湿度及其翘曲变形 ································ 032
  2.4 铺面水泥混凝土材料特性 ··· 037
  本章参考文献 ··· 049

第3章 混凝土铺面计算理论 ·· 051
  3.1 基本理论 ·· 051
  3.2 板底多层弹性结构的归一化地基模型 ································ 070
  3.3 临界荷位 ·· 083
  3.4 硬化阶段环境因素引起的内嵌温度梯度 ···························· 092
  3.5 不同基层约束条件的混凝土铺面板温度应力 ···················· 104
  3.6 基层冲刷破坏引起的冲刷疲劳方程 ··································· 113
  3.7 结构设计方法 ·· 114
  本章参考文献 ··· 124

第4章 铺面结构特性分析 ··· 127
  4.1 国外典型结构形式 ·· 127
  4.2 土基及底基层 ·· 139
  4.3 基层的结构性能 ·· 147
  4.4 混凝土板与基层的层间改善技术 ······································· 173
  4.5 混凝土板接缝工作性能 ··· 182
  4.6 轻型交通水泥混凝土路面 ··· 195
  本章参考文献 ··· 199

第5章 连续配筋混凝土铺面结构分析与早期裂缝 ······ 201
5.1 连续配筋混凝土铺面结构分析 ······ 201
5.2 CRCP 早期开裂影响因素 ······ 208
5.3 CRCP 早期开裂的预估 ······ 226
本章参考文献 ······ 238

第6章 低坍落度混凝土铺面施工特性 ······ 240
6.1 低坍落度铺面混凝土 ······ 240
6.2 低坍落度混凝土配合比 ······ 249
6.3 低坍落度混凝土拌和物的流变特性 ······ 258
6.4 低坍落度混凝土振捣特性 ······ 267
6.5 零坍落度碾压混凝土铺面 ······ 282
本章参考文献 ······ 295

第7章 新型路面施工技术 ······ 296
7.1 铺面施工平整度控制技术 ······ 296
7.2 高磨光值机制砂混凝土路面 ······ 310
7.3 露石混凝土铺面 ······ 315
7.4 金刚砂抗滑表层技术 ······ 319
本章参考文献 ······ 322

第8章 多孔水泥混凝土铺面 ······ 323
8.1 贫混凝土透水基层 ······ 323
8.2 贫混凝土透水基层材料的路用性能 ······ 330
8.3 多孔水泥混凝土面层 ······ 337
本章参考文献 ······ 343

第9章 混凝土铺面养护技术 ······ 344
9.1 养护与决策 ······ 344
9.2 金刚石纵向铣刨 ······ 355
9.3 二次拌和的水泥混凝土快速维修技术 ······ 360
9.4 传荷能力恢复 ······ 362
9.5 预制拼装 ······ 365
9.6 板底脱空与灌浆 ······ 378
本章参考文献 ······ 383

第1章 概 述

1.1 水泥混凝土铺面的诞生与发展

水泥混凝土铺面是机场道面、港口铺装和道路路面等的总称。早在1865年,英国人就在苏格兰的因弗内斯(Inverness)第一次使用了水泥混凝土铺面技术,至今苏格兰爱丁堡还有一段1872年修筑的水泥混凝土铺面在使用,这应该是现存历史最久远的水泥混凝土铺面了。1891年,Buckeye波特兰水泥公司的创始人George W. Bartholomew在美国俄亥俄州Bellefontaine修筑了第一条水泥凝土铺面,至今已经有近130年的历史了。直到1909年4月,美国人才真正在公路上修筑水泥混凝土铺面。随着20世纪航空业的发展,1928年第一条水泥混凝土的机场跑道在密歇根州的福特机场投入使用,而当时的机场跑道使用和公路上相同的设计,即变厚度的横断面,边缘厚度在20~23cm之间,而中部厚度在15~18cm之间。在漫长的百年历史中,混凝土铺面工作者不断摸索、研究,使混凝土铺面从初期直接铺筑在土基的混凝土板,发展到现在的多层铺装结构上多种形式的混凝土板路面。在功能上,既可以用作公路和城市道路铺面,又可以用作机场跑道和停机坪铺面,亦可用作停车场、服务区和收费广场铺面,还可以用来做港口、码头的铺面,而这其中用作道路铺面最为广泛,也和人们的出行息息相关,因此在很多场合也被简称为水泥混凝土路面或者水泥路面;在结构形式上,从素混凝土路面(Plain Portland Cement Concrete Pavement),发展到钢筋混凝土铺面(Reinforced Concrete Pavement,简称为RCP);从带接缝素混凝土铺面(Jointed Plain Concrete Pavement,简称为JPCP),到带接缝钢筋混凝土铺面(Jointed Reinforced Concrete Pavement,简称为JRCP),再到连续钢筋混凝土路面(Continuously Reinforced Concrete Pavement,简称为CRCP),再到预应力混凝土路面(Prestressed Concrete Pavement)。

我国从1930年代开始修筑水泥混凝土路面,1940年在北京至天津的公路上铺筑了120km仅有3m宽的水泥混凝土路面。1948年,南京飞机场铺筑了2200m长、45m宽,厚度为30cm的钢筋混凝土道面。新中国成立后,经过不断的发展,到2019年,我国有4500km高速公路、近10000km一级公路、近45000km的二级公路和近3000km的隧道路面使用水泥混凝土路面,297条民航机场跑道和几乎所有的停机坪均采用水泥混凝土道面,70%码头堆场均使用水泥混凝土铺装。

重载交通公路运输、民航机场、港口码头堆场建设上,水泥混凝土铺面以其较高的承载能力、较低的建设成本和养护费用,仍然发挥了不可取代的作用。水泥混凝土铺面具有承载力高、耐候性强、经济耐久等国际公认优点。

轻型交通往往意味着投资少,不仅仅是初次建设成本小,后期的养护维护资金也偏于不足,所以水泥混凝土铺面由于造价低,承载力强,养护维修成本小,在轻交通量道路上使用非常广泛。

1.2 水泥混凝土铺面的设计

目前,交通荷载的变化趋势是多轴化、重轴载化和高频次。车辆对水泥混凝土铺面损坏和使用寿命的影响,根据车辆轴轮型,可得到临界荷位和相应轴轮型下的混凝土破坏模式。

温度、降水和湿度是影响水泥混凝土铺面的重要因素,目前的温度梯度状况沿用谢国忠、姚祖康和谈至明在1983年、1996年的研究成果。同样,水泥混凝土铺面使用寿命也受冰冻指数和降雨量的影响,专家提出了水泥混凝土铺面的气候分区,并在不同气候分区下提出不同的水泥混凝土铺面长寿命策略。同样,湿度状况会影响混凝土板的翘曲,进而影响混凝土板的受力状况。

混凝土板在硬化过程中,受环境和水化热的相互作用,混凝土板在硬化时刻内部就有残余应力或者固化应力存在,这部分应力丰富了传统的混凝土温度翘曲应力的内涵,并应基于施工的季节和条件,需在设计阶段考虑这一部分应力。

对于水泥混凝土铺面结构设计而言,核心之一是结构应力计算,而应力计算的关键是地基顶面回弹模量的确定。为提高路面的寿命,上基层的模量也不断提高(当然耐冲刷能力也相应提高)。

结构设计的另一个核心是冲刷计算,而冲刷计算的关键是板边挠度计算。由于固体弹性地基在板边的奇异解问题,所以在挠度计算中采用液体地基,但目前没有在地基反应模量提高倍数方面的研究,不能很好反映层状地基的状况。

结构设计方法其目的就是建立各影响因素和结构反应之间的定量关系。在设计方法研究方面,主要分为两大类:基于道路性能和道路试验的回归法与力学-经验法。对于回归法,AASHTO设计指南中给出的设计方法是基于AASHO试验路的结果,建立了路面结构、轴载级位和次数与路面使用性能间的回归公式,提出使用性能的概念,并采用与平整度、开裂率和修补面积有关的指数PSI来评价道路使用性能。Dater和Becker等基于6个州2100km道路建立了波特兰水泥混凝土路面评价系统(Concrete Pavement Evaluation System),通过大量路面结构、使用状况、使用性能和交通数据的调查采集,在路面结构和材料变量、环境(如降雨量、平均气温)、标准轴载作用次数和使用性能(唧泥和冲刷、错台、接缝损坏、PSI)间建立回归公式。ME-PDE 2002也基于这个回归方程。

力学-经验法中比较著名的设计方法是PCA法。在1984年之前的设计方法中,仅采用疲劳分析,即认为路面在荷载作用下产生疲劳破坏。而在1984年引入冲刷分析,除了进行荷载最不利位置的疲劳分析外,还要进行冲刷分析(唧泥、基层冲刷和接缝错台)。疲劳分析采用的疲劳方程是通过室内混凝土试件疲劳试验以及室外试验校正、修正的结果。而冲刷分析是基于AASHO试验路的资料总结而来,但由于AASHO试验路选用的基层易于冲刷,所以冲刷疲劳方程有点保守。此外,COE法另辟新径,采用弹性多层体系求解刚性路面,并假设路基6m深处增设一模量为6900MPa的刚性下卧层,然后建立多层板中应力和板边应力回归公式。FAA的设计方法也采用力学-经验法。我国的刚性路面设计规范采用力学-经验法,与PCA相比较,我国设计方法增加了温度应力对疲劳寿命的影响,没有引入冲刷分析。

随着公路荷载向多轴、高轴载发展以及轴载次数日趋增加,我国路面结构设计也应作相应调整,常见的对策为:①不断加厚混凝土面板(从 25cm 增加到 32cm 以上);②不断加厚基层(从原来不设基层,到设立底基层,最后不仅设立底基层而且设立上基层);③不断提高基层模量(比如从原来的 500MPa 提高到 15000MPa 的贫混凝土);④设传力杆和拉杆,并不断增大直径。从结构分析中,应当明确混凝土板是主要承重层,而非通过增加基层厚度来降低混凝土板的应力。

在结构方面,首先要降低土基的不均匀性;其次设置松散粒料垫层,利用松散体压实后当有外部变形时,通过内部密度重调整,保持总体积不变的特性,进一步降低土基不均匀对混凝土结构的附加应力。

同时设置底基层和双半刚性基层的结构层并非最优选择。合适的结构可以采用一层半刚性基层作为混凝土板和松散粒料垫层的过渡层,并将半刚性底基层取消,使之和松散粒料垫层融合为一体。

半刚性基层开裂是不可避免的。最新的研究发现,半刚性基层的开裂会给混凝土板带来附加应力,因此要么将半刚性基层的裂缝控制降低在一定宽度内,要么将在混凝土板和半刚性之间做一个功能层,以降低半刚性基层裂缝带来的危害。实践中常使用 3cm 厚沥青混凝土层作为功能层,不但可以减少半刚性基层带来的附加温度翘曲应力,改善混凝土板和基层之间的接触状态,而且可以大大降低半刚性基层的冲刷破坏,更能降低动荷载作用下混凝土板承受的动态应力,且适当放松混凝土板和基层间的约束力,进而降低混凝土板的翘曲应力。

改善混凝土铺面内部排水,也可以使用足够厚的土工布放在混凝土板和基层之间,作为排水层。

连续配筋混凝土路面以其使用寿命长而称著,但我国连续配筋路面工作裂缝控制尚不能满足耐久性的要求,工作裂缝仍旧较大,超过 0.5mm,而不是理想的 0.1~0.2mm。因此目前关注点应该在控制混凝土硬化过程中第一次裂缝宽度和开裂时机,尽量在钢筋握裹力尚不起作用时,降低混凝土硬化过程中第一次开裂机率,等握裹力足够时用钢筋控制后期工作裂缝的宽度。

1.3 水泥混凝土铺面的施工

混凝土铺面工程施工可采用人工加小型机具、三辊轴和滑模施工三种方式。铺面混凝土在配合比、施工工艺等方面与结构混凝土迥异,必须区别对待。混凝土铺面的最大特点就是在野外施工;其二,为提高均匀性,应使用坍落度低于 8cm 的低坍落度混凝土材料;其三,外加剂优选引气剂而非减水剂;其四,混凝土的成型面(行车的路表)要在 20~30 年运营期保持足够的抗滑和耐久性;其五,混凝土的施工平整度至关重要。

1.3.1 野外施工

大部分混凝土铺面工程施工中碎石和河砂均为露天堆放,受降雨和日晒影响严重。同时河砂堆内外含水率不一致,目前缺少实时测含水率的设备,导致混凝土拌和过程中工作性波动很大,因而影响混凝土质量的均一性。

表层碎石或者河砂在夏天太阳曝晒下温度很高,导致进入拌和缸的原材料温度过高,与此同时散装水泥的温度多在50℃以上,所以拌和出机的混凝土温度常高于30℃,导致坍落度损失过快,工作性丧失过快。

相对于其他结构物混凝土而言,施工过程中铺面混凝土受环境影响最大。夏季施工时高温导致混凝土水化速度加快,断板概率增大;同时在夏季大蒸发量和基层吸水等因素导致混凝土易塑性开裂。春秋季时昼夜温差大,加大了硬化过程中混凝土板开裂概率。有时春秋季的较低气温也会降低混凝土的早期强度。

1.3.2 引气剂

外加剂是改善混凝土工作性的手段,尤其是减水剂,它通过减水来降低水灰比,进而提高混凝土的抗压强度。混凝土拌和物中70%的体积比为碎石,30%左右为砂浆,因此为取得良好的工作性和耐久性,应依靠提高原材料的质量,而不是用减水剂作为提高强度的手段;通过减水剂虽然可以提高强度,使得铺面混凝土的抗弯拉强度满足设计要求,但是较低的水灰比,在野外环境下由于缺少足够好的养护条件,更容易开裂。室内试验中的"好混凝土"和"高强混凝土",不是真正实用的铺面混凝土。

铺面混凝土中应尽量减少使用减水剂,其在不增加单位用水量的前提下,就可以提高坍落度。铺面混凝土本身要求极低的坍落度,所以不需要减水剂来改善工作性;目前流行的聚羧酸盐减水剂,其掺入后可大幅度减水并可以明显提高混凝土的抗弯拉强度,但会使后铺面混凝土各阶段施工工作性变差,尤其是后续收面抹面工作困难重重。对于滑模施工工艺而言,聚羧酸盐减水剂让混凝土暂时获得"好"工作性,但这个工作性会经过振捣和挤压后变差,导致滑模走过后无模板条件下混凝土更容易塌边和变形。

铺面混凝土中最佳外加剂是引气剂。引气剂在结构混凝土中常被作为提高耐候性的最好手段。而引气剂在低坍落度混凝土中作为振捣液化的助剂性能长期被人忽视。在低坍落度混凝土中可以先掺入过量引气剂,比如8%的含气量,在振捣过程中(无论低频振捣还是高频振捣)气泡起到滚珠效应,帮助低坍落度混凝土振捣排气,确保混凝土在振捣期间具有流动性并进一步密实到位。在振捣结束后,残留在混凝土中的气量可以根据暴露条件选择,比如3%或者4%。超量掺入的气泡起到帮助混凝土振捣液化的作用,混凝土经振捣后,密度得到提高,坍落度也降低到足够的水平,此时混凝土有足够能力抵抗自身的重量,具有不再变形的特质。

1.3.3 低坍落度混凝土

铺面工程的运输车辆多在临时便道上行驶,大的坍落度容易使混凝土在运输中因颠簸而离析。除非特殊工艺和特殊地点,铺面工程鲜有采用罐车运输方式的。铺面工程的平板运输方式运送效率远高于罐车方式,有利于快速推进工程进度。

铺面混凝土不但要求耐候性好,而且在温度作用下混凝土板承受反复翘曲作用,更重要的是承受荷载重复作用,因此铺面混凝土应具有高密度的特点,在工作性满足要求的前提下,应尽可能多地提高碎石比例,尽可能少地使用水泥砂浆,以期降低混凝土干缩系数和温缩系数,当然这些都将导致混凝土坍落度更低。

目前常见的三辊轴施工方式多用低频振捣棒(50Hz)作为内部振捣工具。大于8cm坍落度的混凝土在振捣过程中可能导致碎石和砂浆分层。对于滑模混凝土施工方式,要求混凝土经振捣和挤压后,不需要侧模板的支护就能保持形状,因此要求摊铺机前铺面混凝土的坍落度低到3cm以下。有别于三辊轴使用的低频振捣棒,滑模施工多使用高频振捣棒(150~200Hz),其直径在66mm以上,巨大的机械能促使低坍落度混凝土振捣液化,巨大的机械能有利于将混凝土的密实度提高到2500~2550kg/m^3。

目前,在更大功率高频振捣棒(76mm直径)和更优秀的引气剂(在低坍落度混凝土中又被称为液化剂)的作用下,零坍落度混凝土在铺面滑模施工中的技术逐渐成熟起来。

1.3.4 成型面微观纹理

铺面工程在施工中的成型面就是铺面结构所能提供交通荷载的接触面,需要提供耐久的抗滑面。在施工中形成的3~5mm砂浆层将伴随铺面结构使用30~50年,这层砂浆层犹如人的皮肤一样。有别于结构混凝土,铺面混凝土在配合比阶段就要考虑砂浆层的厚度、砂颗粒的露出度、砂浆层耐磨性和耐候性。混凝土的坍落度也要尽可能压低,同时滑模施工时铺面混凝土的砂率相对于结构混凝土偏高。

考虑到30~50年的抗滑要求,一般需要天然中砂作为填充,避免使用机制砂等。三辊轴施工方式避免过度提浆,导致上层砂浆层水灰比提高。在施工收面阶段,避免用粗糙度低的钢模子收面,宜采用有足够粗糙度的镁铝合金抹子进行抹面。切不可使用地坪处理的磨光机进行收面,使得混凝土的抗滑性能丧失殆尽。在缺少优质砂时,可以使用双层摊铺技术来解决微观纹理不足的问题。

1.3.5 平整度

高速公路沥青路面的平整度已经提高到2.0m/km,而水泥混凝土铺面的平整度不但受施工时的状况影响,而且在后期接缝处的错台会恶化水泥混凝土铺面的平整度。因此在三辊轴施工时,应使用刚度足够的模板提供平整度基准面,同时尽可能压低坍落度,避免混凝土因布料不均匀而导致的硬化过程中垂直沉陷变形。在滑模施工中,应控制滑模的大梁平稳性和滑模摊铺机摊铺时的工作连续性;低坍落度混凝土应满足在有限的振捣时间内,足够快地振捣密实和振捣挤压后不变形要求,使得水泥混凝土铺面平整度也接近2.0m/km的水平。

1.4 水泥混凝土铺面养护

水泥混凝土路面貌似不需要养护,因此好多水泥混凝土路面没有及时养护,一旦开始养护,基本上就难以修复。水泥混凝土路面的养护应该分为日常养护、预防养护、修复养护和应急养护。此外日常巡视、定期检测与评价、养护决策咨询、养护设计、养护施工、养护质量检查与验收等工作应作为养护工作的重要技术内容。

日常养护应包括日常巡检、路面清扫保洁、接缝护理和轻微病害局部修补处理等工作内容。

预防养护应以养护路段为单元,定期安排下列一项或者多项养护内容,全面维修各种路面接缝、更换填缝料;对板底脱空路段进行稳板灌浆处理;对抗滑降低、错台或者不平整路段进行纵向金刚石铣刨,修复路面表面功能;全面维护路面内部排水系统,降低路面结构内部湿度。

水泥混凝土路面的各种病害应及时预防,做好修复工程方案、施工安全管理、修复过程检查与验收记录,及时转入日常养护。

遇到下列突发性事件时,应启动水泥混凝土路面应急养护:滑坡、泥石流、水毁等灾害造成路面中断交通时;路面积雪、结冰等造成抗滑能力不满足安全要求时;路面沉陷、拱胀等威胁路面行车安全时;事故造成路面严重破损,或受到油料及其他化学物质污染时。

水泥混凝土路面日常养护和应急养护,应储备一定的养护材料,并配备相应养护装备。

各类养护工作应提前做好年度计划和安排,落实养护费用与各项管理程序。各类养护工作应建立资料档案和积累数据,定期进行分析、整理与利用。

本章参考文献

[1] AASHTO. (1986;1993). "Guide for Design of Pavement Structures", American Association of State Highway and Transportation Officials.

[2] Bradbury, R. D. (1938). "Reinforced Concrete Pavements", Wire Reinforcement Institute, Washington, D. C.

[3] Cheung, H. R., Zienkiewicz, O. C. (1965). "Plates and Tanks on Elastic Foundations—An Application of Finite Element Method", International Journal of Finite Element and Structures, Vol. 1:451-461.

[4] Dater, M. I., Becker, J. M., Snyder, M. B. (1985). "Portland Cement Concrete Pavement Evaluation System (COPES), NCHRP Report 277, Transportation Research Board.

[5] Huang, Y. H. (1993). "Pavement Analysis and Design". Prentice Hall, New Jersey.

[6] Khazanovich, L., Ioannides, A. M. "Structural Analysis of Unbonded Concrete Overlays under Wheel and Environmental Loads," Transportation Research Record 1449, Transportation Research Board, Washington, D. C., 1994:174-181.

[7] PCA, (1984). Thickness Design for Concrete Highway and Street Pavements, Portland Cement Association.

[8] Packard, R.G., Tayabji, S.D. New PCA Thickness Design Procedure for Concrete Highway and Street Pavements. Third Inter Conference on Concrete Pavement Design and Rehabilitation, 1985:225、237.

[9] Packard., R. G. Structural Design of Concrete Pavements With Lean Concrete Lower Course. Second Inter Conference on Concrete Pavement Design and Rehabilitation, 1981:119-135.

[10] Teller, L. W. and Sutherland, E. C. (19354-1943). "The Structural Design of Concrete Pavements". Public Road, Vol. 16, 17, 23.

[11] Tababaie, A. M., Barenberg, E. J. "Structural Analysis of Concrete Pavement System.", Transportation Engineering Journal, ASCE, Vol. 106, No. TE5, 1980:493-506.

[12] Tayabji, S. D., Colley, B. E. "Analysis of Jointed Concrete Pavement", Report No. FH-

WA-RD-86-041，Federal Highway Administration，1986.

［13］Westergaad，H. W. "Analysis of Stresses in Concrete Pavement Due to Variations of Temperature." Proceedings，Highway Research Board，1926，Vol. 6：201-215.

［14］Westergaad，H. W. (1926 b). "Stresses in Concrete Pavement Computed by Theoretical Analysis." Public Road，1926，7：25-35.

［15］Westergaad，H. W. "Stresses Concentration in Plates Loaded over Small Areas." Transactions，ASCE，1943，108：831-856.

［16］Westergaad，H. W. "New Formulas for Stresses in Concrete Pavements of Airfields." Transactions，ASCE，1948，113：425-444.

［17］交通部. 公路水泥混凝土路面设计规范：JTJ 012—94［S］. 北京：人民交通出版社，1994.

［18］戴经梁，王秉纲. 双层水泥混凝土路面的应力分析［J］. 西安公路学院学报，1986，4（2）：2-15.

［19］交通部水泥混凝土路面推广组. 水泥混凝土路面研究［M］. 北京：人民交通出版社，1995.

［20］姚祖康. 水泥混凝土路面结构设计［M］. 合肥：安徽科学技术出版社，1999.

［21］陈荣生，唐伯明. 刚性路面板下两种地基模型的对比研究［J］. 中国公路学报，1990，3（2）：1-9.

［22］胡长顺，王秉纲. 复合式路面设计原理与施工技术［M］. 北京：人民交通出版社，1999.

第2章　行车荷载、环境与混凝土材料特性

水泥混凝土铺面的质量和使用寿命主要受荷载影响。温度和湿度是影响水泥混凝土铺面的重要环境因素,水泥混凝土铺面使用寿命同样受冰冻指数和降雨量的环境影响,因此,提出水泥混凝土铺面的气候分区,并在不同气候分区下提出不同的水泥混凝土铺面长寿命策略。湿度状况会影响混凝土板的翘曲,进而影响混凝土板的受力状况。混凝土自身材料性质也是决定性的因素之一。

2.1　行车荷载

2.1.1　通用车辆分类

《中国汽车分类标准》(GB 9417—89)针对不同车辆的排气量、额定载重和长度对汽车进行了标准分类,具体分类情况如表2-1所示。

中国汽车分类标准(GB 9417—89)　　　　表2-1

类型	参数	类型	参数
载货汽车	微型货车 $G_a \leqslant 1.8t$	轿车	微型轿车 $V \leqslant 1L$
	轻型货车 $1.8t < G_a \leqslant 6t$		普通级轿车 $1L < V \leqslant 1.6L$
	中型货车 $6t < G_a \leqslant 14t$		中级轿车 $1.6L < V \leqslant 2.5L$
	重型货车 $G_a > 14t$		中高级轿车 $2.5L < V \leqslant 4L$
越野汽车	轻型越野汽车 $G_a \leqslant 5t$		高级轿车 $V > 4L$
	中型越野汽车 $5t < G_a \leqslant 13t$	牵引车	半挂牵引汽车
	重型越野汽车 $13t < G_a \leqslant 24t$		全挂牵引汽车
	超重型越野汽车 $G_a > 24t$	专用汽车	箱式汽车
自卸汽车	轻型自卸汽车 $G_a \leqslant 6t$		罐式汽车
	中型自卸汽车 $6t < G_a \leqslant 14t$		起重举升汽车
	重型自卸汽车 $G_a > 14t$		仓栅式汽车
	矿用自卸汽车		特种结构汽车
客车	微型客车 $L \leqslant 3.5m$		专用自卸汽车
	轻型客车 $3.5m < L \leqslant 7m$	半挂车	轻型半挂车 $G_a \leqslant 7.1t$
	中型客车 $7m < L \leqslant 10m$		中型半挂车 $7.1t < G_a \leqslant 19.5t$
	大型客车 $L > 10m$		重型半挂车 $19.5t < G_a \leqslant 34t$
	特大型客车		超重型半挂车 $G_a > 34t$

注:G_a——厂定最大总质量(t);L——车长(m);V——发动机排量(L)。

根据《汽车和半挂车的术语和定义　车辆类型》(GB/T 3730.1—2001)相关规定,将车辆分为三大类:有驱动力的汽车、无驱动力的挂车以及由汽车和挂车组合的汽车列车。挂车分为牵引杆挂车、半挂车和中置轴挂车。

美国联邦公路局(FHWA)根据车辆所运载的对象进行分类,主要分为载人车辆和载货车辆。载货的车辆进一步按照轴数和单元划分,包括驱动车和挂车。对于附带轻型挂车的整车不改变该车辆的分类等级,具体分类情况如表2-2所示。

美国联邦公路局汽车分类标准　　　　　　　　　　　　　　表2-2

运载对象		说　明	车型图示
载人		摩托车	
		轿车	
		双轴四轮皮卡车	
		公共汽车	
载货	整体式货车	双轴六单元货车	
		三轴单一单元货车	
		四轴或以上货车	
	挂车	三轴或四轴挂车	
		五轴单挂车	
		六轴或以上单挂车	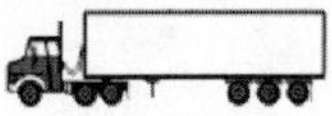
		五轴或以下多挂车	
		六轴多挂车	
		七轴或以上多挂车	

日本则根据道路运输车辆法和道路交通法对不同车型进行分类,两种分类方法均对车辆的排气量有明确的要求,具体分类情况如表2-3所示。

日本车辆分类　　　　　　　　　　　　　　　表 2-3

分类	车型			长(m)	宽(m)	高(m)	排量(L)
二轮机动车	微型			2.5 以下	1.3 以下	2.0 以下	0.125～0.25
	小型			>2.5	>1.3	>2.0	>0.25
	普通						0.05～0.4
	大型						>0.4
乘用车	微型		载客数	≤3.4	≤1.48	≤2.0	≤0.66
	小型			3.4～4.7	1.48～1.7	>2.0	0.66～2.0
	普通	中巴	<10	≥4.7	≥1.7	≥2.0	≥2.0
		巴士	≥11				
货车	微型		载质量/总质量	≤3.4	≤1.48	≤2.0	≤0.66
	小型			3.4～4.7	1.48～1.7	>2.0	0.66～2.0
	普通	中型	2.0～5.0t/≤8.0t	≥4.7	≥1.7	≥2.0	≥2.0
		重型	>5.0t/>8.0t				

2.1.2 载重车分类

依据《汽车和挂车类型的术语和定义》(GB/T 3730.1—2001)相关标准,忽略对路面结构破坏影响较小的轻型货车,按照车型和轴数的不同,可将车辆分为双轴整车、三轴整车、四轴整车、三轴组合车、四轴组合车、五轴组合车和六轴组合车共七大类,见图 2-1。

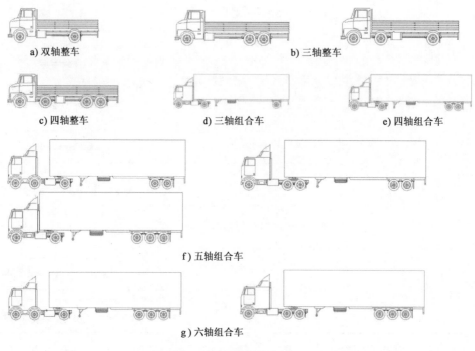

a) 双轴整车　　　　b) 三轴整车

c) 四轴整车　　　　d) 三轴组合车　　　　e) 四轴组合车

f) 五轴组合车

g) 六轴组合车

图 2-1　按车型和轴数分类

根据牵引方式、轴数以及单轴轮胎数的不同对车辆进行分类命名。车辆命名方法遵循以下规则:车名称由字母和数字两部分组成;字母反映该车辆的车型,将车辆分为整车(zc)、组合车(zhc)、牵引车(qyc)和半挂车(bgc)四大类;数字反映每轴单侧轮胎数,数字之间用"-"连接,其数字出现的次数表示车辆轴数;罗马数字表示挂车的类型,Ⅰ、Ⅱ、Ⅲ分别代表单轴-双轮组、双轴-双轮组(双联轴)和三轴-双轮组(三联轴)挂车,挂车每轴单侧均有2个轮胎。例如,名称为"zc_1-1-2-2"的车辆其含义为:"zc"表示该车类型为整车;名称中含有"1""1""2""2"一共4个轴,各轴单侧轮胎数分别为1、1、2、2。再比如名称为"zhc_1-2-Ⅲ"的车辆其含义为:"zhc"表示该车类型为组合车;名称中含有"1""2"(一共2个轴)和一个罗马数字"Ⅲ"(表示三联轴),各轴单侧轮胎数分别为1、2、2、2、2,该车共有5根轴。"zc_1-1-2-2"和"zhc_1-2-Ⅲ"车型示意图分别如图2-2和图2-3所示。

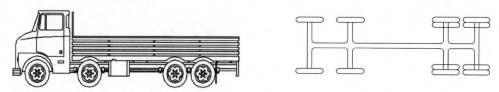

图2-2　zc_1-1-2-2车型示意图

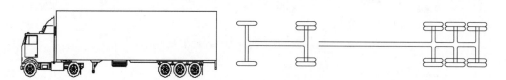

图2-3　zhc_1-2-Ⅲ车型示意图

对所有17种车型进行命名和几何尺寸调查,结果如图2-4～图2-20所示。

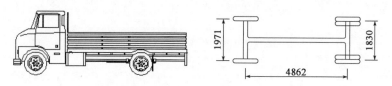

图2-4　zc_1-2车辆荷载几何参数(尺寸单位:mm)

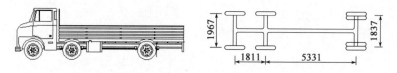

图2-5　zc_1-1-2车辆荷载几何参数(尺寸单位:mm)

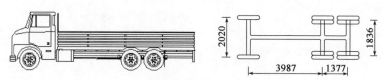

图2-6　zc_1-2-2车辆荷载几何参数(尺寸单位:mm)

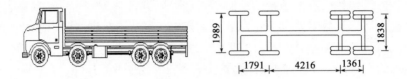

图 2-7　zc_1-1-2-2 车辆荷载几何参数(尺寸单位:mm)

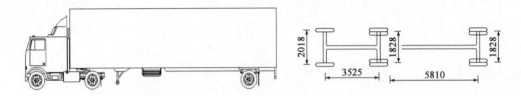

图 2-8　zhc_1-2-Ⅰ 车辆荷载几何参数(尺寸单位:mm)

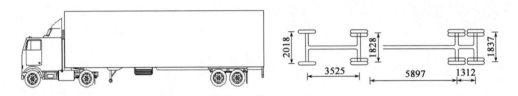

图 2-9　zhc_1-2-Ⅱ 车辆荷载几何参数(尺寸单位:mm)

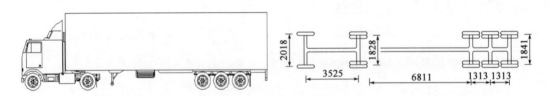

图 2-10　zhc_1-2-Ⅲ 车辆荷载几何参数(尺寸单位:mm)

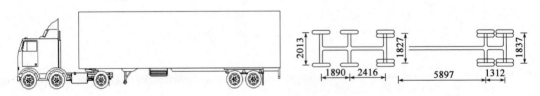

图 2-11　zhc_1-1-2-Ⅱ 车辆荷载几何参数(尺寸单位:mm)

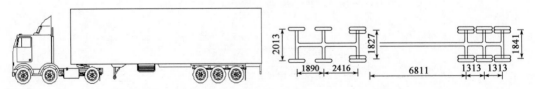

图 2-12　zhc_1-1-2-Ⅲ 车辆荷载几何参数(尺寸单位:mm)

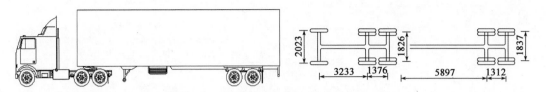

图 2-13　zhc_1-2-2-Ⅱ 车辆荷载几何参数(尺寸单位:mm)

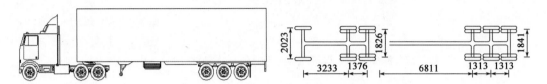

图 2-14　zhc_1-2-2-Ⅲ 车辆荷载几何参数(尺寸单位:mm)

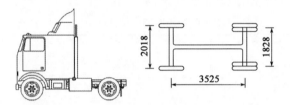

图 2-15　qyc_1-1 车辆荷载几何参数(尺寸单位:mm)

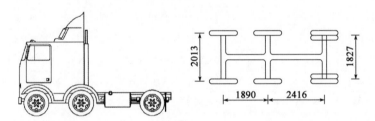

图 2-16　qyc_1-1-2 车辆荷载几何参数(尺寸单位:mm)

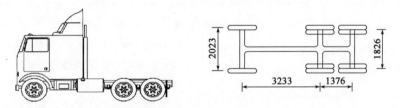

图 2-17　qyc_1-2-2 车辆荷载几何参数(尺寸单位:mm)

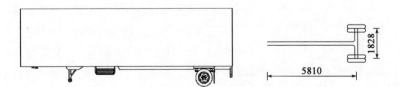

图 2-18　bgc_Ⅰ 车辆荷载几何参数(尺寸单位:mm)

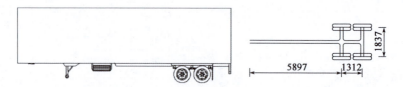

图2-19 bgc_Ⅱ车辆荷载几何参数(尺寸单位:mm)

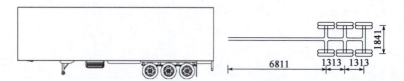

图2-20 bgc_Ⅲ车辆荷载几何参数(尺寸单位:mm)

表2-4为各类车型轴距轮距调查统计结果。

各类车型轴轮距调查统计结果(mm)　　　　　　表2-4

车型	轴型	数量	轴数	平均轴距	平均轮距
整车	zc_1-2	69	2	4862	1971/1830
	zc_1-1-2	106	3	1811/5331	1967/1967/1837
	zc_1-2-2	160	3	3987/1377	2020/1836/1836
	zc_1-1-2-2	141	4	1791/4216/1361	1989/1989/1838/1838
组合车	zhc_1-2-Ⅰ	45	3	3525/5810	2018/1828/1828
	zhc_1-2-Ⅱ	58	4	3525/5897/1312	2018/1828/1837/1837
	zhc_1-2-Ⅲ	111	5	3525/6811/1313/1313	2018/1828/1841/1841/1841
	zhc_1-1-2-Ⅱ	66	5	1890/2416/5897/1312	2013/2013/1827/1837/1837
	zhc_1-1-2-Ⅲ	98	6	1890/2416/6811/1313/1313	2013/2013/1827/1841/1841/1841
	zhc_1-2-2-Ⅱ	105	5	3233/1376/5897/1312	2023/1826/1826/1837/1837
	zhc_1-2-2-Ⅲ	121	6	3233/1376/6811/1313/1313	2023/1826/1826/1841/1841/1841

图2-21~图2-24为双轴-双轮组和三轴-双轮组半挂车轴距分布直方图,不同类型的车辆荷载其轴距数值变化范围很大,1.3~6.8m均有数值分布。水泥混凝土铺面板块尺寸一般为4m×5m。当车辆荷载轴距大于5m时,相邻两轴载分别作用在两块路面板上,可分别考虑每块板上的荷载应力;反之,当车辆荷载轴距小于5m时,会出现两个或两个以上轴载组合作用在同一块路面板上的情况,并且随着车辆荷载的不断移动,板中荷载应力峰值的大小和位置也会发生相应的变化。在计算水泥混凝土铺面临界荷位的时候,要考虑不同荷载作用位置下板中荷载应力与温度应力的耦合作用。

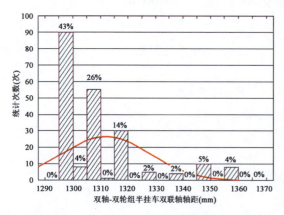

图2-21 双轴-双轮组半挂车双联轴轴距分布直方图

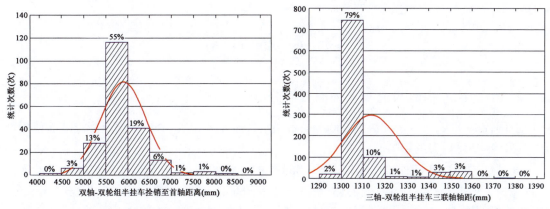

图 2-22　双轴-双轮组半挂车拴销至首轴距离分布直方图　　　图 2-23　三轴-双轮组半挂车三联轴轴距分布图

图 2-25 ~ 图 2-27 为半挂车单轴-双轮组、双轴-双轮组和三轴-双轮组半挂车轮距分布直方图，轮距数值基本处于 1.8 ~ 2m 范围内变化。公路运输中常见的单轴-双轮组、双轴-双轮组以及三轴-双轮组半挂车汽车荷载轮距取各类车型的平均值，三种半挂车轮距的平均几何尺寸为 1828mm、1837mm 和 1841mm。

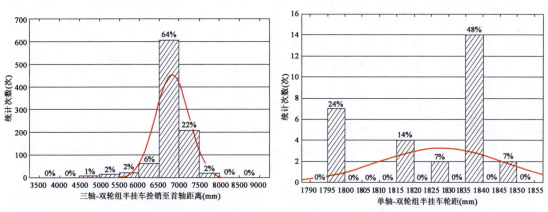

图 2-24　三轴-双轮组半挂车拴销至首轴距离分布直方图　　　图 2-25　单轴-双轮组半挂车轮距分布直方图

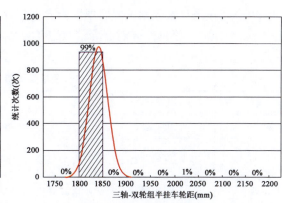

图 2-26　双轴-双轮组半挂车轮距分布直方图　　　图 2-27　三轴-双轮组半挂车轮距分布直方图

2.2 温度因素

2.2.1 冰冻指数与混凝土铺面气候分区

我国幅员辽阔，东西南北纵横5000km，各地区气候差异很大，分析水泥混凝土铺面使用性能必须考虑环境因素的影响。

我国《公路自然区划标准》(JTJ 003—86)中的一级区划，是以全国性的纬向地带性和构造区域性为依据，根据对公路工程具有控制作用的地理、气候因素来拟定的。根据我国地理、地貌、气候等因素，以均温等值线和三阶梯的两条等高线作为一级区划的标志。

(1)全年均温-2℃等值线。在一般情况下，地面大气温度达到-2℃时，地面土开始冻结。因此，它大体上是区分多年冻土和季节冻土的界线。

(2)1月份均温0℃等值线，是区分季节冻土和全年不冻的界线。

(3)我国地势三级阶梯的两条等高线：①1000m等高线，走向北偏东，自大兴安岭，南下太行山、伏牛山、武当山、雪峰山、九万山、大明山至友谊关而达国境；②3000m等高线，走向自西向东，后折向南，西起帕米尔，沿昆仑山、阿尔金山、祁连山，南下西倾山、岷山、邛崃山、夹金山、大小相岭、锦屏山、雪山、云岭而达国境。

由于三级阶梯的存在，通过地形的高度和阻隔，使其气候具有不同的特色，也成为划分区划的主要标志。

这样就把我国划分为多年冻土、季节冻土和全年不冻三大地带，再根据不同地理、气候、构造、地貌界线的交错和叠合，将我国划分为7个一级自然区：Ⅰ.北部多年冻土区；Ⅱ.东部温润季冻区；Ⅲ.黄土高原干湿过渡区；Ⅳ.东南湿热区；Ⅴ.西南潮暖区；Ⅵ.西北干旱区；Ⅶ.青藏高寒区。

由于我国季风性气候影响，高温地区普遍多雨，低温地区普遍干燥，潮湿地区一般无冻，干燥地区一般都是冰冻地区，这样由温度和降水量实际组成的气候分区有4个，分别是：①潮湿无冻区；②湿润无冻区；③湿润冰冻区；④干燥冰冻区。

考虑到一级自然区划主要以温度为界划分，而我国受季风性气候影响，温度与降雨量有一定关系。根据《公路自然区划标准》(JTJ 003—86)一级区划的特征与指标表，得到新的区划，见表2-5。

我国年降雨量自然区划　　　　　　表2-5

气候区	潮湿无冻区	湿润无冻区	湿润冰冻区	干燥冰冻区
年降雨量(mm)	>1000	500~1000		<500
公路一级自然区划	Ⅳ东南湿热区(南部) Ⅴ西南潮暖区(南部)	Ⅳ东南湿热区(北部) Ⅴ西南潮暖区(北部)	Ⅱ东部温润季冻区 Ⅲ黄土高原干湿过渡区(南部) Ⅶ青藏高寒区(东部)	Ⅰ北部多年冻土区 Ⅲ黄土高原干湿过渡区(北部) Ⅵ西北干旱区 Ⅶ青藏高寒区(西部)

在沥青路面中已经形成一个比较完善的气候分区,比如以1月份均温0℃等值线作为区分季节冻土和全年不冻的界线,以此作为常年不冻区和冰冻地区的界限。以年降雨量作为因素之一进行沥青路面气候分区,以最近30年内的年降雨量平均值,将全国分为3个区,如表2-6所示。

降雨量为标准的沥青路面气候分区表 表2-6

雨量气候区	1	2	3
气候区名称	潮湿区	湿润区	干燥区
年降雨量(mm)	>1000	500~1000	<500

美国根据其气候特点对于水泥混凝土铺面将全美分为4个区域,即潮湿无冻区,潮湿有冻区,干燥有冻区,干燥无冻区。其主要依据是将年降雨量500mm作为干燥和潮湿的分界线,有冻和无冻的划分依据为冰冻指数1000(℃·d)。

1) 50年来温度的变化规律

随着全球气候的变迁,对全国各地典型地方50多年的历史气温变化进行一次总结。各地12个月的气温变化,按月将50多年的日最高温度、日最低温度整理为月平均最高温度和月平均最低温度,计算结果见表2-7。根据我国公路工程自然区划分别选取Ⅱ、Ⅲ、Ⅳ、Ⅴ、Ⅵ、Ⅶ中的哈尔滨、北京、西安、上海、广州、昆明、乌鲁木齐、拉萨8个城市,并分别选取这些城市的冬天(1月)、春天(4月)、夏天(7月)的气象资料,根据日最高气温和日最低气温平均为当月的月最高气温和月最低气温。除昆明外,其他地方1月份的平均最低温度和平均最高温度均有所提高,显示出温室效应。4月和7月的平均气温50年来,有的有所提高,有的保持不变。

各自然区划典型城市月平均最高温度和最低温度(℃) 表2-7

区划	月份		1	2	3	4	5	6	7	8	9	10	11	12
Ⅱ	哈尔滨	高	-13	-7.7	2.0	13.2	21.2	26.0	27.9	26.4	20.6	11.9	-0.1	-9.6
		低	-24.4	-20.5	-10.1	0.2	7.7	14.3	18.2	16.3	8.8	0.3	-10.3	-20.0
	北京	高	1.6	4.5	11.2	20.1	26.3	30.4	31.0	29.7	25.8	19.0	10.0	3.4
		低	-9.0	-6.4	-0.2	7.4	13.4	18.5	21.8	20.6	14.5	7.5	-0.3	-6.5
Ⅲ	西安	高	4.7	8.1	14.1	20.8	25.9	31.6	32.3	30.9	25.1	19.4	12.1	6.2
		低	-4.5	-1.6	3.3	9.1	13.8	19.0	21.9	20.9	15.6	9.6	2.7	-2.8
Ⅳ	上海	高	7.8	9.0	12.7	18.8	23.7	27.5	31.9	31.6	27.4	22.6	17.0	10.8
		低	0.7	1.9	5.3	10.7	15.8	20.4	24.9	24.8	20.7	14.7	8.9	2.9
	广州	高	18.3	18.4	21.7	25.8	29.4	31.3	32.7	32.6	31.5	28.7	24.6	20.6
		低	10.0	11.4	15.1	19.3	22.8	24.6	25.4	25.2	23.9	20.5	15.9	11.4
Ⅴ	昆明	高	15.3	17.2	20.8	23.9	24.7	24.0	24.0	24.1	22.7	20.3	17.6	15.2
		低	2.0	3.4	6.2	9.8	14.1	16.4	16.9	16.1	14.4	11.7	7.0	2.9
Ⅵ	乌鲁木齐	高	-8.5	-5.9	2.9	16.3	23.5	28.2	30.5	29.4	23.4	13.5	1.8	-5.8
		低	-18.2	-15.5	-5.6	4.9	11.4	16.3	18.6	17.1	11.5	3.1	-6.4	-14.5
Ⅶ	拉萨	高	7.1	9.1	12.2	15.8	19.8	93.7	22.2	91.9	90.6	87.6	11.8	8.0
		低	-9.5	-6.4	-2.6	1.2	5.4	80.6	10.2	80.6	78.1	1.7	-4.6	-8.6

注:表中的"高"表示日最高气温的月平均值,"低"表示日最低气温的月平均值。

2) 50年来辐射的变化规律

为了解50多年来全国各地总辐射量的变迁,同样将哈尔滨、北京、西安、上海、广州、昆明、乌鲁木齐、拉萨8个城市的日辐射总量按月平均作为当月的平均辐射总量。中国各地的太阳能年辐射量在3.3~8.4GJ/m²之间,平均值为5.9GJ/m²,太阳能资源的地区分布可分为5类,其中1、2、3类是资源比较丰富地区,面积占国土面积的2/3以上。

1类:宁夏北部,甘肃北部,新疆东南部,青海西部,西藏西部,全年日照3200~3300h,年辐射总量6.7~8.4GJ/m²。

2类:河北北部,山西北部,内蒙古和宁夏南部,甘肃中部,青海东部,新疆南部,西藏东南部,全年日照数3000~3200h,年辐射总量5.9~6.7GJ/m²。

3类:山东,河南,河北东南部,山西南部,新疆北部,吉林,辽宁,陕西北部,甘肃东南部,云南,广东和福建南部,北京,全年日照数2200~3000h,年辐射总量5.0~5.9GJ/m²。

4类:江苏,安徽,湖南,湖北,江西,浙江,广西和广东北部,陕西南部,黑龙江。全年日照数1400~2200h,年辐射总量4.2~5.0GJ/m²。

5类:四川,贵州,全年日照数1000~1400h,年辐射总量3.4~4.2GJ/m²。

3) 冰冻指数和正负温交替天数

1月份的平均温度在0℃或者-2℃并不能完全表征每个地区的冻深和寒冷情况,常采用冰冻指数来进行研究。一般冰冻指数由负温度(℃)和时间(d)的乘积计算而来,但有时为简化计算可以直接进行负温度叠加。从图2-28中可见,负温累加虽然和冰冻指数在数值上不相等,但线性度极高,几乎为一条直线。统计全国各基本气象站的日负温数据,根据时间精确得到冰冻指数的保证率,将50年平均冰冻指数和50年中最大3年冰冻指数、最大5年冰冻指数和最大10年冰冻指数之间关系绘制,如图2-29所示。不同保证率下接近线性关系,因此,可以取50%保证率下的平均冰冻指数。

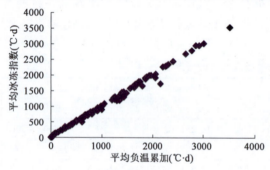

图2-28 平均负温累加与平均冰冻指数

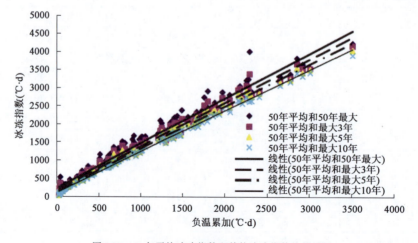

图2-29 50年平均冰冻指数和其他冰冻指数的关系图

借助气象学上成型的气象等值分区图,得到年平均冰冻指数和年平均正负温交替天数图,如图 2-30、图 2-31 所示。

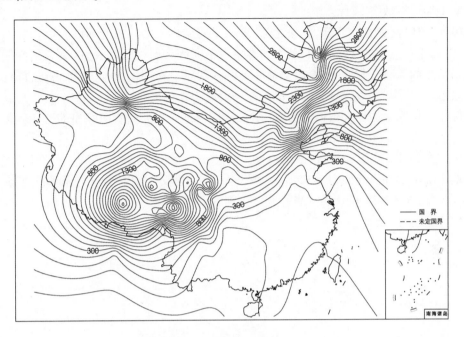

图 2-30　年平均冰冻指数(单位:℃·d)

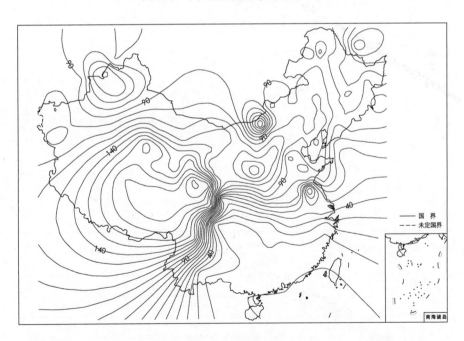

图 2-31　年平均正负温交替天数(单位:d)

冰冻指数和当地冻深关系极为密切,但是对于水泥混凝土铺面而言,气温的交替变化,尤其是正负温的交替作用是影响水泥混凝土耐久性的重要指标。因此有必要将每天中最高温度和最低温度进行比较,如果最高温度大于0℃且最低温度低于0℃,则认为这一天为冻融循环日。以此类推将每年的冻融循环日统计出来,然后根据50年气象数据,就可以得到中国各地年平均冻融循环天数。

在极寒冷地区,如东北北部,新疆北部,平均冻融循环天数一般在60d左右。其原因是冬季寒冷,没有正负温度的交替;同时秋季和春融季节时间短暂,所以该地区重要的问题是在极端负温条件下的混凝土耐冻问题,而不是冻融循环问题。在中国中部、南部地区,同样平均冻融循环天数较少,因为冬季温度较高,很难在一天内跨越正负温度。

全国年平均冻融循环天数最大为202d,位于同德地区。此外青藏高原的玉树等地天气冻融循环天数较多。

4)年降雨量、降雨天数和大于32℃天数

各地年降雨量等值线如图2-32所示,数据如表2-8所示。年降雨天数等值线如图2-33所示,日最高气温大于32℃的天数见数据表2-9所示。

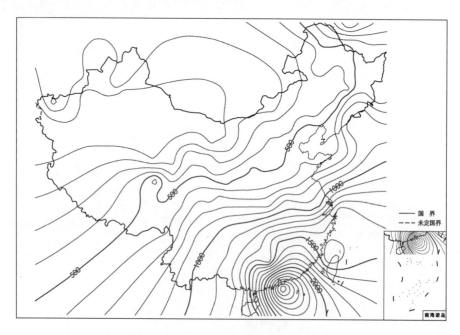

图2-32 年平均降雨量等值线图(单位:mm)

年平均降雨量(mm)　　　　表2-8

地名	年平均降雨量	地名	年平均降雨量	地名	年平均降雨量	地名	年平均降雨量
呼玛	1012	冷湖	15	怀来	394	南充	904
图里河	489	民勤	109	承德	505	鄂西	1297
海拉尔	334	大柴旦	82	营口	604	宜昌	1047
嫩江	462	刚察	378	丹东	857	西阳	1256
孙吴	548	乌鞘岭	385	乐亭	569	常德	1333
博克图	453	格尔木	92	泊头	402	毕节	865

续上表

地名	年平均降雨量	地名	年平均降雨量	地名	年平均降雨量	地名	年平均降雨量
克山	473	同德	474	惠民县	530	芷江	1154
阿尔山	446	二连浩特	139	成山头	634	吉安	1376
齐齐哈尔	403	阿巴嘎旗	239	潍坊	569	零陵	1325
海伦	530	朱日和	210	定陶	586	兴义	1213
富锦	512	乌拉特后旗	202	兖州	626	桂林	1648
安达	414	达尔罕旗	249	托托河	323	赣州	1343
东乌旗	271	化德	321	曲麻莱	651	徐州	782
前郭	418	大同	380	玉树	442	赣榆	831
通河	583	吉兰太	108	玛多	307	亳州	741
尚志	604	鄂托克旗	256	达日	552	蚌埠	827
鸡西	509	榆林	371	合作	537	东台	919
阿勒泰	204	原平	435	武都	694	霍山	1314
富蕴	226	盐池	286	甘孜	606	安庆	1324
和布克赛	188	延安	505	马尔康	758	定海	1292
克拉玛依	138	介休	464	松潘	678	景德镇	1666
精河	133	安阳	519	理塘	1314	衢州	1631
奇台	172	平凉	470	德钦	617	温州	1579
伊宁	248	运城	530	九龙	869	南城	1604
吐鲁番	15	西乌旗	344	宜宾	1008	南平	1623
库车	66	扎鲁特旗	372	西昌	934	永安	2948
喀什	108	巴林左旗	381	丽江	889	河池	1443
巴楚	334	牡丹江	513	会理	1077	韶关	1515
铁干里克	31	绥芬河	544	腾冲	1403	厦门	1132
若羌	24	锡林浩特	281	楚雄	153	百色	1037
莎车	49	林西	371	临沧	1134	桂平	1625
和田	35	通辽	368	澜沧	1596	梧州	1403
安德河	23	四平	601	思茅	1394	河源	1775
哈密	46	多伦	372	蒙自	777	汕头	1407
敦煌	35	赤峰	347	天水	489	龙州	1267
玉门镇	60	彰武	489	卢氏	614	汕尾	1566
巴音毛道	94	延吉	504	汉中	1042	钦州	1772
酒泉	81	朝阳	458	万源	1080	阳江	1942
临江	804	锦州	519	老河口	768	东方	765
信阳	968	本溪	752	驻马店	898	琼海	1735
都兰	189	大连	550	遵义	994		

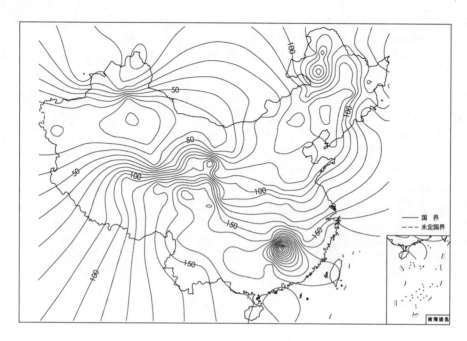

图 2-33 年平均降雨天数（单位：d）

日最高气温大于 32℃ 的天数（d） 表 2-9

地名	日最高气温大于32℃的天数	地名	日最高气温大于32℃的天数	地名	日最高气温大于32℃的天数	地名	日最高气温大于32℃的天数
呼玛	4	冷湖	1	本溪	8	万源	32
图里河	1	民勤	25	临江	6	老河口	55
海拉尔	3	大柴旦	0	怀来	22	驻马店	51
嫩江	4	刚察	2	承德	20	信阳	45
孙吴	2	乌鞘岭	0	营口	3	南充	49
博克图	1	格尔木	1	丹东	2	鄂西	58
克山	4	都兰	0	乐亭	11	宜昌	54
阿尔山	0	同德	0	泊头	56	酉阳	21
齐齐哈尔	7	二连浩特	19	大连	1	常德	55
海伦	3	阿巴嘎旗	6	惠民县	40	毕节	2
富锦	5	朱日和	12	成山头	7	遵义	23
安达	8	乌拉特旗	6	潍坊	36	芷江	56
东乌旗	8	达尔罕旗	5	定陶	6	吉安	91
前郭	7	化德	1	兖州	43	零陵	71
通河	3	大同	8	托托河	2	兴义	2
尚志	2	吉兰太	46	曲麻莱	6	桂林	68
鸡西	6	鄂托克旗	9	玉树	7	赣州	89

续上表

地名	日最高气温大于32℃的天数	地名	日最高气温大于32℃的天数	地名	日最高气温大于32℃的天数	地名	日最高气温大于32℃的天数
阿勒泰	9	榆林	17	玛多	2	徐州	39
富蕴	17	原平	16	达日	0	赣榆	18
和布克赛	1	盐池	13	合作	0	亳州	54
克拉玛依	56	延安	21	武都	29	蚌埠	53
精河	49	介休	23	甘孜	0	东台	32
奇台	30	安阳	49	马尔康	2	霍山	50
伊宁	26	平凉	3	松潘	0	安庆	50
吐鲁番	127	运城	58	理塘	8	定海	17
库车	42	西乌旗	4	德钦	0	景德镇	71
喀什	39	扎鲁特旗	15	九龙	0	衢州	65
巴楚	64	巴林左旗	12	宜宾	43	温州	38
铁干里克	80	牡丹江	7	西昌	11	南城	70
若羌	90	绥芬河	1	丽江	0	南平	90
莎车	48	锡林浩特	9	会理	3	永安	109
和田	51	林西	7	腾冲	0	河池	78
安德河	72	通辽	15	楚雄	11	韶关	94
哈密	70	四平	5	临沧	1	厦门	50
敦煌	53	多伦	4	澜沧	25	百色	119
玉门镇	6	赤峰	18	思茅	5	桂平	86
巴音毛道	21	彰武	9	蒙自	10	梧州	104
酒泉	10	延吉	8	天水	11	河源	88
汕尾	21	朝阳	25	卢氏	38	汕头	39
钦州	59	锦州	9	汉中	29	龙州	107
阳江	41	东方	90	琼海	97		

5) 水泥混凝土铺面气候分区

按照降雨量、气温等气候数据分析,将我国水泥混凝土铺面气候分为3个区域(图2-34):有冻且干燥、有冻且潮湿、潮湿。

2.2.2 铺面结构的温度梯度

1) 温度梯度分布

表面由于吸收了太阳辐射热,面层的温度较气温高。由于热量通过介质的热传导逐渐沿面层深度传递,不同深度处温度日变化曲线的波动幅度随深度而衰减。例如北京地区30cm厚水泥混凝土铺面而言,如图2-35a)所示,2008年7月21号路面板下5mm处温度波动幅度达14.2℃,10cm处幅度为10.4℃,而路面板底面的温度日变化振幅只有4.9℃。

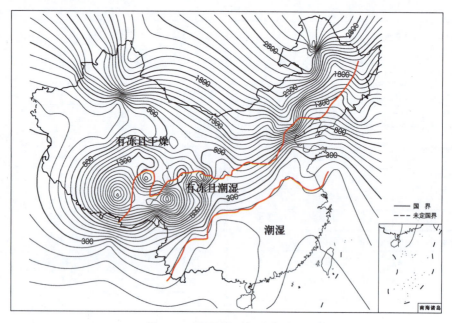

图 2-34 水泥混凝土铺面气候分区

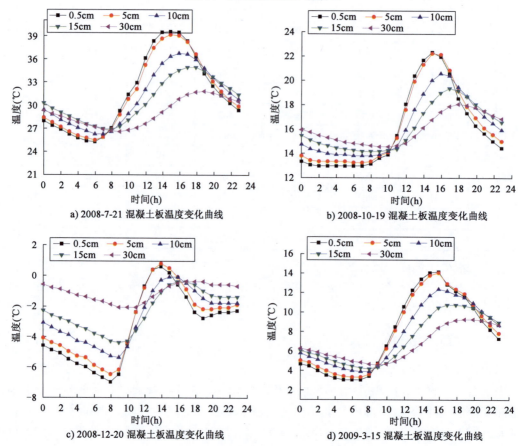

a) 2008-7-21 混凝土板温度变化曲线　　　　b) 2008-10-19 混凝土板温度变化曲线

c) 2008-12-20 混凝土板温度变化曲线　　　　d) 2009-3-15 混凝土板温度变化曲线

图 2-35　不同季节混凝土板温度变化曲线

水泥铺面的最高温度及最低温度都出现在表面。一天之中铺面表面的最高温度几乎与日最高气温同时出现;在此时刻,铺面表面的温度要高于铺面底层的温度。当空气温度达到日最低气温时,铺面表面的温度低于铺面底层温度。因此,铺面的表层在一天之内经历的温度变化幅度是最大的:经历了一天之内的最高和最低温度。

阴雨天时,由于白天太阳辐射量小,气温日变化幅度不大。铺面板的温度场一般高于气温,且由于铺面散热,铺面板底面的温度一般要高于铺表面温度,如图 2-36 所示。

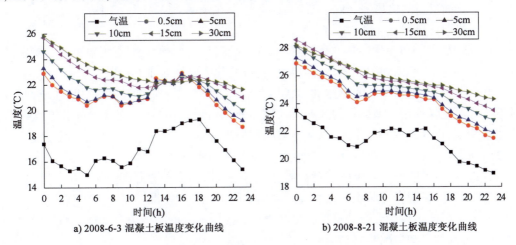

a) 2008-6-3 混凝土板温度变化曲线　　　　b) 2008-8-21 混凝土板温度变化曲线

图 2-36　阴雨天路面板温度变化曲线

表 2-10 为春、夏、秋、冬四季路面板距板顶不同深度的温度波动振幅数据。由于混凝土铺面的表面同大气直接接触,直接受到外界温度影响,但是热量向路面内部传导仍需要一定的时间,因此随着深度的增加,温度变化曲线峰值出现的时间也越来越滞后。根据资料统计,夏季晴天混凝土铺面板底面与顶面的相位差可滞后 5h 左右,春季温度波动相位差约为 4h,秋季和冬季的温度波动相位差约为 3h。

北京地区混凝土板不同深度处温度波动幅值数据(℃)　　　　表 2-10

深度(cm)	春季(3—5月)	夏季(6—8月)	秋季(9—11月)	冬季(12—次年2月)
0.5	12.5	13.2	9.5	8.1
5	10.5	11.6	9	7.8
10	7.9	8.7	6.7	6.4
15	5.9	6.7	5	5.4
30	4.0	4.2	3.2	3.5

2)基于预估模型的温度梯度分布规律研究

(1)热传导微分方程

由大气进入路面表面的热流,向路面结构的深处传导。对于长度和宽度方向均较结构层厚度大的路面结构来说,可以近似地假设为仅向深度方向的一维热传导。由于路面各结构层材料的导热性能差别很大,因而可近似地将路面结构简化为均质半无限体,则混凝土铺面的温度场可由均质半无限体的一维热传导偏微分方程式(2-1)确定。

$$\frac{\partial T(z,t)}{\partial t} = \frac{K}{c\gamma}\frac{\partial^2 T(z,t)}{\partial z^2} \tag{2-1}$$

式中：z——距路表深度(cm)；

t——时间变量(h)；

$T(z,t)$——距路表深度为 z、时间为 t 的温度(℃)；

K——路面材料的导热系数[W/(m·℃)]；

c——路面材料的比热[J/(kg·℃)]；

γ——路面材料的密度(kg/m³)。

路面结构温度分布就是导热方程的解，而方程的解是一个泛函数，有无数个解。确定某一具体的导热问题，还须附加限制条件，即单值性条件，其主要包括如下几项。

①几何条件：几何条件说明物体的形状和大小，它确定了所研究问题的空间区域，对坐标系的选择起决定性作用。坐标系的选择应与物体的几何形状相适应，使导热微分方程中的自变量尽可能少，边界条件便于表达，以使导热问题易于求解。

②时间条件：说明研究对象开始时的温度分布，即初始条件。

③物理条件：说明研究对象的物理性质，如导热系数、密度等随温度变化关系等。

④边界条件：说明研究对象表面和周围大气之间的热交换情况。

均质半无限体热传导方程的解需满足路表面和无限深处的两项边界条件。路表面边界条件，可按照不同的已知情况建立。

如果已知路表面温度随时间变化的函数 $f(t)$，则应满足的条件式为：

$$z = 0 \text{ 时}, \qquad T(0,t) = f(t) \tag{2-2}$$

如果仅知道大气温度随时间变化的函数 $f_1(t)$，则应满足的条件式为：

$$z = 0 \text{ 时}, \qquad -\lambda\frac{\partial T(0,t)}{\partial z} = B_c[f_1(t) - T(0,t)] \tag{2-3}$$

式中：B_c——路表的放热系数[W/(m²·℃)]。

如果已知的是进入路表的热流函数 $q(t)$，则应满足的条件式为：

$$z = 0 \text{ 时}, \qquad -\lambda\frac{\partial T(0,t)}{\partial z} = q(t) \tag{2-4}$$

而对于另一项无限深处的边界条件则须满足有界条件：

$$z \to \infty \text{ 时}, \qquad T(\infty,t) \neq \infty \tag{2-5}$$

将上述边界条件引入热传导方程，可采用分离变量法导出路面温度场的解析解。也可采用差分法或有限单元法解出路面内不同深度和时刻的温度值。

(2)差分法求解热传导方程

对于典型的水泥混凝土铺面而言，其结构可分为面层、基层和土基三层，如图2-37所示。首先利用有限差分方法将路面结构离散为若干个节点，其基本思想就是把空间域用如图2-38所示的点分成若干子域。节点之间的距离是可变的，为简单起见，一般假设距离为 T。除路表面节点1，模型中每个节点代表一个单元体，这个单元体为1单位长，1单位宽，高为 z，同时在路表面的节点代表 1 单位长,1 单位宽,高为 $z/2$,如图 2-39 所示。

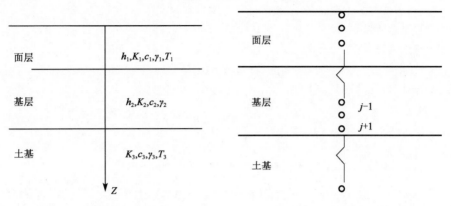

图 2-37　混凝土铺面分层体系　　　　图 2-38　差分中的节点示意图

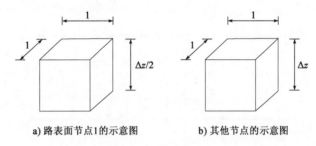

a) 路表面节点1的示意图　　　　b) 其他节点的示意图

图 2-39　单元体示意图

根据二阶有限差分,$\dfrac{\partial^2 T(z_j, t_n)}{\partial z^2}$ 可以离散为:

$$\frac{\partial^2 T(z_j, t_n)}{\partial z^2} = \frac{T_{j+1}^n - 2T_j^n + T_{j-1}^n}{(\Delta z)^2} \tag{2-6}$$

根据一阶向前欧拉方法,$\dfrac{\partial T(z, t)}{\partial t}$ 可以表示为:

$$\frac{\partial T(z_j, t_n)}{\partial t} = \frac{T_j^{n+1} - T_j^n}{\Delta t} \tag{2-7}$$

可以得到:

$$\frac{K_1}{\Delta z}(T_{j+1}^n - T_j^n) + \frac{K_2}{\Delta z}(T_{j-1}^n - T_j^n) = \frac{\gamma c \Delta z}{\Delta t}(T_j^{n+1} - T_j^n) \tag{2-8}$$

式中:　Δz——空间步长;
　　　　Δt——时间步长;
K_1, K_2, γ 和 c——变量定义同式(2-1),它们的值取决于相邻三个节点的位置。

当节点 $j-1, j, j+1$ 都位于第 i 层时,式(2-8)的所有的参数取自第 i 层;否则应进行特殊处理,如图 2-40 所示,当节点 $j-1, j$ 在第 i 层,节点 $j+1$ 在第 $(i+1)$ 层时,式(2-8)相应的材料参数取值按以下方式计算,即:

$$\lambda_1 = \frac{z_j + \Delta z - H(i)}{\Delta z}$$

$$\lambda_2 = \frac{z_j + \Delta z/2 - H(i)}{\Delta z/2} \tag{2-9}$$

$$z_j + \Delta z/2 - H(i) \geqslant 0 \tag{2-10}$$

否则,$\lambda_2 = 0$

$$H(i) = \sum_{j=1}^{i} h_j \tag{2-11}$$

$$K_1 = K_i \tag{2-12}$$

$$K_2 = (1 - \lambda_1)K_i + \lambda_1 K_{i+1} \tag{2-13}$$

$$\gamma = \frac{1}{2}[(2 - \lambda_2)\gamma_i + \lambda_2 \gamma_{i+1}] \tag{2-14}$$

$$c = \frac{1}{2}[(2 - \lambda_2)c_i + \lambda_2 c_{i+1}] \tag{2-15}$$

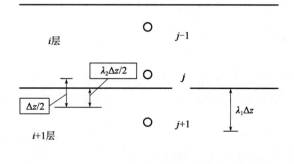

图 2-40 相邻层参数取值示意图

由于每个节点代表一个单元体,在式(2-8)两边同时乘以单元体的表面积,可以用物理方式描述限差分法。

对于每一个节点,进入单元体的热量 – 散出的热量 = 单元体内的热量。这样,节点 j 在时间 $t_{n+1} = (n+1)\Delta t$ 时的温度 T_j^{n+1} 可以用节点 $j-1, j, j+1$ 在时间点 $t = n\Delta t$ 计算得到,即:

$$T_j^{n+1} = \frac{K_2 \Delta t}{\gamma c (\Delta z)^2} T_{j-1}^n + \left[1 - \frac{\Delta t}{\gamma c (\Delta z)^2}(K_1 + K_2)\right] T_j^n + \frac{K_1 \Delta t}{\gamma c (\Delta z)^2} T_{j+1}^n \tag{2-16}$$

其中,$\Delta t \leqslant \frac{\gamma c}{K_1 + K_2}(\Delta z)^2$。

影响温度场的主要因素有气温、太阳辐射、风速以及路面所在的经纬度,其中路表的节点 1 在式(2-8)中可表达为:

$$\frac{K_1}{\Delta z}(T_2^n - T_1^n) + C(T_{\text{air}}^n - T_1^n) + Q_{\text{rad}}^n = \frac{r_1 c_1 \Delta z}{2\Delta t}(T_1^{n+1} - T_1^n) \tag{2-17}$$

式中:C——对流系数;

T_{air}^n——t_n 时刻的大气温度;

Q_{rad}^n——t_n 时刻的大气净辐射。

边界条件可以表达如下：

$$Q_{\text{rad}}^n = aR^*(t_n) + Q_a^n - Q_e^n \tag{2-18}$$

式中：a——太阳辐射吸收率；

$R^*(t_n)$——t_n 时刻的太阳辐射强度，可实测得到；

Q_a^n——t_n 时刻的大气逆辐射；

Q_e^n——t_n 时刻路面发出的长波辐射。

Q_a^n 和 Q_e^n 的表达式为：

$$Q_a^n = \sigma T_{\text{airR}}^4(t_n)[G - J(10^{-pp})](1 - N\overline{W}) \tag{2-19}$$

$$Q_e^n = \sigma\varepsilon T_{1R}^4(t_n)(1 - N\overline{W}) \tag{2-20}$$

式中：σ——Stefan-Boltzmann 常数；

ε——路面发射率；

$T_{\text{airR}}(t_n)$——t_n 时刻的大气温度；

$T_{1R}(t_n)$——路表温度，单位兰金；

G,J,ρ——常数，$G = 0.77$，$J = 0.28$，$\rho = 0.074$；

p——蒸发气压，一般在 1~10mm 汞柱；

N——云影响系数；

$\overline{W}$——云覆盖系数。

在式(2-17)中热传导部分 $C(T_{\text{air}}^n - T_1^n)$，对流系数可以用式(2-21)表达。

$$C = 122.93[0.00144V_m^{0.3}U^{0.7} + 0.00097(V_1 - V_{\text{air}})^{0.3}] \tag{2-21}$$

式中：V_1——路表温度(℃)；

V_{air}——空气温度(℃)；

V_m——路面和气温的平均温度，$V_m = 273.15 + \dfrac{V_1 + V_{\text{air}}}{2}$；

U——风速(m/s)。

将每隔半小时的气温、太阳辐射和风速值输入计算程序进行演算即得出路面温度场数据。

导热系数 λ 是指在稳定传热条件下，1m 厚的材料，两侧表面的温差为 1K，在 1s 内，通过 1m² 面积传递的热量，用 λ 表示，单位为 W/(m·K)。

导温系数也称热扩散率，α 是导热系数 λ 与材料密度 ρ 和比热 c 之积的比值，即 $\alpha = \lambda/\rho c$，单位为 m/h。导温系数是材料的一种热物理性质，表示材料被加热或冷却时，其内部温度趋于一致的能力，导温系数越大，表明材料内部的温度分布趋于均匀越快。

材料的导热系数及导温系数与其密度、孔隙率、含水率以及温度有关，材料的组成成分不同，其热物理性质也不同。

太阳辐射到路面的能量，一部分被路面吸收，一部分被路面反射，路面吸收能量取决于路表对太阳辐射的吸收率。路面材料的吸收率定义为吸收能量与太阳辐射量之比。路表面对太阳辐射的吸收率取值对确定水泥混凝土铺面的表面温度有着重要的影响，其值的较小变化也会导致路表面温度较大幅度的波动。它同路面材料特性和路表状况有关，一般通过试验来测定。水泥混凝土铺面对太阳辐射的吸收率取 0.5~0.65。根据目前收集的资料信息，考虑高等级公路路面比较光滑，反射能力强，在没有试验条件的情况下，可采用表 2-11 的推荐值。

对太阳辐射能量吸收率 a 推荐值　　　表2-11

路面	一般	较光滑
水泥混凝土	0.65	0.60

路表面对太阳光的吸收率还与太阳光束和地平面所构成的夹角 θ（又称为太阳仰角）及季节有关，因此 a 与 θ 有关的函数，记为 a_θ。a_θ 与表2-11 的 a 有如下关系：

$$a_\theta = (1 - e^{-k\theta})a \qquad (2\text{-}22)$$

$$\theta = 90° - \varphi + 23.45\sin[\omega_n(284 - n)] \qquad (2\text{-}23)$$

式中：$k \approx 0.06$；

φ——地理纬度；

n——一年中的第 n 天，当 $\theta > 90°$ 时，取值 $180° - \theta$，$\omega_n = \dfrac{2\pi}{365}$。

当 $\theta < 45°$ 时，吸收率 a_θ 迅速减小，当 θ 在 $45° \sim 90°$，即太阳很高时，吸收率 a_θ 仅有稍微减小。

太阳日辐射量整体趋势明显呈季节性变化，见图2-41（受观测条件限制，实测有效天数为229d）。冬季太阳日辐射总量较低，约 6MJ/m^2；日辐射最大值出现于夏季，达到 26MJ/m^2。夏季由于辐射量较大，将造成路面白天和夜晚较大的温度差。

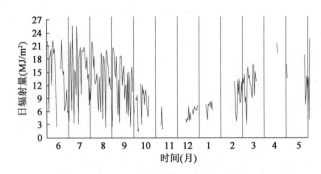

图2-41　北京地区 2008—2009 年太阳日辐射量年变化曲线

表2-12 列出了北京春、夏、秋、冬四季路面板最大温度梯度变化数据。春季产生的最大正温度梯度值及最大负温度梯度值比其他季节都大。4—5 月份春末夏初持续升温时期，由于昼夜温差大，此阶段水泥混凝土铺面温度场在太阳辐射充足的情况下，往往可能产生一年中最不利的正、负温度梯度差。夏季由于白天和夜晚的太阳辐射量（夜晚无太阳辐射）相差过大，路面板产生的最大正温度梯度值也比较大。秋季在11月份气温持续降温时期，路面结构也易产生不利的正、负温度梯度。

北京路面板最大温度梯度(30cm 板厚)(℃/m)　　　表2-12

温度梯度	春季 3—5月	夏季 6—8月	秋季 9—11月	冬季 12—次年2月
最大正温度梯度	55	44	33	29
最大负温度梯度	-21	-14	-16	-15

谈至明等研究(表2-13)表明,路面日最高温度梯度与日太阳总辐射Q、日温差ΔT_a、前一天太阳总辐射Q_{-1}相关系数最好,日降水量R、日平均云量C_l次之。因此,水泥混凝土铺面预估模型以日太阳总辐射Q、日温差ΔT_a、前一天太阳总辐射Q_{-1}作为基本影响变量。日降水量R、日平均云量C_l与日太阳总辐射也存在一定的相关性,为了简化最终的模型,不选取这两项作为影响变量。

22cm厚度水泥路面日最高温度梯度与各气象要素相关系数 表2-13

气象要素	Q	ΔT_a	Q_{-1}	v	R	C_l
$T_{g,\max}$(大同)	0.8718	0.6237	0.5771	-0.0063	-0.34	-0.3422
$T_{g,\max}$(宁波)	0.9045	0.6971	0.4666	-0.1803	-0.3614	-0.7303
$T_{g,\max}$(广州)	0.876	0.6447	0.5544	-0.1473	-0.2748	-0.6988

水泥混凝土铺面日最大温度梯度预估模型,见式(2-24)。

$$T_{g,\max} = aQ + b\Delta T_a + cQ_{-1} + d + N(\theta,\sigma) \tag{2-24}$$

式中:$T_{g,\max}$——日最高温度梯度(℃/m);

Q——日太阳总辐射[MJ/(m²·d)];

ΔT_a——日温差(℃),$\Delta T_a = T_h - T_l$;

Q_{-1}——前一天太阳总辐射[MJ/(m²·d)];

a、b、c、d——影响系数,其取值见表2-14;

θ、σ——残差均值与残差标准差。

22cm厚路面最大温度梯度模型影响系数表 表2-14

影响系数	a	b	c	d
大同	2.465	1.459	0.174	-8.603
宁波	3.379	1.854	-0.086	-5.602
广州	2.075	1.453	-0.151	-6.229

实际水泥混凝土铺面的厚度并不是固定不变的。基于对路表温度以及路面温度梯度的日变化规律呈现正弦变化的假设,对不同厚度路面的温度梯度进行公式推导,得出不同深度(即板厚)处的温度梯度值。将同标准厚度(22cm)的梯度值相比,得到不同板厚的温度梯度修正系数,见表2-15。

水泥混凝土铺面不同厚度下最大温度梯度修正系数 表2-15

厚度(m)	0.14	0.16	0.18	0.20	0.22	0.24	0.26	0.28	0.30	0.32	0.34	0.36	0.38	0.40
修正系数	1.30	1.22	1.14	1.07	1	0.94	0.88	0.82	0.77	0.72	0.68	0.64	0.60	0.56

图2-42、图2-43为大同、广州两地厚度为11cm、37cm的日极值与厚度为22cm路面日极值关系图。日最大温度梯度值比日最小温度梯度值随深度的线性变化趋势明显很多,相关系数R更加接近于1。

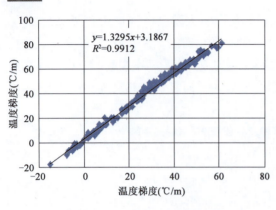

图 2-42　11cm 处日最大温度梯度　　　　　图 2-43　37cm 处日最大温度梯度

大同、广州 11cm 厚、37cm 厚路面相对于 22cm 厚路面的日最大温度梯度的修正系数分别列于表 2-16 中。其随深度增大的变化趋势与表 2-17 的修正系数基本一致,但是不同地区的修正系数有一定的差别。

水泥混凝土铺面日最大温度梯度相对于标准厚度情况的修正系数表　　表 2-16

测　　站	11cm 处		37cm 处	
	修正系数	R^2	修正系数	R^2
大同	1.316	0.927	0.713	0.982
广州	1.330	0.991	0.718	0.979

表 2-17 所列为大同、广州 11cm 厚、37cm 厚路面相对于 22cm 厚路面的日最小温度梯度的修正系数。由表中可以看出,日最小温度梯度随厚度变化的线性趋势也较为显著,但是 37cm 厚度路面的相关系数普遍偏小。

水泥混凝土铺面日最小温度梯度相对于标准厚度情况的修正系数表　　表 2-17

测　　站	11cm 处		37cm 处	
	修正系数	R^2	修正系数	R^2
大同	1.303	0.942	0.740	0.630
广州	1.277	0.970	0.781	0.831

2.3　混凝土结构的内部湿度及其翘曲变形

测量混凝土内部相对湿度通常采用湿度传感器,但测试相对比较困难,并且由于传感器技术等原因,湿度测量一直是国际公认的难题,不同学者对于混凝土内部相对湿度的测量结果差异也很大。伊利诺伊斯大学香槟分校采用种电容式湿度传感器,将湿度和温度传感器嵌入带有塑性涂料帽的塑料管,塑性涂料帽能够隔断传感器和浆体之间的接触,但是允许气体传输,利用电热调节器测定温度,精度为 ±1.8% RH(<80%)和 ±0.3℃(20℃)。Z. C. Grasley、D. A. Lange 等在混凝土试件成型后将带有保护管的湿度传感器插入距离混凝土表面不同的深度处,并立即用塑料套密封,测试了两个对称面允许水分散失、其余表面密封的混凝土内部各

位置的相对湿度,分析了相对湿度与水泥浆体膨胀量之间的关系。

国内采用将传感器密封在试件内部的方式进行测量,这样可以避免预留孔与环境发生湿度交换。黄瑜等利用电容式数字温湿度传感器研究了一般室内环境条件下,普通混凝土和高强混凝土试件单面干燥条件下内部不同深度(2.5cm、5cm、10cm、18cm)处相对湿度的发展规律。许华胜等测定了绝热干燥条件下水灰比和矿物掺合料对混凝土内部相对湿度的影响,分析了内部相对湿度变化与自收缩的关系。杨全兵测定了养护在水中和3% NaCl 溶液中的高性能混凝土内部相对湿度,分析了相对湿度与成熟度的关系。焦修刚采用电容式温湿度测量仪对混凝土预留孔中的空气含湿饱和度进行测量,研究混凝土中的湿度和温度场,拟合了热湿耦合方程中的物理参数,为混凝土温湿度场计算提供了一种新的方法。

但湿度传感器在一定温度、湿度的环境下存放一段时间后,其感湿特征量将产生长期漂移,出现长期稳定性问题。长期稳定性是湿敏元件最重要的参数之一,它除了与原件本身的特性有关外,还与所接触的环境污染状况、高温高湿条件等有很大关系。混凝土早期相对湿度持续较高,湿度传感器在相对湿度低于80%时的测量精度要高于90%以上的精度,长时间处于高湿条件下,湿度传感器的漂移是不可避免的,并且这种漂移是无规律的。

2.3.1 内部湿度分布

采用 HMP42 型温湿度探头进行混凝土内部相对湿度测试,探头直径4mm,该传感器在 0~90% RH 时,精度为 ±2% RH;90%~100% RH 时,精度为 ±3% RH。试件尺寸为 300mm×300mm×150mm,成型时在试件中心预埋 $\phi6\times10$mm 塑料管,管内预先放置直径为 6mm 的不锈钢棒,使塑料管内壁与钢棒紧密接触,钢棒长度超出塑料管上下端各10mm,成型时保证塑料管上端高出试件表面5mm。初凝后缓慢拔出钢棒,立即用橡胶塞封口,并用环氧树脂密封塑料管外侧与混凝土接触面,避免其松动而产生气体交换,测试装置示意见图 2-44。测试时,预先将楔形橡胶套安装在温湿度探头测杆上,至待测龄期,将混凝土试件放置于与其内部温湿度相近的测试环境中,迅速拔下橡胶塞并将探头插入,用楔形橡胶套塞紧塑料管口,每 3min 自动采集 1 个数据,记录读数稳定时的数值,所有分析采用数据均为 3 个试件的平均值。

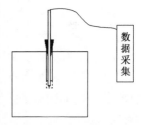

图 2-44 测试装置示意图

测试点分别为距离干燥表面1cm、2cm、3cm、5cm、10cm、15cm、20cm,成型后24h拆模,湿养护至规定龄期后,取与成型面垂直的任意 1 个 300mm×150mm 表面作为干燥面,其余 5 个面用石蜡密封,使水分扩散只能沿单轴方向进行,并移至相对湿度60%±5%、温度20℃±3℃的环境中(一维干燥),测定各龄期混凝土内部不同部位处相对湿度随时间变化情况。

湿养护 7d、14d 后进行单面干燥养护至 28d 与湿养护 28d 的 0.3 水灰比混凝土试件,内部不同部位处相对湿度变化规律如图 2-45 所示。

同一配合比混凝土试件,湿养护与干燥养护总时间一定时,湿养护时间越长其内部相对湿度越高。当环境湿度与混凝土内部湿度相近时,对于低水灰比混凝土而言,其内部相对湿度变化主要是由水泥水化的自干燥作用所引起,而当环境湿度较低时,受自干燥和扩散双重作用,加快了混凝土内部湿度的降低。在 28d 龄期时,湿养护 7d 后转入单面干燥条件下混凝土试件距干燥面 1cm、2cm、3cm、5cm、10cm、15cm、20cm 处,较湿养护 14d、28d 转入单面干燥的试件均降低。由此可见，暴露于干燥环境之前的湿养护龄期越长，混凝土内部相对湿度下降的速度越缓慢，这对于水泥石充分水化、减小混凝土干燥收缩是十分有利的。

湿养护 7d、14d、28d 后进行单面干燥试验的各组混凝土内部不同部位处相对湿度随干燥时间变化规律如图 2-46~图 2-48 所示。

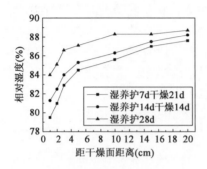

图 2-45　28d 龄期时混凝土内部相对湿度

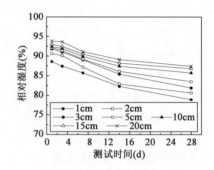

图 2-46　湿养护 7d 后单面干燥内部相对湿度

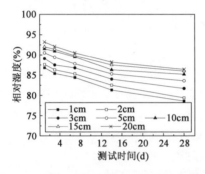

图 2-47　湿养护 14d 单面干燥内部相对湿度

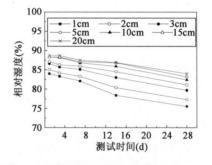

图 2-48　湿养护 28d 单面干燥内部相对湿度

混凝土内部不同部位处相对湿度均随龄期的延长而降低，但降低幅度有所不同，同组试件，在相同龄期里，标准养护时间越长，混凝土相同位置处的相对湿度值越高。标准养护 7d 后进行单面干燥的混凝土试件，干燥 28d 时与 1d 相比，距干燥面 1~20cm 处，内部相对湿度分别均降；而与标准养护 28d 的混凝土相比，相应差值为 8.5%、7.8%、6.9%、6.0%、5.9%、5.1%、4.7%。

在距干燥面小于 5cm 处，与环境湿度的差值越大，混凝土内部相对湿度降低速度越快，随着距干燥面距离的增加，环境湿度的影响逐渐减小，超过 10cm 时，混凝土试件相对湿度降低幅度较小，在 35d 龄期以前表现尤为显著。

相对湿度减小的速率依赖于混凝土内部的自干燥和水分的蒸发作用，假设混凝土在宏观上是一种匀质材料，则其内部自干燥作用相同，混凝土内部相对湿度的变化主要受与环境的相对湿度差以及水分迁移距离的影响，随着距干燥面距离的增大，水分蒸发速度逐渐减慢。在距干燥面为 20cm 的位置，混凝土内部水分的蒸发作用较小，所以混凝土内部相对湿度的下降可以看作主要是由自干燥作用引起的。

2.3.2　湿度场引起的混凝土板翘曲

1）自收缩

除搅拌水以外，如果在混凝土成型后不再提供任何附加水，则即使原来的水分不向环境散失,混凝土内部的水也会因水化的消耗而减少。密封的混凝土内部相对湿度随水泥水化的进展而降低,称为自干燥(Autogenous Dessication)。在混凝土内部相对湿度减少至70%~75%时,就不会再降低。自干燥造成毛细孔中的水分不饱和而产生压力差:

$$\Delta P = \frac{2\sigma\cos\alpha}{r} \tag{2-25}$$

式中:ΔP——毛细孔水内外压力差;
　　　σ——毛细孔水表面张力;
　　　α——水和毛细孔孔壁的接触角;
　　　r——毛细孔水水力半径(水力半径=孔体积/孔内表面积)。

压力差 ΔP 为负值,因而引起混凝土的自收缩(Self Shrinkage)。

在早期由于内部相对湿度的迅速减少,其收缩变形是很明显的,且水灰比越低,板的收缩变形越大。龄期2个月,水胶比为0.4的混凝土,自收缩为 100×10^{-6};水胶比为0.3的混凝土,自收缩为 200×10^{-6};水胶比为0.17的混凝土,自收缩为 800×10^{-6},占总收缩值的绝大部分,即水胶比极低的混凝土收缩主要是自收缩。

在水灰比为0.5的混凝土铺面中,自干燥会导致沿路面深度方向湿度的均匀分布,如图2-49所示。自干燥随着水化程度的增加而发展,随着时间的推移湿度曲线向低值推移。

2)外部干燥收缩

外部干燥收缩是指混凝土停止养护后,板表面在不饱和的空气中失去内部毛细孔和凝胶孔的吸附水而发生的不可逆收缩。随着相对湿度的降低,水泥浆体的干缩增大,如图2-50所示。由于混凝土不会连续暴露在使水泥浆体中C-S-H失去结构水的相对湿度下,故引起收缩的原因主要是失去毛细孔和凝胶孔的吸附水。

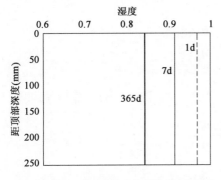

图2-49 混凝土板沿深度方向的湿度变化曲线

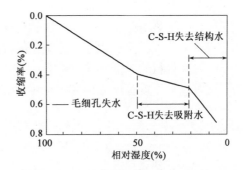

图2-50 水泥浆体的收缩与相对湿度的关系

对于22.5cm厚的混凝土板将用1年的时间达到湿度平衡。因此,外部干燥收缩在路面深度方向只能影响距板顶较近的部位。

影响混凝土的收缩 ε_c 与水泥净浆的收缩 ε_p 之比(称为收缩比)取决于集料的含量 V_A。

$$\varepsilon_c = \varepsilon_p(1-V_A)^n \tag{2-26}$$

式中:n——经验系数,变动于1.2~1.7之间。

除了由于自干燥及外部干燥引起的湿度损失外,由于吸收作用引起的水分进入混凝土的情况在工程中也是常常遇到的。

混凝土铺面内部不同水分迁移过程的综合作用导致板内湿度梯度的不均匀性,在湿度梯度较大的情况下会产生明显的湿度变形。在高速公路上刚施工完的一块板,其底面处于潮湿状态而顶面则处于干燥收缩中,极端情况下在不到一个月的时间内其翘曲变形达到 5~6.4mm。

3)翘曲变形

Jonassond 等研究得到用于连续变化在 80%~100% 的相对湿度与水泥自收缩值 ε_p 的线性回归方程,见式(2-27)。

$$\varepsilon_p = 6150\left(1 - \frac{RH}{100}\right) \times 10^{-6} \tag{2-27}$$

由于自收缩和干燥收缩都是净浆的特征,可以用来预测混凝土的收缩。结合式(2-26)和式(2-27),可以得到混凝土的收缩公式,见式(2-28)。

$$\varepsilon_c = \left[6150\left(1 - \frac{RH}{100}\right)\right](1 - V_A)^n \times 10^{-6} \tag{2-28}$$

混凝土收缩在相对湿度及集料含量已知的情况下可以被计算出。

不均匀相对湿度的分布导致接缝式混凝土铺面的翘曲变形。翘曲值可以通过等量的温度梯度值 ΔT_e 被量化。

在 Spingenschmid 的研究中,ΔT_e 可以按如下方法确定:

首先确定板厚 h,中性面位于 XY 面内,z 表示距这个面的距离,Z 轴指向下。然后,应变基于平面应力来计算,其截面是平面的且垂直于中性面。假设材料的特性(如弹性模量)都相同,由非线性湿度梯度引起的位移见式(2-29)。

$$M_{RH} = \frac{E}{1-v}\int_{-h/2}^{h/2}\varepsilon_c(z)z\mathrm{d}z = \int_{-h/2}^{h/2}\{6150[1-RH(z)]\}(1-V_A)\times10^{-6}z\mathrm{d}z \tag{2-29}$$

式中:$\varepsilon_c(z)$——距离中性面 z 距离的混凝土局部自由收缩变形;

$RH(z)$——离中性面 z 距离的混凝土局部相对湿度;

V_A——集料的含量。

为得到等值的温度梯度 ΔT_e,式(2-29)中的位移 M_{RH} 和温度引起的位移相等,即:

$$M_T = \frac{E\Delta T_e \alpha h^2}{12(1-v)} \tag{2-30}$$

式中:α——混凝土热膨胀系数。

这样 ΔT_e 被表示为关于内部相对湿度、集料含量、板厚、混凝土热膨胀系数,见式(2-31)。

$$\Delta T_e = \frac{12}{\alpha h^2}\int_{-h/2}^{h/2}\{6150[1-RH(z)]\}(1-V_A)\times10^{-6}z\mathrm{d}z \tag{2-31}$$

梁的翘曲试验被用来评估在典型湿度条件下的翘曲变形。如图 2-51 所示,梁长 2.3m,即接缝式混凝土铺面板长的一半,板厚为 0.2m,板宽为 0.15m,梁的末端被固定,另一端可自由翘起。在梁的自由端安装一个千分表用来记录湿度翘曲值。保证厚度方向的湿度梯度,梁的其他面都涂抹防水涂料。整个试验装置放置在相对湿度为 50%,且板底吸水的状态,室温为 23℃ 的环境中;在 7d 的密闭养护后试验开始。

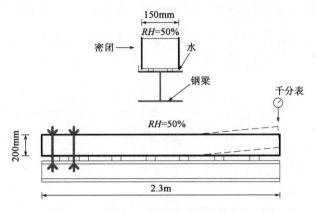

图 2-51 梁的翘曲试验装置

2.4 铺面水泥混凝土材料特性

2.4.1 弯拉强度和劈裂强度

1) 碎石混凝土

江苏及民航北京两处中心试验室共 166 组，经回归分析，按幂函数方程，关系式为：

$$\sigma_{弯拉} = 2.272\sigma_{劈}^{0.903} \quad (R=0.845, S=0.0353) \tag{2-32}$$

式中，$\sigma_{弯拉}$、$\sigma_{劈}$ 的单位为 kg/cm^2（$1kg/cm^2 = 0.098MPa$）。
按直线方程，关系式为：

$$\sigma_{弯拉} = 0.593 + 1.428\sigma_{劈} \quad (R=0.838, S=4.650) \tag{2-33}$$

符号意义和单位同式(2-32)。
如再计入民航、武汉碎石混凝土 38 组合计为 204 组，试件强度值回归关系式分别为：

$$\sigma_{弯拉} = 1.868\sigma_{劈}^{0.871} \quad (R=0.821, S=0.0357) \tag{2-34}$$

$$\sigma_{弯拉} = 7.932 + 1.371\sigma_{弯拉} \quad (R=0.814, S=4.72) \tag{2-35}$$

符号意义和单位同式(2-32)。
包括更多不同品种岩石的碎石混凝土，再计入民航湛江玄武岩碎石混凝土的 29 组数，总计 233 组，经回归分析，其关系式为：

$$\sigma_{弯拉} = 3.817\sigma_{劈}^{0.751} \quad (R=0.752, S=0.0397) \tag{2-36}$$

$$\sigma_{弯拉} = 15.305 + 1.140\sigma_{劈} \quad (R=0.732, S=5.330) \tag{2-37}$$

符号意义和单位同式(2-32)。
由以上各式可见，以幂函数方程相关性较好，物理意义也较明确，各方程（包括江苏 61 组和民航 105 组单独回归关系式）的指数与系数关系均较接近。
因此，对于石英岩和花岗岩碎石混凝土的强度检验，推荐采用组数较多，相关系数较高的式(2-34)，适用范围劈裂强度为 2.6~4.6MPa。
以上各式中 $\sigma_{弯拉}$ 和 $\sigma_{劈}$ 换成国际单位，变换如下：

$$\sigma_{弯拉} = 2.520\sigma_{劈}^{0.871} \times 0.098(1 - 0.871) = 1.868\sigma_{劈}^{0.871} \quad (2\text{-}38)$$

$$\sigma_{弯拉} = 11.595\sigma_{劈}^{0.423} \times 0.098(1 - 0.423) = 3.035\sigma_{劈}^{0.423} \quad (2\text{-}39)$$

式中，$\sigma_{弯拉}$ 和 $\sigma_{劈}$ 单位均为 MPa。

2) 卵石混凝土

江苏和民航北京等两处中心试验室标准养护试验成果共计 48 组（江苏 22 组、民航 26 组）试件强度，回归分析得：

$$\sigma_{弯拉} = 7.665\sigma_{劈}^{0.534} \quad (R = 0.565, S = 0.0406) \quad (2\text{-}40)$$

符号意义和单位同式(2-32)。

民航成都机场卵石混凝土由于采用最大粒径为 60mm 的卵石而且混合料均来自工地，因此混凝土强度的相关性较差，如将该批 19 组与前 48 组共 67 组试件强度回归分析，相关数仅为 0.442。

如果劈裂和抗弯拉强度采用国际单位，则变换如下：

$$\sigma_{弯拉} = 7.665\sigma_{劈}^{0.354} \times 0.098(1 - 0.534) = 2.597\sigma_{劈}^{0.534} \quad (2\text{-}41)$$

式中，$\sigma_{弯拉}$ 和 $\sigma_{劈}$ 单位均为 MPa。

对于卵石混凝土，适用范围劈裂强度为 25～41.6kg/cm²。为检验路(道)面混凝土的抗弯拉强度，如果需要可根据路(道)面等级和工程的重要性，再扣除相应 1 倍的均方差值，则：

$$\sigma_{弯拉} = 2.520\sigma_{劈}^{0.871} + 10^{0.0357} = 2.321\sigma_{劈}^{0.871} \quad (2\text{-}42)$$

可归纳为统一形式：

$$\sigma_{弯拉} = A\sigma_{劈}^{B} \quad (2\text{-}43)$$

式中：A、B——系数，其值如表 2-18 所示。

A 和 B 系数值 表 2-18

混凝土种类	A	B	适用范围（kg/cm²）
石灰岩、花岗岩碎石混凝土	2.520	0.871	26～46
玄武岩碎石混凝土	11.595	0.423	28～47
卵石混凝土	7.665	0.534	25～41.6

2.4.2 疲劳特性

水泥混凝土铺面一般不会在承受一次荷载后立即破坏，而是在行车荷载、温度和湿度变化所产生的应力重复作用下产生疲劳破坏，即材料在重复应力的作用下，在远低于一次静载极限强度时破坏。在新建路面的设计中，需要根据现有荷载条件推知路面使用寿命内的累计作用次数；或者估计路面的剩余使用寿命。所以必须有一个工具(桥梁)来沟通现在和未来，这个桥梁就是疲劳方程。

疲劳方程的建立有三种途径：①室内构件的疲劳试验，大部分采用小梁弯曲试验，然后适当修正即可应用于水泥混凝土铺面设计。②现场和野外板的足尺试验，建立作用次数和板断裂之间的关系。③建立使用性能与作用次数之间的关系。

1) 水泥混凝土小梁的疲劳损坏

目前最为简便的方法是通过小梁弯曲疲劳试验得到混凝土的疲劳方程,即建立以循环应力 P_{max} 同混凝土极限强度 f_{fc} 的比值 S 和疲劳寿命 N 之间的统计关系,通称 S-N 曲线为疲劳方程。其实在疲劳荷载作用下,混凝土内部的损伤不断累积,使得试件的极限强度不断下降,因此循环应力 P_{max} 同混凝土极限强度 f_{fc} 的比值 S 只能定义为初始应力比 S_0,而循环应力 P_{max} 同疲劳过程中的混凝土实际承载强度 f'_{fc} 的比值定义为 S',则疲劳过程刚开始时 $S' = S_0$,但随疲劳次数的增加,混凝土的实际承载强度逐渐下降,而使实际应力比逐渐增加。当实际应力比为 1 时,材料达到破坏。许多研究者进行大量疲劳试验后,采用半对数形式的关系来整理试验结果。Dater 在汇总了 Kesler、Raithby 等人的试验结果后,得到失效概率为 50% 时的回归公式:

$$S = 1.0 - 0.0568 \lg N \tag{2-44}$$

而我国浙江省交通设计院(1978)的试验数据回归出的方程为:

$$S = 0.961 - 0.0631 \lg N \tag{2-45}$$

两者的比较见图 2-52,在相同的应力比条件下浙江方程得到的累计轴次远大于 PCA 方程。

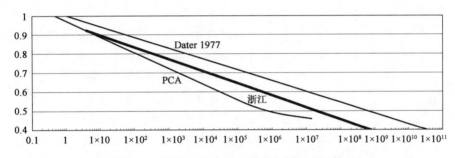

图 2-52 浙江公式与 PCA、Darter 的疲劳方程比较

影响疲劳寿命的因素除应力比外,还有加载频率、间歇时间以及高低应力比($R = \sigma_{min}/\sigma_{max}$)等因素。Aas-Jakobsesn 于 1970 年提出考虑高低应力比的疲劳方程:

$$S = \alpha - \beta(1 - R) \lg N \tag{2-46}$$

式中,$\alpha = 1.0$,$\beta = 0.064$。

Tepfers 提出的方程系数为 $\alpha = 1$,$\beta = 0.0685$(适用范围为应力比小于 0.80)。石小平等进行了混凝土梁的疲劳试验,也总结出相应回归方程,其系数为 $\alpha = 0.999$,$\beta = 0.0724$(适用范围为应力比在 0.55~0.85 之间)。同时石小平对浙江公式进行修正,认为其对应的高低应力比 R 取 0.1。依据石小平等的方程分别绘出 $R = 0.5$、0.3、0.2 和 0.08 时相应的疲劳方程曲线(图 2-53)。在相同的应力比下,高低应力比 R 越大,对应的疲劳寿命就越长。按混凝土铺面的受力情况,一般以温度应力 σ_t 为低应力 σ_{min},并不考虑温度应力小于零的情况,荷载 σ_p 和温度应力的综合应力 $(\sigma_t + \sigma_p)$ 为高应力 σ_{max}。那么为提高混凝土铺面的疲劳寿命,应尽可能提高高低应力比 $R = \sigma_t/(\sigma_p + \sigma_t)$。

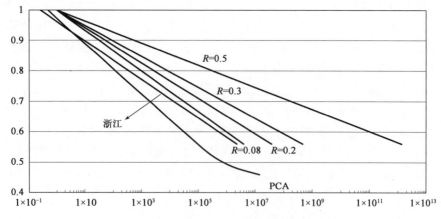

图 2-53　不同高低应力比对应的疲劳方程

图 2-54 清晰表示了 R 与 σ_p、σ_t、f_r 之间的关系。线 a 的方程为：

$$\frac{\sigma_t + \sigma_p}{f_r} = \frac{\sigma_{max}}{f_r} = 0.45 \tag{2-47}$$

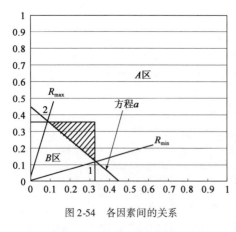

图 2-54　各因素间的关系

其表示综合应力等于 0.45，那么直线就将平面分为 A 和 B 两个区，当平面上的点落在 B 区时，则路面没有疲劳损伤；而只有发生在 A 区才能产生疲劳损伤。一般对于荷载应力和温度应力都有一个最大限制值，分别记为 $\sigma_{p,max}$ 和 $\sigma_{t,max}$，其对应最大应力比分别为 $\sigma_{p,max}/f_r$ 和 $\sigma_{t,max}/f_r$（例如，分别为 0.38 和 0.32）。那么只有图中阴影部分才是有效疲劳损伤区，且与直线 a 分别交于点 1 和点 2。点 1 和坐标原点的连线与 R_{min} 有关，点 2 和坐标原点的连线与 R_{max} 有关。当荷载应力和温度应力对应的最大应力比都大于 0.45 时，则有效疲劳损伤区为直线 a、直线 $x = \sigma_{p,max}/f_r$ 和直线 $\sigma_{t,max}/f_r$ 围成的阴影区域，同时 x 轴对应 $R_{min} = 0$，y 轴对应 $R_{max} = 1$。

但混凝土小梁试验不可直接应用于路面疲劳设计中，因为小梁的疲劳试验不等于路面的疲劳试验。导致两者不同的原因有：

（1）不同的应力条件和不同的荷载精度。如 σ_{min} 在室内试验中是定值，而在野外却是变值。不同的间歇时间。一般在室内试验中没有间歇期。

（2）不同的疲劳破坏定义。现场的疲劳破坏常与裂缝的开展有关。而室内则定义为试件的断裂。

（3）路面的强度不是认为的 28d 强度，而是随龄期有所增长。

所以只有对小梁疲劳试验进行修正，才可应用于路面设计中。PCA 的修正疲劳方程如下：

$$\left.\begin{array}{ll} \log_{10}N = (0.9718 - SR)/0.0828 & (S > 0.55) \\ N = [4.2577/(SR - 0.4325)]^{3.268} & (0.45 < S < 0.55) \\ \text{次数不限} & (S < 0.45) \end{array}\right\} \tag{2-48}$$

我国水泥混凝土铺面设计规范提出的修正疲劳方程式为：

$$\lg \frac{S(1-R)}{1-SR} = \lg a - b\lg N \tag{2-49}$$

式中：S——应力比；

R——高低应力比；

a——$a = 1.0$；

b——$b = 0.0516$。

图 2-55 是我国修正疲劳方程在不同高低应力比 R 时的疲劳曲线和 PCA 修正疲劳方程的比较。当 $R = 0.08$ 时，我国的修正疲劳方程几乎和 PCA 疲劳方程重合，PCA 只在 $0.45 < S < 0.55$ 之间比我国规范更为保守。

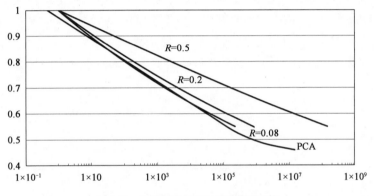

图 2-55　不同 R 时和 PCA 疲劳方程比较

为了便于应用，我国规范将温度应力和荷载应力带入式(2-49)，便可得到式(2-50)。

$$\lg\left(\frac{\sigma_p}{f_r - \sigma_t}\right) = \lg a - b\lg N \tag{2-50}$$

如在结构设计中采用式(2-49)，即高低应力比 R 明确出现在疲劳方程中，这样有助于设计者自觉利用 R 的特性。

2）水泥混凝土板的疲劳损坏

水泥混凝土板的疲劳试验与小梁疲劳试验相比较，则更为接近路面真实受力状况。室内水泥混凝土板的疲劳试验是将混凝土板放在一定地基条件下，分别在板中、板边和板角处施加不同应力比的动态荷载。对水泥混凝土板的疲劳试验而言，疲劳损坏的标准却没有统一。Nussbaum、Childs 认为当裂缝宽度达到 1.3mm 或错台达到 2.54mm 或挠度增加 100%（Nussbaum, Childs, 1975），就发生破坏；而 Roesler、Barenberg 认为，当板的挠度大幅度增加 30% 到 100% 时，就发生破坏。最后便可得到应力比（实测应力或反算应力与混凝土的极限强度之比）和循环作用次数之间的回归方程。

Roesler、Barenberg 在室内板试验发现，如果以破坏板锯取小梁的极限强度为准，那么得到的疲劳曲线（图 2-56 中直线 1），要比小梁的疲劳寿命提高 30% 左右。而如果以板的静态破坏试验得到的极限强度作为板的极限强度，那么得到的疲劳寿命（图 2-56 中直线 2），和小梁的疲劳寿命相当。其实从混凝土板发生疲劳破坏（人为确定）到板最终断裂、损坏之间，大约还有 0.2～11.5 倍的反复作用次数。

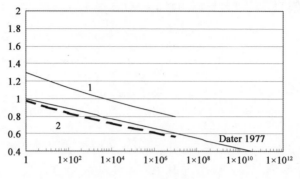

图 2-56　不同疲劳方程比较

而野外水泥混凝土板的疲劳试验,由于不可控因素较多,且花费很大,只有 COE(The Corps of Engineering) 和 AASHO 试验路有少量数据。COE 认为 50% 的板发生初始裂缝时,路面就疲劳破坏。AASHO 认为 PSI 下降到 2.5 时,路面就疲劳破坏。图 2-57 列出野外试验和 PCA 的比较,可见板在使用初期的承载能力明显高于小梁试验。其应力比 S 在 0.85～2.0 对应的疲劳方程为:

$$N = \left(\frac{S}{3.0732}\right)^{0.1992} \quad (0.85 < S < 2.0) \quad (2\text{-}51)$$

式中:S——应力比。

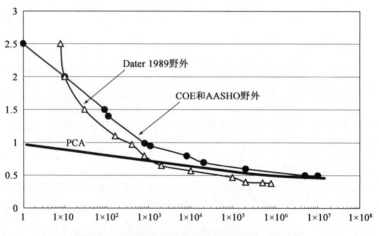

图 2-57　野外试验扩展的疲劳方程与 PCA 的比较

为比较不同轴载之间的疲劳损坏作用,常需要进行等效换算。所谓等效,就是指同一路面结构在不同轴载作用下达到相同的疲劳损坏程度。由此,以疲劳断裂作为等效标准,以疲劳方程作为转换工具,就可以推导出轴载换算关系式。路面结构的损坏是不同轴载累积作用的结果。

对于轴载 P_i 和所产生的应力 σ_{pi},其作用一次所引发的疲劳消耗为 $D_i = 1/N_i$。而对于标准轴载 P_s 和所产生的应力 σ_{ps},同样也有 $D_s = 1/N_s$。

按疲劳损耗等效的原则,轴载 P_i 作用 N_i 次产生的疲劳消耗 $N_i \times D_i$ 同轴载 P_s 产生的疲劳消耗 $N_s \times D_s$ 相等,即 $N_i \times D_i = N_s \times D_s$。

则轴载换算公式可由式(2-52)推演得到。

$$\frac{D_i}{D_s} = \frac{N_s}{N_i} \tag{2-52}$$

同时利用疲劳方程,就可建立不同荷载(应力比)下的换算关系。下面利用新的应力回归公式和疲劳方程,重新推导轴载换算关系式,便可得到:

$$\frac{D_i}{D_s} = \frac{N_s}{N_i} = \left\{ \left[\frac{SR_i(1-R_i)}{1-SR_i}\right] \Big/ \left[\frac{SR_s(1-R_s)}{1-SR_s}\right] \right\}^{1/b} \tag{2-53}$$

在两级荷载比较接近时,可以近似认为下式成立:

$$\frac{1-R_i}{1-SR_i} \approx \frac{1-R_s}{1-SR_s}$$

于是就有:

$$\frac{N_s}{N_i} = \left(\frac{SR_i}{SR_s}\right)^{1/b} = \left(\frac{\sigma_i}{\sigma_s}\right)^{1/b} = \left(\frac{A_i}{A_s}\right)^{1/b} l^{\frac{m_i-m_s}{b}} p_i^{\frac{n_i-n_s}{b}} \left(\frac{p_i}{p_s}\right)^{\frac{n_s}{b}} = \alpha_i \left(\frac{p_i}{p_s}\right)^{\frac{n_s}{b}} \tag{2-54}$$

式中:α_i——轴轮型系数。

如果保持设计规范中的 16 次方不变,那么即有 $N_s/N_i = \alpha_i(P_i/P_s)^{16}$,则 $b = n_s/16 = 0.9052/16 = 0.0566$,以此值结合文献[1]中应力公式的回归系数 c、m、n,便可得到如下 α_i 系数关系式。

单轴-单轮:

$$\alpha_i = 1.26 \times 10^8 l^{-2.735} P_i^{-0.4276} \tag{2-55}$$

单轴-双轮:

$$\alpha_i = 1 \tag{2-56}$$

双轴-双轮:

$$\alpha_i = 2.03 \times 10^{-5} l^{-0.3304} P_i^{-0.2226} \tag{2-57}$$

Miner 定律,将各级荷载应力或荷载和温度综合应力产生的疲劳损耗,通过线性叠加得到累计损耗量,即在设计期内的累计疲劳损耗 D 应满足下述要求:

$$D = \frac{n_1}{N_1} + \frac{n_2}{N_2} + \cdots + \frac{n_{j-1}}{N_{j-1}} + \frac{n_j}{N_j} = \sum_{i=1}^{j} \frac{n_i}{N_i} \leqslant 1.0 \tag{2-58}$$

按疲劳损耗等效原则,对于同一路面结构,轴载 P_i 作用 N_i 次和标准轴载 P_s 作用 N_s 产生相同的疲劳损耗,即 $N_i D_i = N_s D_s$。定义 N_i 与 N_s 的转换关系为轴载换算系数 L_e^i,则:

$$L_e^i = \frac{D_i}{D_s} = \frac{N_s}{N_i} \tag{2-59}$$

那么在路面使用全寿命内,路面承受的总作用次数为:

$$N_s = \sum_{i=1}^{n} L_e \times n_i = \sum_{i=1}^{n} \frac{N_s}{N_i} \times n_i = N_s \sum_{i=1}^{n} \frac{n_i}{N_i} \tag{2-60}$$

式中:n_i——各级轴载作用次数。

要使上式成立的条件是:$\sum_i \frac{n_i}{N_i} \equiv 1$,这就是 Miner 定律。可见等效换算和 Miner 定律是完全等价的,只不过表述方式略有不同。

2.4.3 热工参数

混凝土受周围环境的温度、太阳辐射等影响,混凝土内部存在温度梯度,温度梯度是影响水泥混凝土铺面收缩应力与膨胀应力的重要因素之一,温度应力的产生除了受外界条件影响外,还与混凝土本身的导热性能相关,而温度在混凝土材料中非线性分布与混凝土的导热系数直接相关,因此,有必要对混凝土导热系数进行系统的研究,在正确预测与估算混凝土温度应力的同时,以便采取适当措施防止裂缝对混凝土结构的破坏。

由 Fourier 在 1882 年建立的热传导理论(一维传热)可知,当材料内部存在一定温度梯度时,热量 Q 将从高温向低温传递,此刻,在单位时间 dt 内通过面积 ds 的热量为 dQ,在厚度为 δ 无限大的混凝土板在单位时间内通过的热量与板的厚度成反比,与上表面层的温度梯度成正比,与上表面的面积成正比,且与材料本身的导热系数相关。因此,通过板的热量为:

$$\Phi = \frac{\lambda}{\delta} \Delta t S \tag{2-61}$$

式中:Φ——通过混凝土板的热流量(W);
   S——板面积(m^2);
   δ——板厚(m);
   Δt——壁两侧表面的温差(℃);
   λ——导热系数[W/(m·K)]。

由式(2-61)可得到导热系数的表达式为:

$$\lambda = \frac{\delta \Phi}{\Delta t S} \tag{2-62}$$

混凝土导热系数按照《绝热材料稳态热阻及有关特性的测定防护热板法》(GB/T 10294—2008)测定。试验温度25℃,环境保持干燥状态避免湿度对引气混凝土导热系数的影响,冷板温度设置为18℃,热板温度设置为28℃。

水泥采用 42.5 级普通硅酸盐水泥;初、终凝时间为 85min、135min。其他参数均满足规范要求。细集料采用细度模数 M_x = 2.8,中砂,表观密度 2600kg/m^3。粗集料为石灰石。集料的类型对混凝土导热系数影响明显,不同种类的岩石导热系数见表 2-19。

常见岩石导热系数[W/(m·K)]　　　　表 2-19

岩 石 类 型	导热系数	岩 石 类 型	导热系数
石英岩(Quartz)	4.45	石灰石(Limestone)	2.29~2.78
花岗岩(Granite)	2.50~2.65	大理石(Marble)	2.11
玄武岩(Basalt)	2.47		

试件尺寸为 30cm×30cm×5cm,每一试验因素成型 3 块,成型后于温度 20℃±2℃,湿度为 95% 以上的标准养护室养护 28d。其各配合比如表 2-20 所示。含气量试验参数添加引气剂分别为水泥质量的 0.02%、0.03%、0.04%、0.05%、0.06%。试件的含水率较大,经烘干,测试其对应的导热系数。

第2章 行车荷载、环境与混凝土材料特性

混凝土导热系数配合比（kg/m³） 表2-20

试验参数	试件编号	水胶比	砂率	水泥/粉煤灰	细集料	粗集料
	基准	0.42	0.36	393	698	1241
	C-1	0.42	0.36	333	733	1303
	C-2	0.42	0.36	429	656	1167
集料含量	C-3	0.42	0.36	524	585	1040
	C-4	0.42	0.36	619	514	913
	C-5	0.42	0.36	714	442	786
	S-1	0.42	0.36	393	776	1164
	S-2	0.42	0.40	393	853	1086
砂率	S-3	0.42	0.44	393	925	1002
	S-4	0.42	0.48	393	623	1324
	S-5	0.42	0.52	393	1001	924
	w-1	0.50	0.36	350	693	1232
水灰比	w-2	0.60	0.36	317	703	1251
	w-3	0.70	0.36	307	710	1263
	w-4	0.35	0.36	386	721	1282
	F-1	0.42	0.36	39/354	698	1241
粉煤灰	F-2	0.42	0.36	118/275	698	1241
	F-3	0.42	0.36	196/196	698	1241
	F-4	0.42	0.36	275/1189	698	1241
	Y-1	0.42	0.36	393	698	1241
	Y-2	0.42	0.36	393	698	1241
含气量	Y-3	0.42	0.36	393	698	1241
	Y-4	0.42	0.36	393	698	1241
	Y-5	0.42	0.36	393	698	1241

1）水灰比对混凝土导热系数的影响

不同水灰比混凝土在干燥条件下的导热系数如图 2-58a）所示。混凝土导热系数随着水灰比的增加而降低。主要原因如下：①水泥导热系数在 21℃ 时为 1.063W/(m·K) 而水的导热系数为 0.6W/(m·K)，因此水灰比越小，混凝土导热系数越大；②干燥试验条件下，水灰比越高，则混凝土孔隙越大，导热系数相应越小。

2）砂率对混凝土导热系数的影响

混凝土的导热系数随着砂率的增大，导热系数先增大后逐渐减小，如图 2-58b）所示。当砂率为 44% 时，混凝土的导热系数最大。当砂过量时，在水泥用量及水灰比相同的情况下，砂的量越大，需要包裹砂浆的水泥会增加，因此过多的砂浆会导致混凝土导热系数降低；另外砂

本身的导热系数小于混凝土中粗集料的导热系数,因此砂含量越大,导热系数越小。

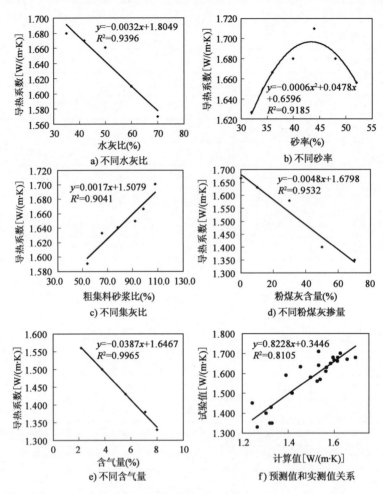

图 2-58　混凝土导热系数与各影响因素图

3) 粉煤灰对混凝土导热系数的影响

在其他试验条件完全相同的情况下,粉煤灰取代混凝土的百分率分别为 10%、30%、50%、70%,其导热系数相应减小,如图 2-58d)所示。取代量为 10%、30%时,混凝土导热系数的变化不是很大,即粉煤灰掺量的比例较小时对混凝土导热系数影响较小。当粉煤灰的量超过 30%后,引气混凝土导热系数明显下降。

4) 含气量对混凝土导热系数的影响

随着含气量的提高混凝土的导热系数减小,如图 2-58e)所示,含气量从 2.2%上升到 3.8%,混凝土导热系数分别为 1.56W/(m·K)、1.50W/(m·K),导热系数降低了 4.0%。一般来说,混凝土的含气量会对其强度产生一定的影响,但在严寒地区的水泥混凝土铺面,气体的引入极大提高了混凝土的抗盐冻、抗腐蚀的性能,其影响远远大于因引气而导致的强度降低,另外,寒区道路的混凝土面层在一定程度上可以减少外界热源对路基冻土层稳定性的不利影响。

混凝土的导热系数不仅与混凝土的含气量相关,还与气孔尺寸、气孔的分布有关。在含气量相同的情况下,随着气孔尺寸减小,气孔数量增多。一般来说,气孔尺寸变小,空气对流幅度也相应变小,这导致对流传热效率降低,而气孔数量的增多导致内部气孔壁表面积增加,即增加混凝土固体的反射面,使辐射传热效率降低,因此引气混凝土的导热系数降低。所以含气量较高时,气孔尺寸越小,越有利于减小引气混凝土的导热系数。因此在满足强度要求下尽可能提高混凝土的含气量,以达到混凝土的耐久性及改善引气混凝土的隔热保温作用。

温度对材料的导热性能也有所影响,对于非金属材料而言,导热系数及导温系数一般随温度升高而增大,但是在常温下变化不大,可以不考虑其影响。道路材料的热物理性能相似,差别不大。通常情况下,材料导热系数及导温系数随密度、湿度、温度增加而增大。由于影响材料热物理性能的因素较多,如要准确地分析路面温度场,应该在特定条件下系统测定所需材料的热物性参数。当试验条件受限制时,可采用表2-21中的建议值。

材料导热系数建议值　　　　　　　　　表2-21

材料类型	$\lambda[kJ/(m \cdot h \cdot ℃)]$	$\alpha(m^2/h)$
水泥	5.2(5.0~8.2)	0.0031(0.0027~0.0045)
沥青	4.2(3.8~5.0)	0.0022(0.0020~0.0026)
砂、碎石	5.0(3.4~6.7)	0.0030(0.0020~0.0040)
水泥稳定碎石	5.0(4.6~6.0)	0.0029(0.0028~0.0033)
二灰碎石、三渣	4.4(3.8~5.0)	0.0025(0.0024~0.0030)
石灰土、二渣	4.6(4.2~5.8)	0.0027(0.0025~0.0031)
二灰土	4.6(3.8~5.0)	0.0026(0.0023~0.0028)
炉渣等隔温材料	2.1(1.7~2.9)	0.0020(0.0018~0.0040)

表2-21取值的原则是:根据不同地区的地理环境、气候条件以及道路结构实际情况,选择相应的导热系数,充分压实,密度较大的材料应取较大的值;南方湿润、多雨地区取较大值;季节性冰冻地区冬季冻深厚度范围的道路材料的导热系数取较大值;反之,取值应偏小。

2.4.4　温缩系数

选用不同岩性粗集料,其中包括4种玄武岩、5种石灰岩、3种花岗岩、2种砂岩和闪长岩、石英岩、辉绿岩、白云岩各1种。部分集料的产地和部分物理性质指标如表2-22所示。

粗集料物理性质　　　　　　　　　表2-22

名　称	产　地	压碎值(%)	磨耗值(%)	膨胀系数($10^{-6}/℃$)
花岗岩	黑龙江	12~29	14~31	5.0~11.9
闪长岩	河北	13~30	15~36	4.1~10.3
砂岩	黑龙江	15~35	14~36	8.0~12.0
玄武岩	北京	10~27	9~25	4.0~12.5
石灰岩	广西	14~34	13~29	3.1~12.1
辉绿岩	广西	15~33	12~40	3.6~7.0
石英岩	甘肃	11~18	15~20	10.0~11.0
白云岩	甘肃	6~10	12~22	5.5~10.8

试验所用普通硅酸盐42.5级水泥,砂细度模数为2.8。对于不同类型集料,试验使用相同的水泥、砂、高效减水剂,采用相同的配合比,如表2-23所示。水灰比为0.42,砂率为0.36。

配合比(kg/m³)   表2-23

水泥	水	砂	减水剂(%)	集料		
				0.5~1cm	1~2cm	2~3cm
370	155	693	0.7	246	246	739

将混凝土装入100mm×100mm×400mm的试模时,将预先准备好的温度传感器放入试模中央。24h后脱模,转入养护室(温度20℃±2℃,湿度≥95%)养护,直至进行温缩系数测定。

新拌混凝土坍落度、密度、含气量的测定按《公路工程水泥及水泥混凝土试验规程》的相关规定进行。测定结果如表2-24所示。其中坍落度分布在30~55mm之间,含气量介于1.1%~2.2%之间,密度则在2426~2466kg/m³之间。

新拌混凝土技术指标   表2-24

名称	坍落度(mm)	密度(kg/m³)	含气量(%)	名称	坍落度(mm)	密度(kg/m³)	含气量(%)
闪长岩	40	2426	2.0	花岗岩Ⅱ	35	2450	1.6
砂岩Ⅰ	30	2441	2.1	石灰岩Ⅲ	35	2453	1.4
花岗岩Ⅰ	40	2440	1.8	砂岩Ⅱ	35	2461	1.1
玄武岩Ⅰ	35	2461	1.6	石灰岩Ⅳ	40	2458	1.4
石灰岩Ⅰ	35	2457	1.6	玄武岩Ⅱ	40	2466	1.5
石英岩	40	2441	2.0	玄武岩Ⅲ	45	2447	2.0
辉绿岩	50	2426	2.2	花岗岩Ⅲ	35	2464	1.4
白云岩	55	2442	1.8	玄武岩Ⅳ	30	2465	1.4
石灰岩Ⅱ	30	2453	1.5	石灰岩Ⅴ	50	2445	2.2

不同类型集料的水泥混凝土的温缩系数如表2-25所示。砂岩混凝土的温缩系数最大,为$12.1 \times 10^{-6}/℃$,玄武岩混凝土的温缩系数最小,为$4.76 \times 10^{-6}/℃$。玄武岩混凝土的温缩系数分布在$4.76 \times 10^{-6} \sim 8.2 \times 10^{-6}/℃$之间,花岗岩混凝土的介于$6.66 \times 10^{-6} \sim 9.45 \times 10^{-6}/℃$之间,石灰岩混凝土的则介于$7.71 \times 10^{-6} \sim 9.25 \times 10^{-6}/℃$之间。

不同集料的混凝土的温缩系数($10^{-6}/℃$)   表2-25

名称	膨胀系数	名称	膨胀系数
闪长岩	8.6	玄武岩Ⅰ	6.1
砂岩Ⅰ	12.1	玄武岩Ⅱ	8.2
砂岩Ⅱ	10.8	玄武岩Ⅲ	6.7
花岗岩Ⅰ	7.9	玄武岩Ⅳ	4.8
花岗岩Ⅱ	9.5	石灰岩Ⅰ	9.0
花岗岩Ⅲ	6.7	石灰岩Ⅱ	9.5
石英岩	9.3	石灰岩Ⅲ	7.7
辉绿岩	8.6	石灰岩Ⅳ	9.1
白云岩	9.4	石灰岩Ⅴ	8.4

温度升高时混凝土的膨胀量与温度降低同一值时混凝土收缩量基本一致,花岗岩混凝土温度为10℃时,读数为1.15mm;当温度升到50℃后又重新回到10℃时,读数从3.696mm回到了1.168mm。实际上,整个过程中混凝土的变形率只有0.007mm/m。对于闪长岩、砂岩、玄武岩、石灰岩、石英岩、辉绿岩、白云岩混凝土均不超过0.018mm/m。

混凝土对于不同温度段的敏感性差异也不大,当温度从10℃升至20℃时,400mm长花岗岩混凝土试件的膨胀量为0.0315mm;当温度从20℃升值30℃时,膨胀量为0.0347mm,二者之差为0.0032mm。这一值对于玄武岩、石灰岩、石英岩混凝土分别为0.008mm、0.012mm、0.004mm。

当粗集料含量相当时,集料热膨胀系数越大,含有该集料的混凝土的热膨胀系数越大。

本章参考文献

[1] 田波. 重载水泥混凝土路面结构分析[D]. 上海:同济大学,2001.
[2] 田波,牛开民,等. 基于耐久性水泥混凝土路面结构研究[R]. 北京:交通运输部公路科学研究所,2010.
[3] 董淑慧. 内部湿度对陶粒混凝土界面区结构与收缩影响的研究[D]. 黑龙江:哈尔滨工业大学,2010.
[4] 董淑慧,葛勇,张宝生,等. 混凝土内部相对湿度测试方法[J]. 低温建筑技术,2008.
[5] 陈亮亮,周长俊,权磊. 美国水泥混凝土路面板硬化温度梯度研究进展综述[J]. 中外公路,2016.
[6] 张倩倩. 新铺和硬化水泥混凝土路面温度场研究[D]. 北京:北京交通大学硕士论文,2009.
[7] 张艳聪,田波,彭鹏,等. 水泥混凝土线膨胀系数研究[J]. 公路,2011.
[8] Dater, M. I., Barenberg, E. J. (1977) Design of Zero-Maintenance Plain Jointed Pavement, Report No. FHWA-RD-111, FHWA.
[9] Dater, M. I. (1989) "A comparison Between Corps of Engineers and ERES Consultants Rigid Pavement Design Procedures," ERES Consultants, Inc.
[10] Domenichini, L., Marchionna, A. (1981) "Influence of stress Range on Plain Concrete Pavement Fatigue Design," 2nd International Conference on Concrete Pavement Design Purdue University pp. 55-65.
[11] Huang, Y. H. (1993). Pavement Analysis and Design. Prentice Hall, New Jersey. pp271.
[12] Ioannides, A. M., Korovesls, G. T. (1992) "Analysis and Design of Doweled Slab-On-Grade Pavement Systems.", Journal of Transportation Engineering, Vol. 118, No. 6, pp745-768.
[13] Kim, J., Hjelmstad, K. (2000) "Three Dimensional Finite Element Anlysis of Multilayered System: Compressive Nonlinear Analysis of Rigid," Department of Civil Engineering, UIUC.
[14] Nussbaum, P. J., Childs, L. D. (1975) "Repetitive Load Tests of Concrete Slabs on Cement-Treated Subbases," Portland Cement Association (RD 025).

[15] Roesler, J. R., Barenberg, E. J. Fatigue and Static Testing of Concrete Slabs, TRB 2000.

[16] Oh, B. H. (1986) Fatigue Analysis of Plain Concrete. Journal of Structural Engineering, ASCE,112(2):273-288.

[17] Packard, R. G., Tayabji, S. D. (1985) New PCA Thickness Design Procedure for Concrete Highway and Street Pavements, 3rd International Conference on Concrete Pavement Design Purdue University pp. 225-236.

[18] Thompson, M. R., Barenberg, E. J. (1992) "Calibrated Mechanistic Structural Analysis Procedure for Pavements," NCHRP 1-26, Transportation Research Board, Washington, D. C. pp.175.

[19] 邓学均,陈荣生.刚性路面设计[M].北京:人民交通出版社,1992.

[20] 交通部水泥混凝土路面推广组.水泥混凝土路面研究[M].北京:人民交通出版社,1997.

[21] 交通部.公路水泥混凝土路面设计规范:JTJ 012—94[S].北京:人民交通出版社,1994.

[22] 姜爱峰.二灰碎石基层材料的组成结构和性能及其水泥混凝土路面结构分析[D].上海:同济大学,1998.

[23] 彭波,姚祖康,等.上海市公路车辆超载和超限调查分析报告[R].上海:同济大学,2000.

[24] 石小平,姚祖康,李华,等.水泥混凝土的弯曲疲劳特性研究[J].土木工程学报,1990,23(3):11-22.

[25] 唐伯明.刚性路面板脱空状况的评定与分析[J].中国公路学报,1992,5(1):40-44.

[26] 姚祖康,姜爱峰,等.半刚性基层水泥混凝土路面结构设计方法研究[R].上海:同济大学和上海市市政工程管理局,1996.

[27] 姚祖康.水泥混凝土路面设计[M].合肥:安徽科学技术出版社,1999.

[28] 浙江省台州地区公路段、浙江省交通局公路勘测设计室.水泥混凝土路面疲劳试验研究初步总结报告[J].南京工学院学报(土木工程专辑)(2),1978.

[29] 赵队家,姚祖康,田波,等.山西省重交通、特重交通下的水泥混凝土路面合理结构的研究[R].上海:同济大学,2001.

第3章 混凝土铺面计算理论

3.1 基本理论

交通荷载的变化目前趋势是多轴化、重轴载化和高频次。车辆对水泥混凝土铺面损坏和使用寿命的影响,根据车辆轴轮型,可得到临界荷位和相应的轴轮型下的混凝土破坏模式。

水泥混凝土铺面的分析理论和分析方法也取得了长足发展。在计算理论方面,Goldbeck将路面板假设为悬臂梁,在角隅作用一集中荷载,从而推导出刚性路面的简易公式。接着Westergaard 推导出温度翘曲作用下路面板的应力计算公式,并采用 Winkler 地基计算三种荷载情况下的计算公式:①圆形均布荷载作用于角隅,圆周与两边相切;②圆形均布荷载作用于无限大板中央;③车轮半圆均布荷载作用于半无限大板的边缘,圆心在板边。同时 Bradbury 采用变量分离的方法,提出有限尺寸板翘曲应力的解法,改进了 Westergaard 的计算方法。为验证以上理论,Teller 和 Sutherland 在 Arlington 进行了水泥混凝土铺面结构研究,在地基反应模量、接缝设计以及温度应力等6方面得到许多重要结论。至此混凝土铺面的计算理论基本建立。

随着有限元法的广泛采用,混凝土计算理论研究又进入新一轮高潮。Cheung 和 Zienkiewicz 推导出 Winkler 液体地基和弹性固体地基上薄板的有限元解,接着美国伊利诺伊大学香槟分校(UIUC)的 Tabatabaie 和 Barenberg 在 1970 年代开发出 ILLSLAB 软件,用以计算混凝土板在车辆和温度翘曲分别或者共同作用下板的应力和弯沉,并使用 1960 年到 1962 年美国 AASHO 试验路所测的应变结果校正了有限元的计算结果,使得有限元计算的结果与 AASHO 试验路的测试结果有很好的相关性。后经 Ioannides 完善,逐渐发展成为现在的 ISLAB 系列软件,在计算刚性路面力学作用方面得到了广泛的应用。例如,计算路面弯沉方面,Barak 和 Ceylan 使用 ISLAB2000 的计算结果训练人工神经网络来预测地基反应模量 k_s 和混凝土的模量 E_{pcc},预测结果精度很高,平均相对误差仅为 0.28%;除此之外,美国 PCA 由 Tayabji 和 Colley 开发出 JSLAB;Chou 和 Huang 提出了 WESLIQID、WESLAYER、KEN-SLAB。同期同济大学、东南大学也开发出相应计算程序。

国外基本上多采用 Winkler 地基模型,很少采用弹性固体地基模型,更不用说 Pasternak 地基模型。虽然 Winkler 地基模型被认为过于简单,并低估了地基的承载能力,而相应固体地基以及层状弹性地基却被认为更能代表地基的真实状况,然而同济大学的研究却表明固体地基模型并没有优于液体地基,如在板角受荷时固体地基模型计算值严重与实测值不符。陈荣生、唐伯明等认为采用 Winkler 地基模型时,用承载板得到的地基反应模量可直接应用于理论分析和设计,且板中、板边、板角均可采用统一值;而采用固体地基时,在板中、板边、板角采用不同的增大倍数,才能使理论计算与实测相吻合。至于 Pasternak 地基模型以及其变种 Kerr 模型,经过调整剪切模量 G 和地基反应模量 K 可以使计算与实测相符合,虽然姚祖康和石小平给出了参数 G 和 K 之间的关系,但由于参数 G 和 K 之间的关系较为复杂,参数较难确定,所以 Pasternak 地基模型没能广泛应用。

3.1.1 圆形轴对称荷载下的双层弹性滑动体系

水泥混凝土路面可以抽象为弹性双层状体系,由混凝土板和地基组成的双层弹性体系。地基由多层层状体系通过当量换算,当量为半无限弹性层。

双层体系,它包括具有一定厚度 h 的水平方向无限延伸的上层,下层是弹性半空间体,上下两层的弹性参数分别为 E_1、μ_1、E_0、μ_0,如图 3-1 所示。

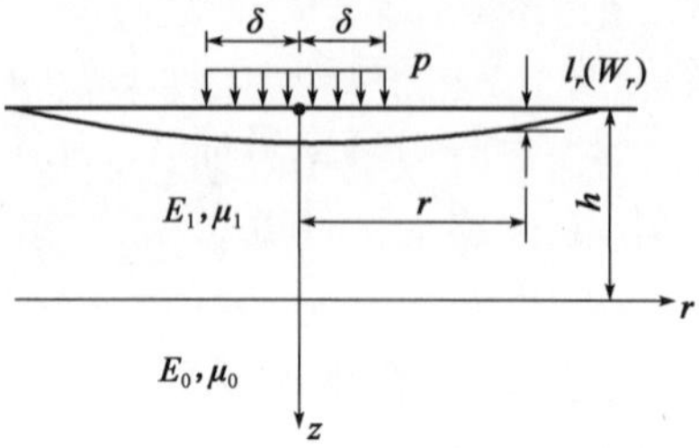

圆形轴对称荷载下双层弹性滑动体系的表面边界条件和层间结合条件如下:

$$\sigma_{z_1}|_{z=0} = -p(r)$$
$$\tau_{zr_1}|_{z=0} = 0$$
$$\sigma_{z_1}|_{z=h} = \sigma_{z_2}|_{z=h}$$
$$\tau_{zr_1}|_{z=h} = 0$$
$$\tau_{zr_2}|_{z=h} = 0$$
$$w_1|_{z=h} = w_2|_{z=h}$$

图 3-1 双层弹性体系

根据上述假设,并将其等式两端施加亨格尔积分变换,则可得如下线性方程组:

$$A_1^V + (1-2\mu_1)B_1^V - C_1^V + (1-2\mu_1)D_1^V = -1 \tag{3-1a}$$

$$A_1^V - 2\mu_1 B_1^V + C_1^V + 2\mu_1 D_1^V = 0 \tag{3-1b}$$

$$[A_1^V + (1-2\mu_1+\xi h)B_1^V]e^{-\xi h} - [C_1^V - (1-2\mu_1-\xi h)D_1^V]e^{\xi h} = [A_2^V + (1-2\mu_2+\xi h)B_2^V]e^{\xi h} \tag{3-2a}$$

$$[A_1^V - (2\mu_1-\xi h)B_1^V]e^{-\xi h} + [C_1^V + (2\mu_1+\xi h)D_1^V]e^{\xi h} = 0 \tag{3-2b}$$

$$[A_2^V - (2\mu_2-\xi h)B_2^V]e^{-\xi h} = 0 \tag{3-2c}$$

$$m\{[A_1^V + (2-4\mu_1+\xi h)B_1^V]e^{-\xi h} + [C_1^V - (2-4\mu_1-\xi h)D_1^V]e^{\xi h}\}$$
$$= [A_2^V + (2-4\mu_2+\xi h)B_2^V]e^{-\xi h} \tag{3-2d}$$

1) 求解第一层系数

由式(3-2c)可得:

$$A_2^V = (2\mu_1-\xi h)B_2^V \tag{3-2e}$$

将式(3-2d)代入式(3-2a)和式(3-2e),并在等式两端乘以 $e^{-\xi h}$,则可得:

$$A_1^V + [(1-2\mu_1+\xi h)B_1^V]e^{-2\xi h} - [C_1^V - (1-2\mu_1-\xi h)D_1^V] = B_2^V e^{-2\xi h} \tag{3-2f}$$

$$m\{[A_1^V + (2-4\mu_1+\xi h)B_1^V]e^{-2\xi h} + [C_1^V - (2-4\mu_1-\xi h)D_1^V]\} = 2(1-\mu_2)B_2^V e^{-2\xi h} \tag{3-2g}$$

若令:

$$n_F = \frac{m}{1-\mu_2}$$

则式(3-2g)可改写为下式:

$$n_F\{[A_1^V + (2 - 4\mu_1 + \xi h)B_1^V]e^{-2\xi h} + [C_1^V - (2 - 4\mu_1 - \xi h)D_1^V]\} = B_2^V e^{-2\xi h} \quad (3\text{-}2h)$$

式(3-2h)代入式(3-2f),则有:

$$\{(n_F - 1)A_1^V + [(2 - 4\mu_1 + \xi h)n_F - (1 - 2\mu_1 + \xi h)]B_1\}e^{-2\xi h} + (n_F + 1)C_1^V - [(2 - 4\mu_1 - \xi h)n_F + (1 - 2\mu_1 - \xi n)]D_1^V = 0 \quad (3\text{-}2i)$$

将式(3-2b)乘以 $e^{-\xi h}$,则可得:

$$[A_1 - (2\mu_1 - \xi h)B]e^{-2\xi h} + C_1 + (2\mu_1 + \xi h)D_1 = 0 \quad (3\text{-}3)$$

$$(k_F - 1)B_1 e^{-2\xi h} + C_1 - [k_F - (2\mu_1 + \xi h)]D_1^V = 0 \quad (3\text{-}4)$$

式(3-2i) - $(n_F - 1)$ × 式(3-4),则有:

$$\left[(1 - \mu_1)n_F - \frac{1}{2}\right]B_1 e^{-22\xi h} + C_1 - \left[(1 - \mu_1)n_F + \frac{1}{2} - (2\mu_1 + \xi h)\right]D_1^V = 0$$

若令:

$$k_F = (1 - \mu_1)n_F + \frac{1}{2}$$

式(3-1a)、式(3-1b)、式(3-3)、式(3-4)联立,采用行列式理论求解,则可得:

$$A_1 = -\frac{\bar{p}(\xi)}{\Delta_F}\{2\mu_1 k_F - [k_F(2\mu_1 - \xi h) + (1 - 2\mu_1 + \xi h - k_F)\xi h]e^{-2\xi h}\}$$

$$B_1 = -\frac{\bar{p}(\xi)}{\Delta_F}[k_F - (k_F - \xi h)e^{-2\xi h}]$$

$$C_1 = -\frac{\bar{p}(\xi)e^{-2\xi h}}{\Delta_F}[(2\mu_1 + \xi h)(k_F - 1 - \xi h) + \xi h k_F - 2\mu_1(k_F - 1)e^{-2\xi h}]$$

$$D_1 = -\frac{\bar{p}(\xi)e^{-2\xi h}}{\Delta_F}[(k_F - 1 - \xi h) + (k_F - 1)e^{-2\xi h}]$$

式中: $\Delta_F = k_F + [2\xi h(2k_F - 1) - (1 + 2\xi^2 h^2)]e^{-2\xi h} - (k_F - 1)e^{-4\xi h}$。

为了检验 A_1、B_1、C_1、D_1 表达式的正确性,可将上述 A_1、B_1、C_1、D_1 的结果代入式(3-1a)、式(3-1b)、式(3-3)、式(3-4)。经检验,其结果正确。

2)求解第二层系数

若将 A_1、B_1、C_1、D_1 代入式(3-2f),则可得 B_2 的表达式:

$$B_2 = -\frac{\bar{p}(\xi)}{\Delta_F}(2k_F - 1)[(1 + \xi h) - (1 - \xi h)e^{-2\xi h}]$$

若将 B_2 的表达式代入式(3-2e),则可得:

$$A_2 = -\frac{\bar{p}(\xi)}{\Delta_F}(2k_F - 1)(2\mu_2 - \xi h)[(1 + \xi h) - (1 - \xi h)e^{-2\xi h}]$$

为了检验 A_2、B_2 表达式的正确性,可将上述 A_1、B_1、C_1、D_1 的结果代入式(3-2a)和式(3-2d)。经检验,其验证 A_2、B_2 表达式正确无误。

圆形轴对称垂直荷载的零阶亨格尔积分变换式如下:

$$\bar{p}(\xi) = \frac{2^{m-1}\Gamma(m + 1)p\delta}{\xi(\xi\delta)^{m-1}}J_m(\xi\delta) \quad (3\text{-}5)$$

令

$$A_i = \frac{p\delta}{\xi} J(m) A_i^v$$

$$B_i = \frac{p\delta}{\xi} J(m) B_i^v$$

$$C_i = \frac{p\delta}{\xi} J(m) C_i^v$$

$$D_i = \frac{p\delta}{\xi} J(m) D_i^v$$

若将 A_i、B_i、C_i、D_i 和 $x = \xi\delta$ 代入，则可得圆形轴对称垂直荷载作用下双层弹性滑动体系内任意点的应力与位移分量公式：

$$\begin{cases} \sigma_{r_i}^V = -p\left[\int_0^\infty F_1 J(m) J_0\left(\frac{r}{\delta}x\right)\mathrm{d}x - \frac{\delta}{r}U_i^V\right] \\ \sigma_{\theta_i}^V = p\left[2\mu_i \int_0^\infty F_2 J(m) J_0\left(\frac{r}{\delta}x\right)\mathrm{d}x - \frac{\delta}{r}U_i^V\right] \\ \sigma_{z_i}^V = -p \int_0^\infty F_3 J(m) J_0\left(\frac{r}{\delta}x\right)\mathrm{d}x \\ \tau_{zr_i}^V = p \int_0^\infty F_4 J(m) J_1\left(\frac{r}{\delta}x\right)\mathrm{d}x \\ u_i^V = -\frac{(1+\mu)p\delta}{E_i} U_i^V \\ w_i^V = -\frac{(1+\mu_i)p\delta}{E_i} \int_0^\infty F_5 J(m) J_0\left(\frac{r}{\delta}x\right)\frac{\mathrm{d}x}{x} \end{cases} \quad (3-6)$$

式中，$U_i^V = \int_0^\infty F_0 J(m) J_1\left(\frac{r}{\delta}x\right)\frac{\mathrm{d}x}{x}$

$$J(m) = \frac{2^{m-1}\Gamma(m+1)}{x^{m-1}} J_m(x)$$

$$A_1^V = \frac{1}{2\Delta_F}\left[2\mu_1 k_F + \left(1 - 2\mu_1 + \frac{h}{\delta}x\right)\left(k_F - \frac{h}{\delta}x\right)\mathrm{e}^{-2\frac{h}{\delta}X}\right]$$

$$B_1^v = -\frac{1}{\Delta_{F_c}}\left[k_F - \left(k_F - \frac{h}{\delta}x\right)\mathrm{e}^{-2\frac{h}{\delta}x}\right]$$

$$C_1^v = -\frac{\mathrm{e}^{-2\frac{h}{\delta}x}}{2\Delta_F}\left[\left(2\mu_1 + 2\frac{h}{\delta}x\right)\left(k_F - 1 - \frac{h}{\delta}x\right) + k_F \frac{h}{\delta}x - 2\mu_1(k_F - 1)\mathrm{e}^{-2\frac{h}{\delta}X}\right]$$

$$D_1^v = -\frac{\mathrm{e}^{-2\frac{h}{\delta}x}}{\Delta_F}\left[\left(k_F - 1 - \frac{h}{\delta}x\right) - (k_F - 1)\mathrm{e}^{-2\frac{h}{\delta}X}\right]$$

$$A_2^v = -\frac{1}{\Delta_F}(k_F - 1)\left(2\mu_2 - \frac{h}{\delta}x\right)\left[\left(1 + 2\frac{h}{\delta}x\right) - \left(1 - \frac{h}{\delta}x\right)\right]\mathrm{e}^{-2\frac{h}{\delta}x}$$

$$B_2^v = -\frac{1}{\Delta_F}(2k_F - 1)\left[\left(1 + \frac{h}{\delta}x\right) - \left(1 + \frac{h}{\delta}x\right)\mathrm{e}^{-2\frac{h}{\delta}x}\right]$$

$$C_2^v = D_2^v = 0$$

其中，$\Delta_F = k_F + \left[2\dfrac{h}{\delta}x(2k_F-1) - \left(1+2\dfrac{h^2}{\delta^2}x^2\right)\right]\mathrm{e}^{-2\frac{h}{\delta}x} - (k_F-1)\mathrm{e}^{-4\frac{h}{\delta}x}$

$$F_0 = \left[A_i^V - \left(1 - \dfrac{z}{\delta}x\right)B_i^V\right]\mathrm{e}^{-\frac{z}{\delta}x} - \left[C_i^V + \left(1 + \dfrac{z}{\delta}x\right)D_i^V\right]\mathrm{e}^{\frac{z}{\delta}x}$$

$$F_1 = \left[A_i^V - \left(1 + 2\mu_i - \dfrac{z}{\delta}x\right)B_i^V\right]\mathrm{e}^{-\frac{z}{\delta}x} - \left[C_i^V + \left(1 + 2\mu_i + \dfrac{z}{\delta}x\right)D_i^V\right]\mathrm{e}^{\frac{z}{\delta}x}$$

$$F_2 = B_i^V \mathrm{e}^{-\frac{z}{\delta}x} + D_i^V \mathrm{e}^{\frac{z}{\delta}x}$$

$$F_3 = \left[A_i^V + \left(1 - 2\mu_i + \dfrac{z}{\delta}x\right)B_i^V\right]\mathrm{e}^{-\frac{z}{\delta}x} - \left[C_i^V - \left(1 - 2\mu_i - \dfrac{z}{\delta}x\right)D_i^V\right]\mathrm{e}^{\frac{z}{\delta}x}$$

$$F_4 = \left[A_i^V - \left(2\mu_i - \dfrac{z}{\delta}x\right)B_i^V\right]\mathrm{e}^{-\frac{z}{\delta}x} + \left[C_i^V + \left(2\mu_i + \dfrac{z}{\delta}x\right)D_i^V\right]\mathrm{e}^{\frac{z}{\delta}x}$$

$$F_5 = \left[A_i^V + \left(2 - 4\mu_i + \dfrac{z}{\delta}x\right)B_i^V\right]\mathrm{e}^{-\frac{z}{\delta}x} - \left[C_i^V - \left(2 - 4\mu_i - \dfrac{z}{\delta}x\right)D_i^V\right]\mathrm{e}^{\frac{z}{\delta}x}$$

3.1.2 混凝土板底的地基模型

由于水泥混凝土铺面的特殊性，理论研究常将该路面模型化为作用于一定地基模型上的板。板可以是薄板、中厚板或厚板，而地基模型则种类繁多：Winkler(1867)在研究铁路路基时提出的 Winkler 地基(图 3-2)；Boussinesq(1885)提出的弹性半空间体；Pasternak(1954)提出的 Pasternak 地基模型；同时基于上述三种地基模型，还衍生出许多新地基模型，如 Burmister(1945)提出的多层弹性地基，Kerr(1990)提出的 Kerr 地基模型。

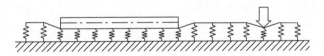

图 3-2　Winkler 地基

(1) Winkler 地基

Winkler 地基认为地基单位面积上所受的压力与地基沉陷成正比例(图 3-3)。地基的反应力可用一个系数 k 和该点的挠度的乘积来表示：

$$p(x,y) = kW(x,y) \tag{3-7}$$

式中：$p(x,y)$——地基顶面的反力(MPa)；

　　　k——地基反应模量(MN/m³)；

　　　$W(x,y)$——竖向挠度(m)。

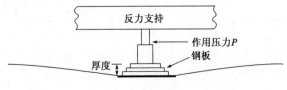

图 3-3　承载板试验

系数 k 称为地基反应模量,是地基刚度的量度,在整个面积内保持常数。Winkler 地基模型认为地基某一点的沉陷仅取决于作用于该点的压力,而与相邻点没有关系,各点间的关系就像互不相连的弹簧。地基反应模量取值方法参见《路面设计原理》(Yoder 1975)。

(2)弹性半无限地基及弹性多层半无限地基

弹性半无限(Boussinesq)(图 3-4)地基认为地基为连续、均质、各向同性、完全弹性的半空间体。弹性均质半空间地基的力学特性用弹性模量和泊松比来表示。地基表面的垂直位移和均布圆形荷载的关系可以用下式表示:

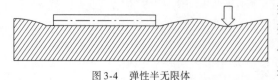

图 3-4 弹性半无限体

$$w(r) = \frac{2(1-\mu_0^2)}{E_0} \int_0^\infty \bar{p}(\xi) J_0(\xi r) \mathrm{d}\xi \qquad (3\text{-}8)$$

式中:$w(r)$——位移函数;
$\bar{p}(\xi)$——荷载的零阶亨格尔变换;
$J_0(\xi r)$——第一类零阶亨格尔变换;
r——离开荷载中心的距离。

Burmister 改进了弹性半无限地基,提出多层弹性(Burmister)地基。层状地基表面的垂直位移和均布圆形荷载的关系可以用式(3-9)表示:

$$w(r) = \frac{1+\mu_1}{E_1} \int_0^\infty \bar{p}(\xi) J_0(\xi r) \{[A_1 - C_1(2-4\mu_1)]e^{-\xi\lambda_1} - [B_1 + D_1(2-4\mu_1)]\} \mathrm{d}\xi \qquad (3\text{-}9)$$

式中: $w(r)$——位移函数;
$\bar{p}(\xi)$——荷载的零阶亨格尔变换;
$J_0(\xi r)$——第一类零阶亨格尔变换;
r——离开荷载中心的距离;
A_1, B_1, C_1, D_1——积分常数。

更为详细的论述可见朱照宏、王秉纲、郭大智的《路面力学》。

(3)Pasternak 地基

Winkler 地基认为各弹簧间没有横向连接,Pasternak 则在 Winkler 地基的基础上引入剪切模量参数,通过调节剪切模量参数,使得理论计算结果与地基实际状况相符,见图 3-5。其压力和挠度间的关系可以表达为:

$$p = kw - G\nabla^2 w \qquad (3\text{-}10)$$

式中:p——荷载压力(MPa);
w——挠度(m);
k——地基反应模量(MN/m³);
G——剪切模量(MPa);
∇^2——拉普拉斯算子。

(4)Kerr 地基

Kerr 认为当自由板作用于 Pasternak 地基模型上,板边的反应(应力、挠度)异常,同时在集中荷载作用下结果奇异。于是 Kerr 在 Pasternak 地基模型的基础上复杂化了该模型，即在 Pasternak 地基模型上再增加一层弹簧（刚度为 c），从而提出 Kerr 地基模型，见图 3-6。Kerr 地基模型的表达式为：

$$\left(1 + \frac{k}{c}\right)p - \frac{G}{c}\nabla^2 p = kw - G\nabla^2 w \tag{3-11}$$

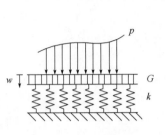
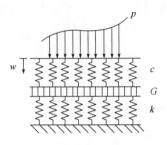

图 3-5　Pasternak 模型　　　　图 3-6　Kerr 模型

对于弹性地基而言，板中荷载、板边荷载产生的挠度曲线，其实测值和理论计算值（或有限元解）虽然大小不一致，但曲线形状比较接近，可以适当提高地基回弹模量使得计算值与实测值相符，同时可以采用多层弹性地基来考虑底基层、上基层的作用。但对于角隅荷载，弹性地基模型严重与事实不符，无论如何调整地基回弹模量，也不能使计算值与实测值相符。

而 Winkler 地基模型在角隅荷载作用下，使得计算值与实测值相符。但 Winkler 地基模型不能很好解决层状地基问题，往往需要试验修正或参照层状理论进行修正。

Pasternak 地基模型可以通过调节剪切模量使得计算值与实测值相符。但该地基模型牵扯到剪切模量的取值。对于土基而言，姚祖康等（1984）提出剪切模量和地基反应模量的关系为：

$$G = 350000k \tag{3-12}$$

Callens 和 Onraedt（1994）提出：

$$G(\text{N/mm}) = 1900 e^{\frac{4h}{a}} k^{\frac{0.53h}{a}} (\text{N/mm}^3) \tag{3-13}$$

当取 $h/a = 1.3$ 时，$G = 344417 k^{0.7}$。

但在考虑基层作用时，目前还没有 Pasternak 地基模型的剪切模量取值方法。

对于 Kerr 模型，同样面临如何确定各计算参数的问题。

3.1.3　混凝土铺面结构的板理论

计算时遵循两项假设：

(1) 在变形过程中，板和地基始终紧密接触，板中面的垂直位移和地基顶面的垂直位移相等。

(2) 板与地基的接触面上无摩阻力，可以自由滑动。

其基本方程如下：

$$D \nabla^2 \nabla^2 \omega(r) = q(r) - p(r) \tag{3-14}$$

式中:∇^2——拉普拉斯算子,$\nabla^2 = \dfrac{d^2}{dr^2} + \dfrac{1}{r}\dfrac{d}{dr}$;

D——板的刚度,$D = \dfrac{E_1 h^3}{12(1-\mu_1^2)}$。

1)弹性半无限空间体上的轴对称无限大弹性单层板

用轴对称荷载作用下的表面垂直位移计算公式来建立反力 $p(r)$ 和 $w(r)$ 之间的关系。

$$w(r) = \frac{2(1-\mu_0^2)}{E_0} \int_0^\infty \bar{p}(\zeta) J_0(\zeta r) \mathrm{d}\zeta \tag{3-15}$$

式中:$\bar{p}(\zeta)$——反力函数 $p(r)$ 的零阶亨格尔变换;

$J_0(\zeta r)$——零阶一类贝塞尔函数;

ζ——任意参数;

r——柱坐标下离开荷载作用点的距离。

2)Winkler 地基上的轴对称无限大单层板

其基本方程如下:

$$D\nabla^2\nabla^2\omega(r) + K\omega(r) = q(r) \tag{3-16}$$

式中:K——Winkler 地基。

3)弹性双层板理论

(1)结合式

对于采用两层或两层以上的多层板(Multilayered plates),可以按小挠度理论推导板的基本微分方程。Pister 和 Dong 应用霍希克夫小挠度理论的假设,对第 k 层的应变与位移关系可以写成:

$$\varepsilon_x^k = -z_k\frac{\partial^2 w}{\partial x^2},\ \varepsilon_y^k = -z_k\frac{\partial^2 w}{\partial y^2},\ \gamma_{xy}^k = 2z_k\frac{\partial^2 w}{\partial x \partial y} \tag{3-17}$$

根据胡克定律,有:

$$\sigma_x^k = \frac{E_k}{1-\mu_k^2}(\varepsilon_x^k + \mu_k\varepsilon_y^k),\ \sigma_y^k = \frac{E_k}{1-\mu_k^2}(\varepsilon_y^k + \mu_k\varepsilon_x^k),\ \tau_{xy}^k = \frac{E_k}{2(1+\mu_k)}\gamma_{xy}^k \tag{3-18}$$

将式(3-17)带入式(3-18)中,并对后者逐层积分,再将这些结果相加,便有:

$$D\nabla^2\nabla^2 w(x,y) = p_x(x,y) \tag{3-19}$$

其中,$D = \dfrac{AC - B^2}{A}$;

$A = \sum_1^k \dfrac{E_k}{1-\mu_k^2}(z_k - z_{k-1})$;

$B = \sum_1^k \dfrac{E_k}{1-\mu_k^2}\dfrac{(z_k^2 - z_{k-1}^2)}{2}$;

$$C = \sum_1^k \frac{E_k}{1-\mu_k^2} \frac{(z_k^3 - z_k^3)}{3}。$$

当挠曲面确定后,可利用下式确定第 k 层的应力分量:

$$\left. \begin{aligned} \sigma_x^k &= -z \frac{E_k}{1-\mu_k^2} \left(\frac{\partial^2 w}{\partial x^2} + \mu_k \frac{\partial^2 w}{\partial y^2} \right) \\ \sigma_y^k &= -z \frac{E_k}{1-\mu_k^2} \left(\frac{\partial^2 w}{\partial y^2} + \mu_k \frac{\partial^2 w}{\partial x^2} \right) \\ \tau_{xy}^k &= -z \frac{E_k}{1+\mu_k} \frac{\partial^2 w}{\partial x \partial y} \end{aligned} \right\} \quad (3\text{-}20)$$

一般常采用简化的工程方法求得换算抗弯刚度,即如图 3-7 所示,上层板的厚度为 h_1,弹性模量为 E_1 和泊松比 μ_1,下层板的厚度为 h_2,弹性模量为 E_2 和泊松比 μ_2。图 3-7a)为单位宽度的原有断面;图 3-7b)为当量断面,其中下层板的宽度缩减为 E_2/E_1。若对上层板顶面取矩,中性轴至板顶的距离 d:

$$d = \frac{(E_2/E_1) h_2 (h_1 + 0.5 h_2) + 0.5 h_1^2}{(E_2/E_1) h_2 + h_1} \quad (3\text{-}21)$$

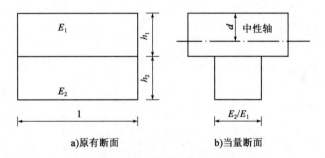

图 3-7 当量换算抗弯刚度

对中性轴的惯性矩:

$$I_c = \left(\frac{E_2}{E_1} \right) \left[\frac{1}{12} h_2^3 + h_2 (0.5 h_2 + h_1 - d)^2 \right] + \frac{1}{12} h_1^3 + h_1 (d - 0.5 h_1)^2 \quad (3\text{-}22)$$

在单层板的有限元计算中,板的刚度矩阵取决于板的刚度模量 D,其定义为:

$$D = \frac{EI}{1-\nu^2} = \frac{Eh^3}{12(1-\nu^2)}$$

式中:E——板的弹性模量;
　　　ν——泊松比;
　　　I——惯性矩;
　　　h——厚度。

在计算结合式双层板时,只需计算各层绕共同中性轴的刚度模量 D,然后分别组成刚度矩

阵,最后叠加即可。各层的刚度模量 D 分别为:

$$\left. \begin{array}{l} D_1 = \dfrac{E_1\left[\dfrac{1}{12}h_1^3 + h_1(d - 0.5h_1)^2\right]}{1 - \nu_1^2} \\[2ex] D_2 = \dfrac{E_2\left[\dfrac{1}{12}h_2^3 + h_2(h_1 + 0.5h_2 - d)^2\right]}{1 - \nu_2^2} \end{array} \right\} \quad (3\text{-}23)$$

在求得当量单层板的弯矩后,就可用下式求得任意点的应力:

$$\sigma = \frac{My}{I_C} \quad (3\text{-}24)$$

式中:y——计算点距中性轴的距离;

　　　I_C——整体的惯性矩。

(2)分离式

如果两层板之间是光滑的,那么各层看作是节点位移相等的两层独立板。因此双层板的刚度矩阵为两层刚度矩阵之和,此时精确等效换算刚度为 D_1 和 D_2,分别计算绕各自中性轴的刚度模量 D,然后分别计算各自的刚度矩阵,最后两个刚度矩阵叠加就是所求值,所以上、下层板应承担弯矩分别为:$\dfrac{D_1}{D_1 + D_2}M$ 和 $\dfrac{D_2}{D_1 + D_2}M$。

式中:D_1——$D_1 = \dfrac{E_1\left[\dfrac{1}{12}h_1^3\right]}{1 - \nu_1^2}$;

　　　D_2——$D_2 = \dfrac{E_2\left[\dfrac{1}{12}h_2^3\right]}{1 - \nu_2^2}$;

　　　M——总弯矩。

在求得每块板的弯矩后,可利用式(3-25)求得任意点的应力。

$$\sigma_i = \frac{M_i y_i}{I_i} \quad (3\text{-}25)$$

式中:y_i——计算点距计算点所在层中性轴的距离;

　　　M_i——相应层的弯矩;

　　　I_i——惯性矩。

3.1.4 混凝土铺面结构的半理论解

1)Westergaard 荷载应力

Westergaard 研究了三种典型临界轮载位置下最大挠度和最大应力。

(1)圆形均布荷载作用在角隅

利用最小势能原理,推导的沿分角线的挠度曲线为:

$$\omega_{cx} = \left(1.1\mathrm{e}^{-\frac{x}{l}} - \frac{a_1}{l}0.88\mathrm{e}^{\frac{2x}{l}}\right)\frac{P}{kl^2} \quad (3\text{-}26)$$

式中:x——沿分角线;

a_1——距角隅原点的距离 $a_1 = \sqrt{2}a$；

l——刚度半径。

当 $x = 0$ 时，原点的挠度方程为：

$$\omega_0 = \left(1.1 - 0.88\frac{a_1}{l}\right)\frac{P}{kl^2} \tag{3-27}$$

式中：k——地基反应模量。

此计算挠度与板顶温度高于板底温度时的实测挠度比较接近。

角隅处最大应力为：

$$\sigma_c = \frac{3P}{h^2}\left[1 - \left(\frac{a_1}{l}\right)^{0.6}\right] \tag{3-28}$$

（2）圆形均布荷载作用在无限大板的中心

挠度和应力公式见式(3-29)和式(3-30)。

$$\omega_i = \frac{Pl^2}{8D}\left\{1 + \frac{a^2}{2\pi l^2}\left[\ln\left(\frac{a}{2l}\right) + \gamma - 1.25\right]\right\} \tag{3-29}$$

$$\sigma_i = \frac{3(1+\mu)P}{2\pi h^2}\left\{\left[\ln\left(\frac{2l}{a}\right) - \gamma + 0.5\right] - 0.2513\right\} \tag{3-30}$$

（3）半圆均布荷载作用在半无限大板的边缘

挠度和应力公式见式(3-31)和式(3-32)。

$$\omega_e = 0.408(1 + 0.4\mu)\frac{P}{kl^2} \tag{3-31}$$

$$\sigma_e = \frac{0.529(1 + 0.54\mu)P}{h^2}\left[\lg\left(\frac{Eh^3}{ka^4}\right) + \lg\left(\frac{a}{1-\mu^2}\right) - 1.0792\right] \tag{3-32}$$

2) Westergaard 温度翘曲应力

水泥混凝土铺面受温度和湿度环境的共同作用，在板的深度方向等效为温度梯度，并且由于地基的约束作用而使水泥混凝土铺面产生翘曲应力。一般情况下夜间板底温度高于板顶，水泥混凝土板将产生向上的翘曲，见图3-8。由于受到地基的约束作用，当水泥混凝土板有向上翘曲趋势时，将在水泥混凝土板顶位置出现拉应力；相反，当板顶的温度高于板底，板底位置将受到拉应力。而当板顶和板底的温度相同时，水泥混凝土板将不产生翘曲，水泥混凝土板内的温度翘曲应力为零。

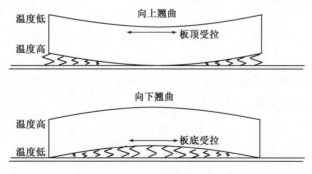

图3-8 温度梯度作用下水泥混凝土板的翘曲

假设板顶与板底的温度差为 ΔT，如果温度梯度在板内是线性分布的话，那么板顶和板底会出现最大的温度应变，如图 3-9 所示。1926 年，Westergaard 推导了在线性温度梯度作用下，Winkler 地基上的无限大水泥混凝土铺面板温度应力的计算公式。

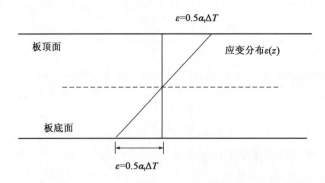

图 3-9　温度场的线性分布

Westergaard 在 1927 年就提出了温度翘曲应力的计算方法。随后 1938 年 Bradbury 在 Westergarrd 的无限长有限宽板算法基础上，提出了有限尺寸板的最大温度翘曲应力的估计算法。

Westergarrd 在推导中采用了 Winkler 地基上无限大板、地基与板连续接触、线性温度梯度等假设条件，且没有考虑板自重的作用。而当板发生翘曲变形时，基础与板将会部分分离，板自重、基础和相邻板将抑制板翘曲变形，产生翘曲应力。为此，许多研究者对板翘曲变形问题进行研究，计算模型中开始考虑分离接触、板自重以及相邻板对温度翘曲应力的影响。

Westergarrd 推导了线性温度梯度下，地基为 Winkler 地基时半无限大板和无限长有限宽板（图 3-10）的翘曲应力和竖向位移的解析解。

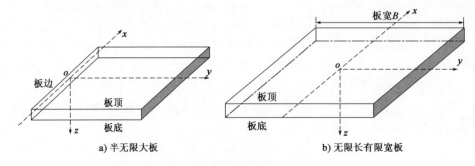

a) 半无限大板　　　　b) 无限长有限宽板

图 3-10　半无限大板和无限长有限宽板示意图

（1）半无限大板板边的温度翘曲应力及竖向位移

半无限大板如图 3-10a) 所示，板沿 x 的正负方向以及 y 的正方向均可以伸展到无限远处，板的温度翘曲应力及竖向位移如下：

$$\sigma_y = \sigma_0 \left[1 - \sqrt{2} \sin\left(\frac{y}{\sqrt{2}\,l} + \frac{\pi}{4} \right) e^{-\frac{y}{\sqrt{2}\,l}} \right] \tag{3-33}$$

$$\sigma_x = \sigma_0 + \mu(\sigma_y - \sigma_0) \tag{3-34}$$

$$\omega = \left(A_1 \cos\frac{y}{\sqrt{2}l} + A_2 \sin\frac{y}{\sqrt{2}l}\right) e^{-\frac{y}{\sqrt{2}l}} \tag{3-35}$$

式中：l——相对刚度半径，$l = \sqrt{\dfrac{Eh^3}{12(1-\mu^2)k}}$；

σ_0——完全约束下的无限大板板内最大温度翘曲应力，$\sigma_0 = \dfrac{\alpha E \Delta T}{2(1-\mu)}$；

A_1、A_2——根据边界条件计算得到的系数，$A_1 = -A_2 = -\dfrac{l^2(1+\mu)\alpha\Delta t}{h}$。

（2）有限宽度无限长半内应力与挠度的计算

无限长有限宽板如图 3-10b）所示，板在 y 方向上的长度一定，在 x 方向上可以无限延伸，板顶面温度翘曲应力和竖向位移如下：

$$\sigma_y = \sigma_0\left\{1 - \frac{2\cos\lambda\cosh\lambda}{\sin2\lambda + \sinh2\lambda}\left[(\tan\lambda - \tanh\lambda)\sin\frac{y}{\sqrt{2}l}\sinh\frac{y}{\sqrt{2}l} + (\tan\lambda + \tanh\lambda)\cos\frac{y}{\sqrt{2}l}\cosh\frac{y}{\sqrt{2}l}\right]\right\}$$
$$\tag{3-36}$$

$$\sigma_x = \sigma_0\left\{1 - \mu\frac{2\cos\lambda\cosh\lambda}{\sin2\lambda + \sinh2\lambda}\left[(\tan\lambda - \tanh\lambda)\sin\frac{y}{\sqrt{2}l}\sinh\frac{y}{\sqrt{2}l} + (\tan\lambda + \tanh\lambda)\cos\frac{y}{\sqrt{2}l}\cosh\frac{y}{\sqrt{2}l}\right]\right\}$$
$$\tag{3-37}$$

$$\omega = B_1 \cos\frac{y}{\sqrt{2}l}\cosh\frac{y}{\sqrt{2}l} + B_2 \sin\frac{y}{\sqrt{2}l}\sinh\frac{y}{\sqrt{2}l} \tag{3-38}$$

式中：λ——$\lambda = \dfrac{B}{\sqrt{8}l}$；

B——无限长有限宽板的宽度；

B_1——$B_1 = \dfrac{l^2(1+\mu)\alpha\Delta t}{h}\dfrac{2(\tan m - \tanh m)\cos m \cosh m}{\sin2m + \sinh2m}$；

B_2——$B_2 = -\dfrac{l^2(1+\mu)\alpha\Delta t}{h}\dfrac{2(\tan m + \tanh m)\cos m \cosh m}{\sin2m + \sinh2m}$。

根据 Westergaard 公式进行计算，无限长有限宽板中的板宽 $B = 4\text{m}$，Winkler 地基反应模量根据式（3-39）计算。

$$k = 0.91\sqrt[3]{\frac{E_0(1-\mu^2)}{E_c(1-\mu_0^2)}}\frac{E_0}{(1-\mu_0^2)h} \tag{3-39}$$

式中：k——Winkler 地基的地基反应模量（MN/m）；

E_0——弹性半空间地基的回弹模量（MPa）；

E_c——水泥混凝土板的弹性模量（MPa）；

h——水泥混凝土板的厚度（m）；

μ——水泥混凝土板的泊松比，一般为 0.15；

μ_0——弹性半空间地基的泊松比。

计算结果见图 3-11 和图 3-12。

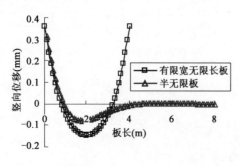

图 3-11　板温度翘曲竖向位移 Westergarrd 解

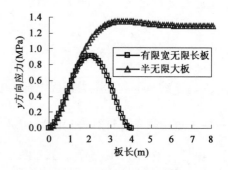

图 3-12　板温度翘曲应力 Westergarrd 解

弹性地基板在温度梯度作用下的翘曲变形,可近似视为二组垂直交叉地基梁翘曲变形的叠合,即式(3-40)。

$$w(x,y) = w_x(x) + w_y(y) \tag{3-40}$$

温度梯度引起的地基梁梁底翘曲应力 $\sigma_{x(y)}$ 可用式(3-41)表示,下标为坐标 x 轴(或 y 轴)方向。

$$\sigma_{x(y)} = \sigma_0 C_{x(y)} \tag{3-41}$$

$$\sigma_0 = \frac{\alpha T_g h_c \widetilde{E}_c}{2} \tag{3-42}$$

式中:σ_0——翘曲变形完全被约束的梁底应力(MPa);

α——梁的材料热膨胀系数,混凝土 α 约为 $(8 \sim 12) \times 10^{-6}$;

$\widetilde{E}_c$——梁的材料当量弹性模量(MPa);

h_c——梁的厚度(m);

T_g——梁厚方向的温度梯度(℃/m);

C——温度翘曲应力系数。

温度翘曲应力系数 C 与地基类型、地基梁的相对长度以及位置有关。除了梁很长之外,梁翘曲应力最大值发生在梁中点。Winkler 地基梁中点温度翘曲应力系数 C 的解析解如式(3-43)所示。半无限弹性地基梁中点温度翘曲应力系数 C 的有限元计算结果如图 3-13 所示,其中,散点"□"为梁位于水平无限地基之上的计算结果,散点"△"为考虑路面板接缝处的相邻板间具有对称性的情况,即梁端地基侧向滑支的计算结果。对这二种计算结果分析发现,在 $C > 0.1$ 时,可采用式(3-43b)形式表示;当地基水平无限时,回归系数 $A_s = 0.46, A_c = 0.74$;梁端地基滑支时,$A_s = 0.75, A_c = 0.45$;在图 3-13 中两条回归曲线分别用 1E 和 2E 表示。

$$C(L/r) = 1 - \frac{\text{sh}\left(\dfrac{L}{r\sqrt{8}}\right)\cos\left(\dfrac{L}{r\sqrt{8}}\right) + \text{ch}\left(\dfrac{L}{r\sqrt{8}}\right)\sin\left(\dfrac{L}{r\sqrt{8}}\right)}{\cos\left(\dfrac{L}{r\sqrt{8}}\right)\sin\left(\dfrac{L}{r\sqrt{8}}\right) + \text{sh}\left(\dfrac{L}{r\sqrt{8}}\right)\text{ch}\left(\dfrac{L}{r\sqrt{8}}\right)} \tag{3-43a}$$

$$C(L/r) = 1 - A_s \frac{\sin\left(\frac{L}{r\sqrt{8}}\right)}{\text{sh}\left(\frac{L}{r\sqrt{8}}\right)} - A_c \frac{\cos\left(\frac{L}{r\sqrt{8}}\right)}{\text{ch}\left(\frac{L}{r\sqrt{8}}\right)} \tag{3-43b}$$

式中：L——地基梁的长度(m)；

r——地基梁的相对刚度半径，Winkler 地基梁按式(3-44a)确定，半无限弹性地基梁按式(3-44b)确定：

$$r = \left(\frac{D_c}{k}\right)^{1/4} \tag{3-44a}$$

$$r = \left(\frac{2D_c}{\widetilde{E}_0}\right)^{1/3} \tag{3-44b}$$

式中：k——Winkler 地基的反应模量(MPa/m)；

$\widetilde{E}_0$——半无限弹性地基的当量弹性模量(MPa)；

D_c——梁弯曲刚度。

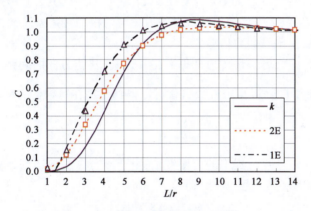

图 3-13　不同模型的温度翘曲应力系数 C

$$D_c = \frac{\widetilde{E}_c h_c^3}{12} \tag{3-45}$$

地基板的温度翘曲应力则为垂直相交梁温度翘曲应力的叠加，其计算式为：

$$\sigma_{x(y)} = \sigma_0 [C_{x(y)} + v C_{y(x)}] \tag{3-46}$$

半无限弹性地基的当量弹性模量 $\widetilde{E}_0$ 取 $\frac{E_0}{1-\mu_0}$；梁当量弹性模量 $\widetilde{E}_c$，当考察点位于板中部时，取 $\frac{E_c}{1-\mu_c}$；当考察点位于板边缘时，因无侧向约束，取 E_c。其中，μ_0，μ_c 分别为地基与梁的泊松比。

1938 年，Bradbury 对 Westergaard 公式通过 x 和 y 方向进行叠加，并引入泊松比的影响后，得到了水泥混凝土有限尺寸矩形板中最大温度应力计算公式。1940 年，汤姆林森(Thomlinson)提出了一个简单的理论上受表面温度周期性变化的半无限板模型。

Teller 等在20世纪30年代初期曾在 Arlington 试验场对混凝土面层的温度状况和温度应力进行了量测,而所得到的温度应力实测值小于按 Westergarrd 无限长板公式计算得到的理论值。

3.1.5 混凝土铺面结构的有限元解

1) 荷载应力

混凝土铺面设置接缝,目的在于减少温度和湿度的变化在混凝土中引起的温度、湿度应力,从而控制面层的开裂。由于接缝是路面的薄弱环节,随着温度、湿度的反复变化,接缝裂缝相应地张开和闭合,使路表的水渗入引起混凝土铺面唧泥、错台、板底脱空。对于混凝土接缝而言,重要的是接缝处的传荷能力以及传荷能力的耐久性。混凝土的接缝形式可大致分为:企口缝、集料嵌挤形式(假缝)以及设传力杆形式。在承受重载作用的路面中,企口缝、集料嵌挤形式由于耐久性较差而逐渐遭到弃用。而对于传力杆设计而言,主要是确定传力杆的数目和直径。

接缝的刚度用剪切弹簧 C_w 和力矩常数 C_θ 表示。C_w 定义为接缝单位长度的剪力与两板的挠度差,力矩常数 C_θ 定义为接缝单位长度的力矩与两板的转角差。通常认为在接缝张开时接缝间没有弯矩传递,仅依靠剪力传荷。

当传力杆传递剪力时,可假设传力杆集中在节点上,若传力杆的间距为 S_b,每一节点处的传力杆数量为 $\dfrac{L}{S_b}$。将力 F_w 除以传力杆数量就可以得到作用在每根传力杆上的力 P_t,则:

$$P_t = \frac{S_b F_w}{L} \tag{3-47}$$

根据 Huang 和 Chou(1978)提出的简便方法,由于传力杆的剪切变形 ΔS 和传力杆在混凝土中变形 y_0 产生的挠度差 w_d 为:

$$w_d = \Delta S + 2y_0 \tag{3-48}$$

传力杆的剪切变形 ΔS 可近似用下式确定:

$$\Delta S = \frac{P_t z}{GA} \tag{3-49}$$

式中:P_t——一根传力杆的剪力;

　　z——接缝宽度;

　　A——传力杆截面面积;

　　G——传力杆的剪切模量,该值可以用式(3-50)表示。

$$G = \frac{E_d}{2(1 + \mu_d)} \tag{3-50}$$

传力杆作用下混凝土的变形可由式(3-51)确定。

$$y_0 = \frac{P_t(2 + \beta z)}{4\beta^3 E_d I_d} \tag{3-51}$$

于是有：

$$w_\mathrm{d} = \left(\frac{z}{GA} + \frac{2+\beta z}{2\beta^3 E_\mathrm{d} I_\mathrm{d}}\right) P_\mathrm{t} \tag{3-52}$$

最后便可得到：

$$C_\mathrm{w} = \frac{1}{S_\mathrm{b}\left(\dfrac{z}{GA} + \dfrac{2+\beta z}{2\beta^3 E_\mathrm{d} I_\mathrm{d}}\right)} \tag{3-53}$$

式中：I_d——$I_\mathrm{d} = \dfrac{\pi d^4}{64}$；

β——$\beta = \sqrt[4]{\dfrac{Kd}{4 E_\mathrm{d} I_\mathrm{d}}}$；

E_d——传力杆的弹性模量；

z——接缝宽度；

I_d——传力杆的惯性矩；

β——埋设在混凝土中传力杆的相对刚度；

K——传力杆的支撑模量（$81.5 \sim 407 \mathrm{GN/m^3}$）；

d——传力杆的直径。

混凝土内的传力杆与周围混凝土之间存在着初始空隙，随着荷载的反复作用，与传力杆相接触的混凝土部分反复受到较大的压力，而出现磨损或压碎，使传力杆周围的空隙增大。影响传力杆松动量的因素主要有荷载的大小和作用次数、传力杆的直径和埋入长度以及接缝宽度。即传力杆直径越大、埋入长度越深，那么传力杆耐久性就越高，而松动量增加就越缓慢；同样裂缝宽度越小，那么传力杆耐久性就越高而松动量增加就越缓慢。

美国路面结构多采用粒料基层，所以传力杆直径相对我国偏大。在 PCA（1991）中推荐对于厚度小于 10in（1in = 25.4mm）的公路路面传力杆直径采用 $\phi 1.25 \mathrm{in}$，而对于 10in 以上的路面建议采用 $\phi 1.5 \mathrm{in}$ 的传力杆。

2）温度翘曲应力

前期主要针对有限尺寸自由板进行研究，而对板间约束对板温度翘曲变形及应力的影响研究较少。1996 年 E. Masad 等人对接缝水泥混凝土铺面温度翘曲应力进行了有限元分析，2003 年 W. William 和 N. Shoukry 对布设传力杆的两块板进行了温度翘曲应力和变形有限元分析，并与 Westergaard 解进行了比较。

有限元模型中采用 6 块板，板几何尺寸为 $4\mathrm{m} \times 4\mathrm{m} \times 0.2\mathrm{m}$（长×宽×高），板和弹性基础的材料参数取值见表 3-1。将通过建立布设传力杆和拉杆的多板有限元模型，进行不同工况下板温度翘曲行为的计算，分析传力杆和拉杆约束作用对温度翘曲的影响，并与 Westergaard 解进行比较，为设计中温度翘曲应力研究提供数据基础。水泥板沿厚度方向存在着线性的负温度差，温度梯度为 $-1.0\mathrm{℃/cm}$。板和弹性基础采用 3 维 8 节点实体单元，拉杆和传力杆通过梁单元来模拟，参照水泥路面设计进行传力杆和拉杆选择和布设，多块板有限元模型网格划分见图 3-14，其中每块水泥路面板单元个数为 $20 \times 20 \times 2$（长×宽×高）。

模型中板和弹性地基的参数取值 表3-1

参数	弹性模量（MPa）	泊松比	密度（kg/m³）	热传导系数[W/(m·K)]	温度收缩系数（10^{-6}/℃）	温度梯度（℃/cm）
混凝土板	30000	0.15	2400	6	5	-1
弹性地基	400	0.30	2000	0	0	0

假设当板不受自重和其他约束作用，则板在温度梯度作用下翘曲变形的精确结果可以通过板的几何关系计算得到式(3-54)。

$$\delta = \frac{\alpha \Delta F L^2}{2h} \tag{3-54}$$

式中：δ——板内任意点的竖向变形值；

α——水泥混凝土的温度收缩系数；

ΔF——板内沿厚度方向的温度梯度；

h——板的厚度；

L——板内任意点到板中心的距离。

如果在有限元模型中设置板自重接近0，则其翘曲变形将逼近式(3-54)给出的结果。在多块板有限元模型中，设拉杆和传力杆参数为0，相当于6块板间没有约束作用，层间接触为完全光滑，则每块板均是自由板。计算时设板自重由W变化到$0.001W$，其中一个块板对角线上的翘曲变形结果见图3-15。通过与式(3-54)的计算结果对比可知，随着自重的降低，板的温度翘曲变形在增加，并且趋近于精确解。

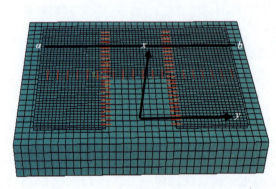

图3-14 多块板的有限元模型

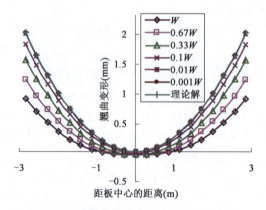

图3-15 不同板自重下自由板对角线翘曲变形

对板的不同工况进行模拟(层间接触为完全连续和完全光滑两种工况)，并且当接触为完全光滑时，考虑板间有无传力杆和拉杆的工况。层间完全光滑接触、且考虑传力杆和拉杆作用时，多板温度翘曲时的最大主应力和竖向位移云图见图3-16。沿y方向上的板顶面中心线ab(图3-14)上的竖向位移和y方向翘曲应力的计算结果见图3-17。

由图3-17可知，层间接触为完全连续时，板竖向翘曲变形远小于完全光滑工况时的翘曲变形，$\omega_{完全连续}/\omega_{完全光滑} = 0.20$。而温度翘曲应力大于完全光滑工况下的温度翘曲应力，$\sigma_{完全连续}/\sigma_{完全光滑} = 1.47$。由于完全连续工况时约束板的翘曲变形，从而造成温度翘曲应力增大。通过比较有无传力杆和拉杆作用时翘曲变形和翘曲应力可知，板间布置传力杆和拉杆时，将会降低板接缝处的翘曲变形,增加接缝处的温度翘曲应力,但对板内整体的变形值和温度翘曲应力值影响较小。

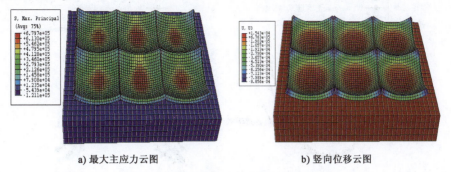

a) 最大主应力云图　　　　　　　b) 竖向位移云图

图3-16　多板时的温度翘曲计算结果云图

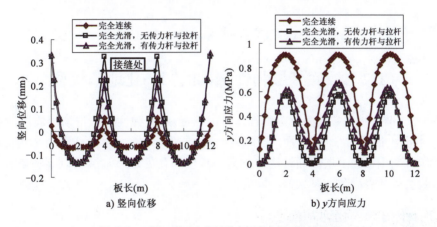

a) 竖向位移　　　　　　　　b) y方向应力

图3-17　不同工况下多块板温度翘曲有限元计算结果

水泥路面板的实际温度翘曲应力非常复杂,目前的理论及数值模拟方法在分析板温度翘曲应力时都存在着不同条件的假定。与Westergaard假设相比,存在着以下几方面不同:

①Westergaard中为Winkler地基;

②Westergaard中层间接触条件假设为完全连续接触,而有限元模型中的层间接触条件采用完全连续接触和完全光滑接触两种状态;

③Westergaard计算中假设板为半无限大或无限长有限宽板;

④Westergaard计算中没有考虑板自重对翘曲的约束作用;

⑤Westergaard计算中无法考虑拉杆和传力杆对板翘曲的影响。

根据Westergarrd和有限元计算结果,进行不同工况下板温度翘曲变形和应力的对比分析,沿y方向上板顶面中心线ab(图3-14)的竖向位移、y方向翘曲应力的有限元与Westergarrd计算结果见图3-18。

由图3-18a)可知,Westergarrd无限长有限宽板的竖向翘曲位移与层间接触完全光滑,且与不考虑传力杆和拉杆作用时的有限元结果非常接近,但两者的假设条件并不一致。由图3-18b)可知,Westergarrd无限长有限宽板y方向应力与层间接触完全连续时的有限元结果有一定差别,但计算得到的最大应力比较接近,而半无限大板的Westergarrd计算结果偏大。

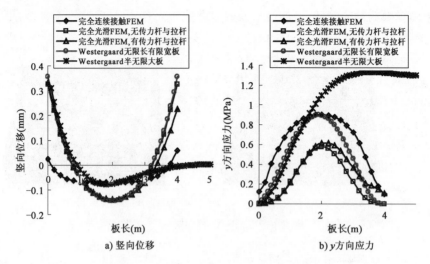

图 3-18 有限元和 Westergarrd 的计算结果对比

3.2 板底多层弹性结构的归一化地基模型

水泥混凝土铺面结构常被简化为弹性地基上的板,对应弹性地基常采用固体地基或 Winkler 地基。混凝土板下的路面结构可看作多层弹性结构,为使力学计算模型真实反映路面响应情况,需对混凝土板底多层路面结构进行进一步模型化处理。基层及以下各层整体常被当量为单层地基,因此也导致一系列修正问题。

3.2.1 中国归一化地基模型

我国水泥混凝土路面设计方法中地基模量的确定方法就是采用挠度等效进行修正,其主要数据来自于安庆、台州的试验路。试验中利用混凝土面板实测的挠度—荷载关系,利用弹性地基板理论的挠度公式反算地基的模量值,并以此值同基层顶面用承载板实测得到的数值相比较,由此得到两者间的统计关系。按此关系便可把由承载板得到的模量值转化为混凝土板下的基顶计算回弹模量。式(3-55)是由大量加载试验资料汇总而成的结果。

$$E_{tc} = nE_t$$
$$n = 10^{-2.64}\alpha_s \left(\frac{hE_c}{E_t}\right)^{0.8} \tag{3-55}$$

式中:E_t——基层顶面由承载板测到的回弹模量(MPa);

　　　E_{tc}——基层顶面计算回弹模量(MPa);

　　　h——混凝土面层(cm);

　　　α_s——系数,板中时为1,板边时为0.75。

为解决修正公式的修正系数会小于1的现象,同济大学模型是同济大学(姚祖康,1996)在试验的基础上,提出地基回弹模量和地基计算回弹模量间的关系,见式(3-56)。

$$n = -1.08 + 0.029h\left(\frac{E_c}{E_t}\right)^{1/3} \tag{3-56}$$

1) 当量换算中存在的问题

水泥混凝土路面设计规范(1994)确定基顶计算回弹模量 E_{tc} 时，引入模量修正系数 n 对基层顶面的当量回弹模量进行修正。其目的在于减少弹性地基板理论假设同实际情况之间的偏差，使得理论计算同实际相吻合。规范通过实测数据建立回归公式，但由于当时所采用的基层模量多在 500~300MPa 之间，而随着模量较大的半刚性基层材料的出现，修正公式的修正系数 n 可能小于1。

基顶回弹模量 E_t 和地基计算回弹模量 E_{tc} 间通过试验手段建立回归方程，但由于足尺试验的限制，不可能进行多种组合的测定，所以未能给出将基层、垫层和土基转化为基顶回弹模量的统一回归公式。而采用理论计算的方法来弥补时，转换实现过程中仍存在下述问题。

(1) 刚性承载板和柔性承载板

试验中采用的荷载为刚性荷载 $p(r) = \begin{cases} \dfrac{1}{2} \times \dfrac{q}{\sqrt{1-\dfrac{r^2}{a^2}}} & (r<a) \\ 0 & (r>a) \end{cases}$

而在反算中却采用柔性承载板 $p(r) = \begin{cases} q & (r<a) \\ 0 & (r>a) \end{cases}$ 对应的公式。这个差异将导致反算得到的基顶模量发生变化。因为刚性承载板产生的挠度与柔性承载板产生的挠度之比在 $\pi/4$ 倍到1倍间变化。在半无限体上，刚性承载板比柔性承载板产生的挠度小 $\pi/4$ 倍；而对于多层体系而言，当上、下层间模量相差较大时，刚性承载板和柔性承载板产生的挠度却相差无几。水泥混凝土路面规范(1994)中基本上引用柔性承载板中的计算方法，所以在当量基层顶面模量 E_t 应以刚性承载板作用下的多层弹性层状程序替代柔性荷载程序。

(2) 体系转化

在回归公式(3-55)中 E_t 是由实测挠度反算得到的，其实质是：将多层地基当成一个整体进行反算，而规范(1994)推荐的 E_t 计算方法却由多次两层换算得到。理论分析表明，即使对于相同的多层体系，整体换算得到的 E_t 明显小于经多次两层换算得到的 E_t。如表 3-2 所示，对于同一种结构分别采用多次双层转化和整体转化，结果双层转化的结果明显偏高，这样会给路面设计带来较大误差。两种换算示意见图 3-19。

不同计算方法间结果的比较(MPa)　　　　　表 3-2

项目	结构1	结构2	结构3	结构4
双层转换	146	284	95	108
整体转换	112	187	79	89
偏差(%)	30.4	52	20	21

(3) 计算值和实测值

1994 版规范中在将基层、土基转化为土基回弹模量 E_t 时，利用层状弹性理论公式计算。而实际上在回归公式中 E_t 是由实测挠度反算得到，这样就出现误差。所以应在理论计算完成后，给予 E_t 修正。Parker(1979)假设当路面结构在 20 英尺(ft)以下为模量 6778MPa 半无限体时，其理论计算值和实测值相符合。

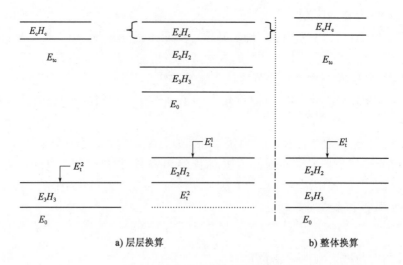

图 3-19 层层换算和整体换算示意

(4) 基层模量的取值

1994 版水泥混凝土路面设计规范中二灰碎石和垫层材料的模量取值是参照《公路柔性路面设计规范》(JTJ 014—86),其取值偏小。而《公路柔性路面设计规范》(JTJ 014—97)大幅度提高模量取值。所以在求地基回弹模量时,应做相应调整。

2) 不同换算方法差异的原因分析

根据不同的等效原则,如按混凝土板底拉应力等效原则或混凝土铺面路表挠度相等原则,可将路面结构转化为弹性地基上的弹性薄板。为使计算模型与原路面结构一致,需要建立合理的地基模型。地基模型可采用层状弹性理论,也可通过大量足尺试验建立回归公式。在足尺试验中挠度指标易测量,所以常以挠度为换算指标;而理论分析既可以挠度也可以应力为换算指标。

(1) 钟形荷载

在进行多层地基换算时,常提到钟形分布荷载这一概念,见图 3-20。引入这一概念的目的在于解释为什么多层换算的结果和整体性换算的结果不同。在每次换算过程中,结构顶面始终作用着圆形均布荷载,而在整体换算中,除了最顶面为圆形均布荷载外,其余各层均经结构分散成为钟形荷载。实际上这一解释是不正确的。

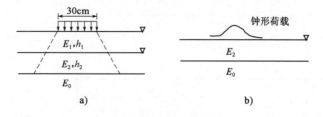

图 3-20 两种换算示意

如图 3-20 所示,在这个三层体系中,当去掉第 1 层后,认为 1、2 界面间荷载形式为钟形,但这只是 σ_z 的分布为钟形,而且在三层体系中,1、2 界面间还存在其他应力分量 σ_r、σ_θ、τ_{rz}(这些分量在结构表面为0),所有应力分量总和才能等效其在整体中的作用,所以仅以钟形荷载代替是不够的。

(2)轮型、轴型对地基当量模量的影响

水泥混凝土铺面上的荷载有单轴-单轮、单轴-双轮、双轴-双轮之分,应研究不同轮型、轴型对土基当量模量的影响。在垂直荷载轴用下,轴对称结构在给定点上的应力和挠度为多个不同距离上的单圆荷载在该点产生的应力(挠度)的线形叠加。对于相同荷载半径和相同均布荷载的单圆荷载、双圆荷载以及一对双圆荷载来说,反算得到的土基当量模量是一致的。因此,可以仅采用单圆荷载进行反算。如图 3-21 所示结构,其计算结果见表 3-3。

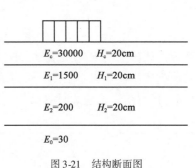

图 3-21　结构断面图

不同原则下的土基当量模量(MPa)　　　表 3-3

荷 载 类 型	应力等效	挠度等效	应　力	挠度(μm)
单圆荷载($r=10.65cm, p=0.7MPa$)	45	33	0.96	265
双圆荷载($r=10.65cm, p=0.7MPa$)	45	33	1.54	519
两个双圆荷载($r=10.65cm, p=0.7MPa$,间距70cm)	39	33	1.84	988

(3)荷载盘直径对反算结果的影响

荷载盘的直径是影响刚性路面地基模量取值的重要因素。对于 Winkler 地基常采用 76cm 直径的承载板,这是由于当直径超过该值时,得到的地基反应模量基本上变化不大,且此地基模量较为合理。对于弹性半无限地基,虽然也存在较大直径的承载板使得当量模量趋于稳定,但这一直径过大(如图 3-22 中算例,直径需要 2m 以上),给操作带来困难,且由此得到的值是否合理尚需考虑。所以常依据车辆轮印对应的 30cm 当量圆直径的荷载盘。

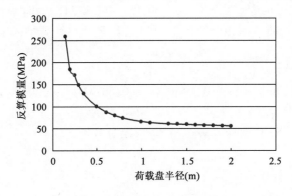

图 3-22　荷载盘半径与回弹模量的关系

(4)挠度等效或应力等效

将路面结构假设为完全弹性体,选定不同路面结构(模量和厚度)。先将刚性承载板作用于整个路面结构上,应用多层弹性理论得到路表挠度 ω 和混凝土板的板底拉应力 σ,然后保持混凝土板模量、厚度不变,并应用双层体系理论分别按路表挠度 ω 和混凝土板的板底拉应力 σ 等效,求得各自对应的土基综合模量 E_{tc}。同时取掉混凝土板,将刚性承载板作用于地基顶面,

得到地基顶面挠度 ω_t，并按刚性板作用下的 Boussinesq 公式(3-57)反算出土基回弹模量 E_{tc}。

$$\omega_t = \frac{2p\delta(1-\mu^2)\pi}{4E_{tc}} \tag{3-57}$$

表 3-4 中给出一组水泥混凝土铺面分别按挠度等效和应力等效原则得到的计算结果，可见理论计算出的 E_{tc} 反倒比 E_t 小，这与实测的结果完全相反。同时挠度等效和应力等效得到的计算地基模量也不一致。而地基模量修正多根据挠度等效进行，然后利用修正地基模量进行应力计算，那么应力计算结果肯定偏差更大。

不同等效原则下反算结果   表 3-4

项 目	混凝土板顶面挠度等效				混凝土板底面应力等效			
	荷载半径(cm)				荷载半径(cm)			
	10	15	20	38.1	10	15	20	38.1
混凝土板顶面挠度(μm)	188	418	738	2620				
混凝土板底应力(MPa)					0.62	1.27	2.03	5.37
E_{tc} (MPa)	33	33	33	33	40	40	40	40
基层顶面挠度(μm)	831	1570	2510	7270				
E_t (MPa)	158	125	105	69				

(5)地基顶面当量回弹模量

在确定地基顶面当量回弹模量 E_t 时，采用整体换算而不是 94 版设计规范中推荐的多次双层转换。采用层间光滑接触条件，体系表面作用有半径 15cm、0.7MPa 的圆形均布荷载，上层的模量变动于 500~10000MPa，厚度变动于 20~30cm；中层的模量变动于 300~500MPa，厚度变动于 20~30cm；路基的模量范围为 30~50MPa。按三层体系和均质体系表面中心点弯沉相等的原则，计算得到均质体系相应的当量回弹模量 E_t。对计算结果进行回归分析后，可得到式(3-58)。

$$\ln(n) = 0.2326\ln\left(\frac{E_1}{E_0}\right) + 0.0279\ln\left(\frac{E_2}{E_0}\right) + 0.5673\ln h_1 + 0.0499\ln h_2 - 1.2586$$

$$(R^2 = 0.99, S = 0.02) \tag{3-58}$$

式中：n——$n = \frac{E_t}{E_0}$，其余符号见图 3-20。

3.2.2 国外归一化地基模型

1) PCA 法

土基的支承用地基反应模量表征。当路面设有底基层时，必须对地基反应模量进行修正(Childs,1967；Childs,Nussbaum,1975)。对于粒料底基层，PCA(PCA,1984)根据两层 Burmister 地基计算得到考虑底基层的修正表，见表 3-5。对于水泥稳定碎石基层(平均 28d 圆柱抗压模量为 9092MPa），通过承载板现场试验，总结得到相应的修正表，见表 3-6。

设置粒料底基层的修正值(pci)　　　　表 3-5

土基 K 值(pci)	底基层厚度(in)			
	4	6	9	12
50	65	75	85	110
100	130	140	160	190
200	220	230	270	320
300	320	330	370	430

注：1in = 25.4mm，1pci = 271.3kN/m³（引自 PCA 1984）。

设置水泥稳定碎石基层的修正值(pci)　　　　表 3-6

土基 K 值(pci)	底基层厚度(in)			
	4	6	9	12
50	170	230	310	390
100	280	400	520	640
200	470	640	830	

注：1in = 25.4mm，1pci = 271.3kN/m³（引自 PCA 1984）。

2）AASHTO

对于不设底基层时，AASHTO 根据承载板试验分析得到 $K = M_R/19.4$，其中 M_R 为土基回弹模量(psi)，地基反应模量为 K(pci)。黄仰贤（Huang，1993）认为这个值过大，并根据柔性板作用下的弹性半无限空间理论（承载板尺寸 30in，均布压力 10psi），提出 $K = M_R/18.8$。

对于设底基层的路面体系，《AASHTO 路面结构设计指南》中给出诺模图可供使用，其实质是采用两层层状弹性体系，荷载板尺寸为 762mm（30in），均布压力为 69kPa（10psi），然后根据土基反应模量的定义，计算得到考虑基层作用的土基反应模量。

3）FAA 和 USACE

FAA 和 USACE（FAA 1995；USACE 1979）分别根据试验和理论分析提出了各自考虑基层作用的修正诺模图，见图 3-23。FAA 认为半刚性基层提高是粒料基层的 1.2~1.6 倍。而 USACE 则分别给出粒料基层、半刚性基层时的诺模图。

3.2.3 新地基模型归一化方法

在角隅荷载作用下弹性半空间体计算模型严重失真；多层弹性体系虽然能够反映路面多层的特性，但也存在类似问题。Winkler 地基模型，虽然没有计算失真问题，但却不能解决路面多层的问题。Pasternak、Kerr 地基模型同样不能解决路面多层的问题，并且很难确定计算参数。

针对上述问题，构建一个新地基模型，见图 3-24。新模型有点类似于多层弹性地基，只不过半无限弹性空间体被 Winkler 地基所代替。由于这样的模型像"T"，所以可称为 T 地基模型。

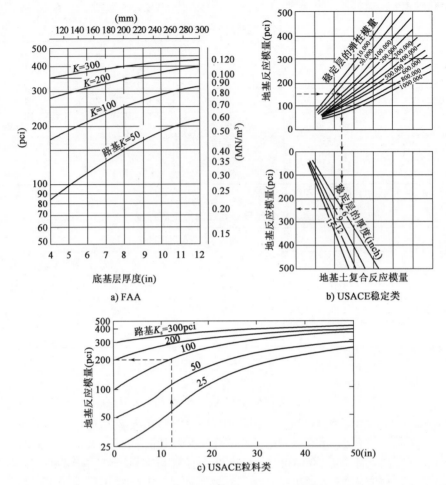

图 3-23 考虑基层作用的地基反应模量

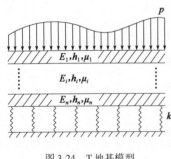

图 3-24 T 地基模型

经典层状弹性理论公式繁复,在经典的路面力学计算中常采用 Love 或 Southwell 应力函数来求解多层弹性半无限轴对称问题的解析解。但由于难以将该法应用于动力学问题、温度应力以及黏弹性问题,引入了传递矩阵法(王栋,1996;田波,1998),该法不但可以成功解决上述问题,而且概念清晰、求解方便。

1)采用传递矩阵的 T 模型

其简要推导过程如下。当不计体力时,空间轴对称问题的平衡方程为:

$$\frac{\partial \sigma_\gamma}{\partial \gamma} + \frac{\partial \tau_{z\gamma}}{\partial z} + \frac{\sigma_\gamma - \sigma_\theta}{\gamma} = 0 \tag{3-59}$$

$$\frac{\partial \sigma_z}{\partial z} + \frac{\partial \tau_{z\gamma}}{\partial \gamma} + \frac{\tau_{z\gamma}}{\gamma} = 0 \tag{3-60}$$

通过上式和物理方程的 Laplace 和 Hankel 积分变换,可得:

$$\frac{d}{dz}\begin{bmatrix} \bar{u} \\ \bar{\omega} \\ \bar{\tau}_{zr} \\ \bar{\sigma}_z \end{bmatrix} = \begin{bmatrix} 0 & \xi & \dfrac{2(1+\mu)}{E} & 0 \\ \dfrac{-\mu}{1-\mu}\xi & 0 & 0 & \dfrac{(1+\mu)(1-2\mu)}{E(1-\mu)} \\ \dfrac{E\xi^2}{1-\mu^2} & 0 & 0 & \dfrac{\mu}{1-\mu}\xi \\ 0 & 0 & -\xi & 0 \end{bmatrix} \begin{bmatrix} \bar{u} \\ \bar{\omega} \\ \bar{\tau}_{zr} \\ \bar{\sigma}_z \end{bmatrix} \qquad (3\text{-}61)$$

该方程的解为:
$$\bar{X}(\xi,z) = \mathrm{Exp}[z,A(\xi)]\bar{X}(\xi,0) \qquad (3\text{-}62)$$

式中:$\bar{X}(\xi,z)$——$\bar{X}(\xi,z) = [\bar{u}(\xi,z),\bar{\omega}(\xi,z),\bar{\tau}_{zr}(\xi,z),\bar{\sigma}_z(\xi,z)]^\mathrm{T}$,称为状态向量;

$\bar{X}(\xi,0)$——$\bar{X}(\xi,0) = [\bar{u}(\xi,0),\bar{\omega}(\xi,0),\bar{\tau}_{zr}(\xi,0),\bar{\sigma}_z(\xi,0)]^\mathrm{T}$,称为初始状态向量。

对于指数矩阵 T_i,有 $\mathrm{Exp}[z,A(\xi)] = \mathrm{Exp}[p(\lambda)p^{-1}]$,其中 $A(\xi)$ 的特征值向量为 λ,p 为相应的转换矩阵,所以 $\mathrm{Exp}[z,A(\xi)] = p\mathrm{Exp}[\lambda]p^{-1}$。

指数矩阵 $T_i = \begin{bmatrix} a_{11} & a_{12} & a_{13} & a_{14} \\ a_{21} & a_{22} & a_{23} & a_{24} \\ a_{31} & a_{32} & a_{33} & a_{34} \\ a_{41} & a_{42} & a_{43} & a_{44} \end{bmatrix}$,具体表达式为:

$a_{11} = \cosh\xi z + \dfrac{\xi z}{2(1-\mu)}\sinh\xi z; a_{12} = \dfrac{\xi z}{2(1-\mu)}\cosh\xi z + \dfrac{1-2\mu}{2(1-\mu)}\sinh\xi z;$

$a_{13} = \dfrac{(1+\mu)z}{2E(1-\mu)}\cosh\xi z + \dfrac{(1+\mu)(3-4\mu)}{2E\xi(1-\mu)}\sinh\xi z;$

$a_{14} = \dfrac{1+\mu}{2E(1-\mu)}z\sinh\xi z; a_{21} = \dfrac{1-2\mu}{2(1-\mu)}\sinh\xi z - \dfrac{\xi z}{2(1-\mu)}\cosh\xi z;$

$a_{22} = \cosh\xi z - \dfrac{\xi z}{2(1-\mu)}\sinh\xi z; a_{23} = -\dfrac{(1+\mu)z}{2E(1-\mu)}\sinh\xi z;$

$a_{24} = -\dfrac{z}{4G(1-\mu)}\cosh\xi z + \dfrac{(3-4\mu)}{4G(1-\mu)\xi}\sinh\xi z;$

$a_{31} = -\dfrac{G\xi}{(1-\mu)}\sinh\xi z + \dfrac{G\xi^2 z}{(1-\mu)}\cosh\xi z; a_{32} = \dfrac{G\xi^2 z}{(1-\mu)}\sinh\xi z;$

$a_{33} = \cosh\xi z + \dfrac{\xi z}{2(1-\mu)}\sinh\xi z; a_{34} = \dfrac{(1-2\mu)}{2(1-\mu)}\sinh\xi z + \dfrac{\xi z}{2(1-\mu)}\cosh\xi z;$

$a_{41} = -G\dfrac{\xi^2 z}{(1-\mu)}\sinh\xi z; a_{42} = \dfrac{G\xi}{(1-\mu)}\sinh\xi z - \dfrac{G\xi^2 z}{(1-\mu)}\cosh\xi z;$

$a_{43} = -\dfrac{\xi z}{2(1-\mu)}\cosh\xi z - \dfrac{1-2\mu}{2(1-\mu)}\sinh\xi z; a_{44} = -\dfrac{\xi z}{2(1-\mu)}\sinh\xi z + \cosh\xi z$

式中:G——对应剪切模量。

当表面的状态向量求得后,就可利用式(3-63)求得任一层的状态向量。

$$\bar{X}(\xi,z_n) = \prod_{i=N}^{1} T_i \bar{X}(\xi,0) \qquad (3\text{-}63)$$

(1)单层 T 模型

根据弹性层状理论,有如下的定解条件。

①表面边界条件

当 $z=0$ 时,$\sigma_{z1}|_{z=0}=-p(r)$ 和 $\tau_{zr1}|_{z=0}=0$。

②层间接触条件

当 $z=h$ 时,$\sigma_z=-kw$,$\tau_{rz}=0$。

于是有:

$$\overline{X}(\xi,h)=\prod_{i=1}^{1}T_i\overline{X}(\xi,0) \tag{3-64}$$

即:

$$\begin{bmatrix}\overline{u^1}\\\overline{w^1}\\\overline{\tau_{zr}^1}\\\overline{\sigma_z^1}\end{bmatrix}=T_1\begin{bmatrix}\overline{u^0}\\\overline{w^0}\\\overline{\tau_{zr}^0}\\\overline{\sigma_z^0}\end{bmatrix}=\begin{bmatrix}a_{11}^1 & a_{12}^1 & a_{13}^1 & a_{14}^1\\a_{21}^1 & a_{22}^1 & a_{23}^1 & a_{24}^1\\a_{31}^1 & a_{32}^1 & a_{33}^1 & a_{34}^1\\a_{41}^1 & a_{42}^1 & a_{43}^1 & a_{44}^1\end{bmatrix}\begin{bmatrix}\overline{u^0}\\\overline{w^0}\\\overline{\tau_{zr}^0}\\\overline{\sigma_z^0}\end{bmatrix}$$

$$\begin{bmatrix}\overline{u^1}\\\overline{w^1}\\0\\-k\overline{w^1}\end{bmatrix}=\begin{bmatrix}a_{11}^1 & a_{12}^1 & a_{13}^1 & a_{14}^1\\a_{21}^1 & a_{22}^1 & a_{23}^1 & a_{24}^1\\a_{31}^1 & a_{32}^1 & a_{33}^1 & a_{34}^1\\a_{41}^1 & a_{42}^1 & a_{43}^1 & a_{44}^1\end{bmatrix}\begin{bmatrix}\overline{u^0}\\\overline{w^0}\\0\\p(\xi)\end{bmatrix}$$

求解上述方程组,可得:

$$\overline{w^0}=\frac{a_{31}^1(ka_{24}^1+a_{44}^1)-a_{34}^1(ka_{21}^1+a_{41}^1)}{a_{32}^1(ka_{21}^1+a_{41}^1)-a_{31}^1(ka_{22}^1+a_{42}^1)} \tag{3-65}$$

(2)N 层 T 模型

根据弹性层状理论,有如下的定解条件。

①表面边界条件

当 $z=0$ 时,$\sigma_{z1}|_{z=0}=-p(r)$ 和 $\tau_{zr1}|_{z=0}=0$。

②层间接触条件

$$\sigma_{z_k}|_{z=H_k}=\sigma_{zk+1}|_{z=H_k} \text{ 和 } \tau_{zr_k}|_{z=H_k}=\tau_{zr_{k+1}}|_{z=H_k}$$

$$U_k|_{z=H_k}=U_{k+1}|_{z=H_k} \text{ 和 } w_k|_{z=H_k}=w_{k+1}|_{z=H_k}$$

当 $z=H_n$ 时,$\sigma_z=-kw$,$\tau_{rz}=0$。

式中:H_k——$H_k=\sum_{j=1}^{k}h_j$。

于是有:

$$\overline{X}(\xi,h_n)=T_n\times T_{n-1}\times T_{n-2}\times\cdots\times T_2\times T_1\overline{X}(\xi,0)=\prod_{i=n}^{1}T_i\overline{X}(\xi,0) \tag{3-66}$$

记：$\prod\limits_{i=n}^{1} T_i = \begin{bmatrix} a_{11} & a_{12} & a_{13} & a_{14} \\ a_{21} & a_{22} & a_{23} & a_{24} \\ a_{31} & a_{32} & a_{33} & a_{34} \\ a_{41} & a_{42} & a_{43} & a_{44} \end{bmatrix}$

即：

$$\begin{bmatrix} \overline{u^n} \\ \overline{w^n} \\ \overline{\tau_{zr}^n} \\ \overline{\sigma_z^n} \end{bmatrix} = \prod\limits_{i=n}^{1} T_i \begin{bmatrix} \overline{u^0} \\ \overline{w^0} \\ \overline{\tau_{zr}^0} \\ \overline{\sigma_z^0} \end{bmatrix} = \begin{bmatrix} a_{11} & a_{12} & a_{13} & a_{14} \\ a_{21} & a_{22} & a_{23} & a_{24} \\ a_{31} & a_{32} & a_{33} & a_{34} \\ a_{41} & a_{42} & a_{43} & a_{44} \end{bmatrix} \begin{bmatrix} \overline{u^0} \\ \overline{w^0} \\ \overline{\tau_{zr}^0} \\ \overline{\sigma_z^0} \end{bmatrix}$$

$$\begin{bmatrix} \overline{u^n} \\ \overline{w^n} \\ 0 \\ -k\overline{w^n} \end{bmatrix} = \begin{bmatrix} a_{11} & a_{12} & a_{13} & a_{14} \\ a_{21} & a_{22} & a_{23} & a_{24} \\ a_{31} & a_{32} & a_{33} & a_{34} \\ a_{41} & a_{42} & a_{43} & a_{44} \end{bmatrix} \begin{bmatrix} \overline{u^0} \\ \overline{w^0} \\ 0 \\ \overline{p(\xi)} \end{bmatrix}$$

求解上述方程组，可得：

$$\overline{w^0} = \frac{a_{31}(ka_{24} + a_{44}) - a_{34}(ka_{21} + a_{41})}{a_{32}(ka_{21} + a_{41}) - a_{31}(ka_{22} + a_{42})} \tag{3-67}$$

2）T 模型的验证

高斯积分公式如式（3-68）和式（3-69）所示。

（1）在区间[-1,1]上的高斯公式为：

$$\int_{-1}^{1} f(x) \approx \sum_{i=1}^{n} v_i f(t_i) \tag{3-68}$$

式中：n——高斯积分的结点数；

t_i——结点值；

v_i——结点值 t_i 所对应的权系数。

（2）对于任意求积区间[a,b]，通过变换：

$$x = \frac{b+a}{2} + \frac{b-a}{2} t_i$$

可以简化到[-1,1]上，这时：

$$\int_{-1}^{1} f(x) \approx \frac{b-a}{2} \sum_{i=1}^{n} v_i f\left(\frac{b+a}{2} + \frac{b-a}{2} t_i\right) \tag{3-69}$$

①在计算中（郭大智；王栋），令 $\xi = \frac{x}{HL}$，其中 $HL = H(n-1)$，每个子区间采用 16 个高斯结点进行计算，由所选用的上限 x_s 来计算子区间的个数 IM，$IM = [x_s/3] + 1$，每个子区间的长度为 3，[ ]表示取整。

②由于用机器计算时不可能算出上限为 ∞ 时的积分值，故采用有限的上限值 x_s。在确定 x_s 上限以前，曾对各个应力、位移之积分号内被积函数的特性进行了分析。一般说来，所有被积函数均可视作由两部分组成：其中一部分与 Bessel 函数有关，而另一部分与指数函数有关。

与 Bessel 函数有关的部分显然仍是一个波动函数；当 $x \to -\infty$ 时，它们的极限等于 0。与指数函数有关的部分是一个单调减函数，当 $x \to +\infty$ 时，它们的极限与计算点离路表面的举例（即绝对坐标值 z'）有关，当 $z' > 0$ 时，其极限等于 0；当 $z' = 0$ 时，其极限等于 1。根据此种情况，对于不同的坐标点，可按不同的原则来确定积分限 x_s。

对于 $z' > 0$ 的那些坐标点，应使 0 至 x_s 的积分值能保证对数值解所要求的精度，而略去 x_s 至 ∞ 的积分余项。此时，上限 x_s 基本上可按指数函数 $e = -\frac{z'}{HL}x$ 中的幂次来确定，即：

$$\frac{z'}{HL}x_s \geq 15，即 x_s \geq \frac{15}{z + H(JC - 1)}$$

表 3-7 为传统弹性层状理论和传递矩阵法的计算比较。

层状理论和传递矩阵法单层计算时荷载中心点的挠度（μm）　　　表 3-7

地基反应模量 K (MN/m^3)	$E_1 = 500MPa$				$E_1 = 2000MPa$			
	15cm		20cm		15cm		20cm	
	传统	传递	传统	传递	传统	传递	传统	传递
50	888.3	888.3	680.9	680.9	537.3	537.3	386.3	386.3
100	549.6	549.6	549.6	440.5	349.4	349.4	258.4	258.4
150	409.5	409.5	409.5	338.5	268.8	268.8	202.9	202.9
250	278.9	278.9	278.9	240.9	190.9	190.9	148.3	148.3

注：荷载直径为 76.2cm，均布荷载 0.069MPa，弹性层泊松比为 0.3。

两种计算方法下单层 T 模型的计算结果完全一致，见表 3-7。

在多层弹性计算中，常人为将半无限体分为 N 层，然后用 N 层计算程序的计算结果与 Boussinesq 公式的计算结果相比较，以检验程序的正确性。这里也采用相类似的方法，比较 N 层 T 模型和单层 T 模型的计算结果。在表 3-8 中，分别验证 3 层、100 层与单层的计算结果，与表 3-7 相比可见挠度完全吻合。

单层 T 模型和 N 层 T 模型计算的荷载中心处挠度比较（μm）　　　表 3-8

地基反应模量 K (MN/m^3)	基层模量 $E_1 = 500MPa$			
	基层厚度 15cm		基层厚度 20cm	
	3 层	1 层	100 层	1 层
50	888.3	888.3	680.9	680.9
100	549.6	549.6	440.5	440.5
150	409.5	409.5	338.5	338.5
250	278.9	278.9	240.9	240.9

注：荷载直径为 76.2cm，均布荷载 0.069MPa，弹性层泊松比为 0.3。

当 T 模型为单层时，其力学模式基本上与 Winkler 地基上无限大板相同，只不过无限大板忽略了弹性层的压缩变形。表 3-9 中的计算结果也表明 T 模型计算得到的弯沉盆略大于无限大板的弯沉盆。Winkler 地基上的无限大薄板，可以认为是单层 T 地基模型，只不过由于采用板的假设，忽略板的压缩变形，所以当板的模量较低（如 1000MPa）或板为厚板时，计算偏差较大。

单层 T 模型和 Winkler 地基上无限大板挠度比较（μm）　　　　　　表 3-9

地基反应模量 K （MN/m³）		基层 E_1 = 500MPa,基层厚度 20cm					
		距荷载中心距离					
		0cm	20cm	30cm	40cm	65cm	80cm
50	T	888.3	776.1	647.3	484.6	169.0	67.2
	Winkler	868.7	757.2	631.4	482.6	171.3	67.0
100	T	549.6	471.8	381.6	265.2	65.9	15.5
	Winkler	530.5	452.9	365.0	262.1	66.9	14.9

注：荷载直径为 76.2cm,均布荷载为 0.069MPa,弹性层泊松比为 0.3。

3）T 模型和其他方法的比较

无论 PCA、USACE 还是 FAA 对于土基模量的修正，均分别对粒料、稳定性基层提出各自的修正方法。Uzan 和 Witczak 认为上述三种方法对粒料基层的修正结果基本接近，而对稳定性基层的修正结果却相差较远(Uzan,Witczak 1985)。利用 T 模型和上述三种方法,比较对粒料基层和稳定性基层的修正结果。

(1) 粒料基层

PCA、USACE 和 FAA 对于粒料基层的土基模量进行修正。为应用 T 模型,必须有粒料基层的回弹模量,分别假设为 50000psi(345MPa)和 30000psi(207MPa),根据地基模量的定义,计算值和三种修正结果比较接近,在基层厚度较薄且土基反应模量较低时,T 模型计算值略低于上述三种修正结果,见表 3-10。而当基层厚度较厚且土基反应模量较高时,T 模型计算值略高于上述三种修正结果。

三种方式和 T 模型对粒料基层的修正后底基层 K 值（pci）　　　　　　表 3-10

土基 K 值(pci)	基层厚度(in)	4	6	12
50	PCA	65	75	110
	USACE	63	71	112
	FAA	84	120	220
	T 模型(50000psi)	74	110	240
	T 模型(30000psi)	64	91	189
200	PCA	220	230	320
	USACE	240	260	295
	FAA	280	312	400
	T 模型(50000psi)	209	273	505
	T 模型(30000psi)	191	235	400
300	PCA	320	330	430
	USACE	325	337.5	362.5
	FAA	350	380	440
	T 模型(50000psi)	292	363	630
	T 模型(30000psi)	271	317	500

注：荷载直径为 76.2cm,均布荷载为 0.069MPa,弹性层泊松比为 0.3。

（2）稳定性基层

PCA 中稳定性基层为水泥稳定碎石基层，28d 圆柱抗压模量为 1300000psi（8970MPa），通过承载板现场试验，得到相应的修正表。为比较方便 T 模型也采用同样的弹性模量，荷载半径分别取 15in、17in、19in，计算结果见表 3-11。

PCA、FAA 和 T 模型修正的底基层 K 值比较（pci）　　　　表 3-11

土基 K 值（pci）	项目	基层厚度（in）		
		4	6	12
50	PCA（1300000）	170	230	390
	T 模型（1300000）	255/205/191	437/348/286	1146/904/733
	FAA	100～134	144～192	264～352
100	PCA（1300000）	280	400	640
	T 模型（1300000）	378/308/260	636/511/423	1630/1290/1051
	FAA	336～448	374～499	480～640
200	PCA（1300000）	470	640	—
	T 模型（1300000）	570/470/402	934/754/632	2322
	FAA	420～560	456～608	528～704

从表 3-11 可见，当采用荷载半径为 15in（38.1cm）时，T 模型的计算结果远远大于 PCA 的修正值。只有当荷载半径为 19in（48.3cm）时，才能使 T 模型的计算结果接近 PCA 的修正值。而且当基层厚度较大时，如 $h=12$in（30.5cm），T 模型的计算结果严重偏离 PCA 的修正值。

对于 FAA 的修正值，由于 AC-150/5320-6D 中没有提供稳定性基层的弹性模量，并且认为对于该类基层只需在粒料基层修正值的基础上提高 1.2～1.6 倍即可，所以不能比较 T 模型与 FAA 的修正值。仅从数值上看，在荷载半径为 19in（48.3cm）时，T 模型的计算结果才落入 FAA 的修正范围。

USACE 根据弹性层状理论，对于稳定性基层提出考虑不同基层厚度（6～15in）、不同基层模量（10000～1000000psi）的修正结果，正好可以与 T 模型进行比较，见表 3-12。

USACE 和 T 模型修正的反应模量比较　　　　表 3-12

基层厚度（in）	基层模量（psi）	地基反应模量（pci）	修正反应模量（pci）	
			USACE	T 模型
6	10000	100	95	105
	100000		140	217
	300000		195	336
	1000000		380	565
9	10000	150	200	173
	100000		250	427
	300000		400	690
	1000000		500	1200

续上表

基层厚度(in)	基层模量(psi)	地基反应模量(pci)	修正反应模量(pci)	
			USACE	T模型
12	10000	150	250	205
	100000		380	587
	300000		480	986
	1000000		500	1763

3.3 临界荷位

在行车荷载和温度、湿度变化等作用下,水泥混凝土铺面结构产生应力场:荷载应力和温度应力。通常将水泥混凝土铺面结构最大应力,即荷载应力与温度应力耦合的最大值对应的行车荷载作用位置称为临界荷位。相应的最大应力点称为结构临界点,临界荷位和结构临界点是路面设计中控制综合疲劳断裂的重要依据。

临界荷位选取是对不同荷位下板内的应力或者挠度状况进行分析得到。此外,还应该考虑与路面结构设计方法所采用的设计标准相匹配。我国公路水泥混凝土路面设计规范采用行车荷载和温度梯度综合作用产生的疲劳断裂作为极限状态,则应选用使路面结构板产生最大疲劳损坏的荷载位置作为临界荷位;当PCA设计方法以控制挠度量作为设计标准,则应该选用产生最大挠度的荷载位置作为临界荷位。

1979年,姚祖康按照十二项多项式位移模型编写了混凝土铺面荷载应力计算程序,通过恰当地控制单元尺寸划分,达到了工程实际要求精度。

1979年,姚祖康采用有限元位移法分析了水泥混凝土路面的临界荷位,编制了单后轴和双后轴汽车荷载在横缝边缘中部和板长中部两种临界荷位时的荷载应力计算用图,并提出了一种可考虑接缝传荷能力的荷载应力计算方法。

1989年,于宝明、姚祖康等人分析比较了混凝土路面板在纵边和横边处的应力状况,并结合轮迹横向分布情况分析,比较了不同荷载位置时板的疲劳损坏。在此基础上,为采用不同设计标准的各设计方法提出了合理选取临界荷位的建议。

1992年,周德云、姚祖康等人采用综合考虑重复荷载应力和温度应力共同作用的疲劳方程,分析了各类接缝传荷能力影响下水泥混凝土路面的疲劳损耗,为工程设计中选取符合实际情况的临界荷位提供了依据。

2000年,田波、姚祖康等人针对大量超重车辆的出现,应用有限元方法分析了特重车辆对水泥混凝土路面荷载应力的影响,并对计算结果进行回归分析,提出了新的板纵向边缘中部最大应力的公式。

2002年颁布了《公路水泥混凝土路面设计规范》(JTG D40—2002)。与1994年颁布的旧版规范相比,2002版规范在荷载应力计算方面使得荷载应力公式的使用范围得以扩大,单轴-单轮组:20~120kN,单轴-双轮组:40~240kN,双轴-双轮组:80~480kN,这样可以较为有效地减小轴载换算时因为过多外延而引起的误差。但2002版规范采用的路面板最大弯矩计算式是弹性地基上板理论的回归结果,地基模型是弹性半无限空间体,并且路面板模型为四边自由矩形薄板,未能考虑板间传荷作用对水泥混凝土路面最大荷载应力的影响。同时 2002 版规范在计算轴载作用下路面板荷载应力时,只考虑不同类型的车辆后轴所产生的影响,未能将前后轴放在一起考虑,同时也忽略了路面板之间由于在传力杆或集料咬合作用下的荷载传递作用,与路面板实际受力情况有出入。

3.3.1 灵敏度

水泥混凝土铺面暴露在自然环境之中,工作性能受自然界温湿变化、阳光辐射等影响,同时其承受的车辆荷载大小和类型、板块尺寸划分、地基支撑情况以及接缝工作状态等因素的变化也会对水泥混凝土铺面的使用性能产生较大影响。地基反应模量 K、板厚 H 以及路面板横缝、纵缝的传荷能力 LTE 等主要影响因素的灵敏度分析如下。

以带路肩三连板水泥混凝土铺面为模型,如图 3-25 所示,计算不同温度梯度下各种车型的临界荷位以及结构临界点的位置和应力(或挠度)大小,为水泥混凝土铺面结构组合设计提供依据。

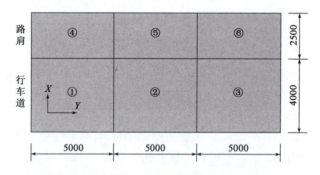

图 3-25 带路肩三连板水泥混凝土铺面示意图(尺寸单位:mm)

采用 15cm×15cm 的有限元单元格划分,沿 Y 方向共有 101 个节点,沿 X 方向共有 42 个节点。车辆荷载的起始位置为沿行车方向第二条横缝处,并以 0.5m 为步长紧贴纵缝行驶,计算每个荷位下水泥混凝土铺面内部最大拉应力。车辆荷载起始位置如图 3-26 所示。

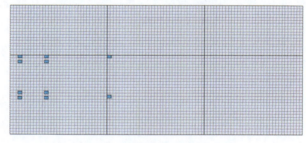

图 3-26 车辆荷载起始位置示意图

1)地基反应模量 K

水泥混凝土铺面面层下所有结构层的当量地基反应模量为 K,分别取 $30MN/m^3$、$60MN/m^3$、$90MN/m^3$ 时,车辆荷载对路面板应力及挠度的影响如图 3-27 和图 3-28 所示。在其他条件相同的情况下,随着地基反应模量 K 值的增大,水泥混凝土铺面底部最大拉应力逐渐减小,最大挠度也逐渐减小。

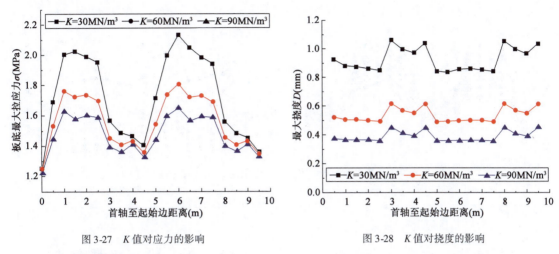

图 3-27　K 值对应力的影响　　　　　图 3-28　K 值对挠度的影响

2) 路面板厚度 H

路面板厚度 H 是影响水泥混凝土铺面承载力的重要指标。较大的厚度可以有效提高面板的抗弯刚度,减小面板底部弯拉应力。选取 24cm、26cm、28cm、30cm 4 种不同厚度的路面,计算相同荷载作用下其应力及挠度的变化。计算结果如图 3-29 和图 3-30 所示。在其他条件相同的情况下,随着面板厚度 H 的增大,水泥混凝土铺面底部最大拉应力逐渐减小,最大挠度也逐渐减小。

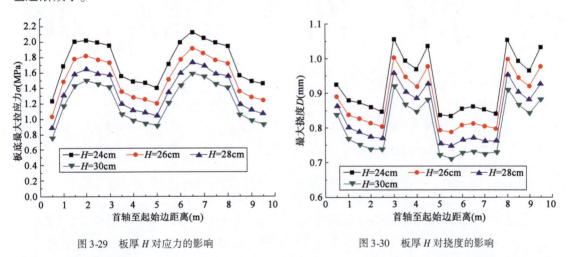

图 3-29　板厚 H 对应力的影响　　　　　图 3-30　板厚 H 对挠度的影响

3) 接缝传荷能力

较高的接缝传荷能力,能有效降低板边应力及挠度,防止混凝土铺面的断裂破坏;而当接缝传荷能力较低时,由于板角和板边的挠度太大,导致板底的基层和土基发生塑性变形累积,在长期车辆荷载和环境因素的影响下,造成混凝土铺面板角、板边脱空,板角断裂,错台,唧泥等病害,缩短路面使用寿命。

横缝和路肩纵缝的传荷能力对水泥混凝土铺面性能的影响如图 3-31～图 3-34 所示。无论是横缝还是路肩纵缝，随着传荷能力的增加，混凝土板底部最大拉应力和最大挠度均逐渐减小。

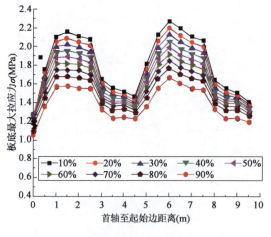

图 3-31　路肩纵缝传荷能力对应力的影响

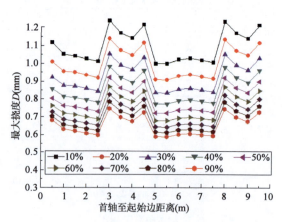

图 3-32　路肩纵缝传荷能力对挠度的影响

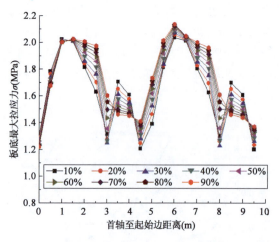

图 3-33　横缝传荷能力对应力的影响

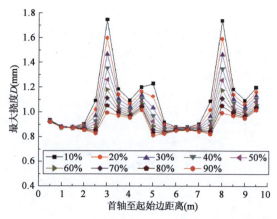

图 3-34　横缝传荷能力对挠度的影响

3.3.2　车辆荷载作用下的临界荷位

只考虑荷载应力对水泥混凝土铺面结构影响时，忽略环境因素（温度、湿度等）变化的影响，假设路面板板顶板底温差为零，在整个车辆荷载作用过程中，路面板不产生温度应力，从而独立地分析不同车型驶过混凝土铺面时，路面板中的最大荷载应力大小和位置以及相应车型的临界荷位。

地基反应模量 K、路面板厚度 H 以及接缝传荷能力等参数对水泥混凝土铺面结构应力的影响规律，载运车辆重载化、多轴化趋势愈加明显。

选取 Winkler 模型地基，路面板采用带路肩的三连板模型，由一条行车道和路肩组成。行车道板块尺寸为 4m×5m；路肩形式为带拉杆的水泥混凝土路肩，板块尺寸为 2.5m×5m；面板厚度均为24cm。面层混凝土材料弹性模量 $E = 30000\mathrm{MPa}$，泊松比 $\mu = 0.15$，地基反应模量 $K = 150\mathrm{MN/m^3}$，路面板横缝传荷系数 LTE = 80%，路肩纵缝传荷系数 LTE = 30%。选取整车（zc_1-2, zc_1-1-2, zc_1-2-2, zc_1-1-2-2）、牵引车（qyc_1-2, qyc_1-1-2, qyc_1-2-2）、半挂车（bgc_Ⅰ, bgc_Ⅱ, bgc_Ⅲ）等三大类10种车型（图3-35）以 0.5m 为步长沿路肩纵缝行驶，得到路面板内最大荷载应力、挠度的大小和位置以及相应车型的临界荷位。

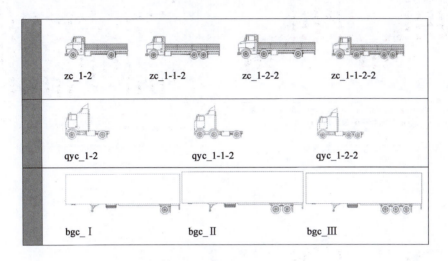

图 3-35　车辆荷载示意图

1）以荷载疲劳应力破坏为指标

当以荷载疲劳应力破坏为指标时，在各种车型沿路肩纵缝行驶过程中，车辆一定步长每行驶到相应位置，计算该荷位下板顶和板底最大荷载应力大小和出现位置，各车型作用下最大应力如图 3-36 ~ 图 3-45 所示。

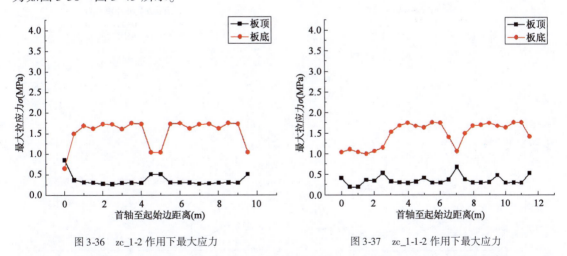

图 3-36　zc_1-2 作用下最大应力　　　　图 3-37　zc_1-1-2 作用下最大应力

图 3-46 ~ 图 3-48 所示分别为整车、牵引车、半挂车三大类车型中，不同车型的最大应力峰值。只考虑荷载应力作用时，板底产生的弯拉应力始终比板顶大，在长期重复疲劳荷载的作用下，容易产生自下而上（Bottom-Up）的裂缝。

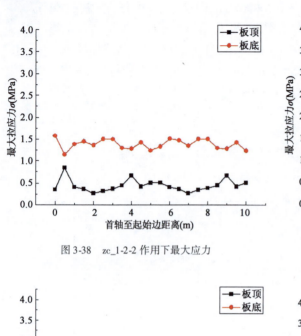

图 3-38 zc_1-2-2 作用下最大应力

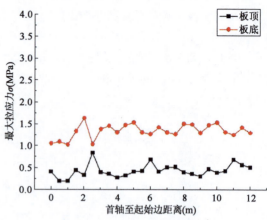

图 3-39 zc_1-1-2-2 作用下最大应力

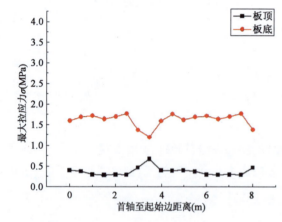

图 3-40 qyc_1-2 作用下最大应力

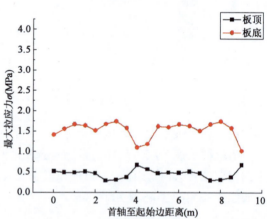

图 3-41 qyc_1-1-2 作用下最大应力

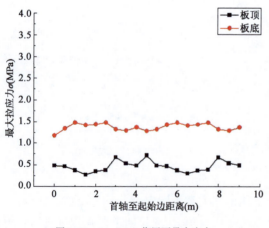

图 3-42 qyc_1-2-2 作用下最大应力

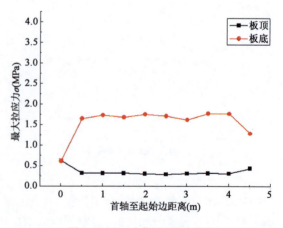

图 3-43 bgc_Ⅰ 作用下最大应力

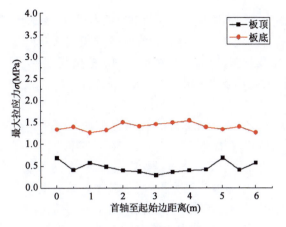

图 3-44 bgc_Ⅱ 作用下最大应力

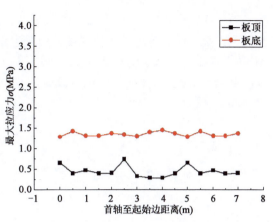

图 3-45 bgc_Ⅲ 作用下最大应力

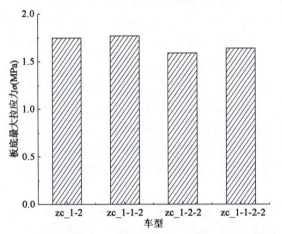

图 3-46 整车各车型最大应力对比

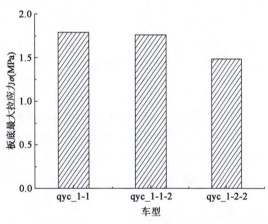

图 3-47 牵引车各车型最大应力对比

四种整车作用下最大荷载应力,由大到小的车型顺序为:zc_1-1-2 > zc_1-2 > zc_1-1-2-2 > zc_1-2-2。

三种牵引车作用下最大荷载应力,由大到小的车型顺序为:qyc_1-2 > qyc_1-1-2 > qyc_1-2-2。

三种半挂车作用下最大荷载应力,由大到小的车型顺序为:bgc_Ⅰ > bgc_Ⅱ > bgc_Ⅲ。

由于牵引车和半挂车一般都是成对出现,半挂车产生的最大应力小于牵引车,选取 zc_1-1-2 和 qyc_1-2 分别作为整车和牵引车的代表车型,在以荷载疲劳破坏为指标计算水泥混凝土铺面临界荷位时使用。

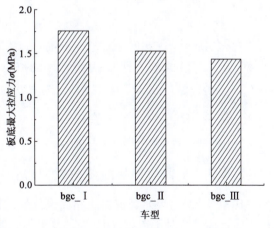

图 3-48 半挂车各车型最大应力对比

2）以板角疲劳应力破坏为指标

路面病害调查发现，路面板角隅断裂占比很大，其原因不是车辆荷载反复作用下，混凝土板受到的疲劳应力超过其弯拉强度从而发生断裂；而是在车辆荷载和降水等环境因素共同作用下，混凝土板底基层受到动水压力冲刷，基层细集料被冲出，路面结构出现脱空唧泥现象；原本与基层完全接触的板局部变成悬臂板，在车辆荷载反复作用下，产生过大的挠度变形，最终发生断裂破坏。

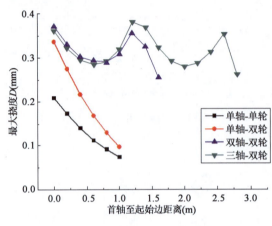

图 3-49　各车型板角挠度值包络线

考虑公路常见的后轴有单轴-单轮、单轴-双轮、双轴-双轮、三轴-双轮这四种轴载，以 0.2m 为步长沿路肩纵缝行进，前进方向以第一个靠近横缝的轴为首轴，不考虑环境温度变化的情况下，计算四种轴载作用于不同荷位时的最大挠度值，其中正值表示板角向下弯曲。

单轴-单轮组和单轴-双轮组荷载从起始位置开始，沿路肩纵边移动，记录不同首轴作用位置，混凝土板上的最大挠度，并绘制不同车辆位置形成的挠度包络线，见图 3-49。随着荷载远离板角，路面板板角挠度值也随之逐渐减小，并且挠度值下降的速度很快。挠度变形只有一处峰值，位于起始位置；且单轴双轮组产生的板角挠度始终大于单轴单轮组。

双轴-双轮组和三轴-双轮组轴载，起始板角挠度值几乎相同。在荷载位于起始位置和首轴距起始位置 1.2m 处有两个峰值；三轴-双轮组整个移动过程中有两处峰值，即荷载位于起始位置、首轴距起始位置 1.2m 处及首轴距起始位置 2.6m 处。

对于公路上常见的单轴-单轮、单轴-双轮、双轴-双轮、三轴-双轮这四种轴载形式，以控制挠度量为设计标准时，其临界荷位均为轴载首轴紧贴横缝边缘的位置，四种轴载的临界荷位具体如图 3-50～图 3-53 所示。

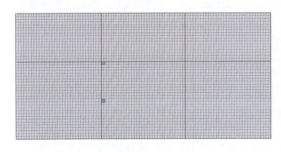

图 3-50　单轴-单轮临界荷位

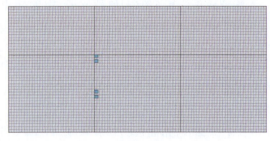

图 3-51　单轴-双轮临界荷位

3.3.3　车辆荷载与温度荷载耦合作用下的临界荷位

1990 年代《公路水泥混凝土路面设计规范》采用重复荷载应力不超过混凝土的疲劳强度作为设计标准。对于边缘自由的板，其最不利的荷载位置为轴载作用于横缝边缘中部，或者轴载作用于板边中部且一侧轮缘同纵缝相切。考虑轮迹通过纵缝边缘的机率很小，以及应力随轮缘偏离纵缝边缘而急剧下降,并且由于当时对接缝传荷能力考虑不周,选取了横缝边缘中部为临界荷位。

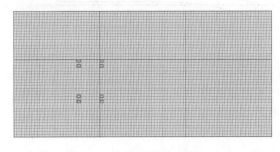

图3-52　双轴-双轮临界荷位

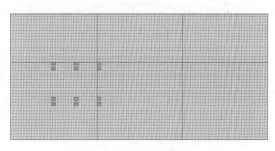

图3-53　三轴-双轮临界荷位

2002版《公路水泥混凝土路面设计规范》充分考虑横缝间普遍设置的传力杆对路面板内部应力的影响,选取混凝土板的纵向边缘中部作为产生最大荷载和温度梯度综合疲劳损坏的临界荷位。

水泥混凝土铺面路面在使用过程中,承受着车辆荷载的作用,同时受到周围温度湿度等环境因素变化的影响。在研究临界荷位时,不但要考虑轴型的变化,而且要考虑温度翘曲变形的影响。

根据不同省份水泥混凝土路面破损调查,水泥混凝土路面主要破损形式为路面板中部横向断裂破坏以及路面板角隅断裂破坏。而针对横向断裂破坏而言,又可以根据裂缝发展的方向具体分为由上而下(Top-Down)的破坏和由下而上(Bottom-Up)的破坏。这两种破坏形式主要是在不同轴距的车辆荷载对路面板施加的荷载应力同气温变化产生的正负温度应力耦合过程中形成的。车辆荷载形式的不同,就会对水泥混凝土板内最大弯拉应力的大小和位置产生影响。

当计算车辆荷载与温度荷载耦合作用下的临界荷位时,若以荷载疲劳应力破坏为指标,当路面板处于正温度梯度(板顶温度高于板底)时,计算板边纵缝边缘中部板底拉应力,并以此确定临界荷位。

当路面板处于负温度梯度(板底温度高于板顶)时,车辆前后轴分别作用在板两端,产生的板边纵缝边缘中部板顶拉应力,并以此确定临界荷位。

若以板角疲劳应力破坏为指标时,需要计算不同轴型车辆荷载作用于板边的挠度值,比选出最不利轴型,并确定临界荷位。

当路面板处于零温度梯度和正温度梯度作用下时:

(1)若以荷载疲劳应力破坏为指标,各车型的临界荷位均为其载重轴(一般为后轴)作用于板长中部,此时路面板的结构临界点位于后轴靠近路肩纵缝一侧轮胎下方的路面板板底。在车辆荷载和温度荷载反复作用下,路面板板底受拉,板中附近容易产生自下而上(Bottom-Up)的横向裂缝,具体破坏形式如图3-54所示。

(2)若以板角疲劳应力破坏为指标,各车型的临界荷位均为其载重轴作用于靠近角隅的板边横缝边缘。此时路面板的最大挠点位于板角处,此时在车辆荷载和温度荷载反复作用下,路面板板底受拉,板角附近容易产生自下而上(Bottom-Up)的横向裂缝,具体破坏形式如图3-55所示。

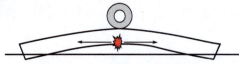
图3-54 板中自下而上裂缝破坏形式

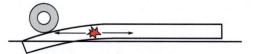
图3-55 板角自下而上裂缝破坏形式

当路面板处于负温度梯度作用下时：

(1)若以荷载疲劳应力破坏为指标，各车型的临界荷位为两轴同时作用在同一块路面板的两端，呈跷跷板状，此时路面板的结构临界点位于路面板板中顶部。此时在车辆荷载和温度荷载反复作用下，路面板板顶受拉，板中附近容易产生自上而下(Top-Down)的横向裂缝，具体破坏形式如图3-56所示。

(2)若以板角疲劳应力破坏为指标，各车型的临界荷位均为其载重轴作用于靠近角隅的板边横缝边缘，路面板的最大挠点位于板角处。在车辆荷载和温度荷载反复作用下，路面板板顶受拉，板角附近容易产生自上而下(Top-Down)的横向裂缝，具体破坏形式如图3-57所示。

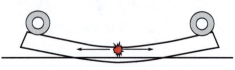
图3-56 自上而下裂缝破坏形式

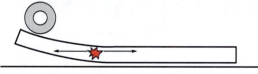
图3-57 板角自上而下裂缝破坏形式

3.4 硬化阶段环境因素引起的内嵌温度梯度

环境作用对水泥混凝土铺面板翘曲的影响效应可以分为五类。

(1)沿板厚的温度梯度(Temperature gradient through the slab)

路面服役阶段温度沿板厚呈线性或非线性分布，随气象状况每日波动。

(2)内嵌温度梯度(Built-in temperature gradient)

假设水泥混凝土铺面在夏季上午浇筑，在混凝土硬化过程中，太阳辐射较强，路表气温较高，有正向的温度梯度，在水泥混凝土硬化时刻之前混凝土的塑性流动使路面板保持为平整无翘曲状态。当混凝土凝结硬化时刻(如终凝时刻)，这个正向的温度梯度就被永久残留在水泥混凝土铺面板中。之后只有出现与硬化时刻相同的正温度梯度时，水泥混凝土铺面板才会达到平整无翘曲状态(或零应力状态)，混凝土面板的初始状态不再是传统认为的：零温度梯度且板处于平整。

由于有硬化阶段嵌入的正温度梯度存在，当路面板的温度梯度变化到0℃/m，路面板将会发生四周板角翘起的凹形翘曲(若翘曲是被完全约束的，则板内将出现板顶受拉、板底受压的应力状态)。这个凹形翘曲和传统混凝土面板(零温度梯度)上施加一个负温度梯度类似。这个假设的等效负向温度梯度使板产生了相同的翘曲，而这个等效负向温度梯度值的大小与正负受施工期环境条件(空气温度、太阳辐射、终凝时刻天气状况、养护方式等)的影响，有时会产生非常大的波动。简化起见，由硬化时刻的正向温度梯度分布引起当量负向温度梯度翘曲，作为早龄期硬化翘曲。

(3)沿板厚的湿度梯度(Moisture gradient through the slab)

水泥混凝土铺面板内含水率的变化会引起板内出现可逆的胀缩变形。水分在上表面处

50mm 以内,通常处于非饱和状态,而板底水分则经常处于饱和状态。这种湿度梯度将导致板产生可逆的干缩翘曲,而这种湿度梯度受天气状况与路面材料的影响非常明显。可逆干缩现象与混凝土中毛细孔的数量有关。

(4) 不可逆差异干缩(Differential drying shrinkage)

干燥收缩是混凝土硬化过程中由于水分丧失引起的混凝土体积减小。只有混凝土的表面处(厚度<50mm)受养护措施影响显著,会发生明显的不可逆干缩现象。板底和内部则由于孔隙内水分含量高不会出现明显的不可逆干燥现象。自收缩现象是干缩的一个特例。板底和板顶不可逆干缩的差值导致了板的永久翘曲。不可逆干缩现象和混凝土 C-S-H 胶体的存在形态、未水化浆体和小孔隙的存在方式有关。

(5) 徐变(Creep)

徐变定义为混凝土在受到恒定应力作用时,应变随时间不断增加而产生的不可恢复变形。内嵌温度梯度和不可逆差异干缩引起的翘曲变形/内嵌应力在自重、相邻板、路肩、基层摩擦等约束作用下,混凝土板会发生徐变/松弛,在早龄期尤为明显。板顶与板底不同的徐变量使得内嵌温度梯度和不可逆差异干缩引起的翘曲变形有一部分得以恢复。根据 Altoubat 和 Lange 的研究,早期徐变/松弛量可以达到 50%以上。并随着混凝土的性能,如混凝土热膨胀系数、导热系数、渗透性、混凝土原材料性能等(集料类型、水泥种类与用量、含水率、外加剂等),会产生波动。上述因素的综合作用将使板具有产生翘曲的趋势,而约束条件(自重、相邻板、路肩、基层摩擦等)的差异最终导致板在车辆荷载作用前的真实翘曲形态/应力分布差异很大。

3.4.1 硬化翘曲的现场测量与等效内嵌温度梯度的正向计算

早龄期由各种因素引起的翘曲称为硬化翘曲,并且给出了很多关于硬化翘曲的命名,如"zero-stress temperature""equivalent temperature gradient""built-in curl"等,在 AASHTO 2002 设计指南中硬化翘曲被认为是"permanent curl/warp"与湿度翘曲的总和。

关于硬化翘曲的术语较多,为便于理解,做下述约定:

硬化翘曲(Built-in curling) $\begin{cases} 残余应变或残余变形(Residual\ strain\ or\ residual\ deflection) \\ 残余应力(Residual\ stress) \end{cases}$

硬化翘曲从整体上表述 Built-in curling 的概念,其表现形式包含残余变形与残余应力两种,二者可以相互转换。进一步,残余变形和残余应力都可以找到某个等效线性温度梯度,即等效内嵌温度梯度,在板内产生与残余变形或者残余应力弯矩相同的效果。

量测野外足尺早龄期水泥混凝土铺面板不同位置的竖向翘曲变形和板内温度场、湿度场历史,以证明早龄期翘曲变形,进一步证明硬化翘曲的存在。

路面结构设计重点考虑两个方面:一是与真实路面结构的相似性,保证竖向翘曲变形的可测量性,主要通过降低基层厚度而保持板的尺寸不变化而实现。二是不同约束状态的板,由温度场、湿度场差异和物理约束差异共同引起,通过切缝以及施加不同养护方式实现。

试验路面结构与传感器布设如图 3-58 所示。整个路面由路基、10cm 厚水泥稳定砂砾基层和 26cm 厚水泥混凝土面层构成。水泥混凝土板由 5 块(3m×3.5m)和 1 块(1m×3.5m)板,共计 6 块板组成。无拉杆,切缝在后期扩展至板全深度。

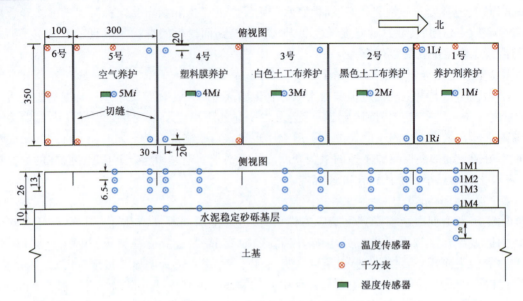

图 3-58 六联板试验路与传感器布设示意图(尺寸单位:cm)

记录当地每天 24h 实时天气数据,包括气温、气压、相对湿度、风速风向、天气等。采用小型气象站记录典型天气下的光照度、气温、相对湿度、风速、天气等,采集间隔 20min。水泥为 42.5 级普通硅酸盐水泥,比表面积 330m²/kg。混凝土配合比见表 3-13。

水泥混凝土配合比参数(kg/m³)　　　　表 3-13

指标	水泥剂量	用水量	砂	碎石	外加剂(%)	水灰比	密度
数值	374	146	700	1150	3.0	0.39	2368

水泥稳定砂砾基层采用 P.C 32.5 级水泥,砂砾级配符合规范级配要求,水泥剂量 5%,最佳含水率 5%,最大干密度 2270kg/m³。

在浇筑混凝土的同时置入温度传感器。分别距土基顶面 10cm,距基层顶面 10cm 埋设温度传感器,布设温度传感器见图 3-58。在板铺筑后 48h 内采用 10min 的采样频率,之后采用 1h 间隔,整个测量持续至 28d。

6 块水泥板从右到左依次采用养护剂、黑色土工布、白色土工布、塑料布、自然养护(不做覆盖,仅洒水)。养护剂为乳化石蜡基养护剂,喷洒剂量定为 350g/m²。

板角竖向翘曲量通过自制的变形测量装置实现,如图 3-59 所示。该装置由百分表、玻璃垫片、直角型钢筋支架(80cmϕ16 螺纹钢筋)、PVC 套筒(ϕ16.2)和水泥混凝土立方体(15cm×15cm×15cm)底座构成。百分表上端通过 PVC 套筒固定在钢筋支架水平段,下端与放置于水泥混凝土板上表面的玻璃垫片接触(采用玻璃垫片保证百分表的水平滑动不受约束)。混凝土底座埋置于基层内保证其稳定性。支架竖向高度 40cm,其胀缩变形对测量结果的影响在翘曲数据处理时根据空气温度变化应予以修正。由于基层材料刚性非常小,其竖向变形和横向变形对支架底座的影响可以忽略。翘曲变形测点位置布设如图 3-58 所示,1 号、5 号、6 号板位于两端,会产生更大翘曲变形,在其各角点和板边中部均进行翘曲测量。

假设水泥混凝土板厚度为 h，从温度场计算结果中输出板上表面以下 0、$h/4$、$h/2$、$3h/4$、h 深度处温度数据，采用式(3-70)便可较好拟合实际温度分布情况。

$$T(z) = A + Bz + Cz^2 + Dz^3 + Ez^4 \tag{3-70}$$

式中：A、B、C、D、E——待定参数。

根据温度矩概念，对于无自重无约束水泥混凝土板，和实际温度分布曲线等效的线性温度梯度可以通过式(3-71)计算得到。假设原点位于板厚一半处，以向下为正方向，经过积分得到等效线性温度梯度表达式为：

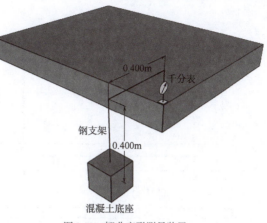

图 3-59 翘曲变形测量装置

$$T_{eq} = -\frac{12}{h^3}\int_{-h/2}^{h/2} T(z)z\mathrm{d}z = -B - \frac{3Dh^2}{20} \tag{3-71}$$

式中：B、D——可以通过板内不同深度处的实测温度场拟合得到。

根据路面板实测温度场数据按照式(3-70)计算 1 号、4 号和 5 号板各时刻等效线性温度梯度。三种养护方式对板内板各时刻等效线性温度梯度产生了较为明显的影响(图 3-60)，养护剂养护板(1 号板)和塑料膜养护板(4 号板)多数时间里较为接近，自然养护板(5 号板)的等效线性温度梯度幅值在三者中最小。这可能和自然养护板及时洒水养护有关，水分蒸发使得 5 号板的表面温度不会出现非常高的值。

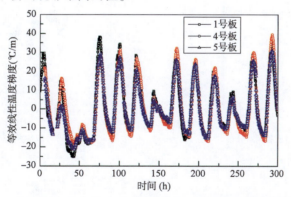

图 3-60 1 号、4 号和 5 号板内等效线性温度梯度变化历史

变形测量从加水后 29h 开始，此时混凝土已终凝，因此测得的变形并非绝对变形数据。硬化翘曲在混凝土终凝后便逐渐发展，且与应力历史有关，这给翘曲变形数据处理带来麻烦。假设测量期间板内温度梯度首次回到终凝温度梯度时，板的翘曲变形为零，而之后温度梯度为零时，仍存在包含残余变形的硬化翘曲。因此，按照测量期间板内温度梯度首次回到终凝温度梯度时变形对测量数据进行归零处理。钢筋支架的温度胀缩变形在数据处理时予以修正。

图 3-61 分别展示了 1 号板、4 号板、5 号板和 6 号板不同位置处的竖向翘曲变形历史。大多数情况下板角翘曲变形远高于板边中心。

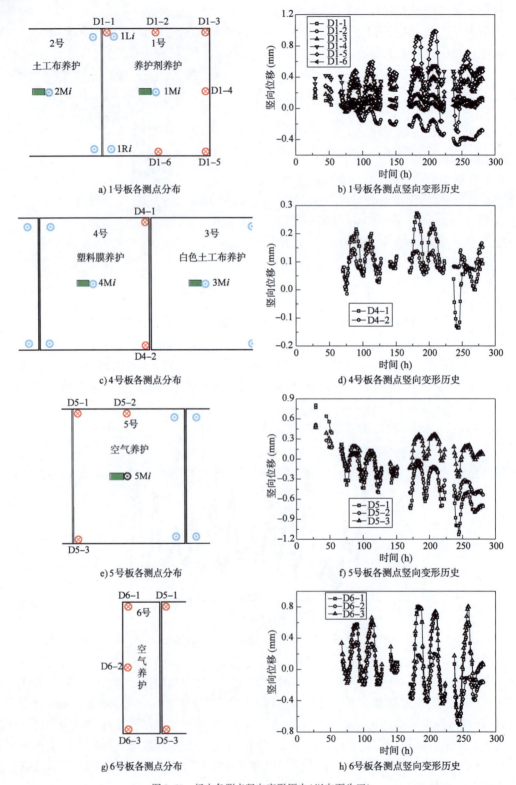

图 3-61 板内各测点竖向变形历史（以向下为正）

变形数据呈现如此复杂现象的原因如下。

①约束程度越小，板能够产生的翘曲变形会越大；相反，约束程度越大，板的翘曲变形则会更为稳定；

②水分在板内的不均匀分布会对翘曲变形产生影响，导致对称位置出现不同幅值的变形；

③平均变形整体趋势的变化可能和混凝土模量的增长以及应力历史有关。

当板内等效线性温度梯度归零时，仍然存在的翘曲变形称为硬化翘曲，硬化翘曲的变化趋势如图 3-62 所示，而真实的硬化翘曲需要对图中数据进行平移。

从图 3-62a)可知，同一块板内不同位置硬化翘曲量值差异较大。六联板不同位置处硬化翘曲量值之间的差异，与各测点的约束程度有关；硬化翘曲在 4 块板中均随时间波动，而非恒定值；整体趋势在部分测点表现出很好的稳定性（如 1 号板 D1-3、D1-1、D1-6，4 号板两个角点和 6 号板 D6-2），而在部分测点表现出增大趋势（如 1 号板 D1-5 和 D1-4）和减小趋势（其他测点）。

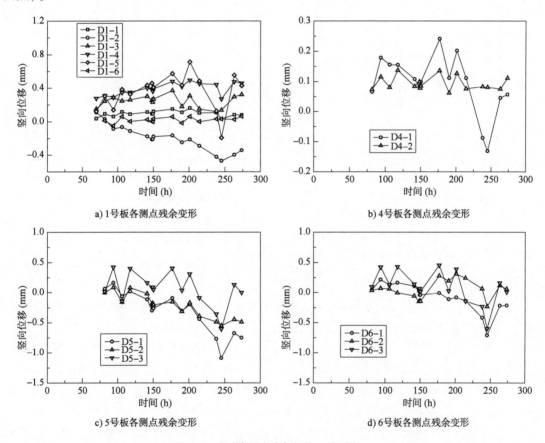

图 3-62　板内各测点残余变形（以向下为正）

将残余翘曲变形转化为相应的等效线性温度梯度，需要结合有限元计算完成。建立 Winkler 地基上六联板模型，采用双线性弹簧地基，允许板与地基分离。假设第 11d 龄期时混凝土的力学行为已经接近弹性，利用 6 号板第 11d 龄期时（从 237.33h 到 267.33h）温度场和翘曲变形数据反演地基反应模量，得到其值为 3MPa/m。

建立翘曲变形与温度梯度的关系。令温度梯度从 $-50℃/m$ 到 $50℃/m$ 变化,结果发现各测点竖向变形和温度梯度均呈线性关系。将残余翘曲变形数值除以对应温度梯度时有限元模型计算的线性比例系数,可得到各测点残余翘曲变形的等效线性温度梯度。4号板两个角点的等效线性温度梯度散点如图3-63所示,数据表现出较好的规律性,随龄期逐渐降低并且在300h龄期附近接近 $10℃/m$。图3-64为所有测点的等效线性温度梯度分布规律,数据整体呈现出离散性。数据仍主要集中在 $-25℃/m$ 到 $25℃/m$ 的范围内,相当于板厚方向存在 $-6.5℃$ 到 $6.5℃$ 的温差,如图3-65所示。

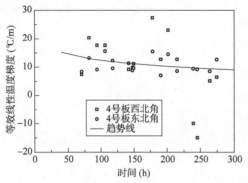

图3-63 4号板内各测点残余变形对应的等效线性温度梯度

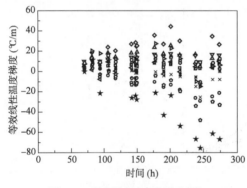

图3-64 所有测点残余变形对应的等效线性温度梯度

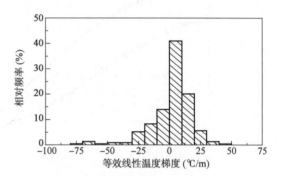

图3-65 等效线性温度梯度分布频率

3.4.2 等效内嵌温度梯度的正向计算方法

等效内嵌温度梯度正向计算方法流程如下:

(1)建立水泥混凝土铺面温度场、湿度场有限元模型,分别调用温度场、湿度场子程序,计算水泥混凝土铺面早龄期温度场、湿度场。

(2)将温度场、湿度场计算结果作为荷载导入力学计算模型,调用徐变本构子程序,计算早龄期水泥混凝土铺面板应力与变形历史,计算至板内应力与变形随环境稳定波动。

(3)板内等效线性温度梯度按昼夜呈近似周期性变化,当其回到同一值时,分析板内应力与变形是否也回到相同值,即残余应力与残余变形的衰减是否稳定。

(4)待残余应力与残余变形的衰减稳定后,通过复位法将存在翘曲变形的板恢复至平整状态,即得到以应力形式表达的硬化翘曲的上限值,复位前的残余应力为硬化翘曲的下限值。

(5)按照弯矩等效原理,将沿深度非线性分布的残余应力转化为等效线性温度梯度,供设计与分析采用。

在应力计算时采用Winkler地基上的水泥混凝土铺面板模型,为实现板上翘时与地基的脱离,需建立双线性弹簧本构。当弹簧抗拉刚度非常小时,能够允许板在上翘时脱离下卧层,弹簧的本构如图 3-66 所示。采用三维 20 节点单元时,弹簧刚度在角点节点和边中心节点的权重分别为 1% 和 24%。

单元数量对计算效率影响非常大,需要根据实际工况和计算精度要求确定单元尺寸,单元平面尺寸均定为 25cm×25cm。板的尺寸为 5m×4m×0.2m,施加的温度梯度为 −50℃/m,地基反应模量为 100MPa/m。图 3-67 为采用不同单元尺寸和地基模型时最大主应力沿板对角线分布。可见对每种地基类型,单元尺寸改变对结果的影响可以忽略。

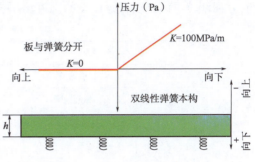

图 3-66 双线性弹簧本构示意图

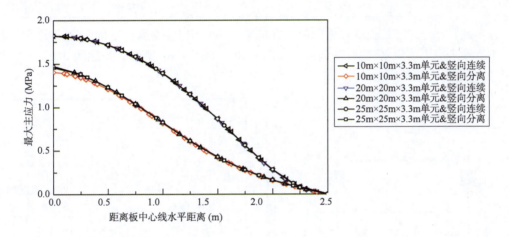

图 3-67 采用不同单元尺寸和地基模型时最大主应力沿板对角线分布(尺寸单位:cm)

假设板不能与地基脱离,Westergaard and Bradbury 给出了水泥混凝土板在线性温度梯度下的翘曲应力计算公式,有限元计算结果与 W-B 方程计算结果的对比,见表 3-14。板与地基不脱离时,有限元计算结果与 W-B 方程计算结果非常接近。

采用不同单元尺寸和地基模型时特殊位置应力对比(MPa)　　表 3-14

模型描述	板中心		纵边中部	横边中部
	σ_L	σ_T	σ_L	σ_T
Westergaard-Bradbury 解析法	1.83	1.63	1.62	1.39
10×10×3.3 单元,竖向不允许分离	1.82	1.61	1.61	1.37
20×20×3.3 单元,竖向不允许分离	1.82	1.62	1.61	1.38
25×25×3.3 单元,竖向不允许分离	1.82	1.62	1.62	1.38
10×10×3.3 单元,竖向允许分离	1.41	1.10	0.96	0.47
20×20×3.3 单元,竖向允许分离	1.46	1.16	0.97	0.48
25×25×3.3 单元,竖向允许分离	1.47	1.17	0.97	0.48

温度场部分采用全路面结构(包含面层、基层、路基等),考虑浇筑时间和养护方式的影响,分别计算不同路面板厚度下的温度场历史,模拟方案列于表 3-15。

数值模拟方案汇总 表 3-15

项　目	影响因素	具体信息
温度场	天气,水化热	全路面结构,不同浇筑时间,不同路面板尺寸
温度应力	约束程度	四分之一无约束板
	浇筑时间	12:00AM, 6:00AM, 12:00PM, 18:00PM
	徐变模型	TSC/CSC = 3,1,1/3 (T3C1,T3C3,T1C1,T1C3)
	板的尺寸	5m×4m×0.2m, 5m×4m×0.3m, 2.5m×2m×0.2m
温度应力与荷载应力	轴载形式	双后轴货车

力学计算部分考虑徐变度幅值和板尺寸的影响,计算相应温度场下的温度应力。考虑荷载作用下残余应力的恢复机制,轴载形式和布设位置如图 3-68 所示。按照图 3-69 所示对角线路径,提取板内残余应力计算结果。

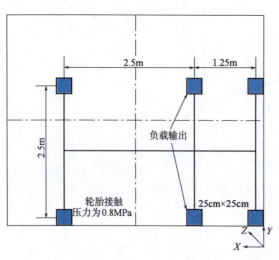

图 3-68 轴载布设位置示意图

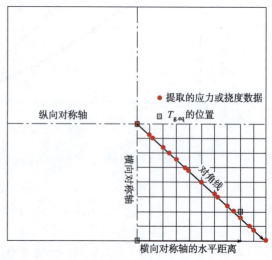

图 3-69 应力数据提取路径

不同浇筑时刻板内终凝温度沿深度分布曲线如图 3-70 所示,等效线性温度梯度列于表 3-16 中。

不同浇筑时刻板终凝时的温度梯度 表 3-16

浇筑时间	12:00AM	6:00AM	12:00PM	18:00PM
$T_{g,eq}$(℃/m)	−5	35	32	−2
$T_{top} - T_{bot}$(℃)	−1	11	10	−1

板的尺寸固定为 5m×4m×0.3m,浇筑时间固定为 12:00PM,两种徐变度幅值(T3C3、T1C1)和两种拉压徐变比(T3C1、T1C3)工况下板顶和板底残余应力沿对角线变化情况如图 3-71 所示。复位后的残余应力对应的等效线性温度梯度列于表 3-17 中。

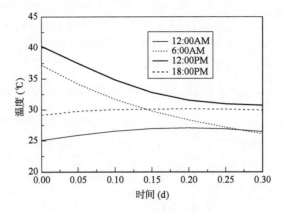

图 3-70 不同浇筑时刻板终凝时的温度场

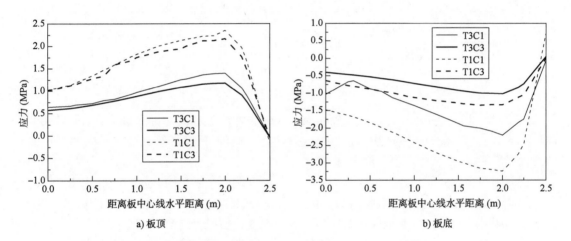

a) 板顶　　　　　　　　　　　　　　　b) 板底

图 3-71 采用不同徐变模型时纵向水平残余应力沿板对角线分布
(板的尺寸:5m×4m×0.3m;浇筑时间:12:00PM)

各气候分区等效内嵌温度梯度建议值(℃/m)　　　　　　表 3-17

气候分区	月　份											
	1	2	3	4	5	6	7	8	9	10	11	12
潮湿区	-43	-33	-39	-46	-51	-50	-45	-46	-51	-46	-46	-47
潮湿有冻区				-59	-58	-56	-55	-52	-52	-48		
干燥有冻区				-64	-64	-62	-60	-57	-57	-49		

注:表中"空白"是由于空气温度低于5℃,已经不允许施工。

残余应力随着与板中心线距离的增加而逐渐增大,在距离板边 0.25~1m 的区域达到幅值最大,而后降低至零。横向水平应力也表现出相同的规律。徐变度幅值越小则最终产生的残余应力越大(如 T3C1 和 T1C1,T3C3 和 T1C3)。对板上表面而言,压缩徐变度幅值的变化对残余应力的影响非常小,如图 3-71a) 中 T3C1 和 T3C3,T1C1 和 T1C3;而对表面而言,拉伸、压缩徐变度幅值的变化对最终残余应力均产生明显的影响。

根据弯矩等效原理,将板深度方向计算得到的应力转化为与之等效的线性温度梯度。选择板中、纵边中点、板角三个代表位置,徐变幅值的变化对残余应力有非常大的影响。

板的尺寸固定为5m×4m×0.3m,徐变模型固定为T3C1,不同时刻浇筑的水泥混凝土板板顶和板底残余应力沿对角线变化情况如图3-72所示。

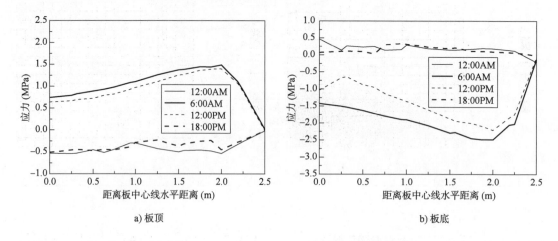

图3-72 不同浇筑时间时纵向水平残余应力沿板对角线分布(徐变模型:T3C1)

6:00AM和12:00PM(白天)浇筑板在板顶和板底均产生较高水平残余应力,而12:00AM(晚上)和18:00PM浇筑板则产生非常低的残余应力。此外,夜晚浇筑板会在板内产生正的等效线性温度梯度,在板顶产生压应力,板底产生拉应力。

混凝土浇筑时间固定为12:00PM(白天),徐变模型固定为T3C1,选择0.3m和0.2m两种板厚、5m×4m和2.5m×2m两种平面尺寸,将0.2m板的温度场导入0.3m板计算温度应力,最终得到4种工况下板顶和板底残余应力沿对角线变化情况,如图3-73所示。

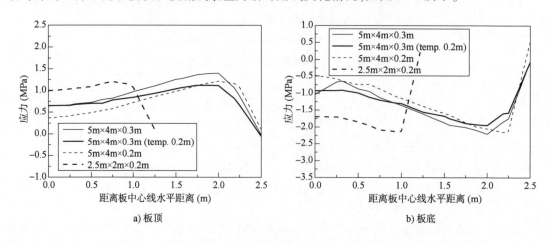

图3-73 不同尺寸板纵向水平残余应力沿板对角线分布(浇筑时间:12:00PM;徐变模型:T3C1)

总体来看,不同尺寸板内残余应力的幅值和分布形态非常接近,其中厚度较厚或者尺寸较小的板内残余应力幅值较高一些。

以浇筑于 12:00PM 的 5m×4m×0.3m 板为例,徐变度模型为 T3C1,其板顶和板底的残余应力分布如图 3-73 所示。当温度梯度分别为 30℃/m 和 -16℃/m 时施加车辆荷载,板顶和板底的主应力分布云图分别如图 3-74 和图 3-75 所示。

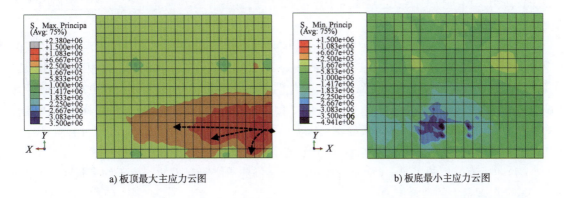

a) 板顶最大主应力云图　　　　　　　　b) 板底最小主应力云图

图 3-74　正温度梯度(30℃/m)时板内应力分布(板的尺寸:5m×4m×0.3m;浇筑时间:12:00PM;徐变模型:T3C1)

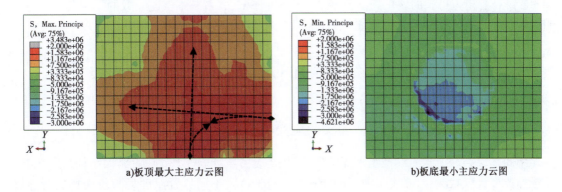

a) 板顶最大主应力云图　　　　　　　　b) 板底最小主应力云图

图 3-75　负温度梯度(-16℃/m)时板内应力分布(单位:Pa)(板的尺寸:5m×4m×0.3m;浇筑时间:12:00PM;徐变模型:T3C1)

当温度梯度为 30℃/m 时(图 3-74),板内最大主应力峰值出现在板上表面,而且高应力区集中在距板角 0.75m 的区域,图中黑色箭头线描述了可能发生的开裂路径。而当温度梯度为 -16℃/m 时(图 3-75),板内高应力区集中在板纵边中心和横边中心处,裂缝从板边向板中扩展,增加了板角开裂和横向开裂趋势。

等效线性温度梯度的分散性由终凝温度梯度、材料徐变能力和应力历史综合导致。终凝温度梯度是温度场发展的基准值,影响了未来温度荷载的发展历史,进而影响温度应力的发展历史。因此终凝温度梯度是残余温度应力的初始水平,未来应力历史和材料徐变能力将决定多大程度的初始应力会被松弛掉。

对比这些数据,可以得到如下结论。

(1) 当路面结构和环境不变,混凝土徐变和松弛能力越强,混凝土硬化过程中板内应力水平和板的翘曲量也越低,最后的残余温度应力水平就越低。T3C3 与 T1C1 的结果能够非常明显地说明这个问题。

(2) 浇筑时间和养护方式导致应力计算的起始温度场发生改变,进而影响到有效温度荷载的正负号和水平,继而板内应力水平和拉、压应力出现的顺序也随之改变。以浇筑于 6:00AM 和 12:00PM 的混凝土板为例,它们具有相近的初始温度场(分别为 11℃ 和 10℃),但浇筑于 6:00AM 的混凝土板上表面先经历压应力,而浇筑于 12:00PM 的混凝土板上表面则先经历拉应力。由于拉伸徐变度幅值高于压缩徐变度,最终在 6:00AM 浇筑的混凝土板中产生更高的残余应力。

(3)除了徐变度幅值和浇筑时间,板的几何尺寸也能够影响硬化时刻路面温度场和板内应力水平。例如,将 5m×4m×0.3m 板和 5m×4m×0.2m 板的温度场设定为相同值,由于二者的相对刚度半径分别为 5.3m 和 7.2m,硬化时刻较薄的板内翘曲应力水平更高,因而松弛量也更高,最终得到的残余应力水平则相对较低。将残余应力转化为等效温度梯度时仍然会受板厚的影响,最终使得较薄的板得到更大幅值的等效温度梯度。类似的,小尺寸板会产生更高水平残余应力,也可以由应力越小、松弛量越小的原理予以解释。

(4)对所有模拟的工况,残余应力在板内的分布是和位置有关的。由于约束最小,板角附近一般会出现最大的残余应力。

很多学者尝试确定硬化翘曲的量值,和以往文献中得到的硬化翘曲值的范围(从 -44℃ 到 5℃)相比,模拟得到的硬化翘曲范围从 -57℃ 到 6℃,二者基本上是一致的。相关研究也表明设置传力杆比不设置传力杆在水泥路面中的硬化翘曲量要小。

3.5 不同基层约束条件的混凝土铺面板温度应力

3.5.1 野外足尺混凝土板的实测应变场与应力

不同基层类型上水泥混凝土铺面结构,采用组合方案如表 3-18 所示,路面结构见图 3-76。并选择典型天气状况,对 6 块水泥混凝土板(4m×5m)内不同位置温度场与应变场进行连续采集,保证采集的数据样本量足够数据分析与模型验证。

路面结构与层间处理组合   表 3-18

编 号	路 面 结 构
1号板	26cm 厚面层板 + 5cm 厚沥青混凝土 AC10 + 15cm 厚水稳基层
2号板	26cm 厚面层板 + 20cm 厚贫混凝土
3号板	26cm 厚面层板 + 20cm 厚碎石
4号板	40cm 厚面层板 + 塑料薄膜 + 20cm 厚碎石
5号板	40cm 厚面层板 + 乳化沥青 + 20cm 厚贫混凝土
6号板	40cm 厚面层板 + 20cm 厚贫混凝土

对实测温度和应变数据按照板内温度最为均匀(梯度几乎为零)的时刻进行归零处理。所选基准时刻为 2011-4-7 18:44,其他时刻的数据减去该时刻所测温度值和应变值,因此最终考察的是相对于基准时刻的应变增量和温度增量的关系。如果忽略固化翘曲、干缩翘曲、蠕变

等效应的影响,板在该基准时刻应当是平整且与基层保持完全接触的状态。在弹性范围内忽略上述效应而仅考虑增量变化是可以的。

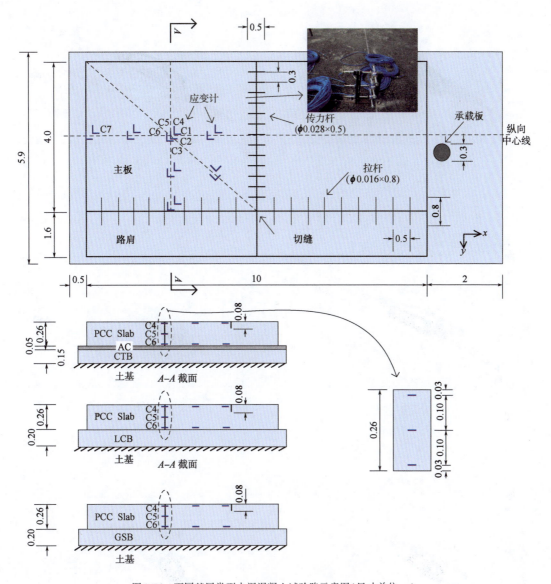

图 3-76　不同基层类型水泥混凝土试验路示意图(尺寸单位:m)

图 3-77 为各块板板中和板边 4 个纵向测点的应变—温度散点图。应变—温度数据表现出非常明显的近似滞回效应,且随着板深度方向滞回圈的长轴长度逐渐变小。应变随温度升高和降低的变化路径并不重合,而组成 1 个滞回圈,但每天的滞回圈又不完全重合。后面的有限元计算表明,温度非线性分布是引起该滞回现象的原因,而路面温度场的非完全周期性波动(包括 1 天内昼夜温度场的不完全对称和日间不完全重复的波动)是该滞回现象不规则的原因。3 块板内应变均有这种现象,其中贫混凝土基层路面该效应最为明显。板边顶面应变—温度滞回现象最弱,呈现更接近于线性变化的规律。

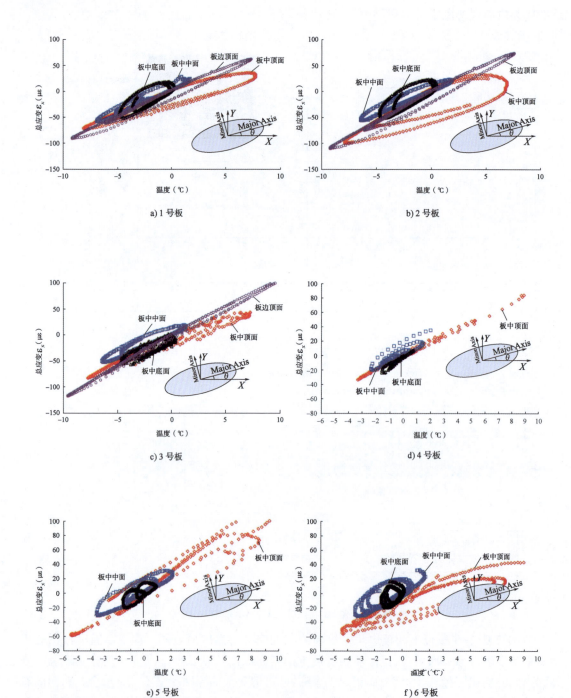

图3-77 各块板板中各深度总应变—温度变化规律

在观测期间，板内温度应力波动非常明显。板顶的温度、应力在昼夜之间变化最大。1号、2号、3号这3块板板中应力波动非常接近，中午时刻达到的幅值也都在0.8MPa左右。3块板板底温度应力幅值差异很大，2号板最大时达到1.25MPa；3号板最小，最大时也仅为0.35MPa。分析不同层位的拉压状态变化，板顶在白天处于受压状态，且幅值很大，夜晚虽然受拉，但拉应力很小且非常稳定；板中层则在1天之内都处于受拉状态，3块板幅值很接近；板底白天受拉晚上受压，但白天幅值远高于夜晚。

分析板内应力应变的构成原因有：

①预加应力应变场。可能由内嵌温度应力或者其他原因导致。

②自重。考虑到小变形，自重在板内产生恒定应力应变值。

③均匀温变。受路面板与基层界面状态的影响，由均匀温变引起的应力应变场在不同基层类型路面板中不同。

④沿深度方向线性温度梯度。混凝土板受到的约束越强，在板内产生的翘曲温度应力就越大。

⑤沿深度方向线性温度梯度。按照平截面假设，非线性温度梯度将在板内产生内应力，其大小不受约束状况影响。

⑥基层温变的影响。当混凝土面板厚度较薄时，基层温度场波动会非常明显，若基层材料也具有明显的热膨胀系数，则基层材料的胀缩变形也会在面板内产生温度应力，导致板内不同深度应力存在相位差。

几块板测量期间温度场差异很小，板顶和板底应力的明显差异表明基层类型和面—基层接触状态对板响应的影响是不可忽略的，而这3块板中层应力的相似性则表明存在共同的诱因。基层类型和层间处治方式对水泥混凝土铺面板的力学响应有明显影响，有必要建立能够综合考虑这些因素的温度应力计算模型与方法。

3.5.2 实测数据修正的铺面温度翘曲应力计算方法

1) Winkler地基上水泥混凝土铺面温度翘曲应力分析

从Westergaard到Bradbury的解析法，基于一系列假设，实际路面有多块板通过传力杆连接，行车道主板与边板有拉杆连接，结构比较复杂；同时为考虑基层类型对水泥板翘曲应力的影响，需要采用适用性更广的有限元方法及软件。

T模型是Winkler地基和弹性半空间体的综合，具有两者的优点，与实测弯沉盆曲线拟合更好，因此有限元模型采用Winkler地基上多层板体系的T模型；考虑板体自重、传力杆、拉杆的约束，接缝的接触，以及温度场沿路面全深度的非线性分布的影响。

按照足尺试验板建立水泥板温度翘曲应力有限元计算模型，模型参数确定过程如下。

(1) 线膨胀系数

采用板自由短边顶部垂直板边方向的应变—温度变化规律计算线膨胀系数，由于该位置应变受到的约束很小，其应变变化几乎完全是由温度变化引起的自由胀缩。

(2) 结构层模量

按照位移等效原则，利用基层顶面承载板试验结果反算结构层模量。对于沥青混凝土功能层（简称AC）+半刚性基层（简称CTB）的路面结构，贫混凝土基层（简称LCB）的路面结构，松散粒料基层(简称GSB)的路面结构,由于涉及AC层与CTB层间接触问题,比较复杂,这里只考虑光滑与连续两种状况。基层(底基层)底部由于与土基之间摩擦可能会约束X、Y向位移,因此反算时也考虑这种工况,反算结果如表3-19~表3-22所示。

两种基层承载板试验弯沉变化(LCB 和 AC + CTB)　　　表3-19

荷载(kN)	应力(MPa)	位移(mm)	
		LCB	AC + CTB
10.78	0.15	0.23	0.31
21.56	0.31	0.45	0.59
32.34	0.46	0.67	0.82
43.12	0.61	0.82	0.97
53.90	0.76	0.95	1.09

AC + CTB 反算结果　　　表3-20

结构层	层间连续		层间光滑	
	基层底面无约束	基层底面约束X、Y向位移	基层底面无约束	基层底面约束X、Y向位移
AC	$E=2000\text{MPa}$, $\mu=0.35$	$E=1200\text{MPa}$, $\mu=0.35$	$E=4000\text{MPa}$, $\mu=0.35$	$E=2500\text{MPa}$, $\mu=0.35$
CTB	$E=2500\text{MPa}$, $\mu=0.25$	$E=1400\text{MPa}$, $\mu=0.25$	$E=5000\text{MPa}$, $\mu=0.25$	$E=4000\text{MPa}$, $\mu=0.25$
地基	$K=10\text{MPa/m}$	$K=5\text{MPa/m}$	$K=10\text{MPa/m}$	$K=5\text{MPa/m}$

LCB 反算结果　　　表3-21

结构层	基层底面无约束	基层底面约束X、Y向位移
LCB	$E=5000\text{MPa}, \mu=0.2$	$E=3000\text{MPa}, \mu=0.2$
地基	$K=10\text{MPa/m}$	$K=5\text{MPa/m}$

GSB 反算结果　　　表3-22

结构层	基层底面无约束	基层底面约束X、Y向位移
GSB	$E=150\text{MPa}, \mu=0.3$	$E=100\text{MPa}, \mu=0.3$
地基	$K=10\text{MPa/m}$	$K=5\text{MPa/m}$

(3)温度场

根据Choubane和Tia的研究,水泥混凝土铺面板内温度场可以分为三个组成部分:①均匀温度变化;②线性温度梯度;③非线性部分,见图3-78。可以通过式(3-72)表示。

$$T_z = az^2 \times bz + c \tag{3-72}$$

在2天实测温度数据中从基准点开始选择了40个时刻的实测温度场(间隔为1h)来拟合

二次曲线的系数,基层温度变化采用每一时刻面层板底面温度,整个基层均匀分布。

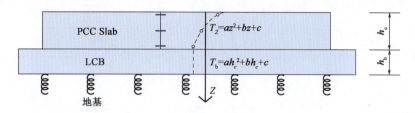

图 3-78　有限元模型中温度场分布示意图

(4) 面层与基层层间接触

由于面层与基层层间接触状态对温度应力具有明显的影响,接触模型应考虑摩擦效应,如式(3-73)所示。

$$\tau_{crit} = \mu_{max} \cdot p \tag{3-73}$$

式中:τ_{crit}——临界应力;

μ_{max}——最大摩擦系数;

p——接触面正压力。

考虑层间从黏结到滑动的过程。当层间剪应力超过临界应力时,板从黏结状态进入滑动状态。

考虑三种工况:完全连续,完全光滑,有限摩擦($\tau_{max} = 0.1\text{MPa}, \mu = 5$,黏结滑移极限 = 0.038mm)。

(5) 有限元模型其他参数

在接缝处考虑切缝没有完全开裂的状态。模型尺寸与试验板完全相同。有限元模型及网格划分如图 3-79 所示。

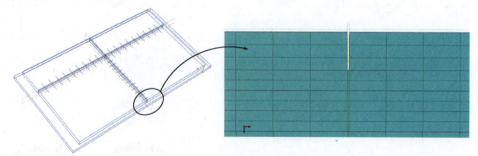

图 3-79　有限元模型及网格划分示意图

2) 修正的有限元模型结果与实测结果对比

按表 3-23 的参数进行有限元计算,并提取各测点有限元计算的应变和应力值,给出各块板板中各深度处 FEM 结果与实测结果对比图(图 3-80)。纵向应变对比发现,FEM 结果与实测结果在相位和幅值方面都表现出非常好的一致性。不同层间状态下,应变差异较小,不能明显区分。纵向应力对比,三种工况差异非常明显,层间连续状态时 FEM 结果与实测结果吻合最好。有限摩擦状态($\mu = 5$)能够很好模拟板底受压时的幅值。2 号板其他位置和另外两块板同样在应变区分上不明显,但应力差异非常明显。

材料参数汇总 表 3-23

参　　数	混凝土板	LCB	AC	CTB	GSB	地　基	传力杆	拉杆
材料模型	线弹性	线弹性	线弹性	线弹性	线弹性	线弹性	线弹性	线弹性
几何尺寸(m)	5.6×10×0.26 切缝宽度 0.005, 深度 0.09	5.9×12.5×0.20	5.9×12.5×0.20	5.9×12.5×0.20	5.9×12.5×0.20	弹性地基	Φ0.028×0.5	Φ0.016×0.8
密度(kg/m³)	2400	2300	2300	2300	2300		7850	7850
模量	30000MPa	5000MPa	2000MPa	2500MPa	150MPa	10MPa/m	200GPa	200GPa
泊松比	0.18	0.2	0.35	0.25	0.3		0.28	0.28
温缩系数 CTE (×10⁻⁶/℃)	10.94	10.0	30	15	0		11.5×10⁻⁶	11.5×10⁻⁶
温度场	二次函数	均匀	均匀	均匀	均匀		和混凝土一致	和混凝土一致

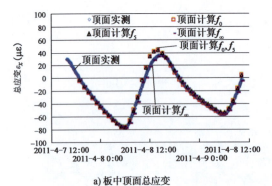

a) 板中顶面总应变

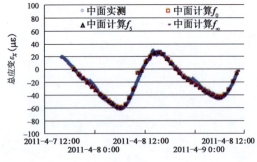

b) 板中中面总应变

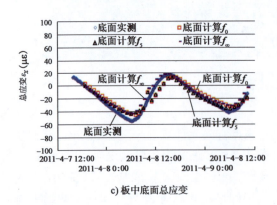

c) 板中底面总应变

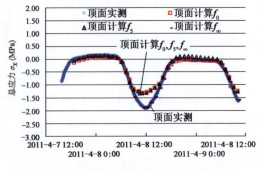

d) 板中顶面总应力

图 3-80

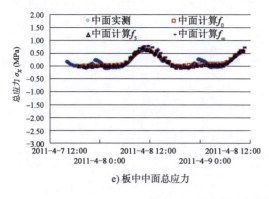
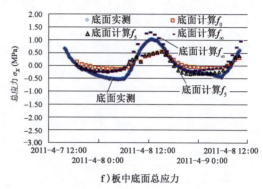

e) 板中中面总应力　　　　　　　　f) 板中底面总应力

图 3-80　1 号板实测总应变、总应力与 FEM 结果对比

根据有限元计算结果确定面板与基层界面摩擦状况按下述原则进行：
(1) 全深度全时程应力、应变计算结果与实测结果匹配；
(2) 板底应力、应变全时程计算结果与实测结果匹配(板顶或者板底拉应力值更大的层位)；
(3) 某一深度某一时段计算结果与实测结果匹配(产生拉应力时段)；
(4) 某一深度某一时刻计算结果与实测结果匹配(极限温度梯度下)。

最终确定 1 号板和 2 号板为层间连续状态，3 号板为有限摩擦状态($\mu=5$)。计算也表明在有限摩擦状态下，采用不同摩擦系数时应力幅值和相位的变化并不明显。图 3-80 给出板中不同深度处应变、应力预测误差，但从绘制的时变图中可以看到预测效果仍然是非常好的。因此，可以认为有限元模型能够有效预测水泥混凝土铺面在温度荷载下的响应。

3) 基于实测数据修正的水泥混凝土铺面温度翘曲应力计算方法
(1) 建立 Winkler 地基上的多层板体系有限元模型

基层与土基界面需要约束水平向位移。其他接触界面按照实际状况设置摩擦系数，各结构层材料参数取值按照实测结果或者经验范围选取。可以设置传力杆、拉杆等考虑其约束作用，对与接缝集料嵌锁可以考虑简化或者建立剪切传力模型。

(2) 建立近似求解公式
①典型结构选取

4 种典型结构，建立 9 联板有限元模型。

结构 1：沥青混凝土功能层(AC)，厚度 0.04m；贫混凝土基层(LCB)，厚度 0.18m；级配碎石底基层(GSB)，厚度 0.20m。碾压混凝土设纵缝一条，横缝间距 5m。

结构 2：水泥稳定碎石基层(CTB)，厚度 0.20m；水泥稳定砂砾底基层(简称 CTG)，厚 0.18m。

结构 3：水泥稳定碎石基层(CTB)，厚度 0.20m；级配碎石底基层(GSB)，厚 0.18m。

结构 4：级配碎石基层(GSB)，厚度 0.20m。

水泥混凝土面层板的平面尺寸：长为 5.0m，从中央分隔带至路肩方向板宽依次为 4m、4m、3.5m。纵缝为设拉杆平缝，横缝为设传力杆平缝(已经完全开裂)。在有限元模型中，按照路面结构的对称性，面层板在两个外侧横截面方向设置对称边界条件，其他方向和基层板侧面均为自由边界条件。材料参数取值见表3-24。传力杆、拉杆布设深度、间距、材料参数均与试验路相同。

规范结构材料参数汇总　　　　　　　　　　　　　　　　表3-24

参　　数	混凝土板	AC	LCB	GSB	CTB	CTG	土基
材料模型	线弹性	线弹性	线弹性	线弹性	线弹性	线弹性	线弹性
密度(kg/m³)	2400	2200	2300	2200	2200	2200	
模量(MPa)	30000	2000	27000	250	2000	1800	50MPa/m
泊松比	0.15	0.35	0.15	0.3	0.2	0.2	
CTE($\times 10^{-6}$/℃)	10.0						
温度梯度(℃/m)	50(-50)						

②基层顶面地基反应模量

对拟定的四种结构进行数值承载板试验,承载板直径分别采用30cm和76cm,计算的基层顶面地基反应模量如表3-25所示。30cm承载板与76cm承载板计算结果按照0.3倍进行换算,对不同结构具有很好的一致性。

基层顶面地基反应模量计算结果(MPa/m)　　　　　　　　表3-25

结　　构	$K_{30} \times 0.3$	K_{76}
规范LCB	516	515
规范CTB+CTB	418	407
规范CTB+GSB	254	230
规范GSB	106	104

③不同温度翘曲应力计算方法结果对比

W-B、谈至明、岩间滋以及本方法的纵缝边缘中点最大翘曲应力系数对比如表3-26所示,在所选参数组合下的最大翘曲应力值对比如表3-27所示。W-B得到的系数最大,岩间滋方法给出的最小,谈至明方法和本方法则居中。

四种方法的纵缝边缘中点最大翘曲应力系数对比　　　　　　表3-26

基层结构	W-B方法(C_x)	谈至明方法(B_x)	岩间滋方法($0.7C_W$)	本方法[$D_x/(1-\mu)$]			
				正温差		负温差	
				面-基层连续	面-基层光滑	面-基层连续	面-基层光滑
LCB	1.09	0.72	0.60（正温差）和0.28（负温差）	0.87	0.79	0.75	0.62
CTB+CTB	1.09	0.72		0.88	0.81	0.79	0.65
CTB+GSB	1.06	0.70		0.83	0.76	0.75	0.63
GSB	0.94	0.60		0.68		0.61	

四种方法的纵缝边缘中点最大翘曲应力对比　　　　　表 3-27

基层结构	W-B 方法 (C_x)	谈至明方法 (B_x)	岩间滋方法 ($0.7C_W$)	本方法[$D_x/(1-\mu)$]			
				正温差		负温差	
				面-基层连续	面-基层光滑	面-基层连续	面-基层光滑
LCB	3.83	2.53	2.11（正温差）和 0.98（负温差）	3.05	2.77	2.63	2.18
CTB + CTB	3.83	2.53		3.09	2.84	2.77	2.28
CTB + GSB	3.72	2.46		2.91	2.67	2.63	2.21
GSB	3.30	2.11		2.39		2.14	

注：所取参数为 $E = 30\text{GPa}, \mu = 0.15, \alpha = 10 \times 10^{-6}/℃, h = 0.26\text{m}, T_g = 90℃/\text{m}$。

得到的翘曲应力系数分布与 W-B 方法差异较大，层间连续与否对板底应力分布方式有很大影响，应力幅值也随下卧层刚度下降而迅速降低。值得注意的是，温度应力最大值出现在外侧靠近路肩一侧。

3.6 基层冲刷破坏引起的冲刷疲劳方程

在荷载应力计算时，采用四边自由的薄板。而在计算挠度时，由于挠度的临界荷位在板角，那么应当考虑相邻板块对荷载作用板的影响，所以应选用多板块模型。严格地讲，多板模型应选用 9 块板模型，即用 8 板将受荷板围起来，然而这种方法降低了荷载作用区的计算精度，所以在一般应用中仅采用两块板体系，如 Huang(1993)，Robert Packard 和 Tayabji(1983)都采用两块板体系。

对于采用刚性路肩的路面结构，合理的计算模型是计入路肩的 4 块板模型。Tayabji、Ball、Okamoto(1983)认为增加刚性路肩可以改善板边应变，减少板边、板角的挠度以及减少水分的渗入。采用 6in 的路肩，结果发现板边挠度可以降低 25% 左右，板角挠度的降低程度在 60% ～ 80% 之间，因此采用硬路肩带来了混凝土板挠度降低 15%。同时如果采用和路面等厚的路肩，挠度的降低将不止 15%。

从结构分析的角度来看，除了结构的荷载疲劳损坏外，还存在冲刷疲劳破坏。Robert Packard 和 Tayabji(1983)中提出冲刷系数的概念，并被以后的 PCA 设计方法采用。板角和横缝边缘的挠度量，会影响角隅和边缘下地基的塑性变形和脱空量，也会影响滞留载脱空区自由水的流速，从而影响唧泥、错台和断裂的出现。同时，基层的耐冲刷能力，板的相对刚度半径，轴载大小和作用次数以及降水量和养护水平也影响着板的冲刷破坏。因此提出冲刷指数概念（Packard,Tayabji 1983）Power，见式(3-74)。

$$\text{Power} = \frac{pw}{l/S}C/k^{0.0633} \tag{3-74}$$

经化简得：

$$\text{Power} = \frac{pw}{h}k^{0.27}268.7 = 268.7p^2/h/k^{0.73} \tag{3-75}$$

式中：p——板底压强；
　　　w——板角挠度；

l——相对刚度半径；

k——地基反应模量；

h——板厚度；

S——车速。

根据 AASHO 试验路的资料，整理出相应的冲刷疲劳方程：

$$\lg N = 14.524 - 6.777(C_1 \text{Power} - 9.0)^{0.103} \tag{3-76}$$

式中：N——PSI 等于 3.0 时的允许荷载重复作用次数；

C_1——修正系数，当底基层为普通粒料基层时为 1.0，当采用稳定类时取 0.9。

根据这个思路，石小平等(石小平，刘占山，姚祖康，1991)提出地基损坏指数 D_f。

$$D_f = \frac{w^2}{hK^{-1.27}} \tag{3-77}$$

式中：w——挠度(1/100mm)；

h——板厚(cm)；

K——地基反应模量(MN/m^3)。

根据现场调查路面的开裂率、板厚、抗弯拉强度、抗弯拉模量、实测挠度、地基反应模量以及轴载谱，最后推算出冲刷破坏的疲劳方程为：

$$\lg N = \frac{0.5064}{D_f^{0.312}} \quad (D_f > 1.862 \times 10^{-4})$$

$$\lg N = \frac{3.749 \times 10^{-22}}{D_f^{5.96}} \quad (D_f \leqslant 1.862 \times 10^{-4}) \tag{3-78}$$

最后利用 Miner 定律，分别计算各级轴载的冲刷破坏，并求总和，判定总和是否大于 1，以得出路面是否为冲刷破坏。

采用 T 地基将多层弹性地基换算为一个当量地基反应模量，然后利用 Winkler 地基上弹性薄板计算程序，进行路面结构的板角挠度计算。

控制由于板底脱空和基层受侵蚀而引起的唧泥、错台和断裂等损坏，宜补充对板角挠度量的限制。挠度本身不是唯一的影响因素，为此选用一个包含挠度、地基刚度和厚度等因素在内的综合指标。

3.7 结构设计方法

3.7.1 考虑荷载、温度共同作用的损坏

混凝土板不但承受车辆荷载而且混凝土板处于变化的温度场中，而温度场又受大气温度、热辐射、风速等因素影响，同时车辆荷载每天、每月、每年都处于波动中，所以很难在路面全寿命阶段，定量计算温度和荷载如何共同作用引起路面损坏。在考虑温度应力、荷载应力共同作用的疲劳破坏中，认为温度应力始终为 $\sigma_{\min}$，而荷载应力和温度应力之和始终为 $\sigma_{\max}$。温度和

荷载的波动都会引起高低应力比的变化，而不同的高低应力比则会影响路面的疲劳寿命和疲劳损伤。

1) 等效疲劳温度

为计算方便研究者(袁宏、姚祖康)提出等效温度(梯度)的概念。如果路面全寿命内始终按某1天的温度规律而变化，可以用恒定温度 ΔT 引起的温度应力和车辆荷载应力表示变化着的温度应力和车辆荷载应力共同作用下引起的路面疲劳损坏。于是温度 ΔT 就被称为日等效温度。相应地，如果在路面全寿命内温度以月为单位变化，那么也可得到恒定温度 ΔT 并称之为月等效温度。如果在路面全寿命内温度以年为单位变化，那么也可得到恒定温度 ΔT 并称之为年等效温度。

袁宏、姚祖康在研究中发现，在全天范围内，车辆出现的不均匀性对最终的等效温度 ΔT 影响甚微，所以可以认为车辆在24h内均匀出现，即车辆出现的次数仅与时间的长短有关。如果假定该路面24h通过标准轴载总数为 W，ΔT_i 在1天中出现的时间长度为 p_i，那么 ΔT_i 出现段相对应的通过的车辆数为：

$$W_i = W \times p_i / 24 \tag{3-79}$$

那么在温差 ΔT_i 和荷载应力作用下，可以通过疲劳方程得到路面可以承受的轴载作用次数。在疲劳方程中对于温度应力做如下处理：考虑负温度差(一般发生在夜间)作用下，板底将产生压力而非拉力，所以认为温度应力为零。

$$N_i = 10^{\frac{\lg a - \lg \frac{S(1-R)}{1-SR}}{b}} \tag{3-80}$$

其中，$R = \dfrac{\sigma_t}{\sigma_t + \sigma_{load}}$。

那么在时间段 P_i 间在温差 ΔT_i 和荷载应力作用下，1天中产生的损伤为：

$$D_i = W_i / N_i \tag{3-81}$$

相应地如果24h内混凝土板都保持温差 ΔT_i，那么在温差 ΔT_i 和荷载应力作用下，1天中产生的损伤为：

$$D_i|_{24h} = W / N_i \tag{3-82}$$

谈至明、姚祖康根据气象方面的研究成果将最大温度梯度(温度应力)的年变化规律归结为折线型和正弦型。同时假设水泥混凝土铺面温度梯度年最大值的分布规律服从极限Ⅰ型分布，其变异系数在5%之间。然后再根据袁宏的方法计算日疲劳温度系数、月疲劳温度系数以及年疲劳温度系数。

将24h内所有出现的温度差和相应时间内通过的车辆综合引起的路面损伤叠加，得到1天中温度和荷载共同作用引起的路面损伤 D：

$$D = \sum D_i \tag{3-83}$$

同时通过比较 $D_i|_{24h}$ 和 D，就可以得到某一温度差 ΔT_i 使得 $D_i|_{24h}$ 和 D 相等。即意味着24h内所有出现的温度差和相应时间内通过的车辆综合引起的路面损伤可以用恒定的温度差

ΔT_i 和轴载应力在 24h 内引起的路面损伤表示。于是恒定的温度差 ΔT_i 就被称为日等效温度。

同理可以得到月等效温度和年等效温度。实际上日等效温度很大程度上依赖于混凝土板日温度变化数据，而月、年等效温度的准确程度，也取决于月、年混凝土板温度数据。但往往缺少准确、翔实的实测数据。

2）温度场的频谱分析法

在日本的《水泥混凝土铺面设计施工纲要》（以下简称"纲要"）中对于温度应力的计算，给出了类似于轴载谱的温度谱。《纲要》中首先根据日气温变化幅值大于 14℃ 和变化幅值小于 14℃ 而分为两大工况，然后在相同变化幅值工况下根据板厚的不同又分为若干种温度谱。由于正温时产生的温度应力和负温时产生的温度应力在水泥混凝土板的疲劳累积完全不同，所以《纲要》中实际上同时给出正温的温度谱和负温的温度谱。在同种工况相同板厚条件下，正温（负温）的温度谱中各级温度差的分布比例总和为 1。一般情况下，可以将正温区分为 10 个等级，计为 $T_i, i=1,2,3,4,\cdots,9,10$，且有 $\sum_{i=1}^{10} T_i = 1$。负温区分为 5 个等级，计为 $U_i, i=1,2,3,4,5$，且有 $\sum_{i=1}^{5} U_i = 1$。

在计算车辆荷载引起的荷载应力时，没有采用类似于我国的轴载换算方法，而是根据轴载谱将车辆荷载分为若干等级。第 i 个等级车辆荷载产生的应力为 σ_i，且该等级下的车辆累计作用次数为 N_i。同时假设在正温条件下通过车辆占全天通过车辆总数的比例为 a，在负温条件下通过车辆占全天通过车辆总数的比例为 b，且有 $a+b=1$。

《纲要》中给出温度、荷载综合作用时的计算方法如下：

（1）首先将第 i 个等级车辆荷载等级下的车辆累计作用次数 N_i，按正负温时车辆所占比例，分为正温时通过总量 $D = a \times N_i$，负温时通过总量 $F = b \times N_i$。

（2）对于正温时车辆通过总量 D，分别按正温时的温度谱将其分配到 10 个等级中去，如第 i 个等级下分配的车辆数为 $T_i \times D$。同时根据不同的路面结构，便可计算出在某一温度等级下的温度应力为 σ_T^i，荷载应力为 σ_i。那么该温度等级时的综合应力为 $\sigma = \sigma_T^i + \sigma_i$，通过车辆总数为 $T_i \times D$。

（3）对于负温时车辆通过总量 F，分别按正温时的温度谱将其分配到 5 个等级中去，如第 i 个等级下分配的车辆数为 $U_i \times F$。同时根据不同的路面结构，便可计算出在某一温度等级下的温度应力为 σ_u^i，荷载应力为 σ_i。那么该温度等级时的综合应力为 $\sigma = \sigma_u^i + \sigma_i$，通过车辆总数为 $T_i \times F$。

（4）同理可以计算出其他荷载等级下的综合应力和对应通过车辆数。

（5）最后根据 Miner 定律，分别计算正温时的疲劳损伤和负温时的疲劳损失。

3）日疲劳温度应力系数

若要推算日疲劳温度应力系数，需要预先知道 1 天内的变化和交通量的分布频率。然后根据疲劳方程推算日疲劳温度应力系数。值得说明的是，在路面结构给定的条件下，温度应力正比于温度梯度，所以只提温度应力而不提温度梯度。

如果在某一时间段内 $(t_i, t_i + \Delta t)$ 的轴载作用次数占日总次数的比例为 p_i，并假定在这一时间段内荷载应力为恒定值 σ_{load}，温度应力也为一个恒定的 σ_T，则在这一段时间内的水泥混

凝土铺面疲劳损耗 D_i 为：

$$D_i = \left[\frac{\sigma_{\text{load}}}{A(\sigma_{\text{fr}} - \sigma_{\text{T}})}\right]^{\frac{1}{B}} p_i \qquad (3\text{-}84)$$

式中：σ_{load}——车辆荷载引起的板边应力；

σ_{fr}——混凝土的抗弯拉应力；

σ_{T}——相应温度应力。

当时间段无限减小时，有式(3-85)。

$$D_d = \int_0^{24} \left\{\frac{\sigma_{\text{load}}(t)}{A[\sigma_{\text{fr}} - \sigma_{\text{T}}(t)]}\right\}^{\frac{1}{B}} p(t)\,dt \qquad (3\text{-}85)$$

如果存在一个温度应力，该温度应力和全天车辆荷载综合产生的疲劳损坏完全等效于全天的温度应力与荷载应力产生的综合疲劳破坏，那么该温度应力就称为日疲劳温度应力。

值得注意的是，汽车荷载在 24h 内有一个轴载的分布，同时温度应力也有一个自己的分布。由于轴载随时间的分布和温度谱随时间的分布并不是均匀变化，而是按各自的规律变化，所以在此条件下会引起高低应力比的变化，而不同的高低应力比则会影响路面的疲劳寿命和疲劳损伤。如果轴载随时间的分布引起日疲劳温度应力波动较大，那么就不可能简单提出用日疲劳温度代替全天温度、荷载综合疲劳。反之，如果轴载随时间的分布引起日疲劳温度应力波动不大，那么就可以用日疲劳温度代替全天温度、荷载综合疲劳。

一般路面的日温度梯度变化在白天近似呈正弦变化，持续时间为 12h，而夜间温度梯度一般为负且数值较小，所以保守起见忽略了负温作用下综合应力的减小，直接假定夜间温度应力为零，只存在荷载应力。日温度梯度的变化可以用如下公式描述：

$$T_g^t = \begin{cases} T_{\text{gmax}}\sin\dfrac{\pi}{2}t & (0 < t < 12) \\ 0 & (12 < t < 24) \end{cases} \qquad (3\text{-}86)$$

式中：T_{gmax}——日最大温度梯度。

在正常情况下温度的变化趋势不会发生较大变化，仅仅在幅值上有所变化。而车辆荷载的日分布规律却因时因地变化，根据袁宏等的研究成果，在研究温度应力和荷载应力的共同作用时，可以假设日车辆分布均匀，因为这种假设引起的日温度疲劳梯度误差很小。

值得说明的是在公路上行驶的车辆并不是标准轴载，而是分为单轴-单轮组、单轴-双轮组和双轴-双轮组，甚至有三或四轴-双轮组。每种轴型都有各自的轴载谱，仅假设有标准轴载，而非标准轴载可以通过前面推导的轴载换算公式换算为标准轴载。

那么重点就是研究在不同车辆荷载和温度荷载的组合下，是否存在一个比较稳定的日温度应力系数。即在不同车辆荷载和温度荷载组合引起的高低应力比变化是否会引起日温度应力系数较大的波动。

目前的温度状况、路面结构和车辆荷载作用下，温度应力比的波动范围相对于混凝土的极限抗弯拉强度的比值在 0.20～0.7 之间，与荷载应力的比值波动范围为 0.25～0.75。在给定板厚的条件下，不同温度荷载和车辆荷载共同作用下的计算结果见表 3-28。

不同荷载应力比和温度应力比条件下的日温度疲劳系数的比较　　　表 3-28

荷载应力比	温度应力比										
	0.20	0.25	0.30	0.35	0.40	0.45	0.50	0.55	0.60	0.65	0.70
0.50	0.25	0.29	0.34	0.38	0.42	0.47	0.51	0.61	0.65	0.70	0.75
0.55	0.25	0.29	0.34	0.38	0.42	0.47	0.51	0.61	0.65	0.70	0.75
0.60	0.25	0.29	0.34	0.38	0.42	0.47	0.51	0.61	0.65	0.70	0.75
0.65	0.25	0.29	0.34	0.38	0.42	0.47	0.51	0.61	0.65	0.70	0.75
0.70	0.25	0.29	0.34	0.38	0.42	0.47	0.51	0.61	0.65	0.70	0.75
0.75	0.25	0.29	0.34	0.38	0.42	0.47	0.51	0.61	0.65	0.70	0.75

注：白天车辆占全天总数的比例为80%。

荷载应力的波动对日温度疲劳系数的影响较小，在荷载应力波动范围内日温度疲劳系数几乎相等。而不同的温度应力比却对日温度疲劳系数的影响很大，不能忽视温度应力比的影响，而在后续的研究中，可以固定车辆产生的荷载应力，仅研究温度应力的影响。

当温度、荷载对日温度疲劳系数的作用研究清楚后，那么在车辆均匀分布条件下，白昼车辆分配比例是否对日温度疲劳系数也有所影响？假设白天的交通量占总数的比例分别为30%、50%、70%、90%，计算结果见表3-29。白昼车辆所占比例的大小也是影响日温度疲劳系数的重要因素之一，且温度应力系数越小，车辆的分布比例对其影响越大。比如在温度应力比为0.2时，比例分别为30%、50%、70%、90%对应的日温度疲劳系数为0.213、0.233、0.246、0.256，它们之间的相差比例分别为16.8%、9%和3.9%。比如在温度应力比为0.4时，比例分别为30%、50%、70%、90%对应的日温度疲劳系数为0.394、0.410、0.420、0.427，它们之间的相差比例分别为7.7%、4.6%和1.8%。比如在温度应力比为0.7时，比例分别为30%、50%、70%、90%对应的日温度疲劳系数为0.738、0.744、0.749、0.752，它们之间的相差比例分别为1.9%、1%和0%。

不同白昼车辆分布条件下的日疲劳温度应力系数　　　表 3-29

对比项		温度应力比										
		0.20	0.25	0.30	0.35	0.40	0.45	0.50	0.55	0.60	0.65	0.70
白昼车辆占全天比例（%）	30	0.21	0.25	0.30	0.35	0.39	0.44	0.49	0.59	0.64	0.69	0.74
	50	0.23	0.28	0.32	0.36	0.41	0.46	0.50	0.60	0.65	0.70	0.74
	70	0.25	0.29	0.33	0.38	0.42	0.47	0.51	0.61	0.65	0.70	0.75
	90	0.26	0.30	0.34	0.38	0.43	0.47	0.52	0.61	0.66	0.70	0.75

综上所述，水泥混凝土路面的日最大温度梯度很容易根据全国194个温度气象站的日实测气象资料，按谢国忠、姚祖康推荐的公式求得。当已知日最大温度梯度时，就可以根据日温度按正弦变化，车辆荷载日分布按均匀以及白天车辆所占比例求得不同温度应力条件下的日温度疲劳系数。

4) 疲劳温度应力系数

在求得日疲劳温度系数之后，就可以根据袁宏的方法计算月疲劳温度梯度系数以及年疲劳温度梯度系数。也可以模仿谈至明、姚祖康的方法,将最大温度梯度(温度应力)的年变化规律归结为折线形和正弦形,并假设水泥混凝土路面温度梯度年最大值的分布规律服从极限Ⅰ型分布,其变异系数在5%以内,从而计算出温度应力的年疲劳系数。

谈至明、姚祖康研究发现"道路所在地的日最大温度应力的年变化曲线形状是正弦形还是折线形,对疲劳温度应力系数有较大影响",但最大温度梯度的年变化规律无论为折线形还是正弦形,都是一定程度上的近似。所以当收集全国各地的日气象资料时,可直接根据日气象资料计算温度的年变化曲线,这样必定能提高温度疲劳系数的准确性,同时可以省去计算月温度等效疲劳系数、年温度等效疲劳系数,或者可以省去计算月不均匀系数和年不均匀系数。

当日温度变化和荷载引起日水泥混凝土铺面疲劳损伤,可以通过日最大温度梯度推算出相应的日疲劳损伤。那么根据多年日疲劳损伤的累积,就可以计算出路面使用寿命内的疲劳损伤。然后根据这个疲劳损伤和50年一遇的最大日疲劳温度梯度,推算出当量温度疲劳系数。

先根据日气象资料求得日最大温度梯度,然后逐日推算当天的疲劳温度梯度,并根据日疲劳温度梯度的累积分布求得50年一遇的最大日疲劳温度梯度。

然后根据多年的日疲劳温度梯度计算出在某一温度段内$(T_i, T_i + \Delta T)$的次数占总次数的比例p_i,并以此得到使用年限内日疲劳温度梯度频率曲线,这里为细化计算,将日疲劳温度梯度分为42个区间。

当路面结构固定时,有:

$$\sigma_{\text{Tmax}} = \frac{\alpha E h}{2} T_{\text{gmax}} D_t \tag{3-87}$$

式中:α——混凝土热膨胀系数;
  h——混凝土板厚度;
  E——混凝土的弹性模量;
  T_{gmax}——50年一遇最大日温度梯度;
  σ_{Tmax}——50年一遇最大日温度应力。

当路面结构固定时,温度应力正比于温度梯度。
每一温度段内的路面当量损耗为:

$$D_i = \left[\frac{\sigma_{\text{load}}}{A(\sigma_{\text{fr}} - \sigma_T^i)}\right]^{\frac{1}{B}} p_i = \left[\frac{a\sigma_{\text{fr}}}{A(\sigma_{\text{fr}} - c^* b\sigma_{\text{fr}})}\right]^{\frac{1}{B}} p_i \tag{3-88}$$

式中:σ_{load}——$\sigma_{\text{load}} = a\sigma_{\text{fr}}$;
  σ_T^i——$\sigma_T^i = c\sigma_{\text{Tmax}} = c^* b\sigma_{\text{fr}}$;
  a、b、c——小于1的系数。

最后将42个温度梯度段的路面当量损耗求和作为该条路的路面当量损耗D。

$$D = \sum_{i=1}^{42} D_i \tag{3-89}$$

根据当量疲劳的概念,存在一个当量疲劳温度梯度,其疲劳温度应力值 σ_{TE} 使得式(3-87)成立。

$$D = \left[\frac{\sigma_{load}}{A(\sigma_{fr} - \sigma_{TE})}\right]^{\frac{1}{B}} = \left[\frac{a\sigma_{fr}}{A(\sigma_{fr} - X\sigma_{fr})}\right]^{\frac{1}{B}} \quad (3-90)$$

式中:X——疲劳温度应力系数。

那么有:

$$X = \frac{D^B A - a}{D^B A} \quad (3-91)$$

5)影响疲劳温度应力系数的主要因素

袁宏、姚祖康在研究中认为,在相同的温度应力级位下,荷载应力变化对年疲劳梯度的影响很小,仅为3%~5%;而温度应力的大小对疲劳梯度影响很大。谈至明、姚祖康在研究中发现,所有影响疲劳温度应力系数的因素中,年最大温度应力与混凝土弯拉强度之比影响最大;其次是日最大温度应力的年变化曲线形状。

采用日疲劳温度应力系数频率曲线代替假设的日最大温度应力年变化曲线,不需要考虑假设曲线的形式对最终计算结果的影响。

(1)年最大温度应力与混凝土弯拉强度之比的影响

关于年最大温度应力与混凝土弯拉强度之比的影响,可以假设比值分别为0.3、0.4、0.5、0.6、0.7。然后在固定的年最大温度应力与混凝土弯拉强度之比下,同样模仿日疲劳温度应力系数的计算。根据我国目前的温度状况、路面结构和车辆荷载作用下,温度应力的波动范围相对于混凝土的极限抗弯拉强度比在0.20~0.7之间,荷载应力比的波动范围为0.25~0.75。

表3-30仅列出白天车辆占全天总数90%时,年最大温度梯度在0.3℃/cm、0.7℃/cm、1.1℃/cm三种情况下的计算结果。由计算结果可知,年最大温度梯度对温度应力疲劳系数影响很大。

0.3℃/cm、0.7℃/cm、1.1℃/cm 下温度应力疲劳系数的比较　　　　表3-30

条件(℃/cm)	温度应力比									
0.3	0.20	0.25	0.30	0.35	0.40	0.45	0.50	0.55	0.60	0.65	0.70
0.7	0.185	0.226	0.269	0.315	0.363	0.412	0.463	0.569	0.623	0.678	0.735
1.1	0.109	0.133	0.159	0.188	0.220	0.254	0.291	0.372	0.417	0.466	0.519

(2)不同荷载、温度应力组合的影响

在固定年最大温度应力与混凝土弯拉强度之比的条件下,荷载应力的波动对年温度疲劳系数的影响较小,在荷载应力波动范围内年温度疲劳系数几乎相等。而不同的温度应力比却对年温度疲劳系数的影响很大。以荷载应力比为0.5时为例(最大温度梯度为0.7),当温度应力比分别为0.2和0.3时,对应结果为0.185和0.29,两者相差31%。可见不能忽视温度应力比的影响,而在后续的研究中,固定车辆产生的荷载应力,仅研究温度应力的影响。

(3) 白昼车辆占全天车辆的比例

当温度、荷载对日温度疲劳系数的作用研究清楚后,在车辆均匀分布条件下,白昼车辆分配比例同样对日温度疲劳系数有所影响。为此假设白天的交通量占总数的比例分别为 30%、50%、70%、90%,计算结果见表 3-31。可见白昼车辆所占比例的大小也是影响日温度疲劳系数的重要因素之一。同样温度应力比越小越易受车辆分布波动的影响。比如在温度应力比为 0.4 时,比例分别为 30%、50%、70%、90% 对应的日温度疲劳系数为 0.213、0.237、0.246、0.25,它们之间的相差比例分别为 11%、6% 和 2.4%。

不同白昼车辆分布条件下的疲劳温度应力系数　　　　表 3-31

对比项		温度应力比										
		0.20	0.25	0.30	0.35	0.40	0.45	0.50	0.55	0.60	0.65	0.70
白昼车辆占全天比例(%)	30	0.096	0.123	0.153	0.187	0.224	0.264	0.308	0.405	0.461	0.522	0.588
	50	0.109	0.136	0.166	0.200	0.237	0.277	0.320	0.417	0.472	0.532	0.598
	70	0.117	0.144	0.175	0.209	0.246	0.285	0.328	0.425	0.479	0.539	0.604
	90	0.123	0.151	0.181	0.215	0.252	0.292	0.334	0.430	0.485	0.544	0.609

注:最大温度梯度为 0.8℃/cm。

比如在温度应力比为 0.7 时,比例分别为 30%、50%、70%、90% 对应的日温度疲劳系数为 0.588、0.598、0.604、0.609,它们之间的相差比例分别为 3.5%、1.8% 和 0.8%。

6) 推荐的疲劳温度应力系数

要得到某地的疲劳温度应力系数,首先要获得当地的日疲劳温度应力系数(图 3-81),在所有影响因数中温度应力的大小和白天车辆的比例影响最大。接着通过日疲劳温度应力系数和实测温度应力分布曲线(频率曲线)就可以推导出疲劳温度应力系数。在所有影响因数中从强到弱依次为:50 年一遇最大温度应力、温度应力的大小和白天车辆的比例影响。水泥混凝土铺面的 50 年一遇日最大温度梯度根据全国 194 个温度气象站的日实测气象资料,按谢国忠、姚祖康推荐的公式求得。即只要地点确定,50 年一遇最大温度应力(梯度)也就是确定的,50 年一遇最大温度应力为一确定值,于是影响疲劳温度应力系数的主要因素就变为温度应力大小和白天车辆所占比例。

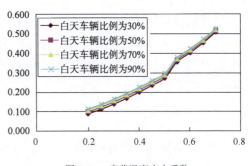

图 3-81　疲劳温度应力系数

经回归给出各地的温度应力疲劳系数。所有地点的回归公式可以采用式(3-92)。

$$y = a_1 v_1^{a_2} + a_3 v_2^{a_4} + a_5 v_1 v_2 \tag{3-92}$$

式中:　　　y——疲劳温度应力系数;

　　　　　v_1——白天车辆占全天车辆的比例(%);

　　　　　v_2——温度应力和水泥混凝土极限抗弯拉强度的比值(%);

a_1、a_2、a_3、a_4、a_5——回归系数,数值见表 3-32。

Ⅱ区划中疲劳温度应力系数回归公式　　　　表 3-32

地　　名	a_1	a_2	a_3	a_4	a_5
富裕	0.0428	0.9810	0.9833	1.8408	0.0031
索伦	0.9725	1.0090	-33.1018	57.8083	-0.2296
佳木斯	0.9939	1.0985	-4.7799	39.2278	-0.2100
哈尔滨	1.0527	1.1124	-3.9364	37.2665	-0.2157
安阳	0.0939	0.4327	0.9555	1.7441	-0.0232
通辽	0.0923	0.5683	0.9995	1.5611	-0.0402
长春	0.0949	0.4729	0.9921	1.6882	-0.0294
延吉	0.0917	0.4470	1.0047	1.7837	-0.0212
朝阳	0.0988	0.4641	0.9770	1.6452	-0.0332
沈阳	0.0951	0.4913	0.9838	1.6435	-0.0332
凤城	0.0701	0.8390	1.0493	1.5677	-0.0317
北京	0.0980	0.4716	0.9728	1.6353	-0.0338
天津	0.0995	0.4339	0.9797	1.7047	-0.0284
乐亭	0.0517	0.9284	1.0691	1.7815	-0.0049

3.7.2　综合荷载、温度和冲刷的设计方法

1）应力疲劳破坏与冲刷疲劳破坏的比较

对于荷载而言，不同级位的轴载对路面产生不同程度的损坏影响。它们的差别可以利用当量损坏的概念进行分析比较。选择同一标准轴载和路面结构损坏标准（或指标）。标准轴载 P_s 作用 N_s 次时路面达到损坏标准，那么标准轴载作用 1 次路面产生的疲劳损耗为 D_s（$= 1/N_s$）；其他级位轴载 P_i 在同一路面结构上作用 N_i 次时路面达到相同的损坏标准，则该轴载作用 1 次产生的路面疲劳损耗为 D_i（$=1/N_i$）。将其他级位轴载的疲劳损耗与标准轴载的疲劳损耗相比，便可判断它们对路面损坏影响程度的差异（彭波，1999）。这一比值称为轴载当量损坏系数 EDF_i。

$$EDF_i = \frac{D_i}{D_s} = \frac{N_s}{N_i} \qquad (3-93)$$

轴载当量损坏系数值越大，对路面的疲劳损坏影响越大。水泥混凝土路面设计采用板边缘中部底面的疲劳断裂作为损坏标准，采用现行规范中推荐的混凝土疲劳方程和修正后的荷载应力计算公式，可以推算出以单轴为标准轴载的轴载当量损坏系数 EDF_i。

单轴-单轮：
$$EDF_i = 1.26 \times 10^8 l^{-2.735} p_i^{-0.4276} \left(\frac{P_i}{P_s}\right)^{16} \qquad (3-94)$$

单轴-双轮：
$$EDF_i = \left(\frac{P_i}{P_s}\right)^{16} \qquad (3-95)$$

双轴-双轮：
$$EDF_i = 2.03 \times 10^{-5} l^{-0.3304} P_i^{-0.2226} \left(\frac{P_i}{P_s}\right)^{16} \qquad (3-96)$$

式中：P_i——单轴-单轮、双轴-双轮和多联轴的 i 级轴重(kN)；

l——路面结构相对刚度半径。

各类轴型具有不同的轴载谱。它们对路面损坏的影响，可以利用其轴载谱和相应的轴载当量损坏系数 EDF_i，转换成该轴型的当量损坏系数 EDF_j 后进行分析比较。

$$EDF_j = \sum_i \frac{EDF_i \times p_i}{100} \tag{3-97}$$

式中：p_i——i 级轴载出现的频率(%)。

各条道路的车辆由不同的轴型组成，对路面产生不同程度的损坏。为比较它们的差异，可以利用其轴型组成和相应的轴型当量损坏系数 EDF_j，转换成该道路的当量损坏系数 EDF_k。

$$EDF_k = \sum_j \frac{EDF_j \times p_j}{100} \tag{3-98}$$

式中：p_j——j 种轴型所占的比例(%)。

当量损坏系数越大，表明该种交通组成作用下路面损坏越严重，或者路面使用寿命越短。因此，利用当量损坏系数可以判断和比较路面的损坏或严重程度。

对于冲刷破坏而言，可以推算出以双轴为标准轴型的轴型当量损坏系数 EDF。

$$EDF_j = \frac{10^{\frac{0.5064}{D_s^{0.312}}}}{10^{\frac{0.5064}{D_i^{0.312}}}} \quad (D_{s,i} > 1.862 \times 10^{-4}) \tag{3-99}$$

$$EDF_j = \frac{10^{\frac{3.75 \times 10^{-22}}{D_s^{5.96}}}}{10^{\frac{3.75 \times 10^{-22}}{D_i^{5.96}}}} \quad (D_{s,i} \leq 1.862 \times 10^{-4}) \tag{3-100}$$

式中：D_s——标准轴型的地基损坏指数；

D_i——非标准轴型的地基损坏指数。

$$D_{s,i} = \frac{w^2}{hk^{-1.27}} \tag{3-101}$$

式中：w——挠度(1/100mm)；

h——板厚(cm)；

k——地基反应模量(MN/m³)。

各条道路的车辆由不同的轴型组成，对路面产生不同程度的损坏。为比较它们的差异，可以利用其轴型组成和相应的轴型当量损坏系数 EDF_j，转换成该道路的当量损坏系数 EDF_k。

$$EDF_k = \sum_j \frac{EDF_j \times p_j}{100} \tag{3-102}$$

式中：p_j——j 种轴型所占的比例(%)。

比较荷载疲劳破坏引起的道路当量损坏系数和冲刷疲劳破坏引起的道路当量损坏系数，如果荷载当量损坏系数大于冲刷当量损坏系数，那么路面设计由荷载应力控制；反之，则由冲刷控制。无论是荷载应力计算还是挠度计算，双轴、三轴都是作为整体参与计算。

2）综合荷载、温度和冲刷的设计方法

路面结构的破坏，不仅是在车辆荷载下的疲劳破坏，而且是在温度应力作用下的疲劳破坏；除了应力引起的破坏外，也有可能是由于基层受到冲刷而引起的冲刷破坏，所以对于承受

特重交通的水泥混凝土路面除进行温度、荷载综合疲劳应力的演算外,还应进行冲刷破坏的演算,即同时演算以下两式:

$$\sigma_p + \sigma_t = (0.95 \sim 1.05)\sigma_{fr} \tag{3-103}$$

$$\sum_{i=1}^{n} \frac{N_i}{N} < 1 \tag{3-104}$$

本章参考文献

[1] 牛开民. 水泥混凝土路面温度和荷载耦合作用的研究[D]. 上海:同济大学,2003.

[2] 李新凯,侯相深,马松林. 轴载与温度作用下水泥路面板的变形与应力分析[J]. 重庆建筑大学学报,2008.

[3] 权磊. 基于早龄期应力历史的水泥混凝土路面板硬化翘曲研究[D]. 黑龙江:哈尔滨工业大学,2015.

[4] 于宝明,姚祖康. 混凝土路面临界荷位分析[J]. 中国公路学报,1989.

[5] 周德云,姚祖康. 水泥混凝土路面的疲劳分析[J]. 华东公路,1992.

[6] 权磊. 不同养护方式对水泥混凝土板早期温度场和强度发展的影响分析[D]. 黑龙江:哈尔滨工业大学,2011.

[7] 石小平,刘占山,姚祖康. 控制挠度的混凝土路面结构设计方法[J]. 同济大学学报,1991.

[8] 赵队家,刘少文,田波. 山西省运煤公路超载情况调查与损坏影响分析[J]. 长安大学学报,2003.

[9] 李思李. 连续配筋混凝土路面结构分析与早期开裂性能研究[D]. 北京:交通运输部公路科学研究所,2013.

[10] 田波. 重载水泥混凝土路面结构分析[D]. 上海:同济大学,2001.

[11] 田波,牛开民,等. 基于耐久性的水泥混凝土路面结构设计研究[R]. 北京:交通运输部公路科学研究所,2010.

[12] 牛开民,田波,等. 西部地区耐久性水泥混凝土路面关键技术研究[R]. 北京:交通运输部公路科学研究所,2010.

[13] 田波,权磊,牛开民. 不同基层类型水泥混凝土路面温度翘曲结构试验与理论分析[J]. 中国公路学报,2014,27(6):17-26.

[14] Lei Quan, Bo Tian, Decheng Feng, Xinkai Li. Effects of Construction Conditions on Built-In Temperature Gradient of Concrete Pavement: A Numerical Study[C]. Advanced Engineering Forum. Trans Tech Publications, Switzerland. 2012, 5: 382-388 (ISTP 检索号:WOS:000317868900067).

[15] Chen, L., Feng, D., and Quan, L.. Inclusion of Built-In Curling Temperature Profile in Curling-Stress Determination for Rigid Pavement [J]. J. Transp. Eng., 2015: 141 (4), 06014003.

[16] Zhou, C. J., Feng, D. C., Zuo, W. X., Quan, L.. Research on relationship between fine aggregate angularity and asphalt mixture's anti-shear ability. The 9th International Con-

ference of Chinese Transportation Professionals, Harbin, P. R. C., 2009. U. S. A, ASCE, 2009: Vol. 358: 2310-2315.

[17] Feng Decheng, Quan Lei. Design and Implementation of Temperature field Observation Station for Typical Pavement Structures. the 8th Session of Sino-Japan Experts Meeting on Hiemal Pavement and Transportation Technology, Harbin, September 7th 2009.

[18] Hou R G, Tian B, Quan L. The Research on the Temperature Resistance Test of Polypropylene Geotextile in Asphalt Overlay. Applied mechanics and materials, 2012, 178: 1287-1292.

[19] Air Force Army. (1988). Rigid Pavement for Airfields. TM5-825-3/AFM88-6 Chapter 3, Chap 1 pp. 5-6.

[20] Cauwelaert, F. V. " Westergraad's Equation" for Thick Elastic Plates. 3rd Inter. Workshop on the Design and Evaluation of Concrete Pavements. Spain.

[21] Dater, M. I. and Barenberg, E. J. (1977) Design of Zero-Maintenance Plain Jointed Pavement Report No. FHWA-RD-111, FHWA.

[22] FAA. (1995) Airport Pavement Design and Evaluation. Advisory Circular :150/5320-6D, Chapter 1:12-14.

[23] Nussbaum, P. J. and Childs, L. D. (1975) Repetitive Load Tests of Concrete Slabs on Cement-Treated Subbases Portland Cement Association (RD 025).

[24] Ioannides, A. M., Khazanovich, L. Structural Evaluation of Base Layers in Concrete Pavements Systems. Transportation Research Record 1370:20-28.

[25] Ioannides, A. M., Khazanovich, L. (1998) Nonlinear Temperature Effects on Multilayered Concrete Pavements. Journal of Transportation Engineering, March/April:128-136.

[26] Kerr, A. D. (1990) The Evaluation of foundation Models and Analysis for Concrete Pavements. 3rd Inter. Workshop on the Design and Evaluation of Concrete Pavements. Spain: 61-70.

[27] Uzan, Jacob, Witczak, M. W. (1985) Composite Subgrade Modulus for Rigid Airfield Pavement Design Based upon Mutilayer Theory. Third Inter Conference on Concrete Pavement Design and Rehabilitation:157-167.

[28] Parker, F., Jr. (1977) Development of a Structural Design Procedure for Rigid Airport Pavements. Report No. FAA-RD-77-81.

[29] Packard, R. G., Tayabji, S. D. (1985) New PCA Thickness Design Procedure for Concrete Highway and Street Pavements, 3rd International Conference on Concrete Pavement Design Purdue University:225-236.

[30] Packard, R. G.. (1981) Structural Design of Concrete Pavements With Lean Concrete Lower Course. 2nd Inter Conference on Concrete Pavement Design and Rehabilitation:119-135.

[31] Thompson, M. R. and Barenberg, E. J. (1992) Calibrated Mechanistic Structural Analysis Procedure for Pavements, NCHRP 1-26, Transportation Research Board, Washington, D. C. :175.

[32] Szilard, Z. 板的理论和分析[M]. 陈太平,戈鹤翔,周孝贤,译. 北京:中国铁道出版社,1984.

[33] Y. H. Huang. A Computer Package for Structural Analysis of Concrete Pavements. Third Inter Conferenceon Concrete Pavement Design and Rehabilitation 1985:295-309.

[34] 陈雅贞. 水泥混凝土路面板下地基的综合模量问题[J]. 南京工学院学报,1988,Vol. 18, No. 1:88-92.

[35] 邓学均,陈荣生. 刚性路面设计[M]. 北京:人民交通出版社,1992.

[36] 交通部. 公路水泥混凝土路面设计规范:JTJ 012—94[S]. 北京:人民交通出版社,1994.

[37] 交通部. 公路沥青路面设计规范:JTJ 014—97[S]. 北京:人民交通出版社,1997.

[38] 姜爱峰. 二灰碎石基层材料的组成结构和性能及其水泥混凝土路面结构分析[D]. 同济大学,1998:50-54.

[39] 李华. 水泥混凝土路面下基层顶面当量回弹模量的确定[J]. 公路,1987.

[40] 郭大智. 路面力学中的数学[R]. 哈尔滨:哈尔滨建工学院,1985.

[41] 郭大智. 路面力学[R]. 哈尔滨:哈尔滨建工学院,1985.

[42] 姚祖康. 水泥混凝土路面设计[M]. 合肥:安徽科学技术出版社,1999.

[43] 石小平,姚祖康. Pasternak 基础上四边自由矩形厚板的解[J]. 同济大学学报,1989,17, (2):173-184.

[44] 沈菊男,陈荣生. 水泥混凝土路面下地基模量合理取值方法的研究[J]. 华东公路,1991, 2:26-29.

[45] 唐伯明. 刚性路面地基模量取值方法的研究试验[J]. 华东公路,1993,1:18-21.

[46] 田波. FWD 的理论模型及识别问题的研究[D]. 哈尔滨:哈尔滨建筑大学,1998.

[47] 王栋. 沥青路面温度场、温度应力的分析计算[D]. 哈尔滨:哈尔滨建筑大学,1996.

第 4 章　铺面结构特性分析

4.1　国外典型结构形式

4.1.1　美国

州际高速公路及州内路面结构见表 4-1 和表 4-2。

州际高速公路结构（cm）　　　　　　　　　　　表 4-1

州	板厚	基层/厚度	粒料层厚度	垫层/厚度	总厚度
爱达荷	30.5	水泥稳定碎石基层/5.0	30.5		66.0
伊利诺伊	26.5	水泥稳定碎石基层/10.0		石灰处治/30.5	67.5
密歇根	29.0		40.5	粒料/106.5	176.5
纽约	25.5	透水沥青层（ATPB）/10.0	30.5		66.0
北卡罗来纳	28.0	水泥稳定碎石基层/11.5		石灰处治/20.5	60.0
俄亥俄	29.0		15.0	无粉性土/91.5	136.0
宾夕法尼亚	33.0	透水沥青层（ATPB）/10.0	10.0		53.5

州内公路结构（cm）　　　　　　　　　　　表 4-2

州	板厚	基层/基层厚度	粒料层厚度	垫层/厚度	总厚度
爱达荷	23.0	透水沥青层（ATPB）/5.0	30.5		58.5
伊利诺伊	25.0	水泥稳定碎石基层/10.0		石灰处治/30.5	65.5
密歇根	21.5	级配粒料层/15.0	25.5		106.5~152.5
纽约	25.5	透水沥青层（ATPB）/10.0	30.5		66.0
北卡罗来纳	20.5	水泥稳定碎石基层/11.5		石灰处治/20.5	52.0
俄亥俄	20.5		15.2	无粉性土/91.5	127.0
宾夕法尼亚	20.5		20.5		40.5

（1）加利福尼亚州

早期使用少量水泥稳定类基层，同时半刚性基层上混凝土板不设传力杆，实践证明这种方式产生的错台和混凝土板修复比例较大。因此目前重车路段常采用稳定类基层，并在混凝土板中设置传力杆；在低交通量路段使用非稳定类基层。

土基承载力对水泥混凝土铺面使用性能至关重要，优良土基承载力将有利力于整个路面结构。土基的土波动较大，当出现塑性指数大于 12 的不良土时，需要良好的排水设施来解决问题，并在需要时应设置垫层。

基层为施工机械提供一个稳定的平台,同时分散荷载,并在需要时提供排水和抵抗冻胀。松散粒料层可以改善排水,减缓冻胀,阻止细料进入路面结构。

贫混凝土基层刚度大、耐冲刷,但会增加翘曲温度应力,最好在贫混凝土层和混凝土板之间设置隔离层。

加利福尼亚州混凝土路面典型标准设计是未设传力杆的素混凝土板,基层为水泥稳定碎石;当使用贫混凝土基层(LCB)时,其厚137mm,并以9.1m的间隔切割横向缝,以减轻收缩应力并防止贫混凝土基层随机收缩开裂。贫混凝土基层比水泥稳定碎石基层强度更高且具有更大的抗冲刷性,因此预期它将更能有效地减少路面冲刷断裂。

自1992年以来,Caltrans开始使用3.6m、4.6m、4.0m和4.3m的接缝间距,认为较短的接缝间距有利于减少横向断裂。

(2) 佛罗里达州

佛罗里达州使用的典型路面结构见图4-1。沥青混凝土基层是选项之一,其不但提供平整的基层,减少摩阻力,沥青层更适于高温多雨地区。沥青多孔碎石基层可以排出路面内部水分,减少板底自由水和细集料的迁移。在佛罗里达州这样多雨地区比较常用沥青类基层,且应配置良好的边缘排水系统。

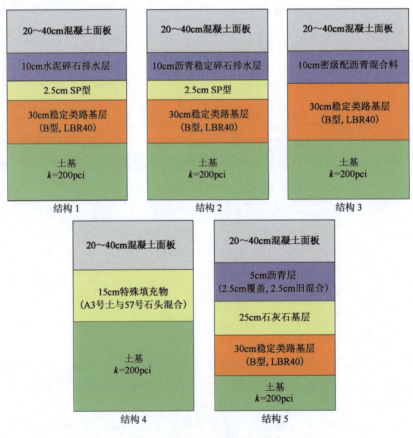

图4-1 佛罗里达州典型路面结构

4.1.2 欧洲

欧洲各国水泥混凝土路面各具特色,表4-3汇总了各国的典型路面结构。

欧洲水泥混凝土路面典型结构(cm)　　　　　表4-3

国　家	板　厚	板　长	基　层	底　基　层
法国	CRCP 17~25		贫混凝土	
	JPCP 22~28	450	贫混凝土	
奥地利	JPCP 18~25	550~600	5cm沥青混凝土加半刚性基层	最小承载力有要求
德国	JPCP20~30	500	半刚性/贫混凝土	粒料层30~90
荷兰	JPCP26~28	350~500	贫混凝土	砂垫层
比利时	CRCP 20		贫混凝土	粒料层至少20
	JPCP 23	500~600	贫混凝土	

注:传力杆26mm。CRCP为连续配筋路面,JPCP为普通水泥路面。

(1)比利时

比利时于1925年在南布鲁塞尔修建了第一条普通接缝混凝土路面。高速公路中大约有40%水泥混凝土路面,且大部分是CRCP路面。因为维护成本低,比利时政府倾向于支持CRCP。自1970年以来,CRCP作为新建路面、旧混凝土路面和沥青路面上的加铺层被广泛使用,CRCP也可以作为桥面铺装,一般设计年限30年。CRCP设计参数见表4-4。

不同历史阶段的CRCP设计参数(cm)　　　　　表4-4

项　目	1970—1978年	1979—1992年
CRCP板	高强混凝土,厚度20	相同
配筋率(%)	0.85	0.67
钢筋深度	距顶面距离6	距顶面距离9
沥青功能层厚度	6	
贫混凝土厚度	20	20
粒料厚度	20	20
纵向锯缝深度	1/3板厚	1/3板厚

6cm厚沥青混凝土功能层相当于2cm厚混凝土面层板。在纵向配筋率0.85%和6cm厚沥青混凝土功能层的共同作用下,CRCP路面的裂缝间距在0.5m左右,历史上为减少冲断破坏,钢筋减少到0.67%,并取消了沥青混凝土功能层,结果发现裂缝间距变大了。典型的裂缝配筋率和开裂间距见表4-5。

典型的裂缝配筋率和裂缝间距　　　　　表4-5

施工季节	配筋率(%)	平均开裂间距(m)
夏天	0.85(早期)	0.40
	0.67(新建沥青混凝土)	1.00
冬季	0.85(早期)	0.75
	0.67(新建沥青混凝土)	1.60

钢筋位置开始在距顶面6cm处，在混凝土振捣过程中，由于纵向钢筋的影响，砂浆上浮，晴天在路面上能看到一个纵向砂浆带。比利时仍然认为，最好是把钢筋放在中等偏上的位置，以保持混凝土开裂后裂缝不张开。

自1978年以来，将钢筋放置在距顶面9cm处，CRCP出现了裂缝间隔变大、裂缝变宽、贫混凝土基层冲刷破坏以及冲断破坏。

混凝土中未掺入引气剂，水泥含量为400kg/m³，28d抗压强度为55MPa，90d平均抗压强度约为70MPa。早期水灰比为0.40，现常用0.45。通过提高混凝土强度来提高抵抗冻融能力等耐久性问题，同时高水泥含量也减少了表面磨损。混凝土路面可再生用作贫混凝土基层，但不用于表层混凝土。

(2) 奥地利

奥地利高速公路典型的日交通量ADT为25000辆(最多100000)，其中12%为载货汽车，公路货运的增长率很高。单轴轴载为100kN，双后轴轴载为160kN。奥地利允许最大单轴重为115kN。路面单侧路幅宽为11.5m，包括4.75m内侧车道、3.75m外侧车道和3.00m硬路肩。所有新路面的横坡为2.5%。

奥地利路面设计年限为30年。常见设计是：普通路段混凝土板厚18~22cm；交通繁忙路段混凝土板25cm板厚+5cm沥青混凝土功能层+20~45cm松散粒料层，且细粒少于3%；或者18~22cm普通混凝土板厚+5cm沥青混凝土功能层+18~20cm水泥稳定基层。

对于25cm的混凝土板，其板长为6m，板长为板厚的25倍，传力杆直径为26mm，长度50cm。

混凝土厚度取决于路基现场承载板试验，现场土基最小回弹模量应大于35MPa。当低于这个数值时，应进行土壤处治。奥地利冰冻深度为1.5m。

普通水泥混凝土板厚表层为厚度4cm的小粒径高抗滑露石水泥混凝土，该层不但高抗滑且能降低轮胎噪声。奥地利未见耐久型"D"裂纹或碱集料(ASR)，偶尔出现冻融耐久性问题。普通混凝土板表层混凝土的抗压强度大于40MPa，底层混凝土的抗压强度大于35MPa。对于12cm×12cm×36cm混凝土试件，在中心点荷载加载时，其弯拉强度应不低于5.5MPa。硬化混凝土中泡间距必须小于0.22mm，且硬化后含气量必须超过2.0%。

再生混凝土最大粒径为31.5mm，并在拌合物中加入天然砂。一般使用4.75~32mm再生粗集料，小于4.75mm的细集料用于松散粒料层。

混凝土拌合物中可掺配大约10%的再生沥青混凝土，最大掺配比例约为20%，该技术在A1高速公路得到应用，沥青混凝土的掺配比例仅为4%~6%。奥地利普通水泥路面断面图见图4-2。

混凝土路面板采用两层结构，再生混凝土底层和具有高质量集料露石表层。表层具有低噪声和高摩擦特性，并通过两个滑模摊铺机进行双层湿接摊铺。21cm厚底层含有再生混凝土集料和天然砂，水泥含量约为360kg/m³，含气量为3.5%；28d时弯曲强度范围为6.5~9.5MPa，平均值为7.75MPa。表层4cm混凝土含有体积比高达65%以上的集料，集料最大粒径8mm和约35%体积比的砂(0~1mm)。有时表层混凝土采用水泥含量为450kg/m³，含气量为4%，高效减水剂复合缓凝剂，水灰比为0.38。

(3) 荷兰

荷兰的法定单轴荷载为100kN。港口连接线的公路多采用普通混凝土路面结构，高速公路上建造了几段 CRCP。阿姆斯特丹附近的史基浦机场选择在跑道末端、所有围护路均采用预应力混凝土路面。

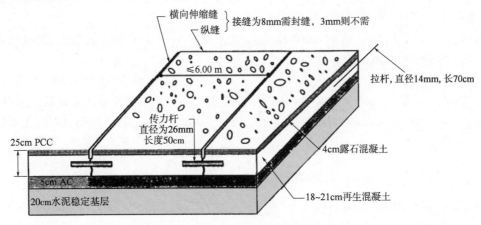

图 4-2　奥地利普通水泥路面结构图

荷兰在 20 世纪 80 年代初采用了德国 JPCP 设计方案,板厚为 20～22cm,板长 5m。目前常用板厚为 26～28cm。

高速公路路基多为砂性土,其上为贫混凝土基层,贫混凝土基层含有从旧混凝土中回收再生的粗集料。

预应力路面结构设计采用:18cm 厚度预应力混凝土路面 + 2cm 厚沥青砂 + 60cm 厚水泥土 + 20cm 厚砂土垫层,通常黏土路基位于海平面以下 4m。预应力路面的板宽一般为 7.5m,板长为 30～120m。最初的预应力由高强钢筋穿过波纹管,然后给波纹管灌浆,波纹管沿纵向和横向铺设,形成网格。

(4) 瑞典

瑞典混凝土路面设计采用力学经验法。瑞典的方法分别考虑了混凝土板、基层和路基的破坏。路基对设计成败是决定性的。设计时以 40 年后在路基沉降总量为基准,当达到沉降总量的 50% 时,认为土基达到破坏。即地基的容许沉降量除以 40 年地基的总沉降量不应超过 50%。

瑞典的方法考虑了自下而向上的裂缝,自下而上的裂缝在设计中是至关重要的。考虑自上向下开裂以及传荷能力都有助于提高整体性能。裂缝开裂与混凝土梁的抗弯强度有关,由于板受双向荷载作用,板比梁更具有抵抗应力的能力,所以按梁计算偏于安全。

瑞典材料参数来源于 FWD 模量反算,并建立了不同材料弹性模量的典型值。未来可以采用非线性材料行为来进行设计路面。车辆荷载可以按轴重 100kN 为标准进行等效单轴荷载(ESAL)换算。根据路面类型,重型载货汽车换算值为 0.9～2.0 个标准轴载。

应力计算采用 Westerngaard 公式,计算混凝土板中心、边缘和角隅应力。应力计算也可以用弹性多层理论,每个层都给出了厚度、弹性模量和泊松比等参数,混凝土与基层之间滑动。瑞典把一年分成六个季节,分别对每个季节进行计算,以体现材料的强度和冰结深度随温度变化的差异,每个季节的天数见表 4-6。根据二维有限元程序 ILLI-SLAB 的分析,当接近板的边缘时,应力增加了 100%,可以通过变厚边缘板厚抵抗荷载应力。

一年中不同季节的天数(d)　　　　　　　　　　表 4-6

冬季	冻胀	春融	春天	夏天	秋天
80	10	31	15	153	76

或者采用 Eisenmann 梁模型计算翘曲温度应力。临界长度 L_{cr} 是决定板几何形状的决定性因素。在瑞典，温度梯度 60℃/m 的极端频次为 5%，40℃/m 的频次为 20%。在一年剩下的时间里，假设温度梯度为 0℃/m。

使用 Tepfer 疲劳方程计算了在一年的每个季节里，每个厚度的允许荷载应用数量。此外，还根据地基变形计算了许用通过的荷载作用次数，计算方法如下：

$$N = \frac{8.06 \times 10^{-8}}{\varepsilon_Z^4} \qquad (4-1)$$

式中：N——加载应用程序的数量；
ε_Z——垂直压缩应变的路基。

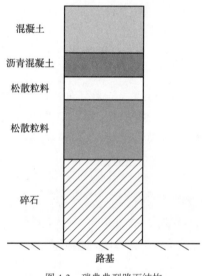

图 4-3　瑞典典型路面结构

典型路面结构由混凝土面板、沥青混凝土功能层、两层压实的松散粒料层和碎石垫层组成。路基由典型的瑞典低强度粉砂材料组成，见图 4-3。

混凝土抗弯强度为 6MPa，弹性模量为 36000MPa。某条路设计中每辆汽车的标准车轴系数为 2.45，预计 40 年使用周期内交通量年增长系数为 2.6%，累计轴载作用次数为 1.34 亿次。标准轴为 100kN，其胎压为 0.8MPa，计算其荷载应力和温度应力。路面的温度梯度采用夏季温度分布，即 60℃/m 的 5%、40℃/m 的 20%，温度应力用 Eisenmann 梁模型。计算用的材料参数和气象数据见表 4-7。

表 4-8 可见，路基是系统中最薄弱的部分，必须控制路基的竖向压应变。对第 7 类交通量的要求，满足超过 19×10⁶ 个当量标准轴次数，且路面结构的厚度应满足冻胀。

材料参数和气候数据　　　　　　　　　　表 4-7

材料	厚度(cm)	模量(MPa)(按季节变化)						泊松比
		冬季	冻胀	春融	春天	夏天	秋天	
混凝土	20.0	36000						0.2
沥青混凝土	20.0	11500	10000	9000	8500	2500	8000	0.4
粒料层	8.0	1000	150	300	450	450	450	0.35
粒料层	22.0	450	450	450	450	450	450	0.35
碎石块	85.0	1000	1000	70	85	100	100	0.35
土基		1000	1000	10	20	45	45	

各结构层允许轴载次数 表4-8

路面结构层	允许当量轴载作用次数
混凝土	2.65×10^{12}
沥青混凝土层	7.93×10^{8}
土基	2.28×10^{8}

累积损伤计算公式见式(4-2)。

$$\sum_{i=1}^{n} \frac{\alpha_i \times N_i}{N_{i,\text{allow}}} \leq 1 \qquad (4-2)$$

式中：α_i——损伤 i 发生的时间百分比；

N_i——与损伤 i 相对应的总荷载作用次数；

$N_{i,\text{allow}}$——与损伤 i 相对应的允许荷载作用次数。

(5)西班牙

1968年第一条水泥混凝土路面高速公路建成，板长为6m，采用25cm板厚混凝土板+15cm厚水泥稳定碎石基层+10cm厚水泥稳定砂垫层，采用氯丁橡胶嵌缝料。交通量每天单向大约5000辆货车，其AADT约为8万辆。该路段单向经过3000多万辆车辆作用，没有发生重大结构损坏。西班牙高速公路上的货车每天单向AADT从1000～5000辆不等。西班牙法定单轴轴重为130kN、双轴轴重为210kN。大约有4%的车轴重量超过了法定上限，有时候车轴的单轴荷载接近200kN，双后轴荷载接近300kN。

在路基较差的地区，需增加一层松散粒料。在没有铺设面内部排水系统的公路上，路面多出现唧泥和断板。西班牙常见混凝土板厚见表4-9。

西班牙典型混凝土板厚度(cm) 表4-9

初始年车辆数(每天每车道)(辆)	板 厚
>2000	26～30
<2000	23～27

西班牙常采用15cm厚贫混凝土基层。当路基CBR超过20%时，不需要粒料垫层。当路基CBR在10%～20%之间时，需要20cm厚的粒料垫层。当路基CBR小于10%时，土壤必须换填。

采用混凝土粗集料采用石灰石，具有较低收缩率和良好抗弯强度，且有利于锯缝。细集料中30%比例以上要求使用硅质颗粒。混凝土抗弯强度在28d必须大于或等于4.5MPa(跨中第三点加载)。当然也可以使用弯拉强度低于4.5MPa的混凝土，但必须增加板厚。混凝土面板中允许掺加38%粉煤灰，贫混凝土基层中允许掺加50%粉煤灰。铺面用干硬性混凝土的水灰比在0.44～0.50之间，坍落度在2～4cm之间；此外高效减水剂和增塑剂常用于干硬性混凝土。

贫混凝土或水泥稳定基层7d内的最低抗压强度必须达到8MPa；或者在90d内不低于12MPa。防止混凝土板上反射裂缝，基层顶面铺筑塑料隔离材料。

西班牙夏天高温，且相对湿度较低，因此有必要使用含有机树脂的养护剂。施工过程中普遍存在极端温度梯度，会产生很高翘曲应力。纵缝与横缝应同时锯切，所有的接缝都需要在混凝土浇筑当天进行切割。

1975年在西班牙北部修筑了一段CRCP,相应交通量ADT超过5000辆,两条车道宽7.5m。22cm厚混凝土板+16cm厚CTB+22cm厚底基层;纵向配筋率为0.85%,当CRCP的性能有把握时,设计厚度时可比JPCP减少4cm。

各种表面纹理处理技术已经在西班牙使用,如粗麻布或者拉毛。由刷子和梳子组合而成的纵向纹理实现了微观纹理和宏观纹理,其初始凹槽约为1.5mm深。新建设项目中,构造深度常为0.7~1mm。

碾压混凝土路面厚度在22~25cm之间,水泥土基层厚度为20cm。碾压混凝土基层每隔7~10m设置横缝,以减少反射裂缝。

(6)葡萄牙

葡萄牙的混凝土路面建造历史可以分为三个阶段:

1935—1945年,70km长交通繁忙路线是用混凝土路面。

1945—1965年,在军事基地上修建了一些混凝土路面。1965年,世界上第一条预应力路面在北约贝雅机场建成。

1965年起,葡萄牙混凝土路面设计寿命为30~40年。

葡萄牙素混凝土路面为23cm厚混凝土板+15cm厚CTB。目前CRCP结构设计为20cm厚混凝土板+15cm厚水泥稳定碎石基层,纵向钢筋配筋率为0.6%。

(7)意大利

1950—1975年,意大利建造了CRCP和无传力杆素混凝土路面。1950年修建的高速公路路面多为厚板20cm,接缝间距12m,大部分接缝情况良好,部分横向裂缝恶化。一些接缝处已用混凝土修补过。

在意大利的高速公路上,载货汽车通常占ADT的25%~30%。罗马附近的A1高速公路上最大单轴重为140kN,双后轴为290kN,三轴为300kN。

多功能复合路面设计中路面幅宽为12.8m,路面结构为4cm厚多孔沥青路面+22cm厚CRCP+20cm厚CTB+20cm厚松散碎石层。A1 CRCP项目中混凝土28d平均抗压强度为56.5MPa,28d平均抗弯拉强度为8.3MPa,水灰比为0.42。结构设计总寿命为40年。

(8)法国

法定单轴为130kN,双联轴为210kN。法国混凝土路面拓宽设计时,横断面上厚度设计采用不同厚度策略,如图4-4所示。在两车道7m宽板上,板厚度从26cm过渡到29cm。

图4-4 法国混凝土路面拓宽设计

法国开发了一种矩形扁钢高强度钢带(FLEXARM),减少了钢筋布置复杂性,使钢筋更容易运输。自 1988 年以来,这种技术已在法国几个主要高速公路项目中应用。这种碳钢具有 790MPa 高屈服强度,扁平矩形截面(40mm 宽,2mm 厚),波纹表面通过连续热镀锌防腐蚀处理,以圆盘方式供应,并现场通过快速气动铆接连接。

(9) 德国

路基上设有 20～90cm 松散粒料层以控制冻胀,并限制其细颗粒含量,以利于排水。路基顶部采用承载板荷载试验,其回弹模量应在 45MPa 以上,粒料基层顶面回弹模量大于 120MPa。

德国常见的路面断面结构和典型横向车道划分如图 4-5、图 4-6 所示。在修补时,引入多孔基层,以利于排水。

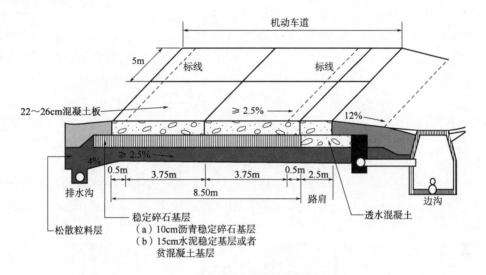

图 4-5 德国典型横断面设计

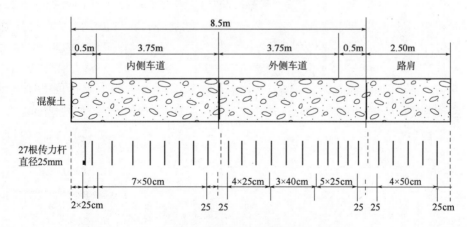

图 4-6 德国典型横向车道划分

德国新慕尼黑二号机场使用双层摊铺湿接工艺,同时摊铺 14cm 厚花岗岩碎石混凝土表层 + 22cm 厚砾石混凝土底层,形成一个经济的 36cm 厚整体混凝土结构层。

德国常见的路面结构如表 4-10 所示。

表4-10 德国高速公路典型路面结构(cm)

施工等级	SV		I			II			III			IV			V			VI		
	B																			
等效的10t轴(百万辆)	>32		10~32			3~10			0.8~3			0.3~0.8			0.1~0.3			≤0.1		
抗冻的上部结构厚度(cm)	55	65	75	85	55	65	75	85	55	65	75	85	45	55	65	75	35	45	55	65	35	45	55	65

防冻层或由对冰冻不敏感材料构成的层上的带水硬结合剂的承重层

行 1.1
- 混凝土路面
- 无纺织物
- 半刚性基层(HCT)
- —
- 防冻层

	SV	I	II	III
	27 / 15 / 42	25 / 15 / 40	24 / 15 / 39	23 / 15 / 38
	▼120 MPa / 45 MPa	▼120 MPa / 45 MPa	▼120 MPa / 45 MPa	▼120 MPa / 45 MPa

防冻层厚度: 43, 33 | 45, 35, 25 | 46, 36, 26 | 37, 27

行 1.2
- 混凝土路面
- 无纺织物
- 加固
- 由对冰冻不敏感材料构成的层
- 根据DIN18196规定宽分级或断线分级

	SV	I	II	III
	27 / 20 / 47	25 / 15 / 40	24 / 15 / 39	23 / 15 / 38
	▼45 MPa	▼45 MPa	▼45 MPa	▼45 MPa

由对冰冻不敏感材料构成的层厚(cm):
- SV: 38, 28, 18, 8
- I: 45, 35, 25, 15
- II: 46, 36, 26, 16
- III: 37, 27, 17, 7

续上表

行	施工等级		SV	Ⅰ	Ⅱ	Ⅲ	Ⅳ	Ⅴ	Ⅵ
	等效的10t轴(百万辆)	B	>32	10~32	3~10	0.8~3	0.3~0.8	0.1~0.3	≤0.1
	抗冻的上部结构厚度(cm)		85 75 65 55	85 75 65 55	85 75 65 55	75 65 55 45	75 65 55 45	65 55 45 35	65 55 45 35
1.3	混凝土路面 无纺织物 加固 由对冰冻不敏感材料构成的层 根据DIN18196规定窄分级		27 25 52 ▼45 MPa	25 20 45 ▼45 MPa	24 20 44 ▼45 MPa	23 20 43 ▼45 MPa			
	由对冰冻不敏感材料构成的层厚(cm)		3 13 23 33	10 20 30 40	11 21 31 41	2 12 22 32			
	防冻层上的沥青承重层(cm)								
2	混凝土路面 沥青承重层 防冻层		25 10 35 ▼120 MPa ▼45 MPa	24 10 34 ▼120 MPa ▼45 MPa	23 10 33 ▼120 MPa ▼45 MPa	22 10 32 ▼120 MPa ▼45 MPa	18 8 26 ▼120 MPa ▼45 MPa	16 8 24 ▼100 MPa ▼45 MPa	16 8 24 ▼100 MPa ▼45 MPa
	防冻层厚度(cm)		29 39 49	31 41 51	32 42 52	33 43	29 39 49	21 31 41	21 31 41

续上表

行	施工等级		B	SV	I	II	III	IV	V	VI
	等效的10t轴(百万辆)			>32	10~32	3~10	0.8~3	0.3~0.8	0.1~0.3	≤0.1
	抗冻的上部结构厚度(cm)		55	65 75 85	55 65 75 85	55 65 75 85	45 55 65 75	45 55 65 75	35 45 55 65	35 45 55 65
3	由对冰冻不敏感材料构成的层上的碎石承重层									
	混凝土路面			30	28	27	26			
	碎石承重层			30		30	30			
	由对冰冻不敏感材料构成的层			60 ▼45MPa	58 ▼45MPa	57 ▼45MPa	56 ▼45MPa			
				▼150MPa	▼150MPa	▼150MPa	▼150MPa			
	由对冰冻不敏感材料构成的自12cm起较薄的剩余厚度应该用位于其上面的材料进行补偿									
	防冻层厚									
4	混凝土路面							22	20	18
	防冻层							22 ▼45MPa	20 ▼45MPa	18 ▼45MPa
								▼120MPa	▼100MPa	▼100MPa
	防冻层厚度(cm)							33 43 53	25 35 45	27 37 47

注:土基顶面回弹模量要求大于45MPa;半刚性基层顶面回弹模量要求大于120MPa。

德国修补时典型路面结构如图 4-7 所示。

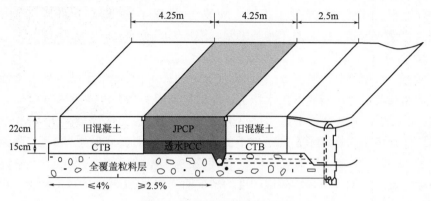

图 4-7　德国修补时典型路面结构

4.2　土基及底基层

4.2.1　土基

1) 土基的水稳定性

路基湿度的变化将直接影响到其强度、变形和稳定等力学性能，从而决定着整个路基路面结构体系的使用性能。因此，国内外通过室内试验研究，对路基土在不同含水率下的力学指标进行对比分析，以评定路基土的水稳定性能。研究表明，对路基水稳定性能影响较为显著的因素主要包括含水率、土质类型与击实功等 3 个方面。

（1）含水率

路基土壤在施工碾压完成后，含水率通常介于最佳含水率（OMC）±2% 范围内，属于不饱和状态。而在道路运营期间，由于地表雨水的入渗、边坡的渗流、地下水位的升降、地表水蒸发与植物吸收等，造成路基土壤含水率发生变化，并于 3~5 年后趋于稳定，而达到平衡含水率（EMC）。在美国 LTPP 试验路中，安排了季节性观测路段，研究温度、含水率及冻融等环境因素的季节性变化对路面各材料参数的影响。

Thadkamalla 等人通过对 LTPP 中 137 处运营中道路的路基土壤（78 处为砂性土，59 处为黏性土）进行湿度状况调查，黏性路基土的含水率均高于最佳含水率，且主要分布于最佳含水率 +7% 的范围内，其实际分布情况如图 4-8 所示。路基在施工碾压完成至铺设路面期间，路基含水率会呈现增加的趋势，且变化范围会随着时间的增加而减小，差异较大，但路基湿度季节性波动幅度均较小，一般波动范围仅为 2% 左右。

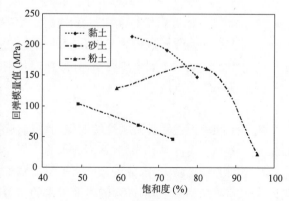

图 4-8　路基土回弹模量随含水率变化图

对不同类型路基土在不同含水率下进行回弹模量试验测试,由结果可知无论何种路基土,随着含水率的变化,其模量值均发生了较大的波动,见图4-8。国内外路基土室内外试验结果,均表明含水率或饱和度因素对于路基土回弹模量影响显著。

(2) 土质类型

不同类型的土,由于其矿物组成、颗粒级配等参数的不同,导致湿度对其力学性能的影响也不同,因此土质类型是决定路基土水稳定性能的重要因素之一。

不同性质土的回弹模量对于饱和度变化表现出不同的变化趋势。表4-11中A-7-6与A-7-5土在最佳含水率与最大干密度条件下的模量值最大,且其水敏感性最强,随饱和度增加降低速率最快。A-4与A-6土的模量值较低,但随含水率的增加,其模量值下降速率相对较慢。因此认为,路基土回弹模量均随饱和度的增加而降低,只是降低的程度随土质类型的不同而有所区别。

回弹模量相对于饱和度的变化　　　　表4-11

土的工程分类		回弹模量梯度	土的工程分类		回弹模量梯度
AASHTO	USCS	(dM_R/dS)	AASHTO	USCS	(dM_R/dS)
A-4	CL	-390	A-7-5	CH	-810
A-4	CL	-280	A-7-5	MH	-1540
A-4	ML	-260	A-7-6	CH	-1780
A-6	CL	-390	A-7-6	CL	-2390
A-6	CL	-330	A-7-6	CH	-1560
A-6	CL	-470			

Drumm等以最佳含水率状态下的回弹模量为参考值,研究不同类型土湿度变化对其回弹模量的影响,建立如式(4-3)所示的模量调整模型。

$$M_{R(wet)} = M_{R(opt)} + \frac{dM_R}{dS} \times \Delta S \tag{4-3}$$

式中:$M_{R(wet)}$——压实后湿化土的回弹模量(MPa);

$M_{R(opt)}$——最佳含水率、最大干密度下回弹模量(MPa);

ΔS——压实土饱和度的变化(以小数计);

dM_R/dS——回弹模量与饱和度变化曲线的斜率,如表4-11所示。

不同土类的回弹模量相对于饱和度的变化梯度变化较大,即dM_R/dS反映了不同类型路基土的水稳定性能。不同土质类型,其回弹模量的变化梯度差异很大。土质类型是影响路基土水稳定性能的关键因素之一。

(3) 击实功

路基土的水稳性随其密实度的增加而增加,膨胀性小的黏性土,在最佳含水率下,碾压到95%及以上的压实度时,实际上是不透水的。而含水率的增加则会降低其内部抗力,减小颗粒与颗粒之间的滑动阻力,水分浸入压实不足的路堤,会使路堤发生沉陷。沉陷发生的速度与水进入土中的速度相同,而水进入的速度与土的渗透能力相关。压实到稳定密实度的土,受到水作用时,稳定密实度不变,这种情况下土的水稳定性好。

压实度与土的类型无关,只与荷载大小有关,土所受的压力愈大,土的稳定密实度也愈大。因此,避免土在饱水时产生过大变形,路面结构上作用的荷载水平愈大,土的压实度就应愈高。

对于细粒土,当土样含水率大于最佳含水率时,其模量随含水率的增大而迅速减小;当含水率小于最佳含水率时,模量随水率增大而减小,但趋势稍缓。随着压实度的增大,模量值有所提高。对于粗粒土,模量与含水率之间存在类似线性关系,模量随含水率的增大而减小;压实度对于模量的影响也较细粒土小。击实功对于路基土水稳定性具有较为显著的影响。

含水率、土质类型与击实功等多个因素影响着室内路基土回弹模量值,更影响着运营期间道路结构回弹模量,即上述因素影响着路基的水稳定性能。因此,需明确水稳定性评价指标,进而确定路基水稳定性能评价标准,上述路基水稳定性能指标与标准对于水泥混凝土路基性能具有重要意义。

2)均匀性

混凝土板底压应力很低,一般在20~60kPa,板厚对地基反应模量不敏感,但对均匀性极为敏感。

(1)实测路面结构湿度变化规律

在云南曲靖试验路水泥混凝土铺面不同深度处埋设湿度传感器,监测路面体系内湿度场随时间(季节)变化规律。图4-9为湿度传感器布设位置示意图。

图4-10为不同月份实测的路面结构内相对湿度变化曲线。从图4-9中可见级配碎石中含水率波动较大。在2013年冬季,可能的一次降水,使得混凝土顶面湿度增大,同时降水顺着混凝土板接缝渗入级配碎石中,导致级配碎石湿度增大。在接下来的三个月中,曲靖处于旱季,混凝土板顶面的湿度降低到40%,板底湿度降低到53%。

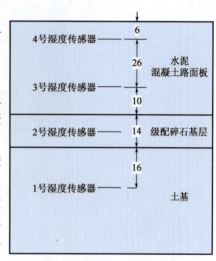

图4-9 湿度传感器布设位置示意图
(尺寸单位:cm)

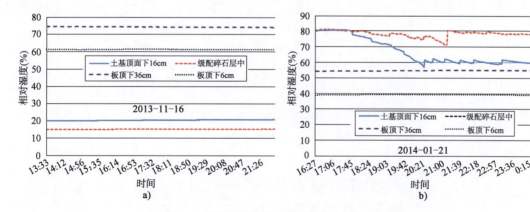

图4-10 实测路面结构不同深度处相对湿度变化规律

由图4-10b)可见,随着周边地下水位的逐渐上升,首先是土基中湿度增大,接着水分往上迁移,级配碎石中部的湿度在增大,接近80%。由此可见,重视土基排水,使得土基始终处在干燥状态非常重要。

（2）粒料层顶面回弹模量

采用手持式FWD试验得到基层顶面模量,左侧为路肩,右侧为行车道。靠近路肩一侧,碾压不充分,模量值较低,模量不均匀性非常明显。基层顶面回弹模量如图4-11所示。

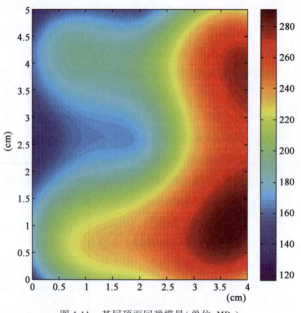

图4-11　基层顶面回弹模量(单位:MPa)

（3）土基顶面回弹均匀性

选取新的路基,用手持式FWD进行网格化测试。分别测试石灰土路基、砂性土路基和碎石土路基,其结果如图4-12～图4-15所示。可见砂性土的回弹模量高,且变异小,这主要得益于砂性土的水稳定性也优于其他类土。

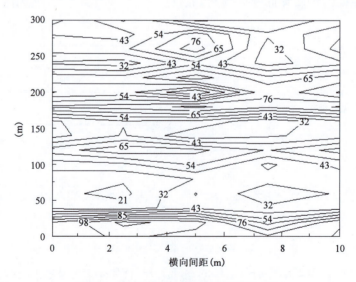

图4-12　石灰土路基回弹模量分布(单位:MPa)

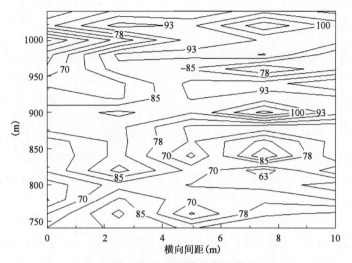

图 4-13 砂性土路基的回弹模量分布(单位:MPa)

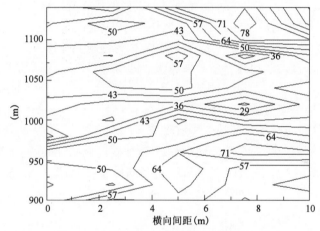

图 4-14 碎石土路基回弹模量分布(单位:MPa)

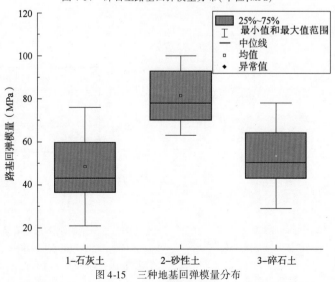

图 4-15 三种地基回弹模量分布

4.2.2 底基层或缓冲粒料层

碎石和砂性土是常见的散体材料。水泥混凝土路面底基层填料的要求在AASHTO中通过0.075mm的通过率不超过15%,塑性指数不大于6%,液限小于25%,洛杉矶磨耗小于50%,渗透系数45m/d。

利用松散理论来研究碎石散体材料对变形的缓冲调节能力。采用单漏斗实体模型,如图4-16所示,其底部开有放料漏斗口Ⅰ,在漏斗口下部安装有启闭闸门;侧壁为玻璃,以便观测碎石移动状态。放集料前,首先向模型内装填颗粒均匀的松散碎石,每隔一定高度铺设一层水平彩色标志带Ⅱ。当装填到$A—A'$水平后,停止装料,改装其他颜色松散集料,和前面一样每隔一定高度铺放标志带。待模型装好以后,打开漏斗闸门进行放料,放料时发现:不是所有的集料都运动,仅仅是位于漏斗口上部的一部分碎石进入运动状态。随着放料,这些彩色带对称漏斗轴线ox不断向下弯曲(下降),但距漏斗口越高,弯曲(下降)越不明显。当其中$A—A'$水平和轴线交点上的颗粒到达漏斗口,此时即表示碎石已经放完。大量观察证明,此时放出的矿石总体积在原来模型内所占的空间位置为一个近似的旋转椭球体,称为放出椭球体1;AOA'曲线所包络的漏斗形状称为放出漏斗2;$A—A'$水平层以上各下凹漏斗称为移动漏斗3;将各水平带移动边界连接起来所形成的又一旋转椭球体,称为松动椭球体4。

随着放料的进行,投入运动的碎石越来越多。随着碎石高度的增加,投入运动的碎石的下移轨迹越来越短,直至趋近于零,此时出现了闭合的松动体。在闭合松动体上部的碎石没有出现变形的趋势,因此这个模型试验证明了碎石散体材料对下部变形的缓冲调节功能。

王大鹏验证了碎石层对其下部的差异沉降变形的调节能力,设计试验箱见图4-17,1为试验箱体,试验箱的两侧由透明的有机玻璃制成;2为细砂填充物,细砂应干燥,填充高度大于竖向抽屉的高度;3为箱体支座;4为可上下活动的竖向抽屉;5为漏砂孔,置于抽屉底部;6为千斤顶。

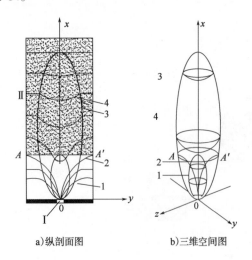

图4-16 单漏斗实体放料模型
Ⅰ-放料漏斗口;1-放出椭球体;2-放出漏斗;3-移动漏斗;4-松动椭球体

a)纵剖面图 b)三维空间图

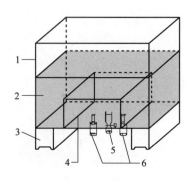

图4-17 碎石层缓冲差异沉降模拟试验箱结构图
1-试验箱体;2-细砂填充物;3-箱体支座;4-可上下活动的竖向抽屉;5-漏砂孔;6-千斤顶

试验选用了 8 种碎石,分别测试不同粒径、不同颗粒形状碎石层的沉降调节效果。各材料的主要物理性能见表 4-12 所示。

模拟试验材料主要物理性能及试验设计　　　　　　　　　　　表 4-12

序　号	粒径(mm)	颗粒形状	表观密度(kg/m³)	内摩擦角(°)	填充高度(cm)
1	5～10	碎石	2733	39.94	50
2	10～20	碎石	2731	43.16	50
3	10～30	碎石	2731	44.19	50
4	20～40	碎石	2727	45.94	50
5	40～60	碎石	2729	46.63	50
6	10～20	卵石	2627	39.96	50
7	20～40	卵石	2633	42.38	50
8	40～60	卵石	2631	43.63	50

模拟试验实施前,首先用上置式平板振动器对试验箱体内的细砂压实、捣平,以保证细砂在上覆碎石后没有残余变形,并用直尺称量细砂的高度。然后将待验证的碎石(涂有不同颜色)分层填充于细砂上。再次使用上置式平板振动器对碎石层进行振动压实,并控制碎石的压实度。

当下撤千斤顶并使竖向抽屉下降后,碎石层底部出现了较明显的沉降曲线,且沉降曲线上的碎石层也同时投入了运动。由于碎石层是散粒体材料,所以在运动过程中发生松散,空隙率变大,随着参与运动的碎石增多,其松散后释放的体积也逐渐增大,这些增加的体积弥补了下部差异沉降体积损失。碎石层由下到上的变化均逐渐减小,沉降曲线的曲率越来越大,说明碎石层逐渐缓冲了下部较大的差异沉降曲面。碎石层在下部出现差异沉降时具有很好的缓冲调节效果,如图 4-18 所示。

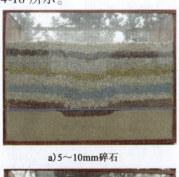
a) 5～10mm 碎石

b) 10～20mm 碎石

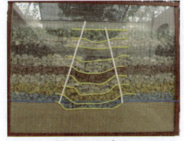
c) 10～30mm 碎石

d) 20～40mm 碎石

图 4-18　松散碎石缓冲试验

碎石层缓冲差异沉降的能力主要是由于碎石散粒体材料的逐渐松散。散体体积比原体积增大的性质称为散体的松散性,并将散体破碎产生的碎胀称为一次松散,将压实的散体松散后产生的体积增大称为二次松散。碎石层缓冲差异沉降是由碎石的二次松散产生。二次松散系数如式(4-4)所示。

$$K_e = \frac{V_c - V_e}{V_e} + 1 = \frac{V_c}{V_e} \tag{4-4}$$

式中:K_e——某初始压实状态下的散体二次松散系数;

V_e——某初始压实状态散体体积(m^3);

V_c——二次松散至极限松散状态后散体体积(m^3)。

当初始压实状态越密实时,V_e越小,K_e越大。当K_e越大时,碎石松散后增加的体积越大。因此,在碎石层底部出现相同沉降时,K_e越大,碎石参与运动的量越多,碎石层底面沉降量相同时所需的碎石层厚度也越薄,碎石层对差异沉降的缓冲效果越好。

散体的二次松散系数与初始压实状态有关,初始压实状态不同,二次松散系数也不同。压实越密实,松散后相对增加的体积越大,对变形的调节能力也越好。因此,应最大限度地发挥碎石的差异变形调节功能,保证各粒径的碎石在施工后具有最佳的夯实性能。夯实性能与碎石的材质、颗粒级配、颗粒形状有关。

填充散粒体之间全部或局部空隙的水可以是结合水、自由水或气态水。结合水是从周围空气中吸收来的,并靠着分子吸引力以薄膜形式附着在散粒体颗粒的表面。散粒体内所含自由水的数量与它所受到的压力有关。气态水或说是水蒸气是在散粒体的空隙中形成的,即使在自由水极少时也会充满空隙。

图4-19为碎石含水率与内摩擦角的关系。随着含水率的增加,内摩擦角呈下降趋势。当含水率为零时,颗粒之间的摩擦表现为干摩擦;稍增加含水率后,颗粒表面形成一层水膜,在散体颗粒之间起到润滑作用,引起内摩擦力的降低,继续增大含水率,水分润滑作用引起的内摩擦力降低趋于极值。

不同含水率下不同粒径碎石二次松散系数,如图4-20所示。含水率对碎石的二次松散系数影响明显,碎石在最干状态时具有最大的二次松散系数。随着含水率的增大,各粒径碎石的二次松散系数均出现下降,随着含水率的进一步增大,二次松散系数趋于定值。

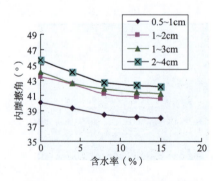

图4-19 碎石含水率与内摩擦角的关系

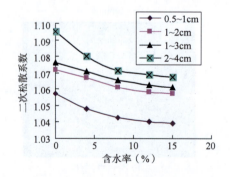

图4-20 碎石含水率与二次松散系数的关系

碎石基层在使用过程中,其空隙还可能被小颗粒或上部结构冲刷下来的泥土填充并发生泥化,此时外部因素不仅会填满碎石间的空隙,严重的还会把颗粒完全隔开,使散粒体的骨架结构遭到破坏。在使用二次松散系数测试箱测试泥化后的碎石时发现,随着泥化程度的加剧,碎石在下落过程中逐渐出现成团黏结滞后下落现象,二次松散性能并不明显,可见泥化对碎石的二次松散造成了很大的影响。因此,碎石基层在使用中应尽量避免土、水分进入碎石内部,或者设计足够厚的碎石层。

4.3 基层的结构性能

20世纪中期,随着交通轴载和车速的不断提高,水泥混凝土铺面结构开始增加基层,在路面结构方面上其主要功能如下。

(1)支承路面板

具备一定强度,能为面板提供均匀连续支承受力条件,能提高路面结构的总体承载能力,延长路面使用寿命。减小路基(土基)顶面的压应力,减小地基的不均匀变形,缓和路基不均匀变形对面层的影响。

(2)防唧泥

混凝土板如直接放在路基上,会造成路基土塑性变形过大,铺设基层可减轻以至消除唧泥,但未经处治的砂砾基层,细料含量和塑性指数不能太高,否则仍会产生唧泥。

(3)防冰冻

在季节性冰冻地区,用对冰冻不敏感的粒状多孔材料铺筑基层,可以减小路基的冰冻深度,从而减轻冰冻的危害作用。

(4)防水

在湿软土基上,铺筑开级配粒料基层可排除路表渗入水及隔断地下毛细水。

水泥混凝土铺面面板长期保持耐久性的前提是需要一个均匀、连续、稳定的基础;基层的长期性能是影响水泥混凝土铺面长期性能的主要因素,良好的基层是保证水泥混凝土铺面正常运营的前提。基层随荷载和环境(水、温度)因素作用下其性能是衰变的,当其不能实现上述功能时,路面受力条件发生改变,失去稳定支承,路面结构与功能状况大受影响。

实际上路面在长期使用后,往往出现错台、脱空等对其功能严重影响的病害。脱空、错台的原因往往是多方面的,错台脱空主要来自与面板直接相连的基层以及层间部分,对路面板受力极为不利,往往路面断板、开裂现象十分突出。因此,基层状况是影响路面使用性能的最重要的因素。基层因较强的干缩、温缩特性及其对重载交通的敏感性,在强度形成及使用过程中,因温度变化产生温度收缩裂缝和因含水率变化而产生干缩裂缝,将不可避免地首先在基层顶部的薄弱处产生一定量的横向收缩裂缝。随着温度周期变化次数的增加,基层表面裂缝量会逐渐增加,原有裂缝进一步向基层内部扩展及在裂缝处产生脱空等病害。

在早期高速公路水泥混凝土铺面结构设计中对基层长期冲刷考虑不足,采用二灰稳定碎石或石灰稳定粒料基层,早期强度低且细颗粒成分较多,在多雨地区很容易在初期形成板角部位的冲刷溶蚀,形成板底松散脱空现象。而如果基层材料耐冲刷性差、黏结性能不满足层间长期保持连续的要求,那么就会出现板角部位层间脱空的情况,脱空的出现又使得板底冲刷不断恶化（脱空越严重冲刷越严重），促使脱空发展加速，脱空范围进一步扩展。板底脱空后造成面板受力不均，板边角受力状况发生根本改变，造成过早断板的情况。

2002年版公路水泥混凝土路面设计规范颁布后，基层在水泥混凝土铺面结构中的作用逐渐被重视起来，对基层抗冲刷能力有了一定的要求；实际工程中普遍采用了抗冲刷能力较强的水泥稳定碎石基层或者刚性的贫混凝土基层。但设计中对基层考虑仍显不足，只是考虑了基层强度的要求，对基层与面层相互作用以及层间结合协调变形考虑不足。当基层的强度、厚度增加过大以后又出现了新问题：刚度过大的基层造成面板边角温度翘曲变形被约束，面板温度翘曲应力增加。

无论是属于半刚性基层的二灰稳定碎石基层，还是偏刚性的水泥稳定碎石基层或贫混凝土基层，均不能同时满足上述要求。理想的基层应该具备一定的强度、抗裂性、抗冲刷性、具备协调变形的能力，能与面板保持连续接触，并且在长期环境影响下要求其材料性质稳定、物理力学性能变化不明显。保证水泥混凝土铺面长期耐久性要求的基层，应设置基层功能层要求。

4.3.1 基层耐冲刷性能

在水泥混凝土路面设计中，以板的横向疲劳断裂作为路面临界损坏状态，然而在特重车较多的运煤线路上，混凝土面板的断裂破坏，常以角隅断裂、横向和斜向断裂为主，即使出现纵向断裂，也多由地基不均匀沉陷引起。不少横向裂缝是由于施工期间或使用初期干缩引起的细小裂纹发展而来，而其他横向裂缝和斜向裂缝以及角隅裂缝，多是由于基层受到水的侵蚀而引起板地脱空。对于刚刚形成唧泥的板来说，开始在缝边及板边缘的局部范围内，随着唧泥的进一步发展，范围会贯通整个板底。

造成水泥混凝土路面基层侵蚀的原因主要可分为以下几个方面。

（1）由于现场浇筑混凝土的水泥浆下渗，使得板与基层之间具有一定的抗剪能力，但受温度的影响，板在反反复复的伸缩作用下，使得水平抗剪能力下降；同时，板内温度的非线性分布，引起板向上或向下的翘曲，加速板与基层之间的分离；再加之车轮荷载的重复作用，使得板底基层发生了微小的塑性变形，于是水泥混凝土路面板底与基层之间出现微小的空隙，即原始脱空区。在自然环境下，正是由于纵缝、横缝的存在，水的入侵是不可避免的。在重载车辆作用下，移动的车轮使得后板回弹时（图4-21）形成真空，这种负压进一步将水泵入业已形成的原始空隙中，随着混凝土板下水的累积，基层材料趋向于自由水饱和状态，并开始表现为少量的冒水现象；在重型车频繁的作用下，移动荷载引起的动水压力，使得某些未经处治的细粒料和连接较弱的胶结料受到冲刷，并随着水的被挤出而被带出，这些悬浮的液体就形成唧泥现象。

（2）重型车辆的频繁通过，尤其是多轴重车的大量出现。只有在重型车荷载作用下，才能在板角产生较大挠度。同时对于双轴-双轮组的车辆而言，虽然其在临界荷位产生的应力要小于相对应的单轴-双轮组，但在板角上产生的挠度要比单轴-双轮组大30%~40%。过大的板角挠度

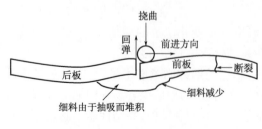

图4-21 水泥混凝土路面唧泥产生机理

会引起横缝张开过大、雨水下渗,才有可能产生唧泥。

(3)脱空对传荷能力也有一定的影响。反过来传荷能力的降低,也促使板角挠度增加。当接缝状况良好,仅受荷一侧脱空时,随脱空尺寸的变大,传荷能力变化不大;而当接缝传荷能力较差时,传荷能力随脱空尺寸的变大而降低,相应挠度也在增加。

(4)基层材料易受冲刷。当且仅当基层材料易于冲刷时,自由水在重车的作用下才能带走细集料,从而产生脱空。

面对承受重载的水泥混凝土路面,其破坏往往是由于基层被冲刷而导致的提前破坏,而不是原来预计的临界破坏形式,所以在设计承受重载的水泥混凝土路面时,首要的问题是如何防止基层冲刷,而后才是综合考虑温度、荷载的疲劳作用。

车轮荷载会使得自由水形成较高动水压力来冲刷基层材料,从而引起路面出现冲刷破坏。基层材料的耐冲刷能力,目前尚无统一的试验方法和评定方法和评定指标。

对于半刚性基层材料的抗冲刷性能试验研究,国外主要有法国和澳大利亚两国对冲刷试验方法有过报道。法国主要采用旋转刷(图4-22)和振动台(图4-23)进行冲刷试验,澳大利亚采用的也是振动台(图4-24),试验装置与法国的基本相同,只是试件尺寸、振动频率等试验条件的规定不同。

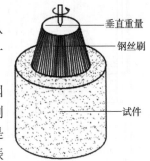

图4-22 法国旋转刷试验装置

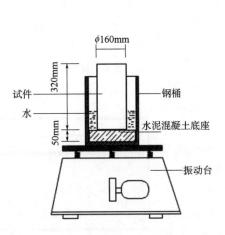

图4-23 法国振动台试验装置

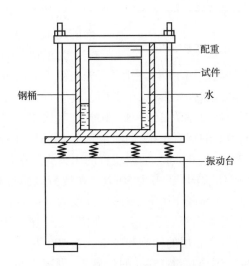

图4-24 澳大利亚振动台试验装置

旋转刷是较早用于道路基层材料抗冲刷性能试验的试验装置,它依靠旋转着的钢丝刷对试件的表面进行磨刷作用,并通过不同试件被钢丝刷刷下量的多少来衡量它们抗冲刷能力的强弱。这种试验方法或许在一定程度上类似于机械磨损现象进行了模拟,但在整个试验中没有涉及水。这种试验方法如果用来评价半刚性基层表面的耐磨性能似乎更恰当一些,但用它来评价半刚性基层材料的抗冲刷能力有待更进一步探讨。实际上,基层材料在道路面层下受到水流的冲刷作用过程中,不但有类似于机械运动中的磨损现象,而且更重要的是当水渗入基层材料的微小孔隙后,会使基层变软并在材料内部起到一些复杂的界面物理—化学作用,例如,使一些易溶于水的胶结物质分解,从而降低了材料中颗粒之间的联结能力。另外,自由水充满基层材料表层的结构孔隙后,道路面层在行车荷载作用下产生的"泵吸作用"会将材料中的细颗粒带走。这些因素在旋转刷试验中都没有被考虑,因此,这种试验方法有待进一步完善。

振动台冲刷试验装置主要由振动台、钢桶两大部分组成,澳大利亚的振动台试验装置在试件上面设有一配重,目的是增加冲击力。振动台与旋转刷冲刷试验装置相比,在模拟的机理上合理些,试验过程中有水的参与,同时还模拟了道路在行车荷载作用下产生冲刷时的"泵吸作用"。

国内已涌现许多关于道路基层材料的试验冲刷机。到目前为止,国内用于道路基层材料冲刷试验的装置主要有:振动台、试验机冲刷试验装置(图4-25)、沥青路面基层冲刷作用模拟试验机数据采集系统等。目前主要的问题是,对试件的测试没有能模拟结构中半刚性基层的冲刷;在试验过程中,侧面松散颗粒容易脱落,这些颗粒也算在冲刷量中,最终导致结果偏大。

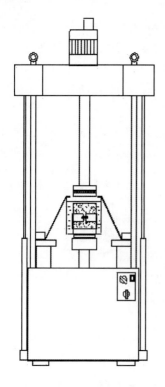

图4-25 试验机冲刷试验装置

试件在冲刷过程中始终存在的问题是:不能获知试件表面的动水压力,进而模拟的冲刷仅限定在试件之间的横向比较。为模拟车辆经过接缝且接缝处有自由水时的冲刷,特设计一大铁箱。箱子四周密闭,首先在箱子中铺40cm的碎石层,用于模拟土基(图4-26)。防止碎石层局部剪切变形,用土工布包裹碎石层。碎石层之上为20cm的半刚性基层,半刚性基层的水泥剂量分别为3%、7%、10%。基层之上直接放置两块事先成型好的混凝土板,两块混凝土板的尺寸分别为70cm×70cm、70cm×100cm。加载装置的压头放置在长板一侧,作用频率为5Hz,作用压力为50kN。在疲劳试验过程,加水至基层顶面。在荷载作用下,水溅起高度为1~2cm。每隔100万次,抬起混凝土板观测基层冲刷情况,可能由于动水压力太小,没有看到基层的冲刷和脱空。在200万次疲劳试验之后,在长板一侧离接缝15cm的位置上,混凝土板和基层之间垫5mm厚宽10cm的橡胶条。再次加载后,水溅起的高度达到4~5cm高。每隔一定次数,抽取铁箱中的液体进行络合滴定(EDTA)测定,由图4-27可见,在经过600万次后,3%剂量半刚性基层对应的消耗量为16,而7%和10%的消耗量在700万次后为6左右。每个水泥剂量在试验过程中始终没有进行换水,当试验停止后,碎石层上富集了一层白色析出物。在进行了600万次试验后,仍旧没有见到基层的冲刷和脱空。

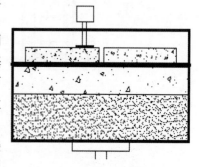

图4-26 基层动态冲刷示意图

在加载装置上固定轮胎,水面高过基层顶面1cm,通过局部断面形成高速水流,进而产生动水压力进一步模拟出30kPa的动水压力。给轮胎施加50kN的荷载,加载速度为5Hz。

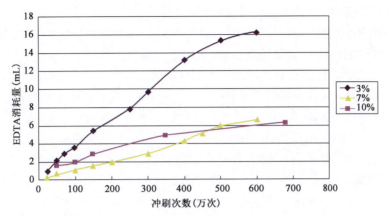

图 4-27　不同剂量不同冲刷次数对应的溶液 EDTA

成型 3%、7%、10% 的半刚性基层试块,中间掏出一个圆环,圆环上放置木质活塞,通过木质活塞和圆环边缘的缝隙变化产生动水压力(图 4-28)。采用动态微压变送器(图 4-29)测得缝隙的动水压力,如图 4-30 所示,水压力在 20kPa 以内。

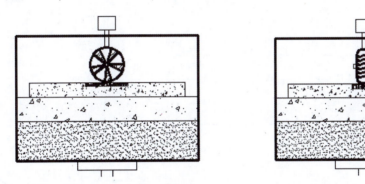

图 4-28　轮胎动态加载方式下冲刷模拟示意图

图 4-29　动态微压变送器

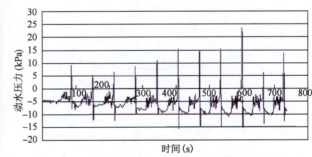

图 4-30　实测动水压力图

Van Wijk 将常见基层材料的类型和结合料含量,按耐冲刷能力划分为 5 级。

1 级(极耐冲刷的材料),如贫混凝土(水泥含量 7% 或 8%),沥青混凝土(沥青含量 6%以上)。

2级(耐冲刷的材料),如厂拌5%水泥稳定粒料。

3级(较耐冲刷的材料),如厂拌3.5%水泥稳定粒料,3%沥青稳定粒料,二灰碎石。

4级(较易冲刷的材料),如现场拌2.5%水泥稳定粒料。

5级(宜冲刷的材料),如带有大量细粒土的材料。

不同水泥剂量和不同养护条件下半刚性基层的冲刷情况,选择对试件进行7d、28d以及90d养护,然后进行振动冲刷试验。分别对水泥剂量为3%、5%、7%、10%的水泥稳定碎石试件进行冲刷试验。冲刷作用力为0.5MPa,作用频率为10Hz。以5min作为一个时段进行冲刷,(冲刷次数3000次)共做满6个时段(总冲刷次数18000次),测定试件的每个时段的冲刷量。t时段的冲刷量$W(g/min)$为该时段的冲刷物质量$G(g)$与该时段时间$t(min)$的比值。

采用42.5复合硅酸盐水泥,石灰岩碎石,由两档料合成。半刚性基层级配计算见表4-13,冲刷试验结果见图4-31和图4-32。

水泥稳定碎石级配通过百分率 表4-13

材料组成		筛孔尺寸(mm)						
		31.5	26.5	19	9.5	4.75	2.36	0.6	0.075
原材料级配	9.5~31.5	100	100	71	13	1	0	0	0
	0~4.75	100	100	100	100	84.3	57.3	29.1	12.4
混合料中占比	9.5~31.5(55%)	55	55	39.1	7.15	0.55	0	0	0
	0~4.75(45%)	45	45	45	45	37.9	25.8	13.1	5.6
合成级配		100	100	84.1	52.2	38.5	25.8	13.1	5.6

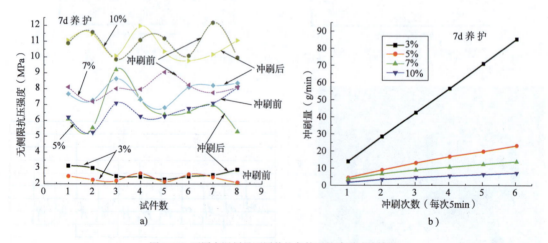

图4-31 不同水泥剂量不同养护条件下的冲刷试验结果

分别对水泥剂量为3%、5%、7%、10%的水泥稳定碎石进行重型击实试验,确定各水泥剂量下的最佳含水率和最大干密度。

7d养护后的试件冲刷质量损失最大,其次是养护28d的试件,最低的90d养护期试件。在同一个养护期内,3%剂量水泥的冲刷质量损失最大,此时如果作为上基层而言,耐冲刷性能极差。

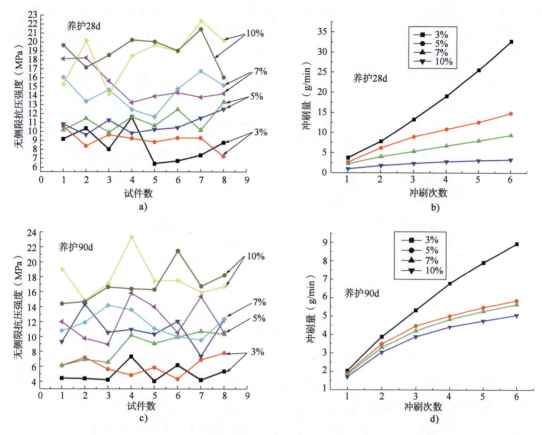

图 4-32　不同水泥剂量不同养护条件下的冲刷试验

在经过较长期的养护后,试件冲刷前的平均抗压强度一般要大于试件冲刷后的平均抗压强度,这说明冲刷破坏后,基层的承载力有一定程度的下降。

冲刷过程中可以通过测定 Ca^{2+} 的浓度间接说明基层材料间黏结料的流失。试验时对每个试件以 5min 为一个时段,每个时段结束后测定 Ca^{2+} 的浓度(图 4-33),并在进行下一时段冲刷试验时重新换入新水。

3%时每增加 3000 次冲刷仍接近 180mg/L 的钙离子析出,而 7%、10%的试件对应的析出量逐渐减小。这间接说明在低剂量时,更容易析出。当剂量增加到 7%以上时,析出增量基本接近。

4.3.2　混凝土板和基层的层间结合状态

混凝土板现浇在基层上,那么混凝土板和基层在初期可视为黏结成一体。有时为提高基层的防冲刷能力,在基层顶面设置乳化沥青封层或者热沥青封层,则混凝土板和基层间可视为处于结合与滑动的中间地带。随着混凝土板的服役期增长,混凝土板在升温降温的作用下会水平向伸长或者缩短;在日温度变化情况下,混凝土板会在垂直方向翘曲。面板在行车荷载作用下,面板与基层共同承受荷载,而板边由于雨水的侵入,在行车荷载反复作用下可能会引起面板的脱空。影响面板与基层接触状况因素中,温度变化是主要因素。混凝土材料具有不可塑性,当温度发生变化时产生明显体积变化,路面将由此产生膨胀和收缩变形。日温差引起翘曲变形,导致面板的翘曲和拱起;季节性温差引起板的胀缩变形,导致面板在基层上滑动,基层对面板产生约束剪应力。

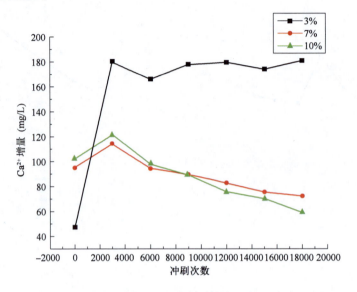

图4-33　不同水泥剂量条件下不同冲刷次数对应的溶液钙离子浓度

水泥混凝土面板在基层界面滑动的摩擦系数是研究面板温度应力、面板滑动区与固定区长度、接缝、间距、板端推移量及路面纵向失稳的重要参数。

由于面板与基层接触状况复杂多变,基层材料组成与用量的不同和温度变化的差异性,导致面板与基层之间的摩擦力比单纯滑动摩擦力复杂得多。在路面力学分析时,通常假设面板与基层接触在垂直方向紧密结合,在水平方向为完全连续或完全滑动状态。

水泥混凝土面层与基层之间的界面是一个很复杂的结构薄层,或叫作结构的过渡区。当在基层以上浇筑面层时,水泥浆便可渗入基层内部一定深度范围内孔隙中。渗入的水泥浆和基层中露出的集料及水泥石形成既不同于基层也不同于面层弱结合面。在车辆荷载和环境因素的作用下极易发生破坏,从而影响路面受力状况和可靠性。作为一个薄弱的界面层,它的力学特性主要表现在抗剪强度上。室内用直剪试验进行分析,来确定它的黏结力和摩擦阻力,可由莫尔—库仑理论描述。

$$\tau = c + \sigma\tan\varphi \tag{4-5}$$

式中:τ——界面的剪应力;
　　　σ——正应力;
　　　c——基层与面层间的黏结力;
　　　φ——界面的内摩擦角。

从莫尔-库仑理论公式可知,剪应力由黏聚力和摩擦阻力两部分组成。黏聚力反映了层间黏结力的大小,它是由混凝土中水化物的胶结作用而产生,在数值上等于直剪试验 τ-σ 曲线上垂直应力为零时的剪切力。

面板与基层接触界面破坏前后,界面工作状态大不相同。在界面接触破坏前,面板需要克服相当大的阻力才能移动。而在接触界面破坏后,面板只需克服很小的阻力就能移动。两阶段过程形成机理如下。

第一阶段,面板与基层接触界面破坏之前,其工作状态为:
①克服纯黏结力阶段,没有轴向位移产生。
②克服嵌挤摩擦力阶段,有轴向位移产生,位移随推力增大而增大。
③当面板与基层接触界面完全破坏后,推力急剧下降,轴向位移急剧增大,推力下降到一定值后,才能平衡。

第二阶段,面板与基层接触破坏之后,黏结力不复存在,重新加载,其工作状态为:
①克服静摩擦力阶段,此时没有轴向位移产生。
②克服嵌挤摩擦力阶段,有轴向位移产生。
③克服滑动摩擦力阶段,此时面板完全滑动。

黏结系数可以分为黏结系数 μ_n、静摩擦系数 μ_0、滑动摩擦系数 μ_1 三种。而黏结系数:对应于第一阶段克服纯黏结力过程推力与板自重之比,此时没有轴向位移产生。静摩擦系数:对应于第二阶段克服静摩擦力过程推力与板自重之比,此时没有轴向位移产生。滑动摩擦系数:对应于第二阶段面板完全滑动时推力与板自重之比,此时推力不随位移增大而增大。

基层和面板之间的摩阻力由下式描述:

$$\mu = \frac{F}{N} \tag{4-6}$$

式中:μ——摩阻力系数;
F——水平推力;
N——混凝土板的重量。

顶推试验是通过对修筑在基层上的混凝土铺面板施加水平作用力,并记录作用力及路面板在该力作用下的移动情况,从而建立起层间摩阻力与路面板水平位移之间的关系。

准确模拟水泥混凝土铺面板与基层在环境温度、湿度变化作用下发生相对运动的实际受力状况,从而深入研究水泥混凝土铺面层间摩阻力的变化规律及影响因素,研究人员从 1924 年便开始开展一系列的顶推试验(Push-off test),考察基层类型、面板厚度、界面特性、接触状况等因素对层间摩阻力的影响。2000 年,Seung Woo Lee 总结了以往 8 位研究人员针对层间摩阻力开展的 66 组顶推试验的结果,结合经典物理学的摩擦理论"Leonardo da Vinci-Amontons"定律,提出了一个数学表达简单、能清晰直观反映层间摩阻力与路面板水平位移之间关系的数学模型,并针对不同类型基层给出了标准状况下该模型中参数的参考值,同时建议根据实际路面状况对标准参数进行修正处理。通过研究发现,对于粒料基层,板厚对于层间最大摩阻系数影响不大,但对于土质基层或路基,板厚的影响十分明显。另外,在顶推试验刚开始的 3~4 个循环加载过程中,最大摩阻系数呈明显下降趋势,初始位移则有逐渐变大。影响摩阻力的主要因素有:加载循环次数、板厚、板底湿度以及移动速率。

1)加载循环次数对摩阻力的影响

混凝土板在温度作用下始终在做水平方向运动,即做水平方向加载和卸载。随着循环次数的增加,层间的黏结力逐渐消失,逐渐转换为层间的摩阻力,因此加载循环次数极为重要。以前的研究表明在经过 3~4 个循环后,层间的摩阻力急剧下降,见图 4-34。

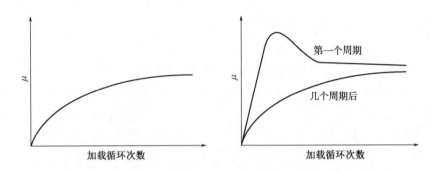

图 4-34　层间黏结力与加载循环次数关系

2)混凝土板厚度对摩阻力系数的影响

随着混凝土厚度的增加,对于粒料或者砂垫层而言没有影响;但对于稳定类而言,随着混凝土板厚的增加,层间摩阻力逐渐减少。

3)板底湿度状况对摩阻力的影响

对于混凝土板直接铺筑在土基上的摩阻力系数而言,湿度变化对摩阻力的影响极大。但对于基层类型为半刚性的,则湿度变化对摩阻力的影响不大。

4)板移动速率对摩阻力系数的影响

不同基层类型,其对混凝土板的约束也不同。以前的研究观测发现:对于粒料基层而言,板移动的速率为 0.005~0.3cm/h。不同速率对摩阻力系数影响较大。

为使室内试验更好地与野外实际情况相符,试验板块采用 C35 混凝土,板厚 15cm,平面尺寸 0.7m×0.7m。基层分别采用水泥稳定碎石、贫混凝土基层和沥青混凝土基层。在混凝土板和基层之间分别采用直接浇筑混凝土板、撒乳化沥青封层以及土工布等方式。试验操作过程中,使用伺服液压水平装置对试验板块施加推力,在板块的另一侧安装位移传感器,测定不同推力下的轴向位移,见图 4-35。加载过程分两阶段,第一阶段:面板与基层紧密结合,施加每一级荷载,由位移传感器读出轴向位移量,加载直到面板与基层接触界面完全破坏后卸载;第二阶段:面板与基层界面接触完全破坏后,试验板恢复到原位,重新加载,测定每级荷载下的轴向位移量。加载时加载速率分别为 0.06mm/s。

(1)一次性顶推试验

在不同基层类型的面板推移试验中,第一阶段加载过程推力与轴向位移反映出:接触面破坏前由于水泥砂浆渗透到基层,面板与基层紧密结合,面板移动时必须克服很大的黏结力;当面板与基层接触面破坏后,面板完全滑动时只需克服很小的摩阻力,因而其摩擦系数相应降低。面板刚浇筑后,混凝土强度不足,温度发生变化时,混凝土路面产生伸缩变形,过大的黏结力会导致板块早期开裂。

混凝土板块在周期性温差反复作用下,板体与基层接触界面破坏,它的工作状态如第二阶段加载过程。季节性温差变化导致板体伸缩,接缝宽度也随之变化。试验数据见图 4-36 和表 4-14。

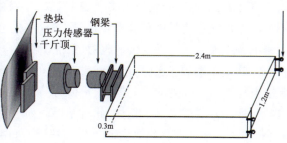

图 4-35　层间水平顶推

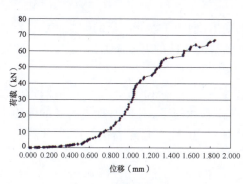

a) 土工布隔离层顶推试验

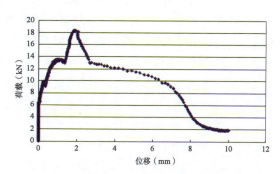

b) 贫混凝土 + 沥青混凝土功能层顶推试验

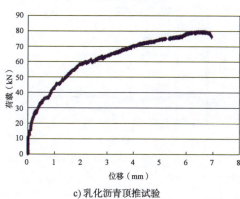

c) 乳化沥青顶推试验

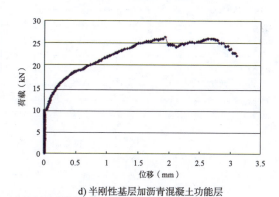

d) 半刚性基层加沥青混凝土功能层

图 4-36　不同层间结合方式顶推时位移和力曲线

顶 推 试 验 结 果　　　　　　　　　　表 4-14

隔离方式	沥青混凝土功能层		土 工 布	乳 化 沥 青
	半刚性基层	贫混凝土基层		
最大摩阻力系数	14	10	36.5	42.7
最大顶推力(kN)	25.8	18.4	67.2	78.5
初始位移(mm)	1.87	2.05	1.84	6.8

为抵消混凝土板和基层之间的黏结力,混凝土板和基层之间用乳化沥青作为隔离层时需要的顶推力最大,其次为混凝土板和基层之间设置土工布。当混凝土板和基层之间加入沥青功能层之后,这种层间黏结力将会变小,在 10～14 之间。其实混凝土板和基层之间的黏结力不是混凝土板和基层之间的真实状况,一般混凝土板和基层之间的黏结力会在 3～5 年内随着混凝土板的翘曲和混凝土板的收缩(膨胀)减弱。也就是说,混凝土板和基层之间正常的工作状态应该是非黏结状态(可能是滑动状态,也可能是半连续半滑动状态)。而层间结合状态是影响混凝土板承载力的重要因素,不但有荷载应力而且有温度翘曲应力。当层间完全黏结时,混凝土板和基层成为一个整体,此时基层底面承受的拉应力较大,而混凝土板底承受的拉应力较小(因为中性轴下移);当混凝土板和基层之间滑动时,各自绕各自的中性轴旋转,因此混凝土板承受的拉应力要远大于其在结合状态下的拉应力。故设计者常喜欢将层间设计为层间黏结,但这是理想状态,因为板和基层最终要脱开。

反过来,层间黏结状态会约束混凝土板的翘曲变形,增加了混凝土板的翘曲应力。同样层间黏结状态会阻碍混凝土板的自由伸缩变形,增加了混凝土板的温度应力。

(2) 多重配重条件下摩阻力

当基层和混凝土板之间的黏结力破坏掉之后,才是混凝土板和基层之间的摩阻力。考虑不同板厚的摩阻力,用不同配重的形式来模拟。在正常状态下,乳化沥青隔离层的摩阻力在 0.76～0.87 之间,沥青功能层的摩阻力在 1.1～0.71 之间,土工布隔离层的摩阻力在 1.08～2.06 之间,见图 4-37。

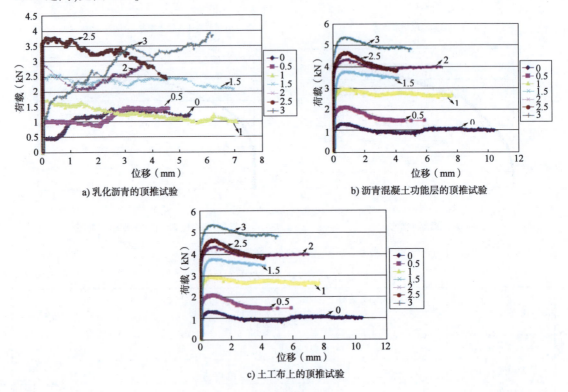

图 4-37 配重条件下顶推时荷载和位移曲线

4.3.3 板和基层结合状态引起的铺面结构耐冲击性能

路面结构中设置沥青混凝土功能层后,测试路面结构在冲击荷载作用下响应。采用铁球冲击路面结构,即把10kg铁球在2.2m高度以自由落体方式冲击路面结构,路面结构横断面见图4-38。同时记录应变片上显示的动态应变数据,见图4-39。当层间滑动时(采用塑料布隔离),混凝土板板底应变(距底面3cm)为14$\mu\varepsilon$;而设置沥青混凝土功能层后,混凝土板板底应变降低到2$\mu\varepsilon$,足见缓冲层的效果。

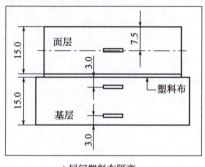

a) 层间塑料布隔离

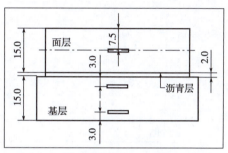

b) 层间沥青混凝土功能层

图4-38 不同路面结构示意图(滑动和设置沥青混凝土功能层)(尺寸单位:cm)

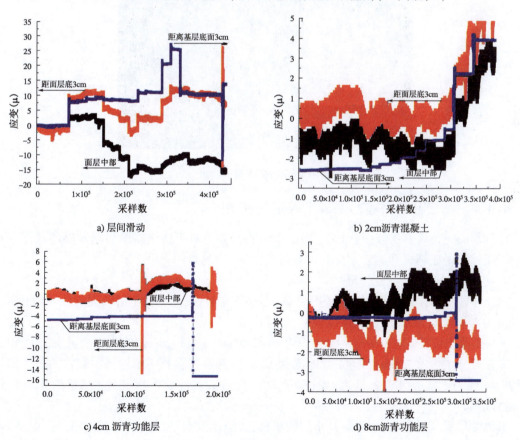

图4-39 不同基层接触状态冲击应变图

为进一步判断沥青功能层的作用,采用5kg的铁锤人工敲击路面结构表面,一直敲击并记录首次出现混凝土板开裂对应的敲击次数,数据见表4-15,数据证明缓冲层的缓冲效果明显。如果层间结合,那么混凝土板需要更多的锤击次数;反之当层间滑动时,虽然锤击次数减少了,但基层确保持完好状态。混凝土板直接浇筑在半刚性基层上,经9次敲击,见图4-40。

不同结构形式冲击破坏描述　　　　　　　　　　　表4-15

结　　构		敲击次数(次)	说　　明
沥青混凝土功能层	厚2cm	4	面层断裂,基层完好
	厚4cm	6	面层断裂,基层完好
	厚6cm	6	面层断裂,基层完好
	厚8cm	9	面层断裂,基层完好
	厚10cm	6	面层断裂,基层完好
直接浇筑		9	面层和基层直接一起断裂
塑料布		2	面层断裂

图4-40　层间黏结的破坏照片

4.3.4　基层开裂引起的混凝土板附加应力

水泥混凝土铺面基层开裂状态下,面层承载能力改变对于认识路面裂缝发展的规律和水泥混凝土铺面的破坏机理具有十分重要的意义。

1)半刚性层开裂的试验分析

对于半刚性基层或者贫混凝土基层而言,基层必定开裂,那么在基层开裂条件下对混凝土板的受力有何影响,为此通过缩尺试验进行分析。

水泥混凝土板长×宽为60cm×60cm,厚度分别为20cm、24cm、28cm和32cm,模量为30000MPa。

基层尺寸长×宽为60cm×60cm,厚度为20cm。基层类型有半刚性基层和贫混凝土基层两种,其中半刚性基层水泥掺量为4%,模量为2000MPa;贫混凝土基层水泥掺量为8%,模量为8000MPa。

碎石垫层采用大颗粒、中颗粒及小颗粒集料,其粒径范围是19～26.5mm、13.2～19mm和4.75～13.2mm,对应比例分别为3∶4∶3。碎石垫层厚度为15cm,并用土工布包裹成为一个整体。承载板采用半径10cm的橡胶板，用来模拟柔性圆形均布荷载，荷载位于混凝土板中间。混凝土板的两个侧壁的顶部、中间和底部三个位置各贴1个条应变片，应变片标距尺寸为12cm，并采用静态电阻应变仪采集应变。

基层裂缝为人工开裂至完全分离，裂缝宽度为5mm，接缝分为纵缝和横缝两种。基层与面层间撒铺一层2.36mm的细砂用于调平，并使得基层与面板为层间分离状态。基层开裂形式见表4-16和表4-17。

半刚性基层裂缝形式　　　　　　　　　　　　　　表4-16

工　况	裂缝布局尺寸
无裂缝	
一条中纵缝	30cm—接缝—30cm
一条边纵缝	20cm—接缝—40cm
一条中纵缝+一条边纵缝	20cm—接缝1—10cm—接缝2—30cm
两条纵缝	20cm—接缝1—20cm—接缝2—20cm
三条纵缝	20cm—接缝2—10cm—接缝2—10cm—接缝3—20cm
两条纵缝+一条中横缝	纵向:20cm—接缝1—20cm—接缝2—20cm； 横向:30cm—接缝3—30cm
三条纵缝+一条中横缝	纵向:20cm—接缝1—10cm—接缝2—10cm—接缝3—20cm； 横向:30cm—接缝4—30cm
两条纵缝+两条横缝	纵向:20cm—接缝1—20cm—接缝2—20cm； 横向:15cm—接缝3—15cm—接缝4—30cm
三条纵缝+两条横缝	纵向:20cm—接缝1—10cm—接缝2—10cm—接缝3—20cm； 横向:20cm—接缝4—10cm—接缝5—30cm

贫混凝土基层裂缝形式　　　　　　　　　　　　　　表4-17

工　况	裂缝布局尺寸
无裂缝	
一条中纵缝	30cm—接缝1—30cm
一条边纵缝	20cm—接缝1—40cm
一条边纵缝+一条中纵缝	20cm—接缝1—10cm—接缝2—30cm
两条纵缝	20cm—接缝1—20cm—接缝2—20cm
三条纵缝	20cm—接缝1—0cm—接缝2—10cm—接缝3—20cm
两条纵缝+一条中横缝	纵向:20cm—接缝1—20cm—接缝2—20cm； 横向:30cm—接缝3—30cm
三条纵缝+一条中横缝	纵向:20cm—接缝1—10cm—接缝2—10cm—接缝3—20cm； 横向:30cm—接缝4—30cm
两条纵缝+两条横缝	纵向:20cm—接缝1—20cm—接缝2—20cm； 横向:15cm—接缝3—15cm—接缝4—30cm
三条纵缝+两条横缝	纵向:20cm—接缝1—10cm—接缝2—10cm—接缝3—20cm； 横向:20cm—接缝4—10cm—接缝5—30cm

水泥混凝土面层如图 4-41 所示,基层如图 4-42 所示。

a) 24cm面层

b) 32cm面层

图 4-41 两种不同面层厚度

a) 一条边纵缝

b) 两条均分纵缝+两条横缝

图 4-42 两种基层开裂形式

试验装置如图 4-43 所示。以基层上有一条中纵缝为例,其他裂缝形式类似。①人工将基层纵向开裂为相等两份。②预压。以 400N/s 的速率线性加载到 45kN,然后在 45~55kN 按正弦规律做 100 个循环,卸载,结束预压。③在面层中间及两对角线共安装 3 个位移传感器,以 100N/s 的速率线性加载,每 30kN 测一次应变,直至 120kN。④卸载并保存试验数据。

试验测得结果为半刚性基层和贫混凝土基层四种面层厚度下的应变,并由应力-应变关系换算为应力。加载最大荷载为 120kN 时,获得垂直纵缝的面层底部有最大拉应力。

(1) 半刚性基层

各工况下垂直纵缝面底部随荷载增加,相应应力变化见图 4-44。在各种基层裂缝形式下,随着面层厚度的增加,板底应力逐渐减小。当基层无裂缝时,加载至 120kN 时,20cm 面层板底最大拉应力为 0.54MPa,32cm 面层板底最大拉应力为 0.30MPa,两者应力相差 0.24MPa。

第4章 铺面结构特性分析

图 4-43 试验装置

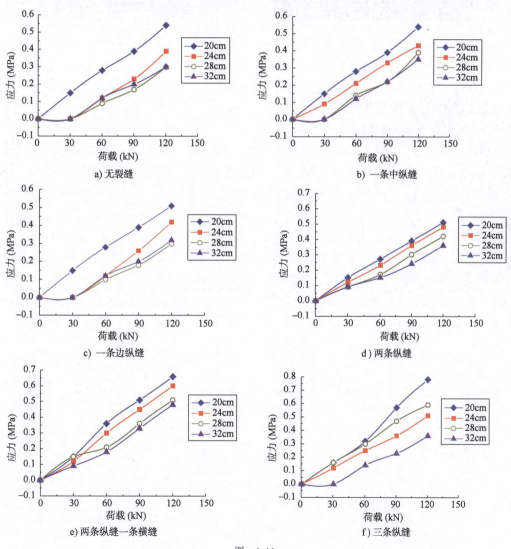

a) 无裂缝　　　　　　　　　　　　b) 一条中纵缝

c) 一条边纵缝　　　　　　　　　　d) 两条纵缝

e) 两条纵缝一条横缝　　　　　　　f) 三条纵缝

图 4-44

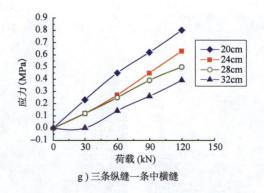

g) 三条纵缝一条中横缝

图 4-44 不同基层裂缝形式下四种面层应力计算结果

当半刚性基层出现一条裂缝时，相对于基层无裂缝的板，混凝土板底的应力增加不大；当半刚性基层出现 3 条裂缝时，混凝土板底的应力由 0.5MPa 增加到 0.65MPa，增幅为 23%；当半刚性基层出现 4 条裂缝时，混凝土板底的应力由 0.5MPa 增加到 0.75MPa，增幅 33%。在裂缝数量最多工况下（三条纵缝两条中横缝），20cm 面层板底最大拉应力为 0.69MPa，32cm 面层板底最大拉应力为 0.48MPa，两者应力相差 0.21MPa。不同板厚混凝土板的板底应力之差基本保持不变，与裂缝的形式相关性不大。

(2) 贫混凝土基层开裂的试验分析

不同贫混凝土基层裂缝形式下的板底应力图见图 4-45。在各种贫混凝土基层裂缝形式下，随着混凝土面层厚度的增加，同样板底应力逐渐减小。当基层无裂缝时，加载至 120kN 时，20cm 面层板底最大拉应力为 0.39MPa，32cm 面层板底最大拉应力为 0.30MPa，两者混凝土板底的应力相差 0.09MPa。

当贫混凝土基层出现一条裂缝时，相对于基层无裂缝的混凝土板，混凝土板底的应力增加不大；当基层出现两条裂缝时，板底的应力由 0.4MPa 增加到 0.45MPa，增幅为 10%；当基层出现五条裂缝时，板底的应力由 0.4MPa 增加到 0.62MPa，增幅 35%。

在裂缝数量最多情况下（三条纵缝两条中横缝），20cm 面层板底最大拉应力为 0.69MPa，32cm 面层板底最大拉应力为 0.51MPa，两者混凝土板底的应力相差 0.18MPa。

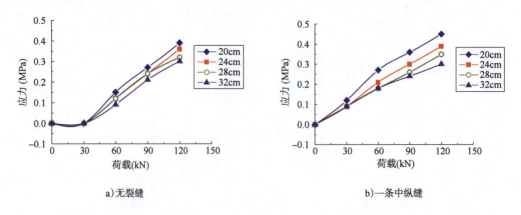

a) 无裂缝　　　　　　　　　　　　b) 一条中纵缝

图 4-45

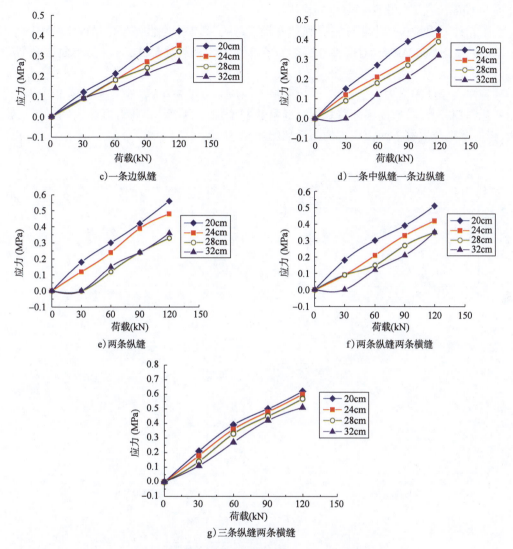

图 4-45 不同基层裂缝形式下四种面层应力计算结果

2)基层开裂对混凝土面层承载力有限元分析

对于半刚性基层和贫混凝土基层存在裂缝时混凝土板受力。建立有限元模型进行分析,见图 4-46。

水泥混凝土板的长×宽为 60cm×60cm,厚度分别为 20cm、24cm、28cm 和 32cm,模量取 30000MPa。

基层的长×宽为 60cm×60cm,厚度为 20cm。基层类型有半刚性基层和贫混凝土基层两种,其中半刚性基层模量为 2000MPa,贫混凝土基层模量为 8000MPa。

加载方式为圆形均布荷载,荷载半径 10cm,最大荷载为 120kN,位于混凝土板中间。混凝土面板与基层层间光滑,土基采用温克勒地基模型,其值取 80MN/m³。预设裂

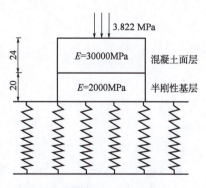

图 4-46 计算模型(尺寸单位:cm)

缝宽度为10mm,且不考虑路面自重的作用。

有限元计算模型包括半刚性基层和贫混凝土基层,其中半刚性基层模量取2000MPa,贫混凝土基层模量取8000MPa。对两种基层类型各计算了5种裂缝形式,对混凝土面层受荷应力进行分析。

随着面层厚度的增加,混凝土面层板底最大拉应力逐渐减小;裂缝条数的增加对较薄面层应力变化影响较大,较厚面层随着基层裂缝条数的增加应力增长量逐渐减小。两种基层裂缝形式、面层厚度与混凝土面板应力的关系如图4-47所示。

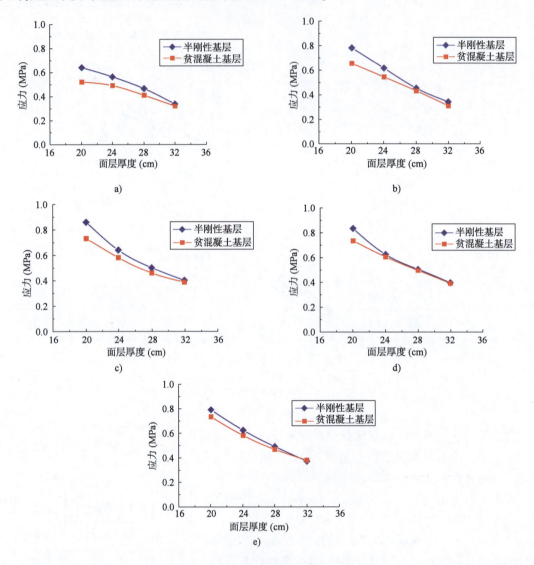

图4-47 两种基层对应混凝土面板应力关系

与半刚性基层相比,贫混凝土基层上面板应力变化有以下规律:

相同板厚度、相同裂缝形式下,半刚性基层上面层板底应力大于贫混凝土基层。混凝土面层厚度越薄,板底应力增加量就越大。混凝土面层越厚,基层裂缝条数越多,两种基层对应混凝土面层板底应力相差越小。随着混凝土面层厚度增加,两种基层下混凝土面层板底应力都呈减小趋势。随裂缝数量的增加,两种基层下混凝土面层板底应力逐渐增大。

4.3.5 混凝土板和基层层间结合状态对结构承载的影响

水泥混凝土路面计算模型常将路面结构简化为作用于地基上的板,而路面常为多层结构。为解决多层地基问题,常采用三种方法:Odemark 提出的等效厚度换算、修正地基模量和双层板理论。双层板理论就将基层当成另一层板,与水泥混凝土板组成复合式板。研究基层刚度对路面结构承载力的影响,一般应将混凝土板和基层看作双层板来分析。通过考虑混凝土板和基层之间的黏结力、混凝土板和基层之间的刚度比来分析结构的承载力和受力情况。

半刚性、刚性基层中一般水泥用量在 120~220kg/m³,其相应 28d 抗压强度在 5.2~20.4MPa。抗弯拉强度与弹性模量见表 4-18。

混凝土抗弯拉强度和模量(MPa) 表 4-18

抗弯拉强度	1.0	1.7	2.4	3.1
弹性模量	8000	12000	16000	20000

Packard 给出了贫混凝土的疲劳寿命曲线和普通混凝土的疲劳曲线,贫混凝土和普通混凝土具有类似的疲劳曲线,即在相同的应力比下两者的疲劳寿命接近。

Eissinman 提出以圆形均布荷载作为计算荷载(荷载的压强为 0.7MPa,荷载为 50kN),将荷载作用在板中。不同路面中,上下板之间刚度组合时,双层板各层的应力,分析基层对路面结构承载力的贡献。分析路面结构采用混凝土板厚度从 22cm 变化到 32cm,涵盖目前我国常见的铺面混凝土板厚度。基层厚度从 0~40cm 变化。同时基层的模量从 1500~8000MPa,用于模拟二灰碎石基层、水泥稳定碎石基层和贫混凝土基层。土基模量分别采用 30MPa、50MPa、120MPa。计算中考虑层间的结合状态、结合式和滑动。图中 X 轴为基层厚度。

(1) 混凝土板厚 22cm

①基层模量为 1500MPa

不同基层厚度时混凝土板底及半刚性基层层底拉应力见图 4-48 和图 4-49。

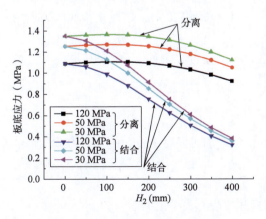

图 4-48 不同基层厚度时混凝土板底拉应力

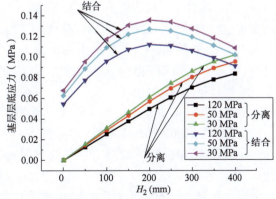

图 4-49 不同基层厚度时半刚性基层层底拉应力

从图 4-48 中,当基层和混凝土板是分离(滑动)状态时,基层厚度超过 15cm 后板底拉应力降低不再明显。从经济的角度来看,基层厚度不宜太厚,如超过 25cm。当然,从层间结合状态来说,结论则和滑动状态是截然相反的,即基层越厚,混凝土板底拉应力越小。基于这个规律,大家常期望基层设计得厚一点儿,以有效降低混凝土板底拉应力。但是层间的结合状态并非固定不变的,往往在建设的初期,层间结合状态偏向于结合状态,随着混凝土板水平向的伸缩和垂直方向的翘曲,层间结合状态逐渐变成滑动状态,此时混凝土板的受力变得极为不利。若路面结构在设计之初就按结合状态设计,那么在层间状态发生变化后,将快速导致路面快速出现破损。

从图 4-49 来看,不管是结合状态还是分离状态,基层承受的拉应力都是比较小的。这和基层模量只有 1500MPa 有关。

② 基层模量为 5000MPa

不同基层厚度时混凝土板底及半刚性基层层底拉应力见图 4-50 和图 4-51。

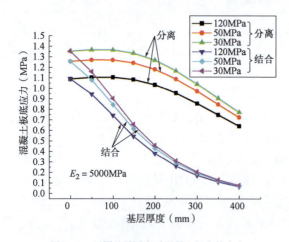

图 4-50　不同基层厚度时混凝土板底拉应力　　图 4-51　不同基层厚度时半刚性基层层底拉应力

基层模量提高到 5000MPa 后,当基层和混凝土板处于滑动状态时,基层厚度在 20cm 时出现拐点,基层厚度越厚(如 25cm),对于降低混凝土板底应力越有效。同时,当土基模量提高到 50MPa 后,混凝土板底的应力大大降低(图 4-51)。当提高到 120MPa,混凝土板底应力更为降低。这也是为什么要设置垫层和底基层的原因。

从图 4-52 来看,半刚性基层的应力仍旧不是很大。但结合式条件下,由于基层模量的增加,所以相对于 1500MPa 时,基层层底拉应力要增加。

③ 基层模量为 8000MPa

不同基层厚度时混凝土板底及半刚性基层层底拉应力见图 4-52 和图 4-53。

层间分离状态下,当相同基层厚度条件下,基层模量增加对混凝土板底的拉应力减少幅度不大。也就是说,单纯靠增加基层材料的水泥剂量不是一个有效降低混凝土板底拉应力的途径。

混凝土板和基层的刚度比见表 4-19,刚度比和板底拉应力关系图见图 4-54。

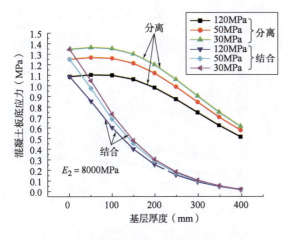

图 4-52　不同基层厚度时混凝土板底拉应力

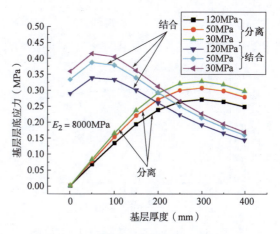

图 4-53　不同基层厚度时半刚性基层层底拉应力

从图 4-53 来看,对于结合式而言,随着基层模量的提高,基层层底拉应力也逐渐增大。

混凝土板与基层的刚度比　　　　　　　　　　　　　表 4-19

基层模量 (MPa)	基层厚度(cm)						
	10	15	20	25	30	35	40
1500	213.0	63.0	27.0	13.6	7.9	5.0	3.3
5000	63.9	18.9	8.0	4.1	2.4	1.5	1.0
8000	39.9	11.8	5.0	2.6	1.5	0.9	0.6

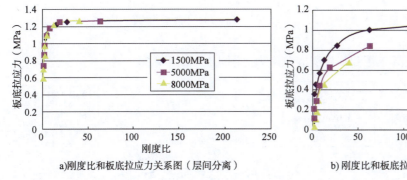

a) 刚度比和板底拉应力关系图（层间分离）　　　　b) 刚度比和板底拉应力关系图（层间结合）

图 4-54　土基模量为 50MPa

(2) 混凝土板厚 26cm

① 基层模量为 1500MPa

不同基层厚度时混凝土板和基层层底拉应力见图 4-55 和图 4-56。

② 基层模量为 5000MPa

不同基层厚度时混凝土板和基层层底拉应力见图 4-57 和图 4-58。

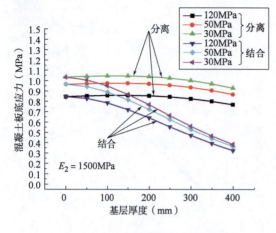

图 4-55　不同基层厚度时混凝土板底拉应力　　　图 4-56　不同基层厚度时半刚性基层层底拉应力

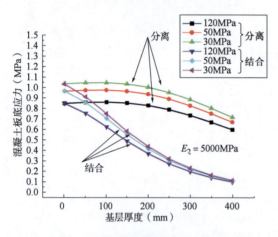
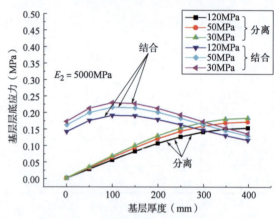

图 4-57　不同基层厚度时混凝土板底拉应力　　　图 4-58　不同基层厚度时混凝土板底拉应力

③基层模量为 8000MPa

不同基层厚度时，混凝土板和基层层底拉应力见图 4-59 和图 4-60。

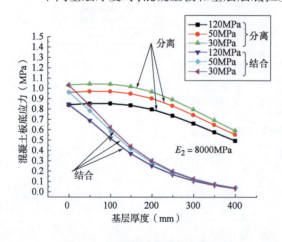
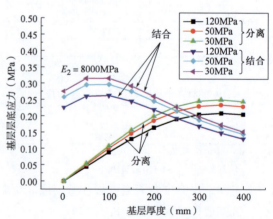

图 4-59　基层厚度与板底拉应力关系　　　图 4-60　基层厚度与基层底面拉应力关系

混凝土板的厚度增加到 26cm 后,混凝土板底拉应力进一步降低,规律大致和混凝土板厚 24cm 时接近。在基层材料模量较低时且层间滑动状态下,基层厚度的大小对混凝土板的应力降低作用不大。混凝土板与基层的刚度比进一步加大,基层承受的荷载进一步降低,见表 4-20。

混凝土板和基层的刚度比　　　　　　　　　　　　表 4-20

基层模量 (MPa)	基层厚度(cm)						
	10	15	20	25	30	35	40
1500	351.1	104.1	43.9	22.5	13.1	8.2	5.5
5000	105.5	31.2	13.2	6.7	3.9	2.5	1.6
8000	65.9	19.5	8.2	4.2	2.4	1.5	1.0

土基模量为 50MPa 时,刚度比和板底拉应力关系如图 4-61 所示。

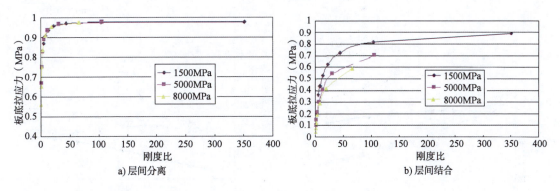

a) 层间分离　　　　　　　　　　b) 层间结合

图 4-61　土基模量为 50MPa

(3) 混凝土板厚 32cm

此时混凝土板和基层的刚度比见表 4-21。

混凝土板和基层的刚度比　　　　　　　　　　　　表 4-21

基层模量 (MPa)	基层厚度(cm)						
	10	15	20	25	30	35	40
1500	655.0	194.0	81.9	41.9	24.2	15.2	10.2
5000	196.6	58.3	24.6	12.6	7.3	4.6	3.1
8000	122.9	36.4	15.4	7.9	4.6	2.9	1.9

① 基层模量为 1500MPa

不同基层厚度时混凝土板和基层层底拉应力见图 4-62 和图 4-63。

② 基层模量为 5000MPa

不同基层厚度时混凝土板和基层层底拉应力见图 4-64 和图 4-65。

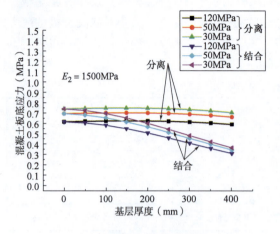

图 4-62　不同基层厚度时混凝土板底拉应力

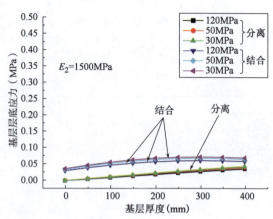

图 4-63　不同基层厚度时半刚性基层层底拉应力

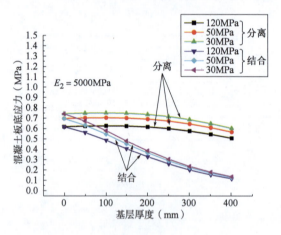

图 4-64　不同基层厚度时混凝土板底拉应力

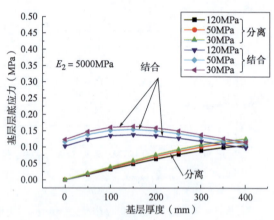

图 4-65　不同基层厚度时混凝土板底拉应力

③基层模量为 8000MPa

不同基层厚度时混凝土板和基层层底拉应力见图 4-66 和图 4-67。

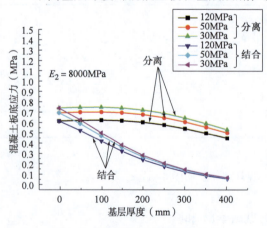

图 4-66　基层厚度与板底拉应力关系

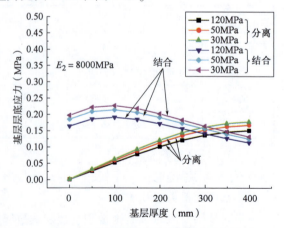

图 4-67　基层厚度与基层底面拉应力关系

总结如下：

（1）混凝土板厚度是影响混凝土板底应力的首要因素。当板厚提高，相同荷载作用下板底拉应力逐渐降低。

土基模量为 50MPa 时，刚度比和板底拉应力关系如图 4-68 所示。

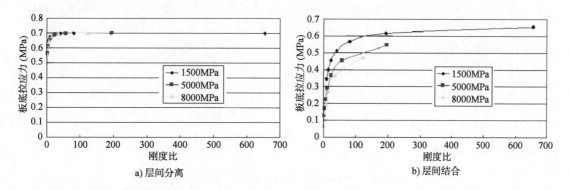

图 4-68　土基模量为 50MPa

（2）在混凝土板厚度一定的情况下，基层因素才占主导因素。对于层间滑动条件下，当基层为半刚性基层时，即使基层厚度从 0cm 变化到 40cm，板底拉应力没有多少降幅。随着基层由半刚性基层变为贫混凝土基层后，基层厚度从 0cm 到 20cm 之间对板底的应力减少并不明显；当基层厚度从 20cm 变化到 40cm 时，板底拉应力才降低明显（但仍不及增加混凝土板厚度效果明显），即 20cm 的基层为分界点。这说明对于层间滑动状态，仅从降低混凝土板荷载应力角度来说，基层作用不大，属于可有可无。对于层间连续状态，基层厚度增加，板底拉应力降低明显。

（3）在混凝土板厚一定的条件下，保持混凝土厚度不变仅增加基层的强度。对于层间滑动时，增加基层强度，板底拉应力下降不大；而对于层间结合时，增加基层强度，板底拉应力降低明显。

（4）在混凝土板厚相同条件下，基层层底拉应力的大小和基层的强度有关。基层强度越大，基层分担的荷载越多，所以基层层底拉应力也就越大。

（5）在相同混凝土板厚且层间滑动状态下，混凝土板和基层之间的刚度比和板底拉应力唯一对应，即刚度比相同，那么板底拉应力就相应确定。但在层间结合状态下，则没此规律。

4.4　混凝土板与基层的层间改善技术

由于半刚性基层的不耐冲刷性能，第一条技术路径是增加水泥剂量，使得半刚性基层变成刚性基层，增大材料的耐冲刷性能；第二条技术路径是在水泥混凝土板和基层之间设置功能层。第一条路径会增加水泥混凝土板的翘曲应力，第二条路径可以排水、改善层间接触状态以及减少半刚性基层的冲刷。

4.4.1　沥青混凝土功能层

沥青混凝土功能层应设置在混凝土板和基层之间，沥青混凝土的冲刷能力完全优于半刚性基层材料;同时设置沥青混凝土功能层的铺面结构抗冲击能力最优。

设置功能层按两种思路考虑,一种是设置功能层是否可以部分替代半刚性基层厚度;一种是不改变半刚性基层厚度,直接增加功能层。

（1）基层与沥青混合料功能层总厚度为20cm

试验过程中共采用5种1m×2m的模型结构,其下为碎石层和模拟土基的橡胶板,用MTS加载得到基层总厚度为20cm时的结构极限承载力,见表4-22,应力和应变试验结果见图4-69。混凝土板厚为15cm,从上到下依次贴7个应变片,等间距布置。

基层总厚度为20cm时的结构极限承载力(kN)　　　　表4-22

编号	结构	极限破坏荷载
1	20cm厚半刚性基层+乳化沥青+混凝土板	270
2	16cm厚半刚性基层+4cm厚沥青混凝土+混凝土板	200
3	14cm厚半刚性基层+6cm厚沥青混凝土+混凝土板	240
4	12cm厚半刚性基层+8cm厚沥青混凝土+混凝土板	180
5	20cm厚半刚性基层+土工布+混凝土板	330

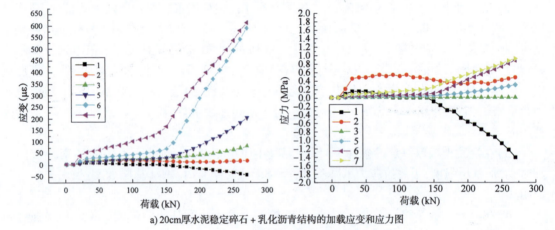

a) 20cm厚水泥稳定碎石+乳化沥青结构的加载应变和应力图

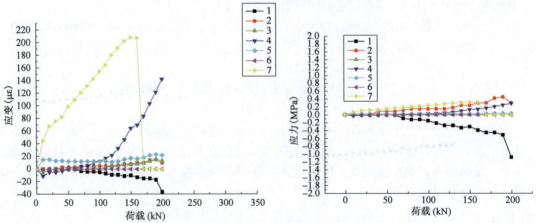

b) 16cm厚半刚性基层+4cm厚沥青混凝土结构的加载应变和应力图

图4-69

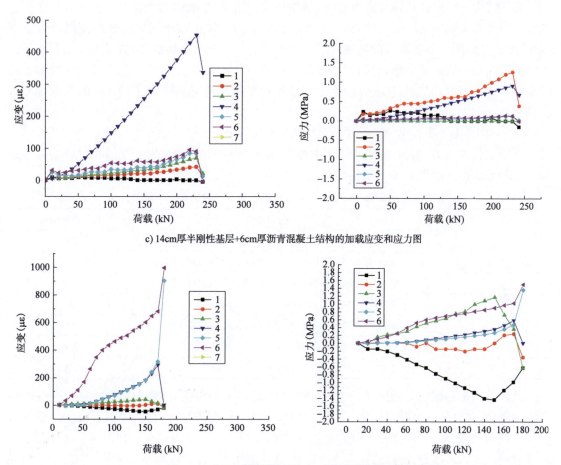

c) 14cm厚半刚性基层+6cm厚沥青混凝土结构的加载应变和应力图

d) 12cm厚半刚性基层+8cm厚结构的加载应变和应力图

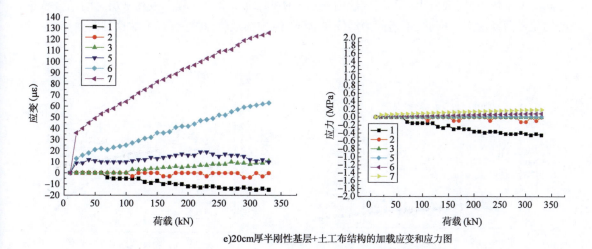

e) 20cm厚半刚性基层+土工布结构的加载应变和应力图

图 4-69　结构 1~5 在不同荷载作用下的应力与应变试验结果

从各结构的极限破坏强度来看,20cm 厚的基层对应的路面结构承载力最大。而乳化沥青隔离层和土工布隔离层的最大区别是层间结合状态,由于土工布工况对应的层间结合状态更接近层间连续,所以其极限承载力最大。当设有沥青混凝土功能层后,沥青混凝土层和水泥混凝土层之间结合状态接近滑动状态,所以极限承载力均下降很多。同时,沥青混凝土层和半刚性基层之间也属滑动状态,且沥青混凝土的模量比半刚性基层要低,所以 12cm 的半刚性基层更容易破坏。

(2) 半刚性基层厚度为 20cm 且沥青功能层厚度变化

混凝土板厚度为 15cm,应变片贴于侧面,试验过程中共采用 7 种大尺寸模型结构,具体结构及极限破坏荷载见表 4-23。试验结果见图 4-70。

半刚性基层厚度为 20cm 且沥青功能层厚度变化时的极限承载力(kN)　　　表 4-23

编　号	结　　构	极限破坏荷载
1	20cm 厚半刚性基层 + 乳化沥青 + 混凝土板	270
2	20cm 厚半刚性基层 + 2cm 厚沥青混凝土 + 混凝土板	250
3	20cm 厚半刚性基层 + 4cm 厚沥青混凝土 + 混凝土板	230
4	20cm 厚半刚性基层 + 6cm 厚沥青混凝土 + 混凝土板	280
5	20cm 厚半刚性基层 + 8cm 厚沥青混凝土 + 混凝土板	220
6	20cm 厚半刚性基层 + 土工布 + 混凝土板	330
7	20cm 厚半刚性基层 + 混凝土板	350

从各结构的极限破坏强度来看,15cm 厚水泥混凝土板浇筑在基层厚度 20cm 的结构(编号 7)极限承载力最高。设置乳化沥青滑动层或者沥青混凝土功能层后,混凝土板的极限承载力均比结构 7 低。同时层间结合状态是影响路面结构的最主要的因素。在相同半刚性基层厚度和相同水泥混凝土板条件下,编号 7 的层间结合能力最大,其极限承载能力最大,土工布隔离层居中间,相对较低的是乳化沥青隔离层。但层间结合只是一种临时状态,混凝土板和基层之间温缩系数不同,混凝土板和基层翘曲变形不协调,所以很快混凝土板和基层之间结合状态就演化成滑动状态。因此,不能因为层间结合下,结构的承载力最大,就采纳这种路面结构。

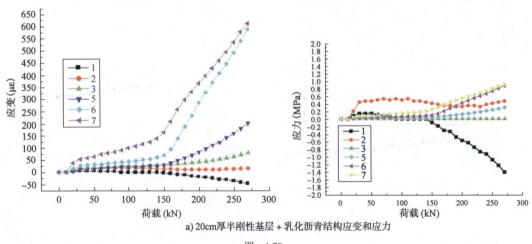

a) 20cm厚半刚性基层 + 乳化沥青结构应变和应力

图 4-70

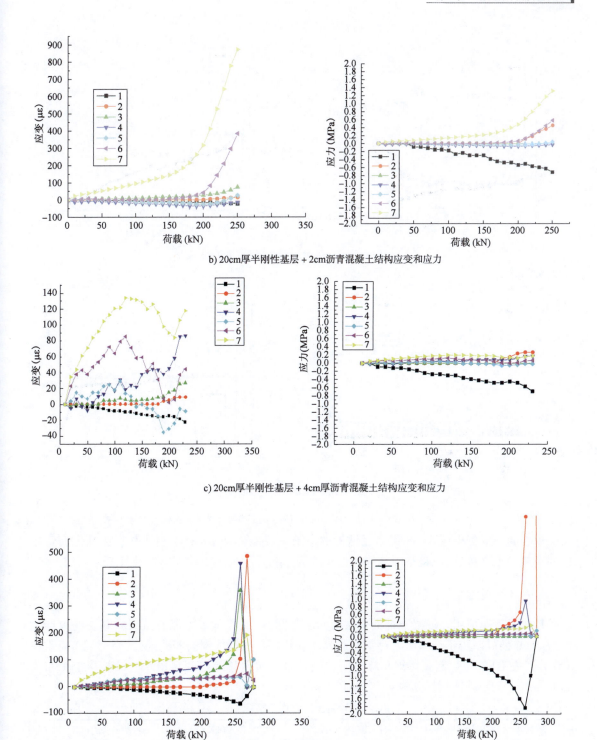

b) 20cm厚半刚性基层 + 2cm沥青混凝土结构应变和应力

c) 20cm厚半刚性基层 + 4cm厚沥青混凝土结构应变和应力

d) 20cm厚半刚性基层 + 6cm厚沥青混凝土结构应变和应力

图 4-70

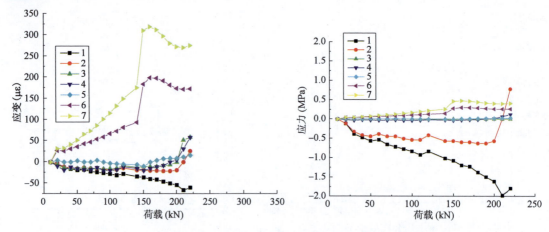

e) 20cm厚半刚性基层+8cm厚沥青混凝土结构应变和应力

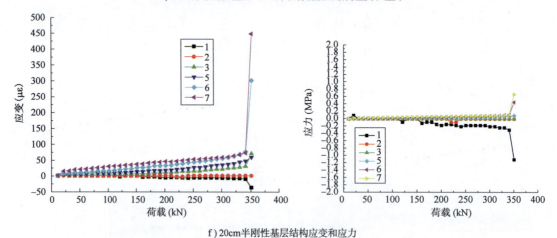

f) 20cm半刚性基层结构应变和应力

图 4-70 结构 1~7 在不同荷载作用下的应力与应变试验结果

仅在沥青混凝土层 6cm 时,路面结构的极限承载能力和 20cm 半刚性基层加乳化沥青结构的承载力水平接近,但是路面结构编号 4 的韧性和柔度远大于路面结构编号 1。

4.4.2 排水土工布

排水土工布应用在混凝土铺面基层与面层之间,在混凝土板上能有效减少基层约束产生的裂缝,并且可以防止动水压力对基层造成冲刷破坏。根据德国的实践经验,当土工布克重在 $500g/m^2$ 左右时,可以起到保护基层免于冲刷且可以缓慢排除层间自由水。试验用土工布为 $450g/m^2$,土工布性能指标如表 4-24 所示。

试验用土工布性能指标 表 4-24

断裂强力(kN/m^2)	断裂伸长率(%)	CBR 顶破(kN)	撕破强力(kN)
17.6	62.9	4.8	1.8

对不加沥青黏结层和土工布的两种水泥混凝土铺面结构进行比较,试验力求在接近真实路面状况下,两种模拟路面结构如图 4-71 所示。

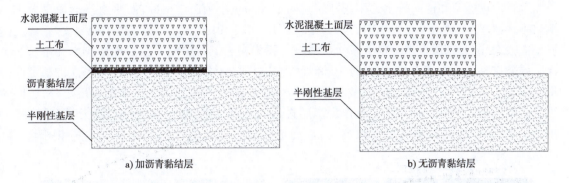

图 4-71 模拟路面结构示意图

水泥混凝土铺面用土工布排水包括垂直渗透和横向排水。先在基层上铺设不透水沥青黏结层,土工布排水路径如图 4-72a)所示,以横向排水为主。当基层上无沥青黏结层时,土工布排水路径如图 4-72b)所示,垂直渗透和横向排水同时进行。土工布垂直渗透在一定程度上加速排水,同时会对基层和土工布本身的横向排水造成一定的影响。土工布垂直渗透过程,将有沥青黏结层状况下土工布排水近似看作横向排水。将无沥青黏结层条件下土工布排水量与有沥青层条件下排水量之差值,近似看作是土工布的垂直渗透,两者随时间的变化如图 4-73 所示。

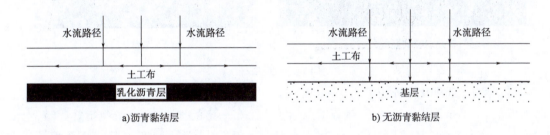

图 4-72 土工布排水路径

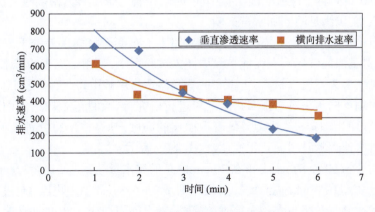

图 4-73 土工布排水速率随时间的变化情况

垂直渗透速率和横向排水速率均随着时间增大而减小；在前 3min 内，垂直渗透速率大于横向排水速率，随后土工布以横向排水为主。在开始阶段由于重力和基层透水原因，垂直渗透速率比较大，随着基层含水率增大，透水性减小，积累在土工布中的水分以横向排水为主。如果基层防排水措施处理不当，则在较短的时间内基层就会达到较高的含水率，对基层的稳定性造成影响。因此，在铺筑基层时应做好防水排水措施，除在其上加铺不透水沥青层之外，还应采取必要的排水措施。铺设土工布作为基层排水措施时，应加强其横向排水能力，以尽快排出基层上面的积水，保证基层的稳定性，提高道路的行驶安全性能。试验用试件如图 4-74 所示。

a) 沥青黏结层

b) 无沥青黏结层

图 4-74　试验用试件

沥青黏结层的乳化沥青用量为 $0.6 \sim 0.8 kg/m^2$，待黏结层乳化沥青破乳后，立即进行土工布的铺设。土工布采用人工铺设，铺设时应给予土工布一定的预张力，且避免折叠起皱，土工布铺设后，在其表面用轻型工具碾压，使土工布与沥青黏结层紧密黏结。待土工布铺设完成后，在其上采用木质试模进行水泥混凝土面层的浇筑成型，在浇筑混凝土前将试验用半径为 5cm 的圆柱形玻璃试管置于混凝土面层板中间位置，试管与土工布紧密接触，且高出水泥混凝土面层板一定距离，以满足不同加水量试验。

应用土工布排水最关键是其横向排水效果，即土工布能否将面层渗透下来的水及时地排走，从而减少水对基层的破坏。在无底量筒里注入试验用水，观测土工布的排水速率。

由于沥青黏结层为不透水材料，土工布的垂直渗透作用被阻碍，实际观测到的是土工布横向排水速率。采用不同水头对土工布排水效果进行研究，试验时记录初始液面距离水泥混凝土面层的高度及每间隔 1min 液面距离混凝土面层的高度，计算得出每分钟液面下降高度，即得到土工布的排水速率随时间的变化规律，如图 4-75 所示。

初始液面高度为 90cm 时，土工布在 20min 内总的排水量达到了 $5144.37cm^3$；初始液面高度为 55cm 时，土工布在 18min 内总的排水量达到了 $2536.84cm^3$，说明土工布可以在较短的时间内有效地排除水分。在初始水头一定时，水泥混凝土铺面用土工布的排水速率随着时间的变化而不断减小；初始水头大时，土工布排水速率比较大，但是排水速率的数值差距随着时间的变化而不断缩小。

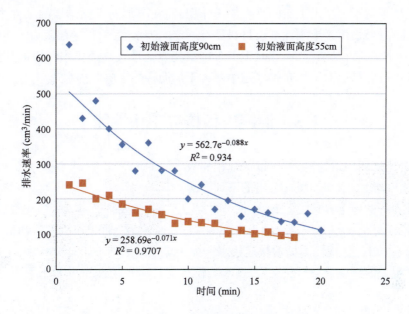

图 4-75　不同水头条件下土工布排水速率随时间的变化情况

随着排水时间的不断延长,试管内的水压力不断减小,导致土工布的排水速率不断减小,同时由于土工布随着时间的增大,逐渐处于饱水状态,排水速率相对降低。因此,在衡量水泥混凝土铺面用土工布排水效果时,应结合特定地区、特定时间渗入土工布表面的水流量来考虑。

同时,通过水泥混凝土铺面结构中不加沥青黏结层的试验,计算得出每分钟内液面下降的高度,从而得到每分钟土工布的排水量,试验结果如图 4-76 所示。

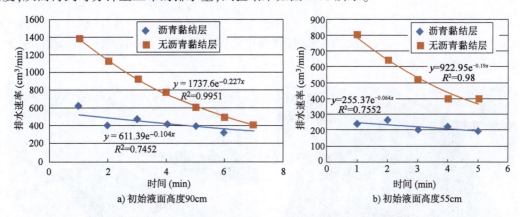

图 4-76　不同层间接触状态条件下土工布排水速率随时间的变化情况

在 5min 范围内,初始液面高度为 90cm 时,土工布的垂直渗水总量达到了 2356.50cm³。初始液面高度为 55cm 时,土工布的垂直渗水总量也达到了 1649.55cm³。

两种初始液面高度条件下,加铺沥青黏结层的土工布排水速率均小于无沥青黏结层的土工布排水速率;同样的排水速率均随着时间的不断增大而逐渐减小。在加沥青黏结层的试件中,沥青黏结层阻碍了上层土工布的垂直渗透作用,而在不加沥青黏结层的试件中,半刚性基层直接与土工布接触,由于半刚性基层材料具有一定的吸水性,所以基层阻碍土工布垂直渗透作用的能力要小于沥青黏结层,而此时土工布排水就包括垂直渗透排水和横向外排水两个部分,因此不加沥青黏结层的土工布排水速率要大于加沥青黏结层的排水速率。

4.5 混凝土板接缝工作性能

水泥混凝土铺面中设置传力杆,以保证相邻板之间的传荷能力,减小板边缘和角隅处的挠度量,降低进入接缝的水和细粒被泵出的不利影响。

目前,传力杆的施工方式主要有两种,一种是支架法,主要是通过人工事先设置支架,把传力杆绑扎于固定好的支架上;一种是DBI(Dowel-bar Insert)法,通过在滑模摊铺机上配备传力杆自动置放机(DBI),实现传力杆的快速植入。无论是支架法施工还是DBI施工,均受人为因素、施工因素以及混凝土自身材料性质的影响,使传力杆出现遗漏布设和水平面内、垂直面内偏差的现象。

4.5.1 传力杆空间位置的无损检测

硬化后路面中传力杆的空间位置会影响接缝工作状态。常见的钢筋探测仪探测深度不能探测到如此深度的钢筋分布,差不多有13cm的混凝土屏蔽传力杆。同时,探地雷达结果发现检测数据反分析困难、图像不易识别和钢筋位置判断不精确。

采用传力杆无损检测仪进行现场检测精确探测传力杆的空间位置见图4-77和图4-78,该设备探测深度可达50cm,在深度上探测精度为±4mm,在水平方向精度为±8mm。采用电磁涡流感应原理,当设备通有交变电流的激励线圈从传力杆上方或附近移动时,进入传力杆的交变磁场在传力杆中感生出方向与激励磁场相垂直的、呈漩涡状流动的电流(涡流),这涡流会转而产生一与激励磁场方向相反的磁场,使线圈中的原磁场有部分减小,从而引起线圈阻抗的变化,进而得出检测结果。

图4-77 传力杆探测设备

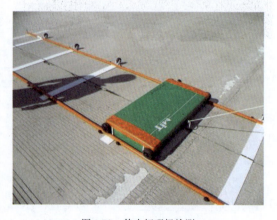

图4-78 传力杆现场检测

为校验仪器检测的精准性,保证检测数据具有较高的可信度,制作了无损检测设备校验装置。无损检测设备产生脉冲信号能穿过密实的混凝土层检测到传力杆的空间分布,因此在空气中能够更加精准检测出传力杆的分布情况。由支撑桥和偏转传力杆两部分组成,其中支撑桥为高15cm的混凝土试块,起到支撑检测导轨作用;偏转传力杆为四种基础错位的传力杆,采用预制支架支撑,通过控制传力杆各个方向的偏移量来达到校验的效果,将测量的偏移量和已知偏移量进行对比,实现仪器的精准度校验。传力杆理论位置(未发生任何倾斜和偏移)应垂直工作桥的侧边,中心位置位于工作桥水平方向间距和竖直深度的一半。表4-25为传力杆偏位情况(均在传力杆理论位置基础上发生偏位或者倾斜)。

传力杆偏位情况　　　　　　　　　　　　　　　　　　表4-25

传力杆编号	纵向错位(mm)	竖直错位(mm)	垂直倾斜(°)	水平倾斜(°)
1	50	0	0	0
2	0	75	0	0
3	0	0	7.47	0
4	0	0	0	7.47

将传力杆依次设置偏位,采用无损检测设备反复测量三次,取测量结果的平均值。传力杆空间布置及无损检测仪器精准度校验,见图4-79。基于软件将测量数据进行处理并汇总,结果见表4-26和图4-80。

a)　　　　　　　　　　　　　　　　　　b)

图4-79　传力杆空间布置无损检测的精准度校验

传力杆偏位实测值　　　　　　　　　　　　　　　　　　表4-26

传力杆编号	纵向错位(mm)	竖直错位(mm)	水平倾斜(°)	垂直倾斜(°)
1	54	4	0.12	0.03
2	3	72	0.01	0.03
3	6	5	6.89	0.13
4	4	3	0.16	7.66

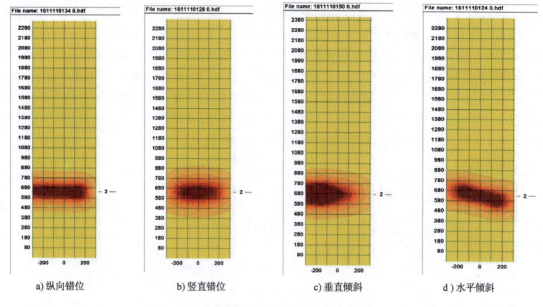

a) 纵向错位　　　b) 竖直错位　　　c) 垂直倾斜　　　d) 水平倾斜

图 4-80　无损检测数据分析图(单位:mm)

理论值与检测值之间的偏差基本在毫米级别,倾斜角度偏差值在 1°左右,因人为因素不可避免地产生偏差,故可以认为仪器测量的数据和传力杆实际偏移量基本相符,仪器检测的数据具有较高的可信度。

传力杆的基本偏位形式包括垂直错位(dz)、纵向错位(dy)、水平倾斜(α_h)、垂直倾斜(α_v),现实中各种复杂的偏位均由这几种基础的偏位形式组合而成,同理各种复杂错位采用一定的方法均可分解成基础错位,从而能够更直观简便地对传力杆的错位情况进行分析,使得复杂的情况简单化。图 4-81 为传力杆的基本偏移形式。

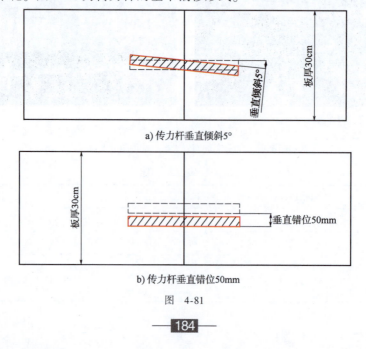

a) 传力杆垂直倾斜5°

b) 传力杆垂直错位50mm

图　4-81

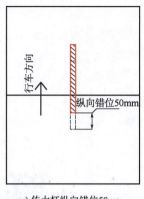
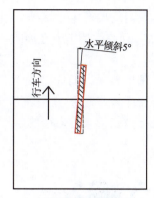

c) 传力杆纵向错位50mm   d) 传力杆水平倾斜5°

图 4-81　传力杆的基本偏移形式

为明确各种偏位的方向,规定垂直错位(dz)和纵向错位(dy)分别沿深度方向和沿行车方向为正值,水平倾斜(α_h)及垂直倾斜(α_v)以顺时针倾斜为正值。

4.5.2　施工植入方式引起的传力杆空间偏位

测试段混凝土板长 4.5m、宽 4.25m、板厚 30cm,每个车道宽度铺设 13 根传力杆,传力杆直径为 32mm,长 50cm,理论埋置深度为 15cm,杆间距 30cm。对支架法试验段以及 DBI 植入代表性路段各 100m 进行传力杆空间检测,测试结果如图 4-82 和图 4-83 所示。

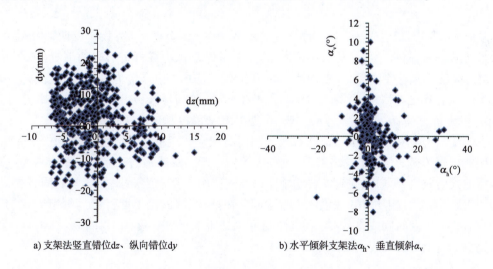

a) 支架法竖直错位dz、纵向错位dy　　b) 水平倾斜支架法α_h、垂直倾斜α_v

图 4-82　支架法传力杆空间偏位分析

根据《公路水泥混凝土路面施工技术细则》规定,传力杆深度允许偏差 20mm,沿路面纵向前后偏位允许偏差 30mm 作为传力杆偏位的控制指标,同时传力杆倾斜不大于 5°作为控制指标。以合格传力杆的个数与总个数的比值作为检测合格率。

从图 4-82a)可见,支架法 dz、dy 值均在 20mm 以内,合格率为 100%,偏位值主要集中在第二象限,即沿深度方向埋设较浅同时顺着车辆行驶方向偏位,产生这种现象的原因可能是支架固定不牢固,摊铺机对支架产生了扰动。图4-82b)显示,水平倾斜合格率为88.2%,垂直倾斜的合格率为89.1%,且偏位都集中在原点,说明支架法因将传力杆提前架设到指定位置能保证传力杆的架设精度。影响支架法传力杆空间偏位的因素有很多,诸如支架刚度较低,滑模摊铺引起支架变形;基层放样以及固定支架人为因素影响较大,后期因养护不到位以及外界温度、荷载引起的混凝土板体变形,导致混凝土板与传力杆产生应力,致使传力杆产生侧移等诸多原因,都有可能导致支架法传力杆的偏移量不尽人意。

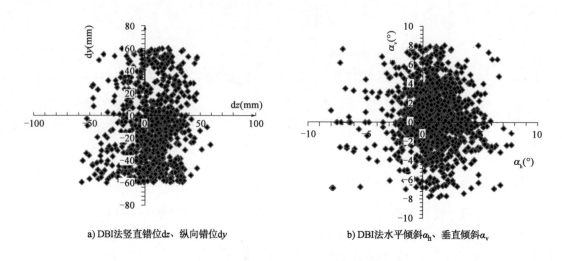

a) DBI法竖直错位d_z、纵向错位d_y b) DBI法水平倾斜$α_h$、垂直倾斜$α_v$

图4-83　DBI法传力杆空间偏位分析

从图4-83a)可以看出,d_z方向的合格率为67.7%,d_y合格率53.1%,说明DBI植入的传力杆偏位值较大,而且大部分分布在第四象限,有可能是传力杆自重引起的下沉,还有可能与DBI植入深度较深有关,应调整DBI植入的设置值。当DBI植入传力杆时,摊铺机向前摊铺,此时DBI位置还没有恢复,混凝土对传力杆产生阻力,从而导致传力杆向逆着行车方向偏位;$α_h$合格率为86.5%,$α_v$合格率为87.5%,证明DBI法能控制传力杆倾斜角度。

支架法与DBI相比,支架法能够有效控制传力杆空间偏移量,避免应力集中,保证相邻板体之间能相互传递荷载,使整条混凝土铺面能形成一个连续统一的整体。但固定支架、基层放样所需的人力较多,滑模摊铺对支架的刚度以及支架的准确定位要求较高,与此同时支架法的人为因素影响较大,相反DBI法因施工过程简单快捷,能够满足工期要求,与支架法施工相比较而言需要人工及时间成本较少,但应控制好摊铺机的摊铺速度和DBI植入深度,确保DBI与摊铺机二者能够协同统一工作。

4.5.3　传力杆施工偏差对接缝工作性能的影响

分别选取传力杆在水平面内、垂直面内偏差角度为0°、5°、10°和15°等工况进行分析。建立只考虑单根传力杆作用下的混凝土板三维有限元模型,基层采用Winkler地基,不考虑行车荷载作用方式、级位等因素的影响。材料参数如表4-27所示。

模型尺寸及材料参数 表4-27

项 目	尺寸(mm)			材 料 参 数	
	长	宽(直径)	厚	弹性模量(MPa)	泊松比
混凝土板	650	300	260	30000	0.15
传力杆	400	25		200000	0.2
Winkler 地基				50MPa/m	

图 4-84 列出的是传力杆在混凝土中不同空间位置偏差时，混凝土最大竖向应力的变化趋势。

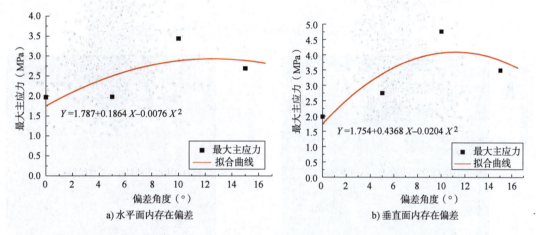

图 4-84 传力杆不同空间位置偏差时最大主应力

传力杆在水平方向存在偏差时，随着偏转角度的增加，混凝土界面竖向拉应力呈现出逐渐增长的趋势。在传力杆偏转 10°时竖向拉应力达到最大值，为 3.44MPa。传力杆在水平方向存在偏差，当传力杆偏转角度小于 5°时，传力杆周围的混凝土全部为受压状态；当传力杆偏转角度增大时，其上下侧的混凝土为受压状态，左右侧的混凝土为受拉状态，如图 4-85 所示。

在垂直面内存在偏差时，随着偏转角度的增加，混凝土界面竖向拉应力同样呈现出先增后减的趋势。在传力杆偏转 10°时竖向拉应力达到最大值，为 4.76MPa。传力杆在垂直方向存在偏差，当传力杆不存在偏转角度时，其周围混凝土均为受压状态；当传力杆存在偏转角度时，其上下侧混凝土为受压状态，左右侧混凝土为受拉状态，如图 4-86 所示。

室内模型试验通过对试件进行偏心弯曲疲劳加载，模拟车辆荷载通过接缝时，接缝两侧荷载传递的情况，验证传力杆不同偏差情况对接缝传荷能力的影响。

传力杆在不同空间位置偏差时，接缝传荷系数的初始值随着传力杆偏差角度的增加而降低，见图 4-87。

水平面内传力杆不存在偏差时，接缝传荷系数的初始值为 98%；传力杆存在 5°偏差时，接缝传荷系数的初始值为 90%；传力杆存在 10°偏差时，接缝传荷系数的初始值为 75%；传力杆存在 15°偏差时，接缝传荷系数的初始值为 64%。随着偏差角度的增大，接缝传荷系数的初始值下降约 34%。

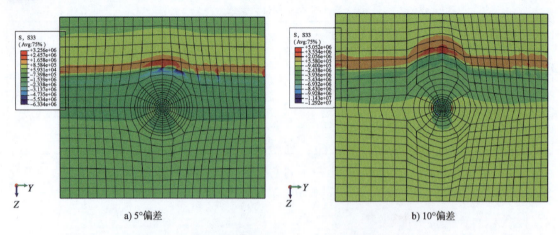

a) 5°偏差　　　　　　　　　　　　b) 10°偏差

图 4-85　水平面内不同偏转角度下竖向正应力云图(单位:Pa)

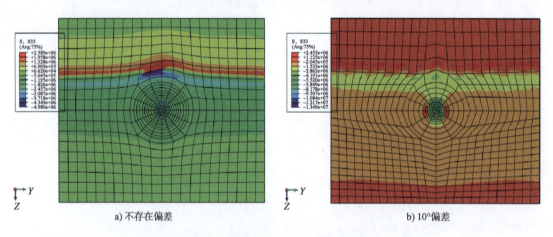

a) 不存在偏差　　　　　　　　　　b) 10°偏差

图 4-86　垂直面内不同偏转角度下竖向正应力云图(单位:Pa)

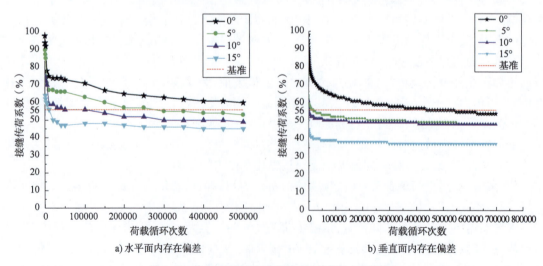

a) 水平面内存在偏差　　　　　　　b) 垂直面内存在偏差

图 4-87　传力杆不同空间位置偏差时传荷能力变化情况

垂直面内传力杆不存在偏差时,接缝传荷系数的初始值为98%;传力杆存在5°偏差时,接缝传荷系数的初始值为75%;传力杆存在10°偏差时,接缝传荷系数的初始值为61%;传力杆存在15°偏差时,接缝传荷系数的初始值为50%。随着偏差角度的增大,接缝传荷系数的初始值下降约48%。

当接缝传荷系数介于56%~80%之间时,接缝传荷能力评为中。传力杆在不同空间内存在不大于5°偏差时,接缝传荷系数大致保持在56%左右,所以传力杆在不同平面内存在角度偏差不大于5°时,不会对接缝传荷能力造成太大影响(图4-88)。

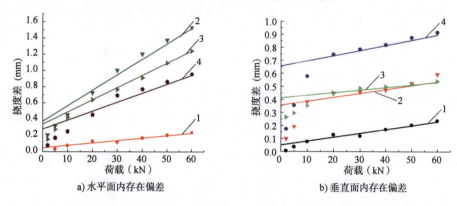

图4-88 不同空间位置偏差时传力杆挠度差与荷载关系
1-传力杆偏差角度为0°;2-传力杆偏差角度为3°;3-传力杆偏差角度为10°;4-传力杆偏差角度为15°

在荷载的反复作用下,与传力杆相接触的混凝土反复受到较大的承压应力,出现磨损或者压碎,从而使传力杆周围的空隙增大,即传力杆松动量的增加。传力杆松动量的增加,将导致接缝传荷能力的下降,疲劳作用后,估算的不同偏差下的松动量见表4-28。

不同偏差角度传力杆松动量估算值(mm) 表4-28

传力杆偏差角度	松动量	
	水平面	垂直面
0°	0.047	0.047
5°	0.372	0.355
10°	0.315	0.410
15°	0.278	0.655

通过对传力杆进行空间探测和存在偏差角度时的工作状态的研究,有如下结论:

(1)通过对传力杆进行空间探测,传力杆支架法施工质量要优于DBI法施工质量。传力杆布设偏差的主要情况是偏差角度小于或等于15°,但由于人为误差、施工因素和混凝土材料性质的影响,传力杆偏差角度较大的现象也普遍存在。

(2)传力杆出现偏差后,混凝土界面区域内应力的变化与传力杆未出现偏差时的差别不大,因此传力杆与混凝土相互作用的破坏主要是两者黏结力弱引起的松动和混凝土局部的主应力过大产生的压碎破坏。

(3)随着传力杆偏差角度的增大,传力杆工作性能的发挥越来越差。当传力杆存在不大于5°的角度偏差时,接缝传荷能力可保持在中等水平,对传力杆工作性能不会造成太大影响。

4.5.4 疲劳荷载作用下不同传力杆对传荷能力的影响

不同类型传力杆及不同厚度路面板传荷衰变规律可以通过室内疲劳试验获得。试验开始前,将疲劳材料试验机的下作动头向上移动,直至重复弯曲试验装置的压头与试块紧密接触,同时通过压头对试块施加一个初始的压力,理论上该初始压力小于1kN,并控制该压力在每次试验时都相等,这样做的目的主要是消除试验机加载时产生的误差;待准备工作完毕后开始试验,控制疲劳材料试验机以0.05kN/s加载速度加载到10kN;然后,控制疲劳材料试验机以5Hz的频率完成10~50kN的一个加载周期,在标准荷载下进行重复加载,记录试验数据的变化过程。

1) 传力杆直径与长度对传荷能力影响

(1) 不同传力杆直径下传荷能力分析

对水泥混凝土板厚度为22cm,传力杆长度为35cm,进行不同直径(22mm、25mm和28mm)传力杆的接缝疲劳试验。在荷载循环作用过程中,接缝传荷系数的变化在荷载作用5万次前后出现快速下降阶段,随后进入匀速下降阶段,见图4-89。当传力杆直径为25mm时,接缝传荷能力初始值最高,且在之后的加载过程中,其传荷能力高于传力杆直径为28mm和22mm的传荷能力。即直径25mm时,其传力杆传荷系数优于其他两种直径的传力杆。以传荷能力为标准,在22cm、26cm、30cm板厚下,传力杆最佳直径分别为25mm、28mm、32mm。

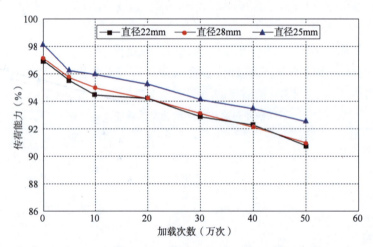

图4-89 板厚22cm、长度35cm的不同传力杆直径接缝传荷系数

(2) 不同传力杆长度下传荷能力分析

在疲劳加载作用下,不同长度(35cm、40cm和45cm)传力杆的接缝传荷能力变化趋势,见图4-90。对水泥混凝土板厚度为22cm,传力杆直径为25mm,疲劳试验表明长度为45cm时传荷能力最强。其他传力杆长度对传荷能力影响不大,传荷衰变趋势也基本接近。

在荷载循环作用过程中,传荷系数基本上呈线性衰减。当加载次数达到50万次(相当于普通高等级公路半年的当量轴次),传荷系数下降到92%左右,下降5%左右,依次推算服役5年后,板厚22cm的水泥路面传荷能力将会衰减到大约50%。

在板厚26cm及30cm情况下,不同传力杆长度对传荷能力影响不显著。

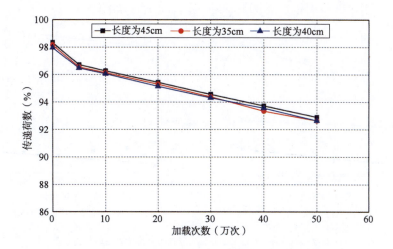

图4-90　板厚22cm、直径25mm的不同长度传力杆接缝传荷系数

2）传力杆直径和长度对松动量的影响

（1）板厚为22cm对应的松动量

在经过重复荷载作用50万次后，22cm板厚路面板，传力杆长度为35cm，传力杆直径为22mm、25mm和28mm时，接缝两侧相邻板之间的挠度差与荷载作用之间的关系曲线，见图4-91。接缝两侧相邻板的挠度差随荷载次数增加逐渐增大，当荷载增大到20kN以后，挠度差随荷载的变化基本上呈现线性增长的趋势。在荷载低于20kN，传力杆处于调整状态，将荷载高于20kN的线性部分后延，与纵坐标相交处，即可估算出传力杆经过重复荷载作用后的松动量大小。

当混凝土板厚为22cm，传力杆长度为35cm时，不同直径传力杆的松动量发展是先增大后减小的。保持板厚为22cm，传力杆长度为40cm见图4-92a）；传力杆长度为45cm时，挠度发展规律类似，见图4-92b）。

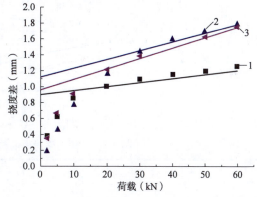

图4-91　不同直径传力杆对应的挠度差与荷载关系图
1-直径为22mm；2-直径为25mm；3-直径为28mm

直径为22mm的传力杆具有较小的松动量，以松动量为衡量标准时，板厚为22cm对应传力杆的最佳直径为22mm。

当混凝土板厚为22cm，传力杆直径为22mm时，不同长度传力杆的松动量呈现逐渐减小的趋势，见图4-93。因此当混凝土板厚为22cm，传力杆的最佳直径为22mm，传力杆的最佳长度为45cm。

（2）不同板厚传力杆最佳直径及长度研究

对于板厚22cm、26cm和30cm，以松动量为标准时，传力杆最佳直径及最佳长度，结果见表4-29。

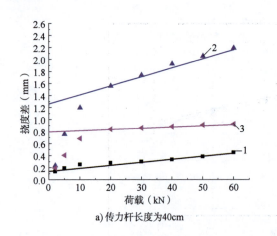 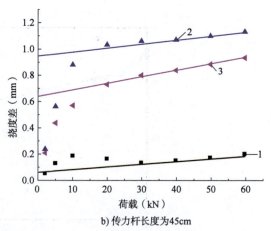

a) 传力杆长度为40cm   b) 传力杆长度为45cm

图4-92 40cm和45cm长时不同直径传力杆挠度差与荷载关系图
1-直径为22mm；2-直径为25mm；3-直径为28mm

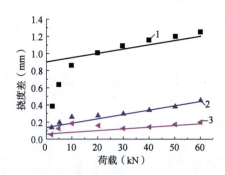

图4-93 板厚22cm、直径22mm的不同长度
传力杆挠度差与荷载关系图
1-长度为35cm；2-长度为40cm；3-长度为45cm

不同板厚对应的传力杆最佳直径及长度　　　　表4-29

板厚(cm)	最佳直径(mm)	最佳长度(cm)
22	22	45
26	28	50
30	32	55

3）松动量与荷载作用次数关系

在标准荷载作用下，不同板厚情况下传力杆的松动量、传荷能力与作用次数的关系。

（1）板厚为22cm

不同直径传力杆与加载次数关系如图4-94所示。

对不同直径情况下松动量与加荷次数回归，各关系式均为线性关系，见图4-94。对每个关系式中各系数分别进行二次回归，得到22cm板厚情况下松动量与加荷次数、传力杆直径之间的关系，见式(4-7)。

$$l = (-0.0006N - 0.0286)D^2 + (0.0298N + 1.421)D - 0.3604N - 17.145 \quad (4-7)$$

式中：l——传力杆松动量(mm)；
　　　N——加荷次数(万次)；
　　　D——传力杆直径(mm)。

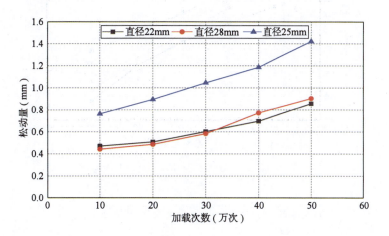

图 4-94　板厚 22cm 时不同直径传力杆的松动量与加载次数关系图

(2) 板厚为 26cm

同理得出松动量与荷载次数、传力杆直径的关系，见式(4-8)。

$$l = (-0.007N + 0.0241)D^2 + (0.4225N - 1.4281)D - 6.3258N + 21.14 \quad (4-8)$$

(3) 板厚为 30cm

松动量与荷载次数、传力杆直径的关系，见式(4-9)。

$$l = (-1.7 \times 10^{-5}N + 0.0023)D^2 + (0.0015N - 0.1654)D - 0.0301N + 3.008 \quad (4-9)$$

4) 传荷能力与荷载作用次数关系

(1) 板厚为 22cm

不同直径传力杆与加载次数关系见图 4-95。

不同直径情况下传荷系数与加荷次数之间的回归关系式均为线性关系。22cm 板厚传荷能力与荷载作用次数、传力杆直径关系，见式(4-10)。

$$L_j = (-0.0021N - 0.0722)D^2 + (0.1042N + 3.7378)D - 1.3691N + 48.724 \quad (4-10)$$

式中：L_j——传荷能力(%)；
　　　N——加荷次数(万次)；
　　　D——传力杆直径(mm)。

(2) 板厚为 26cm

同理可得传荷能力与加载作用次数、传力杆直径的关系，见式(4-11)。

$$L_j = (0.0002N - 0.03)D^2 - (0.0165 + 1.9)D + 0.197N + 126.55 \quad (4\text{-}11)$$

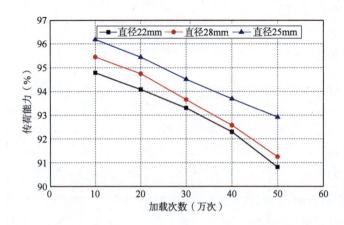

图 4-95　板厚 22cm 时不同直径传力杆的传荷系数与加载次数关系图

(3) 板厚为 30cm

传荷能力与加载作用次数、传力杆直径的关系,见式(4-12)。

$$L_j = (0.0002N - 0.0275)D^2 + (-0.0118N + 1.79)D + 0.162N + 66.02 \quad (4\text{-}12)$$

接缝传荷性能的衰变与传力杆的直径、长度以及板厚和荷载次数有关,通过以上接缝传荷性能的疲劳试验可知:

(1) 在传力杆长度相同的情况下,随着传力杆直径的增大,接缝传荷能力的初始值先增加,后降低,当传力杆直径为 25mm 时,接缝传荷能力的初始值最大约为 98%。说明传力杆直径存在一个最佳范围,而不是直径越大越好。

(2) 传力杆长度相同的情况下,在荷载循环作用的过程中,接缝传荷系数大致分为两个阶段,即在荷载作用为 5 万次之前,接缝传荷系数呈快速下降趋势;在荷载作用 5 万次之后,接缝荷载系数变为匀速下降。

(3) 在混凝土板厚相同、传力杆直径相同的情况下,随着传力杆长度的增加,接缝传荷能力的初始值并未发现明显的变化。

(4) 在混凝土板厚相同、传力杆直径相同的情况下,随着荷载次数的增加,接缝传荷系数变化规律相同,经过 50 万次荷载之后,接缝传荷能力基本近似,证明传力杆长度对接缝传荷能力的影响不大。

(5) 在传力杆直径不同的情况下,传力杆上缘混凝土的最大剪应力随传力杆直径的增大而不断减小,并且在传力杆达到 30mm 时减小幅度徒增,传力杆下缘混凝土的最大第一主应力随着传力杆直径的增大存在先增大后降低的趋势,并且在 30mm 直径时,第一主应力达到最大。由此也充分说明了不同厚度下传力杆直径存在最佳范围。

(6) 在传力杆直径和长度不变的情况下,随着混凝土板厚度的增加,传力杆上缘混凝土的最大剪应力有减小趋势,但减小幅度不大,传力杆下缘混凝土最大第一主应力也逐渐减小,减小幅度也不大,说明在标准荷载下面板厚度对最大剪应力的影响不大。

(7) 传荷系数随着加载次数的增加而降低,传力杆直径不同,在板厚相同的情况下,初始传荷系数不同,经过 50 万次加载后,传荷系数降低有所不同,但也并不是传力杆直径越大,传荷系数降低程度越低,这也证明了传力杆直径存在着最佳范围。

4.6 轻型交通水泥混凝土路面

4.6.1 轻型交通的定义

轻型交通的定义在世界各地没有一个统一的标准,如美国阿肯色州定义为低交通量为每日交通量为 500 辆以下,而得克萨斯州定义为日交通量(Average Daily Traffic)小于 3000 辆,设计周期内累计当量轴载作用次数小于 1×10^6 次,使用年限末期服务水平为 2.0~2.5。

4.6.2 轻型交通水泥混凝土铺面的设计方法

轻型交通路面的设计方法却一直让人迷惑,如果路面设计时只能承受较低的应力水平,那么这种路面就非常不适合使用疲劳准则设计方法来进行设计。对于轻型交通路面,最主要的是要根据交通的组成和路基的承载能力来进行路面设计。比利时根据乡村道路的功能对道路进行了划分,例如农场道路、林场道路、旅游道路或者是否对公共交通车辆或者重交通开放的道路等等。美国不同地区定义的标准不同,如伊利诺伊州按低交通量的道路来设计,而后来却发现很多时候承载能力并不能满足使用要求,进而阿肯色州交通厅开始使用 AASHTO 的标准道路设计方法,见表 4-30。在美国本土(除夏威夷和阿拉斯加以外)的 48 个州中,37 个州采用与 AASHTO 常规路面的设计方法。

美国各州低等级公路的定义方法(辆)　　　表 4-30

所 在 州	定 义 方 法	所 在 州	定 义 方 法
伊利诺伊州	日交通量小于 400	明尼苏达州	日交通量小于 1000
密苏里州	日交通量小于 1000,卡车小于 100	威斯康星州	日交通量小于 400

伊利诺伊州将轻型交通按照四级公路设计,设计年限为 15~20 年。而土基的承载力等级 LVR 是设计当中非常重要的参数,并用地基反应系数来表征。而对于四级道路,预估地基反应系数的流程却很简单。对于四级公路的厚度设计,所需要的参数仅限于交通信息(重型载货汽车的比例)和临界地基模量,一旦这些参数被确定,路面的最小厚度、基层和底基层的推荐类型就可以从提供的设计表格当中提取。同时还提供了一些基本的最小值。

比利时根据加州承载比(CBR)来确定地基反应模量。

$$E_s = 10 \times CBR \tag{4-13}$$

尽管这种方法可能存在误差,但是不失为一种较为简便的估算方法。

交通荷载等效标准轴载作用次数可以估计为:

$$ESAL = V_{AC} \times 300 \times a \times c \times T \tag{4-14}$$

式中:ESAL——等效标准轴载次数;

a——交通荷载中轴重超过3.5t的车辆比例;

c——累积系数,可计算为 $c = \dfrac{(1+i)^d - 1}{i}$;

i——年度交通增长率;

d——设计年限;

T——轴载系数,可计算为 $T = \bar{n} \sum f_i \left(\dfrac{P_i}{P_0}\right)^m$;

n——车辆的平均轴数;

f_i——轴重为 P_i 所占比例;

P_0——标准轴载。

设计参数的确定如图4-96所示。

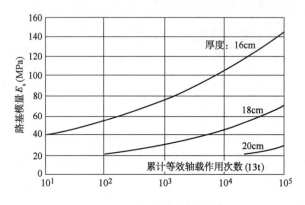

图4-96　设计参数的确定

交通荷载特征、建筑材料、路基状况是轻型交通水泥混凝土路面的最重要参数。在美国密苏里州一般普通混凝土路面的厚度为15~17.5cm,基层为10cm的级配碎石,一般不设置底基层;在明尼苏达州,面层的厚度一般为17.5~22.5cm,基层厚度为1~15cm,底基层一般不设置,直接为土基。

4.6.3　小尺寸板受荷开裂分析

我国的《公路水泥混凝土路面设计规范》对接缝长度做出如下规定:普通水泥混凝土面层宜为4~6m,面层板的长宽比不宜超过1.35m。而对于薄层或者超薄罩面的水泥混凝土路面接缝尺寸一般选择为板厚的12到18倍,即一般要求接缝间距小于1.8m,而板的长宽比小于1.25,故被通称为小尺寸板。小尺寸板最早是在薄层水泥混凝土罩面(Thin Whitetopping,厚度为10~20cm)或者超薄层水泥混凝土罩面(Ultra-thin Whitetopping,厚度为5~10cm)工程中应用的,这种路面结构形式一般用在道路的交叉口、公交站台、停车场等场所。

使用小尺寸板可以降低水泥路面的荷载水平和结构层厚度,哈尔滨工业大学的郑翔使用有限元对小尺寸板和常规尺寸板的荷载应力计算发现,使用厚度小于14cm的板块的时候,不同尺寸的混凝土板内主应力水平相差不大,然而随着厚度的增加,小尺寸板块的应力水平下降速度要大于大尺寸的情况,厚度为20cm的3.5m长的板内的应力水平与厚度仅与16cm的

2.0m长的板相当。并且推荐了小尺寸混凝土路面典型结构形式,并且认为由于农村公路上可能出现偶然的重型荷载,认为农村公路的小尺寸板尺寸与结构设计还应验算板的极限疲劳破坏。可见,无论是新修建工程还是加铺工程,小尺寸板和普通水泥混凝土板一样都对路面的厚度的影响十分敏感,云南省地方标准《农村公路典型路面结构设计与施工技术指南》对轻型交通的定义为一个车道上的标准累计当量轴次小于 3×10^6 时,水泥路面的厚度设计为 19 ~ 21cm。而云南省农村公路调研发现,云南省对弹石路面改造后的路面宽度基本处于 3.5 ~ 7m,而单车道宽度一般为7m,水泥混凝土面层板块的尺寸一般为 4m×3.5m,而根据计算应用 2m×1.75m 的板可以降低路面厚度 3 ~ 5cm。

采用ISLAB2000软件,用于计算刚性路面在荷载和温度作用下的应力和弯沉。根据实际工程调研的结果,水泥路面的厚度设定为20cm,其他参数见表4-31。

主要计算参数 表4-31

参　数	单　位	值	参　数	单　位	值
板厚	cm	20	地基反应系数	MPa/m	27
碎石调平层	cm	10	面层泊松比		0.15
水泥混凝土弹性模量	MPa	30000	基层泊松比		0.25
基层弹性模量	MPa	3000	轴重	kN	100

为了分析小尺寸板在农村轻型交通公路上应用的可行性,分别选择4m与4.5m两种路面宽度,每种路面宽度分别采用如表4-32所示的4种路面板块划分方法。

板块几何尺寸划分方案(m) 表4-32

路面宽度	编　号	横向布置	纵向间距
4.5	A1	4.5×1	5.0
	A2	2+2.5	3.0
	A3	2.25×2	2.5
	A4	1.4+1.7+1.4	2.0
	A5	1.25+1×2+1.25	1.25
4.0	B1	4×1	4.5
	B2	2+2	2.5
	B3	1.2+1.6+1.2	1.8
	B4	1×4	1.25

荷载使用板角和板中两种加载方式,加载位置如图4-97所示。

分别计算4.5m宽路面在A1 ~ A5共5种路面划分形式和4m宽度路面B1 ~ B4共4种路面划分方式在荷载作用下不同位置的荷载应力,应力的计算结果见图4-98和图4-99。其中,SLB-m为板中加载时,板底位置的纵向拉应力;STB-m为板中加载时,板底位置的横向拉应力;SLT-c为板角加载时,板顶位置的纵向拉应力;SLB-c为板角加载时,板底位置的横向拉应力。

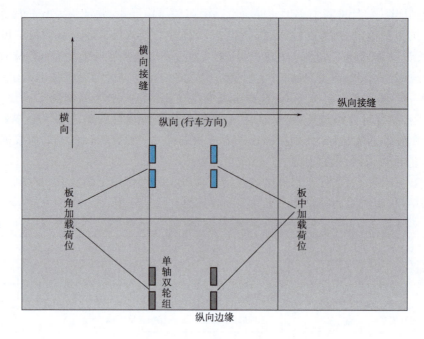

图 4-97 ISLAB2000 加载位置

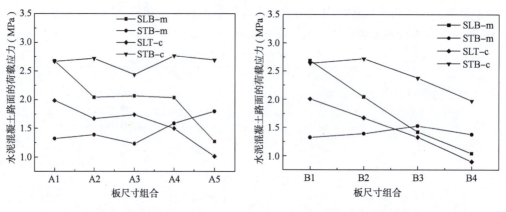

图 4-98 4.5m 宽路面荷载应力计算 　　　　图 4-99 4m 宽路面荷载应力计算

随着板尺寸的减少，板中各个位置的荷载应力均有不同程度的减小，减小水泥路面板的尺寸对降低荷载应力有显著作用；使用大板（4m 或 4.5m）时，板中加载引起的纵向拉应力（SLB-m）与板角加载引起的板底位置的横向拉应力（STB-c）相当，而随着板尺寸的减小，SLB-c 的减小幅度明显小于 SLB-m，使得板角位置的横向拉应力成为小尺寸板的临界荷位，进而水泥路面的角隅开裂或者从横向接缝位置开始的纵向开裂成为小尺寸板的主要开裂模式。

4.6.4 小尺寸板基层抗冲刷破坏分析

为研究减小尺寸对水泥混凝土板使用性能的影响，美国的学者们也开始研究小尺寸板较之常规尺寸板的技术优势。美国普通接缝式水泥混凝土路面一般设置尺寸为约 3.6m × 4.5m。由于较小尺寸板的技术优势（降低应力水平）和经济优势（降低路面厚度），所以美国将这种路面形式称作"薄层水泥混凝土路面"(Thin Concrete Pavement)或者"优化尺寸水泥混凝土板",美国伊利诺伊大学测试了 1.8m×1.8m 的 10cm、15cm 和 20cm 的混凝土板在沥青基层、级配碎石基层上的使用性能。通过使用足尺加载试验发现:在级配碎石基层上的 20cm 厚的板在出现破坏之前的荷载作用次数是 15cm 厚板的 3 倍,而作用在沥青基层上的 6cm 厚的板的疲劳寿命与碎石基层上 20cm 厚板的寿命相当,是 10cm 厚板的 7.5 倍,以上观测数据说明,对于薄层水泥混凝土路面而言,厚度仍然是水泥混凝土路面设计的最重要因素;而基层对于面层的支撑作用是水泥路面能否达到预定使用寿命的关键因素。对美国明尼苏达州 UTW 试验路的研究发现,由于 1.2m×1.2m 的板会在行车轮迹带上有纵向接缝,所以过小的尺寸的板的使用效果并不是十分理想。由于尺寸变小和板厚降低的影响,混凝土板的弯沉将大大增加,路面出现基层冲刷和唧泥的概率增加,因此降雨量会显著影响水泥路面的使用性能。基层的透水和抗冲刷能力在保证小尺寸板使用寿命上的作用十分显著。在有积水存在的条件下,荷载作用在混凝土路面板上,混凝土板的弯沉将对基层产生冲刷泵吸作用,造成基层的冲刷损伤。在一定降水条件下,混凝土板角位置发生的弯沉是预测基层发生冲刷脱空的主要因素。

降水作用时,在车辆荷载作用下,水泥混凝土板发生弯沉变形,对路面基层或者路面产生泵吸作用,基层或路基会产生损伤,并发生脱空,使得水泥混凝土板失去稳定支撑作用,路面板中的应力将较均匀支撑条件下大幅提升。当考虑基层和路面的损伤作用对刚性路面的影响的时候,简单减小板块尺寸,降低混凝土板中的应力,并不意味着路面使用性能的提高。如果路面的排水不畅,降水作用下,路面失去稳定的支撑,水泥混凝土路面的破坏水平将大大增加。根据变形能的计算结果,使用小尺寸水泥混凝土路面时,板块大于 2.0m 时,板角加载的变形能较 2.0m 以下的板块增幅并不明显,因此建议使用小尺寸水泥混凝土路面板的接缝间距不宜小于 2m,以减少基层发生冲刷脱空的概率,也即小尺寸板的板块划分并非越小越好,而应综合考虑路面结构受荷载作用与基层发生冲刷破坏的可能。

本章参考文献

[1] 王大鹏,窦文利,傅智,等.碎石层缓冲差异沉降模拟试验研究[J].公路交通科技,2008.

[2] 王大鹏.多年冻土区水泥混凝土路面材料性能及结构对策研究[D].南京:东南大学,2008.

[3] 李金凤,田波,牛开民.基层开裂状态下水泥混凝土路面结构应力试验分析[J].公路交通科技,2012,09.

[4] 何璐,田波,权磊,等.水泥混凝土土工布隔离层剪切与排水性能研究[J].公路交通科技,2015,09.

[5] 彭鹏.设传力杆的水泥混凝土路面接缝工作性能研究[D].北京:交通运输部公路科学研究所,2009.

[6] 彭鹏,田波,权磊,等.传力杆位置探测与传荷能力影响分析[J].公路交通科技,2015,08.

[7] 田波,牛开民,等.基于耐久性的水泥混凝土路面结构技术研究[R].北京:交通运输部公路科学研究所,2007.

[8] 凌海宇,田波,何哲,等.不同施工方式对传力杆空间位置影响及接缝应力分析[J].公路,

2018,03.
[9] 彭鹏,田波,牛开民.水平安装误差时传力杆工作性能研究[J].公路交通科技,2011,06.
[10] 张擎,田波,等.水泥混凝土路面材料与结构耐久性研究[R].西安:长安大学,2011.
[11] FHWA. Report on the 1992 U.S. Tour of European Concrete Highways: US TECH[R]. 1992.
[12] Josef Eisenmann, Guenther Leykauf. BetonKalender. [M]Ernst & Sohn 2007.

第 5 章　连续配筋混凝土铺面结构分析与早期裂缝

5.1　连续配筋混凝土铺面结构分析

5.1.1　荷载应力

Westergaard 建立了刚性路面在 Winkler 地基上板角加载时的方程，之后 Ioannides 对 Westergaard 的方程进行了修正，这一解析解提供了圆形和半圆形两种加载形式时，荷载应力的解析解形式为：

$$\sigma_{e(c)} = \frac{3(1+\mu)P}{\pi(3+\mu)h^2}\left[\ln\left(\frac{Eh^3}{100ka^4}\right) + 1.84 - \frac{4\mu}{3} + \frac{1-\mu}{2} + \frac{1.18(1+2\mu)a}{l}\right] \quad (5\text{-}1)$$

$$\sigma_{e(s)} = \frac{3(1+\mu)P}{\pi(3+\mu)h^2}\left[\ln\left(\frac{Eh^3}{100ka^4}\right) + 3.84 - \frac{4\mu}{3} + \frac{(1+2\mu)}{2l}\right] \quad (5\text{-}2)$$

一般情况下，水泥混凝土的泊松比默认值为 0.15，那么式(5-1)和式(5-2)可以改写为：

$$\sigma_{e(c)} = \frac{0.803P}{h^2}\left[4\lg\left(\frac{l}{a}\right) + 0.666\left(\frac{a}{l}\right) - 0.034\right] \quad (5\text{-}3)$$

$$\sigma_{e(s)} = \frac{0.803P}{h^2}\left[4\lg\left(\frac{l}{a}\right) + 0.282\left(\frac{a}{l}\right) + 0.650\right] \quad (5\text{-}4)$$

式中：P——荷载的大小；

　　　a——荷载的半径；

　　　$\sigma_{e(c)}$——圆形加载条件下的板底应力；

　　　$\sigma_{e(s)}$——半圆形加载条件下的板底应力；

　　　l——相对刚度半径；

　　　μ——混凝土泊松比；

　　　h——板厚；

　　　E——混凝土模量。

刚性路面的相对刚度半径 l 由式(5-5)确定：

$$l = \sqrt[4]{\frac{Eh^3}{12(1-\mu^2)k}} \quad (5\text{-}5)$$

式中：μ——混凝土的泊松比；

　　　k——地基反应模量(MPa/m)。

当荷载的位置固定,在路面板某一位置最终得到应力和应变的 Westergaard 解可以表示为:

$$\sigma^* = \frac{\sigma h^2}{P} = f(a,l) \tag{5-6}$$

式中:σ^*——无量纲应力;

P——车辆荷载(kN);

a——分布荷载的半径(m)。

由于 Westergaard 解析解是建立在无限尺寸板的假设基础上的,因此在实际分析刚性路面结构受力的时候,刚性路面板的尺寸等因素也对路面的受力有着非常重要的影响。影响连续配筋混凝土路面(CRCP)荷载应力的因素包括:

(1)CRCP 的路面结构参数,包括面层和基层的厚度、弹性模量、泊松比等。

(2)基层与面层之间的接触条件。

(3)路面横向裂缝的间距。

(4)横向裂缝位置的传荷能力。

(5)车道宽度以及车道之间的传荷能力。

(6)路肩的形式以及路肩与 CRCP 之间的传荷能力。

(7)路基的刚度。

(8)荷载的大小、轴型和加载位置。

研究者发现,开裂的间距和横向裂缝位置的传荷能力对板顶位置的拉应力有着十分显著的影响。

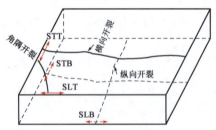

图 5-1 应力位置与开裂模式
SLB-纵向板底;SLT-纵向板顶;STT-横向板顶;
STB-横向板底

当短的开裂间距和较低的传荷能力相耦合的时候,混凝土板顶位置横向拉应力值达到最大,不同应力位置对刚性路面开裂形式的影响见图 5-1,CRCP 发生冲断的风险也最大。

根据冲断的发生机理,实际上冲断是 CRCP 板在车辆荷载作用下发生的在板底纵向开裂,因此如何预防纵向开裂和如何预防基层发生冲刷损伤都是防止发生冲断发生的重要措施。

5.1.2 传荷能力弱化模型

如图 5-2 所示,随着开裂间距变短或者传荷能力降低,水泥混凝土板块变小的时候,水泥混凝土板顶的拉应力将增大。而当板块保持足够高的传荷能力的时候,相邻板之间能够协同工作,水泥混凝土的应力将会大幅度减小。服役过程中,受到荷载应力的影响,相邻板块之间的传荷能力会不断降低,Zollinger 等发展了传荷能力弱化的预测模型。

CRCP 的传荷能力主要依靠集料之间的嵌挤作用,横向裂缝位置传荷能力的确定主要依据 Zollinger 在 Ioannides 和之前工作的基础上确定的新公式,见式(5-7)。

$$LTE = 100\left\{\frac{1}{1 + \lg^{-1}\left[\left(0.214 - 0.183\frac{a}{l} - \lg(J_c) - R\right)/1.18\right]}\right\} \tag{5-7}$$

式中:a——荷载作用面积的半径(cm);

l——混凝土板的相对刚度半径(cm);

J_c——横向裂缝的刚度;

R——钢筋作用传力系数,根据纵向钢筋的直径确定(16mm:0.5,19mm:1.0,22mm:1.5)。

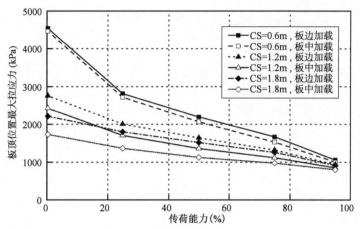

图 5-2 开裂间距和传荷能力对板顶位置拉应力的影响

$$\lg(J_c) = aq^{-\exp\left(\frac{J_s-b}{c}\right)} + dq^{-\exp\left(\frac{s-e}{f}\right)} + gq^{-\exp\left(\frac{J_s-b}{c}\right)} \cdot q^{-\exp\left(\frac{s-e}{f}\right)} \tag{5-8}$$

式中: s——无量纲抗剪切能力,由式(5-9)确定;

$a、b、c、d、q、f、g$——参数,取值分别为 $-2.2、-11.26、7.56、28.85、0.035、0.038$ 和 49.8。

J_s——路肩或者道路纵向接缝的刚度。

抗剪切能力的确定基于 Zollinger 提出的集料嵌挤的磨损模型:

$$s_i = s_{0i} - \sum_{i=1}^{i-1}(0.069 - 2.75 \cdot e^{-cw_i/h_{\text{PCC}}})\left(\frac{n_i}{10^6}\right)\left(\frac{\tau_i}{\tau_{\text{ref}}}\right) \tag{5-9}$$

式中: s_i——第 i 个时间增量时裂缝的抗剪切能力;

s_{0i}——第 i 个时间增量时的抗剪切能力,由式(5-10)确定;

cw_i——第 i 个时间增量时的裂缝宽度(mm);

h——水泥混凝土板的厚度(mm);

n_i——第 i 个时间增量时的累计当量单轴荷载的数目(基于基层损伤);

τ_i——裂缝位置的剪应力(MPa);

τ_{ref}——根据波特兰水泥协会试验结果确定的剪应力参考值(MPa)。

根据裂缝宽度确定的裂缝抗剪切能力,可以表示为:

$$s_{0i} = \left(\frac{7.9h^2}{9000}\right)^{0.723} \cdot e^{-\left(\frac{0.039cw_i}{D_N}\right)} \tag{5-10}$$

式中: D_N——粗集料的公称最大粒径(mm)。

剪切应力和剪应力参考值可分别由式(5-11)和式(5-12)计算:

$$\tau_i = \delta_i J_c \tag{5-11}$$

$$\tau_{\text{ref}} = 111.1 \cdot s_{\text{PCA}} \tag{5-12}$$

$$s_{\text{PCA}} = 0.0848 - 0.000264\ln(J_c) + 0.0188\ln(J_c) - 0.006357\exp(-J_c) \tag{5-13}$$

式中：δ_i——使用人工神经网络确定的混凝土板弯沉最大值(mm)。

5.1.3 CRCP 的温度应力

Westergaard 提出的计算公式是基于板尺寸为无限大，且温度场为线性分布的假设。1938年，Bradbury 根据不同板尺寸的温度应力修正关系，给出路面横向 x 与纵向 y 的应力分别为：

$$\sigma_{\text{linear\_}x} = \frac{\alpha E \Delta T_{\text{eq}}}{2} \cdot (C_x + \mu C_y) \tag{5-14}$$

$$\sigma_{\text{linear\_}y} = \frac{\alpha E \Delta T_{\text{eq}}}{2} \cdot (C_y + \mu C_x) \tag{5-15}$$

式中：C_x 和 C_y——Bradbury 修正系数：

$$C_i = 1 - \frac{2\cos\lambda_i \cosh\lambda_i (\tan\lambda_i + \tanh\lambda_i)}{\sin 2\lambda_i + \sinh 2\lambda_i} \tag{5-16}$$

$$\lambda_i = \frac{L_i}{\sqrt{8}\, l} \tag{5-17}$$

式中：L_i——开裂间距。

当考虑 Bradbury 修正以后，混凝土板的尺寸对温度应力的影响就变得十分显著，见图 5-3。CRCP 的平均开裂间距一般会小于 1.8m，而横向的宽度为一个车道（设为 3.75m），那么在不同的方向上温度应力的修正系数就会有很大差异，如图 5-3 所示，当板尺寸小于 1.8m 时，纵向（沿行车方向）的温度应力修正系数小于 0.03；而当假设路面板长为 3.75m 时，横向的温度应力修正系数为 0.38 左右，二者相差百倍，因此温度应力对 CRCP 的纵向开裂，也即冲断，有着更为显著的影响。

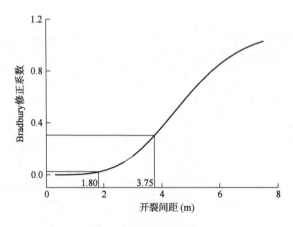

图 5-3 Bradbury 修正系数

Choubane 和 Tia 却发现，实际水泥混凝土铺面的温度场是非线性的，温度梯度可以用一个沿深度 z 方向的一元二次函数来表示，即：

$$T(z) = A + Bz + Cz^2 \tag{5-18}$$

$$A = T_m \tag{5-19}$$

$$B = \frac{T_b - T_t}{h} \tag{5-20}$$

$$C = \frac{2(T_b + T_t - 2T_m)}{h^2} \tag{5-21}$$

式中：T_b、T_m、T_t——混凝土板底、板中和板顶的温度值。

考虑水泥混凝土铺面内温度梯度的非线性将显著提高水泥混凝土内的残余应力水平，Hansen 提出了一种基于非线性温度梯度的温度应力计算流程。如图 5-4 所示，水泥混凝土板内的温度分布分为轴向的均匀分布、线性翘曲和非线性温度场的自平衡三部分。

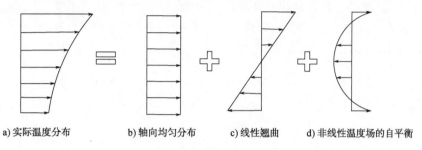

a) 实际温度分布　　b) 轴向均匀分布　　c) 线性翘曲　　d) 非线性温度场的自平衡

图 5-4　温度分布的组成

水泥混凝土铺面内的温度场分布为非线性，考虑硬化温度梯度可以更准确地计算水泥混凝土铺面内的硬化温度水平。

根据 Mohamed 和 Hansen 提出的非线性温度应力计算方法进行改进，见图 5-5，混凝土内的残余应力可以表示为式(5-22)。

$$\sigma_{res} = \frac{E}{1-\mu}\left[-\varepsilon(z) + \frac{12M^*}{h^3}(z) + \frac{N^*}{h}\right] = \frac{\alpha E}{1-v}\left[-T(z) + \frac{12TM^*}{h^3}(z) + \frac{TN^*}{h}\right] \tag{5-22}$$

式中：M^* 和 N^*——只依赖于温度分布曲线的常量。

$$N^* = \int_{-h/2}^{h/2} \varepsilon(z)\,dz \tag{5-23}$$

$$M^* = \int_{-h/2}^{h/2} \varepsilon(z)z\,dz \tag{5-24}$$

因此：

$$TN^* = \int_{-h/2}^{h/2} T(z)\,dz \tag{5-25}$$

$$TM^* = \int_{-h/2}^{h/2} T(z)z\,dz \tag{5-26}$$

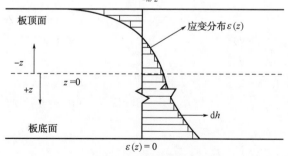

图 5-5　温度矩的计算

等效线性温度差为:

$$\Delta T_{eq} = -\frac{12TM^*}{h^2} \tag{5-27}$$

5.1.4 等效板的概念

由于基层的存在,如果要确定混凝土板的应力,就需要将基层与混凝土板等效为一块板,而基层与路面板之间的等效方法也被 AASHTO 2002 力学经验设计指南采用。基层与混凝土板之间的接触状态目前考虑为两种,如果基层与混凝土板之间是紧密结合的,那么混凝土板的等效厚度 h_{eff} 由 Ioanindes 提出的公式来确定。

$$h_{eff} = h_{e-b} = \left\{ h_1^3 + \frac{E_{base}}{E_{PCC}} h_{base}^3 + 12\left[\left(x_{na} - \frac{h}{2}\right)^2 h_1 + \frac{E_{base}}{E_{PCC}} \left(h_{PCC} - x_{na} + \frac{h_{base}}{2}\right)^2 h_{base} \right] \right\}^{\frac{1}{3}} \tag{5-28}$$

式中:x_{na}——混凝土板中性轴的深度,由式(5-29)确定。

$$x_{na} = \frac{E_{PCC} h_{PCC} \dfrac{h_{PCC}}{2} + E_{base} h_{base} \left(h_{PCC} + \dfrac{h_{base}}{2}\right)}{E_{PCC} h_{PCC} + E_{base} h_{base}} \tag{5-29}$$

而如果板基层之间是无黏结、完全滑动的,那么混凝土板的等效厚度可按式(5-30)计算。

$$h_{eff} = h_{e-u} = \sqrt[3]{h_{PCC}^3 + \frac{E_{base}}{E_{PCC}} h_{base}^3} \tag{5-30}$$

式中:h_{e-u}——黏结或滑动状态下板的等效厚度(mm);

E_{PCC}——水泥混凝土的弹性模量(MPa);

E_{base}——基层材料的弹性模量(MPa);

h_{PCC}——混凝土板的厚度(mm);

h_{base}——基层的厚度(mm)。

(1)等效板概念下的荷载应力与温度应力

如果 CRCP 只受到荷载应力的作用(不考虑翘曲应力),那么混凝土板的应力可以根据等效板应力来确定。

$$\sigma_{PCC} = \frac{h_{PCC}}{h_{eff}} \sigma_{eff} \tag{5-31}$$

式中:σ_{PCC}——混凝土板顶的拉应力;

σ_{eff}——等效板板顶的拉应力。

如果板内的温度分布函数为 $T(z)$ 时,而其硬化时的温度为 $T_0(z)$,而当 a 与 b 两块板的平面尺寸、弯曲刚度、自重、边界条件都一致,并且作用在相同的地基上面,那么板内的弯矩将满足如下公式:

$$\int_{h_a} E_a(z)\alpha_a(z)[T_a(z) - T_{0,a}(z)]z\mathrm{d}z = \int_{h_b} E_b(z)\alpha_b(z)[T_b(z) - T_{0,b}(z)]z\mathrm{d}z \tag{5-32}$$

式中：α——混凝土的热膨胀系数；

z——距离中性轴的位置；

T_0——水泥混凝土硬化时刻的温度。

根据式(5-32)的关系，就可以将双层的水泥混凝土板等效为单层进行分析，那么当板顶和板底的温度分别为 T_{top} 和 T_{bot} 时，那么水泥混凝土板中等效的 ΔT_{eff} 温度差为：

$$\Delta T_{\text{eff}} = \frac{h_{\text{PCC}}^2}{h_{\text{eff}}^2} \times (T_{\text{top}} - T_{\text{bot}}) \tag{5-33}$$

当考虑混凝土板内的温度差为非线性的时候，最终水泥混凝土板顶位置的拉应力可以计算为：

$$\sigma_{\text{PCC}} = \frac{h_{\text{PCC}}}{h_{\text{eff}}} \sigma_{\text{eff}} - \frac{\alpha_{\text{PCC}} E_{\text{PCC}}}{1 - \mu_{\text{PCC}}} \times \left[\frac{T_{\text{top}} + T_{\text{bot}} - 2T_m}{3} + \frac{h_{\text{eff}}^3 - h_{\text{PCC}}^3}{2 \times h_{\text{eff}}^3} (T_{\text{top}} - T_{\text{bot}}) \right] \tag{5-34}$$

（2）等效 CRCP 概念

对于与冲断破坏紧密相关的混凝土板顶位置拉应力的确定，当 CRCP 满足如下条件时，两个路面系统 1 和 2 中的板顶位置拉应力直接相关：

$$l_1 = l_2 \tag{5-35}$$

$$L_1 = L_2 \tag{5-36}$$

$$V_1 = V_2 \tag{5-37}$$

$$\phi_1 = \phi_2 \tag{5-38}$$

$$\frac{\text{AGG}_1}{k_1 l_1} = \frac{\text{AGG}_2}{k_2 l_2} \tag{5-39}$$

$$\frac{P_{\text{a},1}}{h_{\text{PCC},1} \gamma_{\text{PCC},1}} = \frac{P_{\text{a},2}}{h_{\text{PCC},2} \gamma_{\text{PCC},2}} \tag{5-40}$$

$$s_1 = s_2 \tag{5-41}$$

式中：V——板底脱空的宽度；

L——开裂间距；

P_a——轴重；

γ_{PCC}——水泥混凝土的密度；

s——板边到轴载边缘的距离；

AGG——集料嵌挤系数。

ϕ 为克列涅夫无量纲温度梯度，可以表示为：

$$\phi = \frac{2\alpha(1+\mu)l^2}{h^2} \frac{k}{\gamma} \Delta T \tag{5-42}$$

为了能够拥有足够准确的预测能力，Lev Khazanovich 等使用 ISLAB 2000 软件计算了 46800 次，创建了人工神经网络的计算数据库。其中，板厚设定为 254mm、泊松比设为 0.15、混凝土的密度设为 2410kg/m³、混凝土的热膨胀系数设为 3.1×10^{-6}/℃。其他参数的范围可按表 5-1 中参数取值。

人工神经网络培训的参数取值　　　　　　　　表 5-1

参　　数	取 值 范 围	参　　数	取 值 范 围
开裂间距(m)	0.305、0.61、0.915、1.525	轴重(kN)	0 ~ 30.1
地基反应系数(MPa/mm)	571 ~ 2032	荷载距离板边距离(mm)	0 ~ 457
温度(℃)	0 ~ 50	脱空宽度(mm)	0 ~ 915

传荷能力 LTE 指的是混凝土板在受外力作用时,相邻板的弯沉 δ_1 与加载板弯沉 δ_2 之比,即:

$$LTE = \frac{\delta_1}{\delta_2} \times 100\% \tag{5-43}$$

CRCP 之所以拥有卓越的使用性能,是因为在钢筋的约束作用下,混凝土板裂缝位置的开裂宽度得到了有效的控制,使得板与板之间保持了较高的传荷能力,因此混凝土板中的应力大大减小。输入准确的板之间的传荷能力,是准确预测水泥混凝土板顶位置拉应力的一个关键因素,传荷能力 LTE 与集料嵌挤系数之间的关系为:

$$LTE = \frac{1}{0.01 + 0.012 \times \left(\frac{AGG}{kl}\right)^{-0.849}} \tag{5-44}$$

传荷能力的取值范围为 0 ~ 95%,轴载重取为 0 ~ 30.1kN,荷载距离板边的距离为 0 ~ 457mm,脱空的宽度取值为 0 ~ 0.915m。

使用 ISLAB 2000 计算,并使用 MS-HARP 人工神经网络树进行板顶位置拉应力的计算,解决了 CRCP 的板顶位置拉应力影响因素众多,而依赖有限元软件计算效率又较低,不便于工程技术人员使用的弊端。由于在人工神经网络培训之前就使计算参数有一个足够涵盖常规路面使用参数的取值范围,使得人工神经网络足够发达,预测能力满足使用要求,并且大量的前期计算结果也保证了预测结果的准确性。美国使用人工神经网络的办法来确定复杂因素影响下路面结构的力学响应,结合有限元与人工神经网络技术,利用了有限元方法强大的计算能力和更加准确的计算结果,从而摆脱长期以来依赖解析解公式带来的较大误差和计算参数选取的局限性(一般情况下,为能够建立解析解,不得不简化很多条件,并舍掉可能带来较大误差的尾项)。

5.2　CRCP 早期开裂影响因素

在路面工程领域,一直对混凝土"早期"的定义较为模糊。借鉴混凝土材料科学领域对混凝土成型发展阶段的统一定义,按照水泥水化进程分为以下 4 个阶段:

(1)塑性阶段。即从混凝土浇筑完成开始至终凝完成的时段,对普通混凝土一般 6 ~ 12h。该阶段中,混凝土仍处于塑性流变阶段,水化反应剧烈,物理化学性质都极不稳定,体积变化比较强烈。

(2)早前期阶段。一般认为 12h(终凝完成后)至 72h 的时段。该阶段中,水化过程过半,混凝土内部形成了基本的微观结构体系,强度和刚度发展也极为迅速。

(3)早期阶段。一般认为 72h ~ 90d 以内的时段。该阶段中,水化过程基本结束,混凝土的强度刚度发展减缓,趋于成熟。

(4)成熟阶段。一般指 90d 以后的时段。该阶段中,仍有极微弱的水化过程继续,混凝土强度和刚度的发展达到稳定状态,属于通常讨论的结构混凝土的普通性质范畴。

所谓"混凝土早期裂缝",主要针对早前期阶段和早期阶段两个主要阶段所形成的横向裂缝而言。此时伴随水泥水化过程的进行,混凝土微观结构逐步形成,内部温度、湿度场分布也在随龄期发生变化,从而引起温缩变形、干缩变形等一系列体积变形。

5.2.1 CRCP 早期开裂机理

连续配筋混凝土铺面横向裂缝的形成可以分为两个阶段:第一阶段是从路面摊铺开始至养护结束后开放交通,这一阶段混凝土的变形主要包括浇筑初期的凝缩变形、混凝土硬化时的干缩变形及温度下降所引起的温缩变形等。第二阶段为开放交通之后,这一阶段路面的开裂行为主要表现在原有裂缝宽度的增加和少量新裂缝(7% 的裂缝)的产生。连续配筋混凝土铺面的大部分裂缝是在第一阶段混凝土收缩显著时产生的,由于此阶段混凝土铺面硬化时的体积收缩丧失导致混凝土铺面产生干缩,使路面产生较大的干缩变形;同时,由于此阶段混凝土的水化作用和与空气之间不断的热交换使得混凝土铺面与外界产生较大的温差,导致混凝土铺面产生较大的温度变形。连续配筋混凝土铺面由于不设置伸缩缝而在纵向设置连续的钢筋,加上基层对路面板的摩擦阻力,使得路面的干缩和温缩变形受钢筋和地基的约束从而使混凝土受到拉应力作用。早期混凝土抗拉强度相对较低,当混凝土所受拉应力达到其极限抗拉强度时,路面就会产生横向裂缝。第二阶段路面在行车荷载作用下受到的荷载应力,引起原有的裂缝宽度增加或者产生少量宽度很小的新裂缝。因此,环境荷载应力(如温度应力与干缩应力)作用下路面的早期横向开裂是连续配筋混凝土早期裂缝的主要原因。

沿着连续配筋混凝土铺面的行车方向,各截面的混凝土实际抗拉强度随机分布,并不均匀。如图 5-6 所示,假设 A-A 截面处的混凝土抗拉强度最小,为路面的最弱截面。当路面结构所处环境温度降低或者混凝土材料发生水化作用时,混凝土结构要发生体积自由收缩变形。如果外界无任何约束,则混凝土铺面将自由收缩,此时混凝土内部有应变、无应力,不出现裂缝。但实际情况下,由于纵向钢筋和混凝土之间的相互作用以及

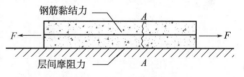

图 5-6　CRCP 开裂机理分析图

面层与基层之间摩阻力等外界约束条件的存在,限制了混凝土铺面的自由变形,导致混凝土内部产生拉应力。随着温缩程度及水化程度的不断加深,混凝土内部拉应力逐渐增加,当拉应力超过路面最薄弱截面的极限抗拉强度时,便会首先在最弱截面处出现第一条横向裂缝。在裂缝出现的截面,钢筋和混凝土所受到的拉应力将发生变化,断面处混凝土退出工作,不再承受拉力,拉应力降低为零,原来由混凝土承担的拉力将转移由钢筋承担,使裂缝截面处的钢筋应力突然增大。

裂缝出现后,整个路面结构受力状态重分布,裂缝附近的混凝土会向裂缝截面两边回缩,在混凝土与钢筋、路面与地基之间产生相对滑移的趋势。混凝土铺面的相对滑移趋势会受到钢筋与混凝土之间的黏结作用和面层与基层之间的摩擦作用的约束,从而使这种趋势和所受到的约束随着与裂缝截面距离的增大而减小,并在距裂缝截面某一距离处减小为零,处于这一

距离以外的混凝土铺面仍然处于未开裂前的状态，由于受力状态重分布，会出现新的薄弱截面，当连续配筋混凝土铺面所受的拉力继续增加时，便会在混凝土拉应力大于极限抗拉强度的薄弱截面出现第二条裂缝。直到混凝土铺面断裂成一块块小尺寸路面板，应力状态趋于稳定，不再出现新的裂缝。此后拉力继续增加只会使原有裂缝延伸与开展，增加原有裂缝的宽度，而几乎很少有新的裂缝出现。连续配筋混凝土铺面的开裂如图 5-7 所示。

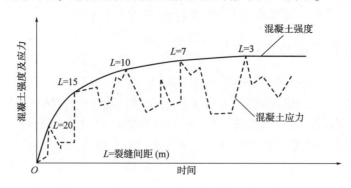

图 5-7　CRCP 开裂模式示意图

从对 CRCP 早期开裂的机理分析可知，影响其早期开裂的因素主要包括混凝土材料性能、钢筋材料性能、环境因素、钢筋混凝土界面黏结作用以及 CRCP 面层与基层间摩阻力作用等五个主要方面因素。路面施工时，由于混凝土等原材料就地取材，混凝土摊铺时的温度、湿度等环境因素又难以控制，故对相对可控的钢筋混凝土黏结作用以及面层与基层间摩阻力这两个主要影响因素展开研究。

混凝土在收缩变形的过程中，受到钢筋和基层两种阻碍作用。混凝土与钢筋、混凝土与基层之间的界面关系，直接影响结构的变形和受力形态。

1) 钢筋与混凝土的黏结作用

黏结-滑移关系是钢筋混凝土结构力学分析中最重要的本构关系之一，是保证钢筋与混凝土共同受力、协调变形的基础。当结构混凝土开裂后，裂缝截面上混凝土退出工作，使钢筋应力增大；钢筋应力沿着纵向发生变化，其表面必有相应的黏结剪切应力分布，使结构达到受力平衡。另外，在钢筋和混凝土的变形方向，应力和应变分布复杂，混凝土主裂缝附近又有大量的微小裂缝，而且影响因素众多，如混凝土抗拉强度、钢筋净保护层厚度、钢筋的埋设深度、钢筋的直径、外形以及钢筋之间的净距等，使得对于黏结与滑移问题的认识还不完全清楚。至今，对钢筋和混凝土的黏结作用已有许多试验和理论研究，但仍不完善，工程设计主要以经验性的试验结果为指导。

钢筋和混凝土之间的黏结剪应力主要由 3 个部分组成：

(1) 混凝土中的水泥凝胶体在钢筋表面产生的化学黏结力或吸附力，其抗剪极限值取决于水泥的性质和钢筋表面的粗糙程度。当钢筋受力变形，发生局部滑移后，黏着力就丧失了。

(2) 周围混凝土对钢筋的摩阻力，在混凝土的黏着力破坏后发挥作用，它取决于混凝土发生收缩或者荷载对钢筋的径向压应力，以及两者之间的摩擦系数等。

(3) 钢筋表面粗糙不平，或变形钢筋凸肋和混凝土之间的机械咬合作用，即混凝土对钢筋表面斜向螺纹的纵向分力。其极限值受到混凝土抗剪强度的控制。

其实,黏结力的3部分都与钢筋表面的粗糙度和锈蚀程度有关,在试验中很难量测和严格区分。而且在钢筋的不同受力阶段,随着钢筋滑移的发展,荷载的加、卸等对各部分的黏结作用也有影响。

国内外很多学者都对这方面进行了研究,也提出了一些重要理论,建立了多种模型,如分段折线模型中的3段式、5段式、6段式等。在确定了若干个黏结应力和滑移的特征值后,以折线或简单曲线相连即构成完整的黏结-滑移本构模型。

也可用连续的曲线方程建立黏结-滑移模型,得到连续变化的、确定的切线或割线黏结刚度值,如 Nilson 提出了一个三次多项式的黏结应力与相对滑移的非线性关系表达式:

$$\tau_s = 9.78 \times 10^2 s - 5.72 \times 10^4 s^2 + 8.35 \times 10^5 s^3 \tag{5-45}$$

式中:τ_s——钢筋与混凝土的黏结应力(N/mm^2);

s——钢筋与混凝土间的相对滑移量(mm)。

但式(5-45)没有考虑到混凝土强度对黏结的影响。Houde 根据拉伸试件的试验结果建立了四次多项式,如式(5-46)所示,其中就考虑了混凝土的强度:

$$\tau_s = (5.3 \times 10^2 s - 2.52 \times 10^4 s^2 + 5.86 \times 10^5 s^3 - 5.47 \times 10^6 s^4)\sqrt{\frac{f_c}{40.7}} \tag{5-46}$$

式中:τ_s——钢筋与混凝土的黏结应力(N/mm^2);

s——钢筋与混凝土间的相对滑移量(mm);

f_c——混凝土抗压强度(N/mm^2)。

这些多段式折线模型如图5-8所示。

清华大学滕智明等根据92个短埋拔出式试件和12个轴拉混凝土试件的试验结果,得出如下关系式:

$$\tau_s = (61.5s - 693s^2 + 3.14 \times 10^3 s^3 - 0.478 \times 10^4 s^4)f_t\sqrt{\frac{c}{d}}F(x) \tag{5-47}$$

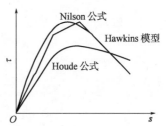

图5-8 多段式折线黏结-滑移模型

式中:τ_s——钢筋与混凝土的黏结应力(N/mm^2);

s——钢筋与混凝土间的相对滑移量(mm);

f_t——混凝土的劈拉强度(N/mm^2);

c/d——混凝土保护层厚度和钢筋直径比;

$F(x)$——黏结刚度分布函数,可按式(5-48)确定;

x——至最接近的横向裂缝的距离(m);

l——裂缝间距(m)。

$$F(x) = \sqrt{4\frac{x}{l}\left(1 - \frac{x}{l}\right)} \tag{5-48}$$

冶金建筑研究总院的试验结论表明,黏结剪应力与相对滑移呈正比例关系,其中黏结阻力系数 k_s 也不是固定常数,而是与配筋率有关,如式(5-49)所示。

$$k_s = \frac{1}{\sqrt{\rho}} \tag{5-49}$$

式中:ρ——纵向钢筋配筋率。

上述部分模型已在钢筋混凝土结构分析中应用。研究表明,在计算裂缝宽度时,采用黏结滑移模型得到的计算结果与试验值符合较好。罗矗认为温度变化引起钢筋与混凝土间的黏结应力小于两者之间的黏结强度,因此在黏结破坏发生之前,黏结应力与滑移量呈线性变化,即钢筋与混凝土间的黏结应力与它们之间的相对滑移量成正比:

$$\tau_s = -k_s(u_c - u_s) \tag{5-50}$$

式中:k_s——钢筋与混凝土间的黏结刚度系数(Pa/m);

u_c——混凝土的位移量(m);

u_s——钢筋的位移量(m)。

几种常见钢筋混凝土本构关系图如图5-9所示。

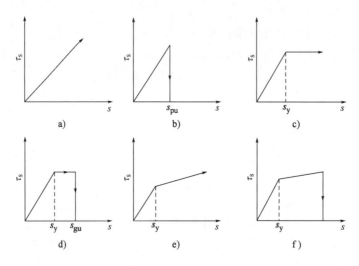

图5-9 钢筋混凝土黏结—滑移本构关系图

2)面层与基层间摩阻力作用

水泥混凝土铺面结构通常分层施工,因此在面层和基层之间会有明显的分界面。温缩性能不同的两层材料在外界温度、湿度季节性变化作用下会在水平方向上发生不同程度的伸缩变形,进而在分界面上产生相对运动或相对运动趋势,层间摩阻力便来自这种层间的相对运动。由于面层与基层接触状况复杂,不同的材料组成与用量对温度变化的敏感性差异较大,导致面层与基层之间的摩阻力比单纯的滑动摩阻力复杂得多。水泥混凝土铺面板与基层的层间摩阻力是研究面板温度应力、接缝间距、板端推移量的重要参数,对水泥混凝土铺面设计具有现实指导意义。

经典的物理学摩阻力模型中,假设摩阻力大小与受力物体的重量呈线性关系,如图5-10所示,这种假设成立的前提是施力物体与受力物体接触界面要满足两个条件:第一,接触面间不能存在黏结作用;第二,接触面不能发生变形。和物理学中经典的摩阻力模型不同,水泥混凝土铺面由于层间结合情况、材料组成复杂,通常认为其层间摩阻力由黏结力、承载力和剪切力组成,如图5-11所示。

影响水泥混凝土铺面层间摩阻力的最主要因素是温度、湿度的变化与界面粗糙程度。混凝土材料在硬化后具有不可塑性,温度、湿度的季节性变化会使混凝土铺面板在水平方向上发生收缩和拉伸变形,而温度、湿度在板厚方向上的梯度变化会使路面板在竖直方向上发生翘曲变形,这两种变形均会破坏原有层间界面黏结特性与粗糙程度,影响路面层间摩阻力。另外,水泥混凝土材料配合比、行车荷载作用也会通过改变界面接触状态从而间接影响层间摩阻力。

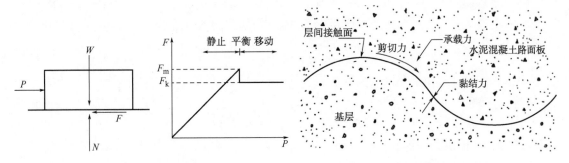

图 5-10 物理学经典摩阻力模型　　　图 5-11 水泥混凝土铺面层间摩阻力组成

当混凝土板与基层接触产生相对位移时,在水平接触面上由于摩擦和黏结阻力,必然产生剪应力,关于混凝土位移与剪应力之间的关系,已有的计算模型有如下几种。

(1)线性模型

王铁梦通过研究认为,长墙地基板混凝土温缩变形与基底剪力和水平位移成正比关系,根据剪切试验结果得到了不同垂直压力条件下混凝土结构与土等材料的比例系数。当混凝土结构位移较小时,即认为地基与面板之间的摩阻力 τ_c 与板的水平位移 u 成正比,如式(5-51)、图 5-12 所示,其比例系数称为地基摩阻系数,记为 k_c,负号表示剪应力方向与水平位移相反。采用线性关系的简化假定,解决了许多工程问题。

$$\tau_c = -k_c u \tag{5-51}$$

(2)分段线性模型

殷宗泽、朱泓等提出了一种土与结构相互作用的刚塑性模型,认为剪应力与相对滑移之间的关系是一种分段线性关系,如图 5-13 所示。当相对滑移较小时,剪应力与相对滑移的增长成正比,但当相对滑移达到某一极限值 u_y 时,剪应力值保持为一常数,如式(5-52)所示。

$$\tau_c = \begin{cases} k_c u & u \leq u_y \\ k_c u_y & u > u_y \end{cases} \tag{5-52}$$

式中:u_y——剪切试验确定的常数。

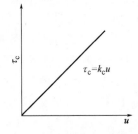 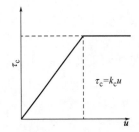

图 5-12 地基摩阻力线性模型　　　图 5-13 地基摩阻力分段线性模型

钟春玲等通过试验研究，验证了二灰碎石基层与 C40 混凝土板之间的滑移-剪应力之间呈良好的分段线性关系，并得到了滑移极限值 $u_y = 2.46\text{mm}$，地基摩阻系数 $k_c = 4.27 \times 10^{-2}\text{N/mm}^3$。Kim 等研究认为当基层上设沥青稀浆封层时，$u_y$ 取 0.7mm。

（3）双曲线模型

钱家欢等基于直剪试验结果提出了双曲线模型，如式（5-53）所示。

$$\tau_c = \frac{u}{a + bu} \tag{5-53}$$

式中：a、b——通过剪切试验确定的常数。

界面摩阻模型构建了层间剪应力与滑移变形之间的二维关系。而摩擦系数是反映层间摩擦力大小的定常参数，从分段线性模型中可知，剪切屈服强度和摩擦系数呈正比关系，剪切屈服强度越大，摩擦系数也越大，反之亦然。但仅根据摩擦系数，不能推导剪切-滑移关系，因为这一关系还取决于极限值的大小。

这几种模型都有特定的适用条件，如线性模型适用于分析变形量较小的结构，分段线性模型适用于分析变形量相对较大的结构，而双曲线模型则更适合于模拟土体的变形特性。

5.2.2 钢筋对混凝土的轴向约束作用

温缩和干缩作用下 CRCP 力学计算主要关心混凝土抗拉强度，该指标可由混凝土直接拉伸试验或间接拉伸试验确定。然而，直接拉伸试验费时费力，难度较大，因此很多学者致力于研究混凝土各种强度之间的关系，根据混凝土其他强度来获得混凝土抗拉强度。Popovics 总结了不同研究人员给出的直接拉伸强度与劈裂强度比值，该比值在 0.41～1.28 范围内，离散性很大；直接拉伸强度与弯拉强度的比值在 0.37～0.77 范围内，离散性也很大。Ahmad 和 Shah 以及美国混凝土协会分别建议了劈裂强度与抗压强度之间的经验公式。AASHTO 2002 设计指南中推荐直接抗拉强度为间接抗拉强度的 0.6～0.7 倍，使用中取 0.67 倍。Jeong 认为混凝土抗拉强度比劈裂强度小 10%～15%。我国采用统计方法得到轴心抗拉强度标准值。

研究钢筋存在对连续配筋混凝土铺面早期开裂的影响，为连续配筋混凝土铺面设计提供依据，基于对直接拉伸试验以及 CRCP 在温缩和干缩作用下的受力状态的符合程度，对不同配筋率、不同配筋形式以及不同龄期的钢筋混凝土试件在轴向拉力作用下的开裂性能进行试验，研究了连续配筋混凝土试件在轴向拉伸作用下，钢筋和混凝土各自的应变状态，以及裂缝产生、发展等连续配筋混凝土铺面的结构行为特性。

对钢筋混凝土试件进行室内轴向直接拉伸试验，对试件的形状和尺寸有着较高要求。以往的研究中，研究人员将试件成型为类似于抗弯拉试件的矩形，在试件两端对混凝土施加拉力进行试验。由于试验夹具和试件之间缺少适当的过渡，容易出现端部应力集中的情况，导致试件中部与端部受力情况差别很大，试件更容易在端部发生破坏，影响试验数据的真实性。为避免由于试件形状和尺寸的原因对试验的影响，有的研究人员尝试将内部埋置的钢筋两端伸出，夹具夹紧钢筋后直接对钢筋施加轴向拉力，这种方法可以较为有效地避免混凝土端部的应力集中现象，但在此试验条件下，钢筋和混凝土之间实际上是由钢筋将试验力通过摩阻作用传递给混凝土，而混凝土处于被动受力的情况。

准确模拟在温缩以及混凝土干缩条件下钢筋混凝土结构的力学行为，将试件设计为"两端粗,中部细"的哑铃形状,通过两端宽大的哑铃形结构,将施加在混凝土试件端部的试验力逐渐过渡并传递给重点考察的试件中部,有效地避免了试件端部应力集中的情况,同时直接对混凝土施加轴向拉力,混凝土材料主动受力,符合路面真实受力状态。试件成型的模具尺寸实物图和尺寸示意图如图5-14和图5-15所示。

图5-14 试件模具实物图　　　　　　　图5-15 试件模具尺寸示意图(尺寸单位:mm)

试件模具由6片钢板通过18个夹扣连接而成,每片钢板可自由拆卸,端部钢板各留有六个圆孔,成型试件时插入膨胀螺栓传递轴向试验拉力。模具左右两个侧模板不同位置开有小孔,为架立钢筋提供支撑。试验时根据试验条件的需要,将不同数量、不同位置的纵向螺纹钢筋绑扎在架立钢筋上,钢筋纵向中部及端部等间距粘贴应变片,然后浇筑混凝土,并按照设计龄期进行标准养护。试件模具端部模板实物图及预埋钢筋模具效果图如图5-16和图5-17所示。

图5-16 试件模具端部模板实物图　　　　　图5-17 预埋钢筋模具效果图

试验所用C30混凝土,钢筋混凝土试件设计参数如表5-2所示。

拉伸试验配筋试件　　　　　　　　　　表5-2

序号	试件编号	纵向钢筋配筋率(%)	配筋根数(根)	配筋直径(mm)	配筋方式	龄期(d)
1	无钢筋-3d	0				3
2	无钢筋-7d	0				7

续上表

序号	试件编号	纵向钢筋配筋率（%）	配筋根数（根）	配筋直径（mm）	配筋方式	龄期（d）
3	1@14－中间－3d	0.40	1	14	中部	3
4	1@14－中间－7d	0.40	1	14	中部	7
5	1@14－上部－7d	0.40	1	14	上部	7
6	1@16－中间－3d	0.50	1	16	中部	3
7	1@16－中间－7d	0.50	1	16	中部	7
8	1@16－上部－7d	0.50	1	16	上部	7
9	2@12－中间－7d	0.50	2	12	中部	7
10	2@12－上部－7d	0.50	2	12	上部	7
11	1@20－中间－7d	0.80	1	20	中部	7
12	1@20－上部－7d	0.80	1	20	上部	7

对钢筋混凝土试件进行轴向直接拉伸试验时，通过应变片了解预埋钢筋和混凝土的应变变化情况。

对于预埋钢筋而言，粘贴应变片时需要进行为防振和防潮处理。首先对钢筋表面进行打磨，除去表面锈迹以及钢筋肋部，使钢筋表面形成光滑的平面。将应变片与接线端子焊接后，用502黏结剂粘贴在打磨好的钢筋表面，同时防止在后续操作中因意外拉扯造成应变片损坏，需要将导线也粘在钢筋上。对应变片进行防水处理时，用便携式燃气灶将石蜡加热融化，用小毛刷涂于应变片上，石蜡在室温下会迅速凝固，覆盖整个应变片，防止混凝土浇筑时水泥浆体进入应变片内部，造成元器件短路。对应变片进行防振处理时，使用聚氯乙烯胶带将应变片牢牢包裹，防止混凝土大粒径集料对应变片的冲击破坏。最后，用束线带将导线绑扎在钢筋上，起到固定作用，防止应变片脱落。

对于混凝土，应变片的长度需要至少大于集料最大粒径的3倍。将养护好的混凝土表面擦干，用砂纸进行初次打磨，将打底胶均匀涂于被测位置处，尽可能填满界面处的气孔。待底胶干燥凝固后，再次进行打磨处理，使得底胶表面尽可能光滑平整。使用502胶将应变片粘贴在打磨过的底胶表面，并用夹片挤压出多余黏结剂和气泡，保证应变片与混凝土间粘贴紧密。

在试验开始前，用万用表测量各个位置应变片的电阻，确保应变片正常工作，应变采集工作正常进行。使用加载装置对试件施加荷载。利用位移控制模式，以0.5mm/min的速率通过两端夹具对钢筋混凝土试件施加轴向拉力，加载装置记录拉力大小以及混凝土位移量，应变测试仪记录试验过程中钢筋和混凝土表面所有应变片实时的应变值，从而计算出预埋钢筋和混凝土各自受到的轴向拉力变化情况。

试验过程中，通过数码摄像机进行拍摄，后期利用图像识别软件进行裂缝识别，每隔固定时间对裂缝宽度变化进行测量。钢筋混凝土试件是脆性材料，进行轴向直接拉伸试验过程中，试件断裂迅速而且是全截面断裂。由于测试区各个截面的应变实际并不相同，试验过程中采用标距内应变片测得的平均应变来表征测试区的变形。试验设备布置图如图5-18所示。

试验开始阶段首先在试件弹性范围(应变小于20$\mu\varepsilon$)进行预加载，消除试件与试验机之间传力部件的空隙,同时评价试件的安装是否产生偏心荷载,如果加载曲线得到的弹性模量和混凝土弹性模量有较大差异,或者曲线在低应力水平状态下明显呈现非线性,则考虑调整试件位置和球铰支座,直到加载的结果理想为止,图 5-19 为试件破坏效果图。

图 5-18 试验设备布置图　　　　　图 5-19 试件破坏效果图

配筋率是连续配筋混凝土铺面设计的核心,也对连续配筋混凝土铺面裂缝宽度、裂缝间距和钢筋拉应力三大设计指标有重要的影响。连续配筋混凝土铺面配筋率的计算公式为:

$$\rho = \frac{A_s}{A_c} \quad (5\text{-}54)$$

式中:ρ——钢筋混凝土的配筋率(%);

A_c——混凝土横截面面积(mm^2);

A_s——计算面积内钢筋横截面积之和(mm^2)。

图 5-20 ~ 图 5-23 为 3d、7d 龄期不同配筋率钢筋混凝土试件的力-位移曲线图以及应变-位移曲线图。

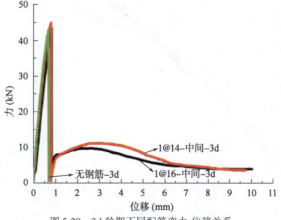

图 5-20 3d 龄期不同配筋率力-位移关系

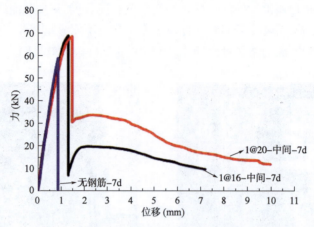

图 5-21　7d 不同配筋率力-位移关系

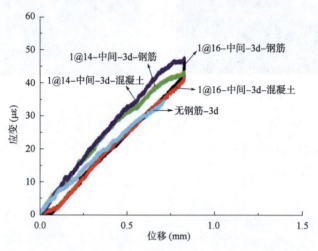

图 5-22　3d 龄期不同配筋率试件应变-位移曲线

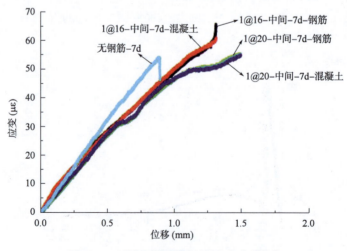

图 5-23　7d 龄期不同配筋率试件应变-位移曲线

无论是3d龄期还是7d龄期的钢筋混凝土试件,在试验初始阶段,随着位移的均匀增加,钢筋混凝土试件受力呈线性上升趋势,预埋钢筋和混凝土的应变变化基本一致,当受到的轴向拉力超过某一范围时,试件受力突然下降,不同配筋率的试件受力减小程度不同,配筋率较小的试件受力下降更明显,没有配置任何钢筋的素混凝土试件发生全截面断裂,受到的拉力直接降低为零。在力发生突变的瞬间,预埋钢筋的应变突然增大,而混凝土的应变则直接降低为零。

对于早期连续配筋混凝土铺面而言,在温缩或混凝土干缩作用的影响下,钢筋和混凝土发生收缩形变,形变受到面层基层摩阻力等外力限制后,在钢筋和混凝土内部产生拉应力,随着形变增加,拉应力逐渐增大。当混凝土内部拉应力大于混凝土材料极限抗拉强度时,试件出现全截面裂缝,裂缝截面处混凝土立即退出工作,若试件未预埋钢筋,则该试件受到的轴向拉力立刻减小为零,完全破坏,混凝土受到的拉应变瞬间减小为零;若试件内部预埋了钢筋,则截面处混凝土受到的轴向拉力全部由钢筋承担,钢筋受到的拉应变迅速增加,混凝土受到的拉应变减小为零。

对于固定龄期、固定配筋方式的钢筋混凝土试件,试件发生开裂破坏几乎完全由混凝土材料本身的极限抗拉强度决定,配筋率大小对于试件首次开裂轴向拉力影响不大。当断裂发生后,预埋钢筋的混凝土试件拉力完全由钢筋承担,在相同配筋方式条件下,配筋率越大的试件,在断裂后由于与混凝土接触面积大,而承受更高的拉力。

表 5-3 为 3d、7d 龄期不同配筋率钢筋混凝土试件裂缝宽度,龄期和钢筋的存在对于试件早期抗裂性能有一定程度影响,对提高 CRCP 首次开裂拉力起到一定作用。随着配筋率的增加,首次开裂拉力变化不大,但初始裂缝宽度逐渐减小。当试件破坏后,裂缝宽度随加载装置作动头的运动而线性增加,裂缝宽度随加载装置位移变化图如图 5-24 所示。

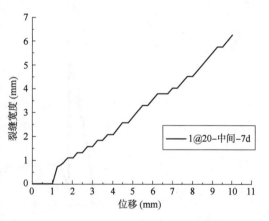

图 5-24 裂缝宽度随加载装置位移变化图

3d、7d 龄期不同配筋率钢筋混凝土试件裂缝宽度(mm)　　　　表 5-3

试 件 编 号	配筋率(%)	开裂拉力(kN)	开裂时位移	初始裂缝宽度	最终裂缝宽度
无钢筋-3d	0	42.68	0.73	0.66	
1@14-中间-3d	0.40	44.65	0.82	0.62	6.07
1@16-中间-3d	0.50	44.40	0.84	0.57	5.67
无钢筋-7d	0	59.13	0.90	0.82	
1@16-中间-7d	0.50	68.11	1.36	0.74	6.53
1@20-中间-7d	0.80	68.95	1.38	0.71	6.25

注:1.开裂时位移:钢筋混凝土试件出现裂缝时加载装置所移动的长度;

　　2.初始裂缝宽度:钢筋混凝土试件出现裂缝时的钢筋所在处裂缝宽度,由视频捕捉得到;

　　3.最终裂缝宽度:钢筋混凝土试件被拉伸10mm时(试验结束时)钢筋所在处的裂缝宽度。

连续配筋混凝土铺面纵向配置连续钢筋,用于将开裂的路面拉紧,防止裂缝继续开展。一般地,纵向钢筋布置在整个路面厚度中部或距离顶面三分之一厚度处。图 5-25 ~ 图 5-28 为在相同配筋率不同配筋位置、不同配筋数量、不同配筋尺寸条件下钢筋混凝土试件的力-位移曲线图以及应变-位移曲线图。

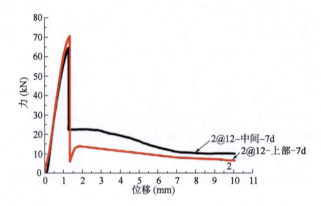

图 5-25　相同配筋率不同配筋位置力-位移曲线

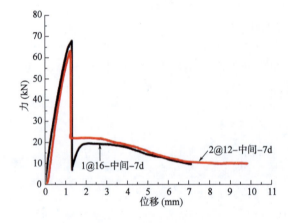

图 5-26　相同配筋率不同配筋数量力-位移曲线

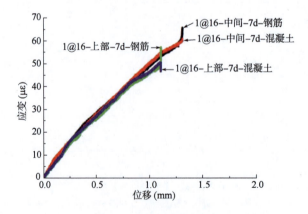

图 5-27　相同配筋率不同配筋位置应变-位移曲线

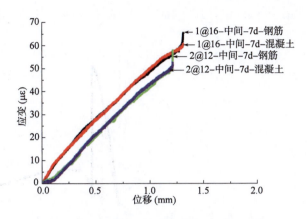

图 5-28　相同配筋率不同配筋数量应变-位移曲线

在配筋率相同的情况下,不同配筋方式的钢筋混凝土试件在轴向拉力的作用下,试件的极限抗拉强度几乎无变化。当试件发生开裂后对其进行继续拉伸,得到的轴向拉力大小也与配筋方式无关。

表 5-4 为不同配筋方式钢筋混凝土试件裂缝宽度统计表。不同配筋方式的试件对裂缝宽度的影响较为明显。

不同配筋方式钢筋混凝土试件裂缝宽度(mm)　　　　表 5-4

试件编号	配筋率(%)	开裂时位移	初始裂缝宽度	最终裂缝宽度
1@14 – 中间 – 7d	0.40	1.29	0.79	6.67
1@14 – 上部 – 7d	0.40	1.35	0.71	6.33
1@16 – 中间 – 7d	0.50	1.36	0.74	6.53
1@16 – 上部 – 7d	0.50	1.04	0.67	5.67
1@20 – 中间 – 7d	0.80	1.38	0.71	6.25
1@20 – 上部 – 7d	0.80	1.21	0.62	5.31
2@12 – 中间 – 7d	0.50	1.32	0.68	5.57
2@12 – 上部 – 7d	0.50	1.37	0.58	5.23

在配筋率相同的情况下,若配筋的数量和尺寸一致,钢筋配置在距顶面三分之一处的试件比钢筋配置在整个试件厚度中部的试件所产生的初始裂缝宽度小,对裂缝后期开展的控制更为有效。

在配筋率相同的情况下,若配筋的数量和尺寸不一致,即使用"数量多、直径细"和"数量少、直径粗"的配筋形式时,使用"细而密"的配筋形式比使用"粗而疏"的配筋形式能够更好地限制试件的初始开裂宽度,表明这种配筋形式能够较为有效地控制裂缝宽度发展。

从浇筑完成开始,混凝土材料的抗压强度、抗拉强度等力学性能指标都随着龄期的增长而逐渐发生变化。

图 5-29 ~ 图 5-32 为不同龄期条件下,钢筋混凝土试件的力-位移曲线图以及应变-位移曲线图。混凝土试件的极限拉应力随着龄期的增长而变大,7d 龄期的素混凝土试件比 3d 龄期素混凝土试件强度增加约 43%,拉应变增加约 38%。对于中部配置 1 根 ϕ16 钢筋的混凝土试

件而言,7d 龄期的试件比 3d 龄期试件强度增加约 55%,拉应变增加约 50%。

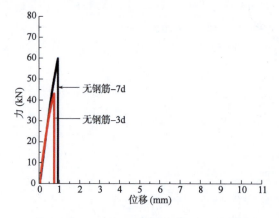

图 5-29　相同配筋方式不同龄期素混凝土力-位移曲线　　图 5-30　相同配筋方式不同龄期钢筋混凝土力-位移曲线

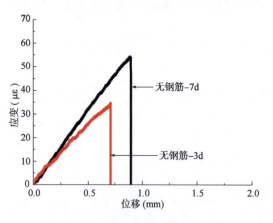
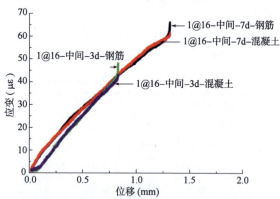

图 5-31　相同配筋方式不同龄期素混凝土应变-位移曲线

图 5-32　相同配筋方式不同龄期钢筋混凝土应变-位移曲线

表 5-5 为不同龄期钢筋混凝土试件裂缝宽度统计表。早龄期的钢筋混凝土试件由于强度未完全形成,混凝土塑性性能相对明显,而随着龄期的增加,混凝土材料的强度逐渐形成,塑性性能减弱,脆性性能得到加强,在轴向拉力作用下,会出现裂缝边缘处的破损和脱落等现象,直接造成试件表面裂缝宽度的增加。

不同龄期钢筋混凝土试件裂缝宽度(mm)　　表 5-5

试件编号	配筋率(%)	开裂时位移	初始裂缝宽度	最终裂缝宽度
无钢筋 – 3d	0	0.73	0.66	
无钢筋 – 7d	0	0.90	0.82	
1@14 – 中间 – 3d	0.40	0.82	0.62	6.07
1@14 – 中间 – 7d	0.40	1.29	0.79	6.67
1@16 – 中间 – 3d	0.50	0.84	0.57	5.67
1@16 – 中间 – 7d	0.50	1.36	0.74	6.53

钢筋混凝土轴向直接拉伸试验所有数据汇总于表5-6。

钢筋混凝土轴向直接拉伸试验数据汇总表　　　　表5-6

序号	试件编号	配筋率（%）	开裂拉力（kN）	最终拉力（kN）	开裂钢筋应变（με）	开裂混凝土应变（με）	开裂时位移（mm）	初始裂缝宽度（mm）	最终裂缝宽度（mm）
1	无钢筋-3d	0	42.68	0		35.03	0.73	0.66	
2	无钢筋-7d	0	59.13	0		46.55	0.90	0.82	
3	1@14-中间-3d	0.40	44.65	3.65	43.54	47.97	0.82	0.62	6.07
4	1@14-中间-7d	0.40	68.11	11.98	58.04	55.84	1.29	0.79	6.67
5	1@14-上部-7d	0.40	71.89	12.16	66.93	61.77	1.35	0.71	6.33
6	1@16-中间-3d	0.50	44.40	3.95	47.79	42.94	0.84	0.57	5.67
7	1@16-中间-7d	0.50	68.95	9.85	66.06	61.38	1.36	0.74	6.53
8	1@16-上部-7d	0.50	63.00	12.62	57.42	46.81	1.04	0.67	5.67
9	2@12-中间-7d	0.50	63.55	10.26	58.30	52.78	1.32	0.68	5.57
10	2@12-上部-7d	0.50	70.02	6.65	65.93	63.70	1.37	0.58	5.23
11	1@20-中间-7d	0.80	68.84	12.08	55.57	55.19	1.38	0.71	6.25
12	1@20-上部-7d	0.80	69.06	26.50	78.93	73.24	1.21	0.62	5.31

注：1. 开裂拉力：钢筋混凝土试件出现裂缝时的拉力；
　　2. 最终拉力：钢筋混凝土试件被拉伸10mm时(试验结束时)的拉力；
　　3. 开裂钢筋应变：钢筋混凝土试件出现裂缝时钢筋的应变；
　　4. 开裂混凝土应变：钢筋混凝土试件出现裂缝时混凝土的应变；
　　5. 开裂时位移：钢筋混凝土试件出现裂缝时加载装置所移动的长度；
　　6. 初始裂缝宽度：钢筋混凝土试件出现裂缝时钢筋所在处的裂缝宽度；
　　7. 最终裂缝宽度：钢筋混凝土试件被拉伸10mm时(试验结束时)钢筋所在处的裂缝宽度。

5.2.3　层间摩阻力对连续配筋路面影响

为准确模拟温缩及干缩作用下面层基层间不同接触条件下摩阻力大小，利用卧式加载设备对水平加载速度进行精确控制，连续配筋混凝土铺面层间使用塑料薄膜、土工布、乳化沥青以及不同厚度沥青功能层等7种不同情况进行顶推试验，研究不同接触条件下的层间摩阻力的变化规律。加载设备布置见图5-33。

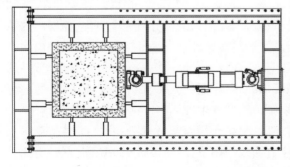

图5-33　顶推试验设备布置图

7种不同情况进行顶推试验,见表5-7。当加载循环次数为1次时可知,层间使用塑料薄膜对降低层间摩阻力效果最明显,塑料薄膜作为隔离层阻止混凝土与半刚性材料之间形成黏结力,大大降低了摩阻力;层间撒布乳化沥青,混凝土和半刚性材料隔离效果不明显,层间摩阻力最大(对于将混凝土直接浇注在半刚性基层表面,层间不做任何处理的情况,由于层间摩阻力太大,超过加载装置的最大定推力100kN,故不考虑此结合形式)。

顶推试验试验条件　　　　　表5-7

试验编号	层间结合状态	加载速率 (mm/min)	加载方式	路面板尺寸 长×宽×厚(m×m×m)
1	乳化沥青	0.5	单调	0.8×0.8×0.26
2	乳化沥青	0.5	往复	0.8×0.8×0.26
3	直接浇筑	0.5	单调	0.8×0.8×0.26
4	直接浇筑	0.5	单调	0.8×0.8×0.26
5	塑料薄膜	0.01	单调	0.8×0.8×0.26
6	塑料薄膜	0.1	单调	0.8×0.8×0.26
7	塑料薄膜	0.5	单调	0.8×0.8×0.26
8	塑料薄膜	0.5	往复	0.8×0.8×0.26
9	塑料薄膜	1	单调	0.8×0.8×0.26
10	塑料薄膜	10	单调	0.8×0.8×0.26
11	塑料薄膜	0.5	单调	0.8×0.8×0.29
12	塑料薄膜	0.5	单调	0.8×0.8×0.32
13	2cm沥青功能层	0.5	单调	0.8×0.8×0.26
14	2cm沥青功能层	0.5	往复	0.8×0.8×0.26
15	4cm沥青功能层	0.5	单调	0.8×0.8×0.26
16	4cm沥青功能层	0.5	往复	0.8×0.8×0.26
17	6cm沥青功能层	0.5	单调	0.8×0.8×0.26
18	6cm沥青功能层	0.5	往复	0.8×0.8×0.26
19	土工布	0.5	单调	0.8×0.8×0.26
20	土工布	0.5	往复	0.8×0.8×0.26

当试件层间发生剪切破坏后,实际上只是层间黏结力的部分或完全丧失,而层间的承载和剪切作用仍然存在,对摩阻力有一定的贡献。通过对试件进行循环往复加载,模拟层间处于滑动状态下摩阻力的大小。无论采用何种层间处治方法,在经过第一个循环加载后,试件的层间摩阻力都迅速减小,并且在随后的多次循环加载中,摩阻力几乎保持不变,表明混凝土与半刚性材料的黏结作用是层间摩阻力的主要来源。试件发生破坏前,在层间材料的黏结作用下,层间摩阻力保持在较高的水平,试件发生破坏后,黏结作用全部或部分丧失,面层在基层上处于完全滑动状态,摩阻力急剧降低,在循环往复加载作用下,层间接触状态趋同,摩阻力几乎保持不变。多次加载规律见图5-34。

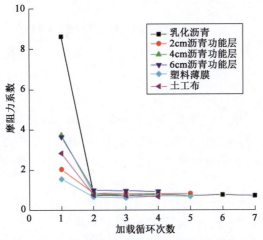

图 5-34　加载循环次数对层间摩阻力的影响

对试件发生破坏时的破坏面研究发现,在整个试验过程中,所有的层间材料都随着路面板的移动而与基层发生脱离。同时,试件的破坏面位置取决于层间摩阻力与基层材料抗剪强度的大小。如果层间摩阻力较小,则破坏面发生在层间材料中,如果层间摩阻力较大,则破坏发生在基层材料内部。

为进一步模拟 CRCP 在降温和干缩作用下的收缩变形,利用加载装置对试件进行精确加载,加载速率从 0.01mm/min 变化到 10mm/min。在 26cm 原尺寸路面板上放置配重,来模拟 28cm、32cm 等不同路面板厚度。图 5-35 所示为塑料薄膜作为层间材料时,不同加载速率和不同板厚对层间摩阻力的影响。不同试验速率对层间摩阻力大小几乎无影响,在加载速率从 0.01mm/min 增加到 10mm/min 过程中,摩阻系数始终保持在 0.7 左右,变化不大。同样,当路面板厚度从 26cm 增加到 32cm 时,摩阻系数从 0.66 减小到 0.58,即随着路面板厚度的增加,层间摩阻系数有缓慢逐渐减小的趋势。

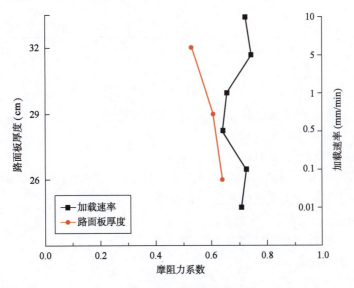

图 5-35　加载速率及路面板厚度对层间摩阻力的影响

5.3 CRCP 早期开裂的预估

5.3.1 基本模型及假设

连续配筋混凝土铺面早期开裂主要是由于路面在温缩和干缩作用下的自由收缩受到限制而在路面内部产生拉应力,当混凝土拉应力超过自身抗拉强度时,便会产生裂缝。运用解析法对 CRCP 在环境因素影响下早期应力随龄期变化规律进行研究,研究中不考虑车辆荷载等外部因素对路面产生的影响。

根据 CRCP 实际使用过程中的断裂形态,建立两种模型对其进行模拟。由于 CRCP 为对称结构,板边自由端位移最大,板中位移为零,根据其对称性,将一块完整 CRCP 路面板的一半定义为模型 1,用于计算 CRCP 首次开裂位置。当 CRCP 出现首条裂缝之后,原有模型 1 出现两个自由端,并且其中一个自由端由连续钢筋与相邻路面板连接,将其定义为模型 2,用于寻找第 2 条及后续裂缝。CRCP 基本模型 1 和模型 2,如图 5-36 和图 5-37 所示。计算中各个参数的符号定义如下:①拉力为正;②X 方向摩阻力为正;③温差指的是混凝土浇筑温度和最低温度的差;④X 方向位移为正。

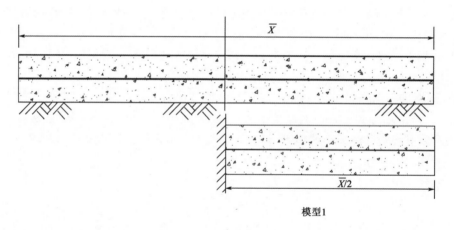

图 5-36 CRCP 基本模型 1

为便于计算,研究过程中需要对计算模型做出如下假设:
(1)混凝土横断面应力均匀分布;
(2)钢筋、混凝土均为线弹性体;
(3)不考虑板厚方向不同温度分布形成的温度翘曲应力,温度在板厚方向均匀分布;
(4)钢筋混凝土黏结应力是混凝土强度和钢筋尺寸的函数;
(5)层间摩阻力的力-位移曲线为弹性;
(6)混凝土应力超过抗拉强度即发生开裂;
(7)开裂处混凝土应力为 0;
(8)在黏结区,钢筋混凝土无相对滑移。

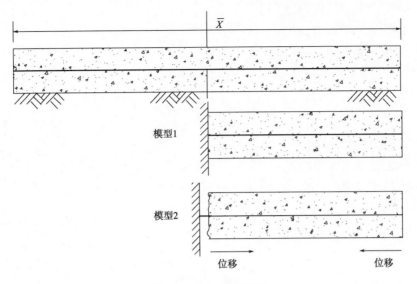

图 5-37 CRCP 基本模型 2

5.3.2 结构分析

1) 模型 1 结构分析

模型 1 的受力图及钢筋、混凝土应力分布图如图 5-38 所示。对于模型 1 而言,固定端处钢筋可能承受拉应力,也可能承受压应力,主要取决于温缩及干缩程度的大小。混凝土则始终处于受拉状态,固定端混凝土拉应力最大,自由端混凝土拉应力为零。

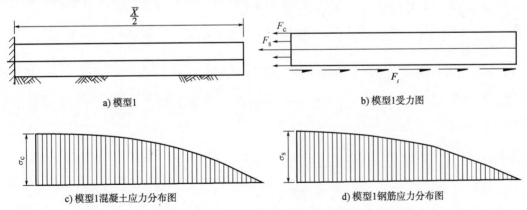

图 5-38 CRCP 基本模型 1 受力图及钢筋、混凝土应力分布图

对模型 1 进行受力分析,由水平方向受力平衡可知:

$$\sum F_X = 0$$

即

$$F_c + F_s = \int_0^X F_i' \mathrm{d}x \tag{5-55}$$

式中:F_c——混凝土受到的拉力(kN);
　　　F_s——钢筋受到的拉力(kN);
　　　F_i'——单位长度层间摩阻力(kN/m)。

将混凝土中钢筋的拉力转换为相应的拉应力,则式(5-55)可以转化为:

$$A_c\sigma_c + A_s\sigma_s - \int_0^X F_i' dx = 0 \tag{5-56}$$

式中:A_c——混凝土横截面面积(m^2);
　　　A_s——钢筋横截面面积(m^2);
　　　σ_c——混凝土拉应力(MPa);
　　　σ_s——钢筋拉应力(MPa)。

对于单位板宽 L 而言,设钢筋配筋率为:

$$\rho = \frac{A_s}{A_c} = \frac{A_s}{D \times L} \tag{5-57}$$

则式(5-56)可以转换为:

$$\sigma_c + \rho\sigma_s - \frac{\int_0^X F_i dx}{D} = 0 \tag{5-58}$$

式中:L——板宽(m);
　　　D——板厚(m);
　　　F_i——单位面积层间摩阻力(MPa)。

在计算干缩和温缩作用下的混凝土的应力恒等式如式(5-58)所示。

(1)干缩应力

在假设钢筋与混凝土完全黏结,没有相对位移的前提下,对 CRCP 进行干缩应力计算。干缩应力见式(5-59)。

$$\varepsilon_{cz} + \varepsilon_{sz} = z \tag{5-59}$$

式中:ε_{cz}——钢筋约束下混凝土干缩应变;
　　　ε_{sz}——混凝土干缩作用下钢筋应变;
　　　z——无钢筋约束时混凝土干缩应变。

干缩条件下钢筋混凝土应变图如图 5-39 所示。

设钢筋与混凝土的模量比为 n,则:

$$n = \frac{E_s}{E_c}$$

考虑干缩作用下的混凝土的应力计算,如式(5-60)所示。

$$\sigma_{cz} = E_c z - \frac{\sigma_{sz}}{n} \tag{5-60}$$

式中：σ_{cz}——干缩条件下混凝土应力（MPa）；
σ_{sz}——干缩条件下钢筋应力（MPa）；
E_c——混凝土弹性模量（MPa）；
E_s——钢筋弹性模量（MPa）；
n——钢筋混凝土弹性模量比。

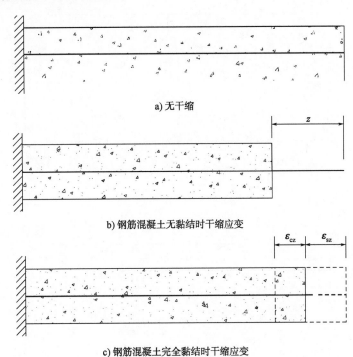

图 5-39 干缩条件下钢筋混凝土应变图

（2）温度应力

环境温度的变化将会直接导致钢筋和混凝土的体积变形。当环境温度低于混凝土浇筑温度时，混凝土收缩导致内部形成拉应力。在温度应力计算中，假设钢筋混凝土的温缩系数为常数，钢筋混凝土之间完全黏结，即二者位移变化时刻相同。温缩条件下钢筋混凝土应变图如图 5-40 所示。

温缩应变可由下式表示：

$$\varepsilon_{c\Delta T} - \varepsilon_{s\Delta T} = \Delta T(\alpha_c - \alpha_s) \tag{5-61}$$

式中：$\varepsilon_{c\Delta T}$——ΔT 温差条件下混凝土应变；
$\varepsilon_{s\Delta T}$——ΔT 温差条件下钢筋应变；
α_c——混凝土温缩系数（/℃）；
α_s——钢筋温缩系数（1/℃）；
ΔT——混凝土温度变化量（℃）。

根据式（5-61），考虑温缩作用下混凝土的应力计算，如式（5-62）所示。

$$\sigma_{c\Delta T} = \frac{\sigma_{s\Delta T}}{n} + \Delta T(\alpha_c - \alpha_s)E_c \tag{5-62}$$

式中：$\sigma_{c\Delta T}$——ΔT 温差条件下混凝土应力（MPa）；
$\sigma_{s\Delta T}$——ΔT 温差条件下钢筋应力（MPa）；
n——钢筋混凝土弹性模量比。

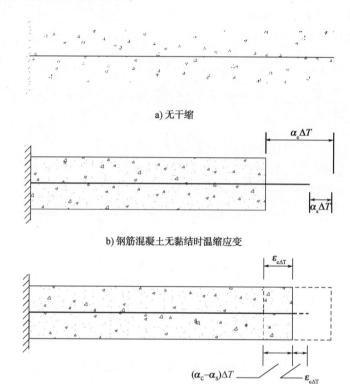

图 5-40　温缩条件下钢筋混凝土应变图

根据应力叠加原则，将温缩和干缩应力进行叠加后，钢筋和混凝土的总应力分别为：

$$\sigma_c = \sigma_{cz} + \sigma_{c\Delta T}$$

$$\sigma_s = \sigma_{sz} + \sigma_{s\Delta T}$$

将式（5-60）和式（5-62）中的 σ_{cz} 和 $\sigma_{c\Delta T}$ 代入上式，同时考虑干缩和温缩作用下混凝土应力计算见式（5-63）。

$$\sigma_c = \frac{\sigma_s}{n} + E_c [Z + \Delta T(\alpha_c - \alpha_s)] \tag{5-63}$$

（3）层间摩阻力

当 CRCP 路面板在温缩或干缩作用下发生收缩变形时，板中的位移量为零，板边自由端的位移量最大。当位移受面层和基层的层间摩阻力限制后，将在板中产生拉应力，板中拉应力最大，板边自由端拉应力为零，如图 5-41 所示。

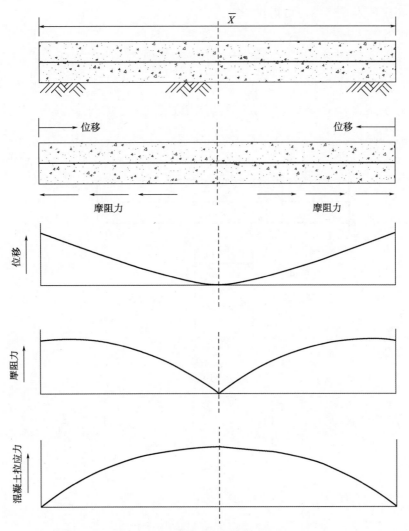

图 5-41　层间摩阻力作用下混凝土受力图

取路面板一微小单元进行受力分析,如图 5-42 所示。

$$dF_c + dF_s = F'_i dx$$

上式可以转化成:

$$A_c d\sigma_c + A_s d\sigma_s = F'_i dx$$

$$d\sigma_c + \rho d\sigma_s = \frac{F_i}{D} dx \tag{5-64}$$

根据式(5-63),两边对 X 进行求导,得到

$$\frac{d\sigma_c}{dx} = \frac{d\sigma_s}{dx} \times \frac{1}{n} + 0$$

解得:

$$d\sigma_s = n d\sigma_c \tag{5-65}$$

将式(5-65)代入式(5-64)可得：

$$d\sigma_c + \rho n d\sigma_c = \frac{F_i}{D}dx$$

$$\frac{d\sigma_c}{dx} = \frac{F_i}{D}\frac{1}{(1+pn)} \tag{5-66}$$

考虑层间摩阻力作用下的混凝土的应力计算，如式(5-66)所示。

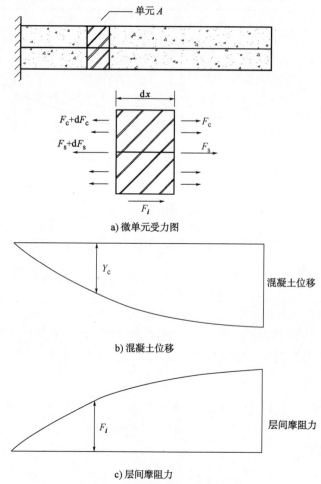

图 5-42　模型 1 微单元体受力分析图

(4)混凝土位移

CRCP 路面板在环境应力作用下发生收缩应变过程中，不同位置所产生的位移不同，板边自由端最大，板中为零。

对于干缩作用，式(5-59)可转化为：

$$\frac{dY_{cz}}{dx} = \varepsilon_{sz} - z$$

两边对 x 进行积分：

$$Y_{cz} = \int_0^X \varepsilon_{sz} dx - zX + k_1$$

对于温缩作用，根据式(5-61)可知，

$$\frac{dY_{c\Delta T}}{dx} = \varepsilon_{c\Delta T} - \alpha_c \Delta T$$

两边对 x 进行积分：

$$Y_{c\Delta T} = \int_0^X \varepsilon_{c\Delta T} dx - \alpha_c \Delta T X + k_2 \tag{5-67}$$

两边对 x 进行积分：

$$Y_c = Y_{cz} + Y_{c\Delta T} = \int_0^X \varepsilon_{sz} dx - zx + k_1 + \int_0^X \varepsilon_{c\Delta T} dx - \alpha_c \Delta T X + k_2 \tag{5-68}$$

设：

$$\varepsilon_c = \varepsilon_{c\Delta T} + \varepsilon_{sz}$$
$$k_3 = k_1 + k_2$$

则：

$$Y_c = \int_0^X \varepsilon_c dx - (z + \alpha_c \Delta T)X + k_3$$

因为当 $X = 0$ 时，$Y_c = 0$，故：

$$Y_c = \int_0^X \varepsilon_c dx - (z + \alpha_c \Delta T)X \tag{5-69}$$

上式可以转化为：

$$Y_c = \int_0^X \frac{\sigma_c}{E_c} dx - (z + \alpha_c \Delta T)X \tag{5-70}$$

考虑干缩和温缩作用下的板的位移计算，如式(5-70)所示。

(5) 接缝宽度

接缝宽度为接缝两侧混凝土板边自由端位移之和，在所有板长相同的情况下，接缝宽度也等于一块完整路面板两板边自由端的位移之和。根据式(5-70)可知，当板长为 $\overline{X}$ 时，接缝宽度，见式(5-71)。

$$\Delta X_j = Y_c = \left[\frac{\sigma_c}{E_c} - (z + \alpha_c \Delta T)\right] \overline{X} \tag{5-71}$$

式中：ΔX——接缝宽度(m)；

$\overline{X}$——完整路面板的总长(m)。

2) 模型 2 结构分析

当 CRCP 出现首条裂缝之后，原有模型 1 中变为模型 1 与模型 2 的组合模型，路面板由一个自由端变为两个自由端，并且这两个自由端在环境应力的作用下均可发生位移，由于其中一个自由端由纵向钢筋同裂缝邻侧路面板连接，钢筋通过一定距离的黏结区将应力传递给混凝土，故该端混凝土受到更大的约束。因此，当应力重新分布后，零位移点将更靠近有纵向钢筋连接的混凝土一端，如图 5-43 所示。混凝土板首次开裂后的由模型 1 变为模型 1 与模型 2，如图 5-44 所示。

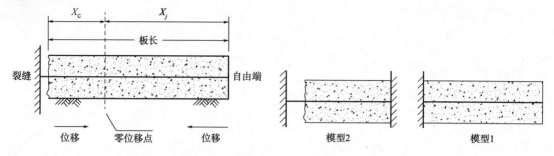

图 5-43 首次开裂后混凝土板结构分析　　　　图 5-44 模型1与模型2

(1) 基本恒等式

模型2的受力图如图5-45所示。水平方向平衡可知：

$$F_{so} + F_{co} - F_{sc} - \int_0^{X_c} F_i' \mathrm{d}x = 0 \tag{5-72}$$

式中：F_{so}——零位移点钢筋受到的拉力；
　　　F_{co}——零位移点混凝土受到的拉力；
　　　F_{sc}——裂缝处钢筋受到的拉力；
　　　F_i'——单位长度层间摩阻力(kN/m)。

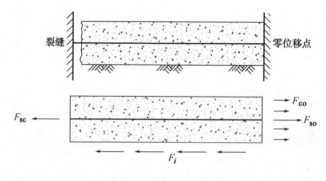

图 5-45 模型2受力图

将式(5-72)用应力表示，可得：

$$A_s\sigma_{so} + A_c\sigma_{co} - A_s\sigma_{sc} - \int_0^X F_i' \mathrm{d}x = 0 \tag{5-73}$$

整理可得：

$$\rho\sigma_{so} + \sigma_{co} = \rho\sigma_{sc} + \frac{\int_0^X F_i \mathrm{d}x}{D} \tag{5-74}$$

在计算干缩和温缩作用下的混凝土的应力恒等式，如式(5-74)所示。

对于模型2而言，在温缩和干缩作用下混凝土应力及摩阻力的计算均与模型1相同。

(2) 裂缝宽度

当CRCP出现第一条裂缝后，裂缝两侧混凝土会继续在环境应力的作用下发生位移，使得裂缝变宽，与接缝宽度计算相同，裂缝宽度为模型2中混凝土位移量的2倍。板的裂缝计算公式，如式(5-75)所示。

$$\Delta X_c = X_c \left[\frac{\sigma_c}{E_c} - (z + \alpha_c \Delta T) \right] \tag{5-75}$$

式中：X_c——模型2的混凝土板长度(m)。

(3)模型计算公式汇总

模型1：

①干缩和温缩作用下的混凝土的应力恒等式，见式(5-76)。

$$\sigma_c + \rho \sigma_s - \frac{\int_0^X F_i \mathrm{d}x}{D} = 0 \tag{5-76}$$

②干缩作用下混凝土应力计算式，见式(5-77)。

$$\sigma_{cz} = E_c Z + \frac{\sigma_{sz}}{n} \tag{5-77}$$

③温缩作用下混凝土应力计算式，见式(5-78)。

$$\sigma_{c\Delta T} = \frac{\sigma_{s\Delta T}}{n} + \Delta T(\alpha_c - \alpha_s) E_c \tag{5-78}$$

④干缩和温缩作用下混凝土应力式，见式(5-79)。

$$\sigma_c = \frac{\sigma_s}{n} + E_c[Z + \Delta T(\alpha_c - \alpha_s)] \tag{5-79}$$

⑤考虑层间摩阻力作用的混凝土应力计算式，见式(5-80)。

$$\frac{\mathrm{d}\sigma_c}{\mathrm{d}x} = \frac{F_i}{D} \frac{1}{(1+\rho n)} \tag{5-80}$$

⑥板的位移计算式，见式(5-81)。

$$Y_c = \int_0^X \frac{\sigma_c}{E_c} \mathrm{d}x - (z + \alpha_c \Delta T) X \tag{5-81}$$

⑦板的接缝宽度计算式，见式(5-82)。

$$\Delta X_j = Y_c = \left[\frac{\sigma_c}{E_c} - (z + \alpha_c \Delta T) \right] \overline{X} \tag{5-82}$$

模型2：

①干缩和温缩作用下混凝土应力恒等式，见式(5-83)。

$$\rho \sigma_{so} + \sigma_{co} = \rho \sigma_{sc} + \frac{\int_0^X F_i \mathrm{d}x}{D} \tag{5-83}$$

②干缩作用下混凝土应力计算式，见式(5-84)。

$$\sigma_{cz} = E_c Z + \frac{\sigma_{sz}}{n} \tag{5-84}$$

③温缩作用下混凝土应力计算式，见式(5-85)。

$$\sigma_{c\Delta T} = \frac{\sigma_{s\Delta T}}{n} + \Delta T(\alpha_c - \alpha_s) E_c \tag{5-85}$$

④干缩和温缩作用下混凝土应力计算式，见式(5-86)。

$$\sigma_c = \frac{\sigma_s}{n} + E_c[z + \Delta T(\alpha_c - \alpha_s)] \tag{5-86}$$

⑤考虑层间摩阻力的混凝土应力计算式,见式(5-87)。

$$\frac{d\sigma_c}{dx} = \frac{F_i}{D}\frac{1}{(1+\rho n)} \tag{5-87}$$

⑥板的裂缝宽度计算式,见式(5-88)。

$$\Delta X_c = X_c\left[\frac{\sigma_c}{E_c} - (z + \alpha_c \Delta T)\right] \tag{5-88}$$

5.3.3 模型解法

1)模型 1 解法

求解模型 1 的第一步是要找到 CRCP 路面板首次开裂时间与开裂位置。将路面板全长平均分为 N 段,每段长度为 $\Delta x = \bar{x}/N$,对于不同龄期,根据模型 1 的基本关系式对每段 Δx 求解,完成整个路面板应力-位置图的绘制,如图 5-46 所示。设路面板中最大应力等于混凝土抗拉强度,根据应力位置关系式求解对应的位置。若所求位置与板边距离大于板长的一半,则路面板在此条件下不开裂;若所求位置与板边距离小于板长的一半,则路面板在此条件下在该位置首先出现开裂。

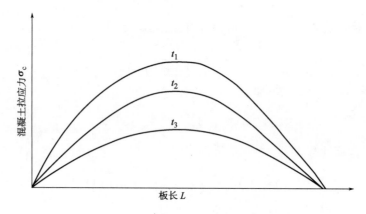

图 5-46 不同龄期路面板应力-位置图

根据式(5-86)可知:

$$\sigma_s = n\sigma_c - nE_c[z + \Delta T(\alpha_c - \alpha_s)] \tag{5-89}$$

将式(5-89)代入式(5-76)可得:

$$\sigma_c + \rho n\sigma_c - \rho nE_c[z + \Delta T(\alpha_c - \alpha_s)] - \frac{\int_0^X F_i dx}{D} = 0$$

解得:

$$\sigma_c = \frac{\rho nE_c[z + \Delta T(\alpha_c - \alpha_s)] + \dfrac{\int_0^X F_i dx}{D}}{1 + \rho n} \tag{5-90}$$

根据式(5-81)、式(5-90)及层间摩阻力-位移关系式可知，混凝土拉应力 σ_c、层间摩阻力 F_i 及混凝土位移 Y_c 互为变量，想要求解，必须对其中一个变量进行假设、求值后反复迭代，直到达到精度为止。

采用二分法对模型进行求解，如图 5-47 所示。假设层间摩阻力 $F_1 = 0$，根据式(5-90)和式(5-70)可求解混凝土位移 Y_1。根据设计人员提供的摩阻力-位移关系式，找出 Y_1 对应的摩阻力 F_2，作为整个计算过程中摩阻力的上限值。利用 F_2 根据式(5-90)和式(5-91)可求解混凝土位移 Y_2，再通过摩阻力-位移关系式，找出 Y_2 对应的摩阻力 F_3。作为整个计算过程中摩阻力的下限值，并设 F_4 为 F_2 和 F_3 的平均值。为找到 F_4 与闭合点的相对位置，分别根据式(5-90)、式(5-70)求解混凝土位移 Y_4，以及根据摩阻力-位移关系式，找出 F_4 对应的摩阻力 Y_{4e}。并比较的 Y_4 和 Y_{4e} 大小。如果 Y_4 比 Y_{4e} 大，则 F_4 在闭合点下方，设 F_5 为 F_2 和 F_4 的平均值，继续按照上述过程求解；如果 Y_{4e} 比 Y_4 大，则 F_4 在闭合点上方，设 F_5 为 F_3 和 F_4 的平均值，继续按照上述过程求解，直到精度满足计算要求为止，此时闭合点的位置即被找到。根据摩阻力-位移关系式、式(5-90)和式(5-76)，可依次求解 F_i、σ_c 及 σ_s。

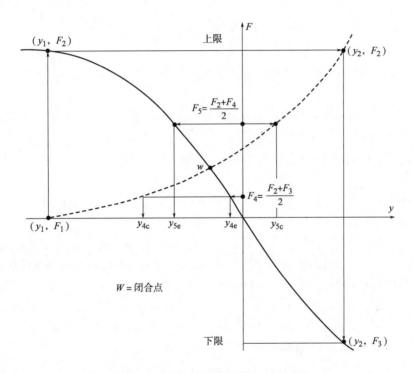

图 5-47　层间摩阻力-位移曲线的二分法搜索

2) 模型 2 解法

一旦路面发生开裂，模型受力情况发生变化，裂缝处混凝土退出工作，钢筋承担所有拉应力，并通过黏结滑移区将部分拉应力转移给混凝土，模型 1 变为模型 1 与模型 2 的组合模型。同时对开裂下一时刻的两个模型进行求解，分别绘制应力-位置图，两张图的交叉点即为裂缝开裂应力重分布之后的混凝土铺面板最大应力点，也是新的零位移点，将该点应力与混凝土的抗拉强度进行比较，从而判断是否发生开裂破坏，如图 5-48 所示。

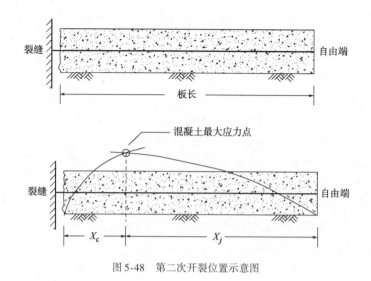

图 5-48 第二次开裂位置示意图

本章参考文献

[1] 陈亮亮. 连续配筋水泥混凝土路面冲断破坏预估模型研究[D]. 黑龙江:哈尔滨工业大学, 2014.

[2] 李思李. 连续配筋混凝土路面结构分析与早期开裂性能研究[D]. 北京:交通运输部公路科学研究所,2013.

[3] 曹东伟,胡长顺. 连续配筋混凝土路面裂缝间距的可靠性分析[J]. 交通运输工程学报, 2001,(03):37-41.

[4] 顾兴宇,董侨,倪富健. 连续配筋水泥混凝土路面裂缝发展规律研究[J]. 公路交通科技, 2007,(06):37-40+45.

[5] Eisa M, El-Salakawy E, Benmokrane B. Finite element model for new continuous reinforced concrete pavement (CRCP) using GFRP bars. in: Proceedings of the IASTED International Conference on Modelling and Simulation. Montreal, QC, Canada: Acta Press, 2006:609-616.

[6] Won M C, Kim S, Merritt D, et al. Horizontal Cracking and Pavement Distress in Portland Cement Concrete Pavement. in: Proceedings - International Air Transportation Conference. Orlando, FL, United states: American Society of Civil Engineers, 2002:93-102.

[7] Choi S, Ha S, Won M C. Horizontal cracking of continuously reinforced concrete pavement under environmental loading. Construction and Building Materials. 2011, 25(11): 4250-4262.

[8] Nam J, Kim S, Won M C, et al. Measurement and analysis of early-age concrete strains and stresses: Continuously reinforced concrete pavement under environmental loading. in: Transportation Research Record. National Research Council, 2006: 79-89.

[9] Zhang H, Wang Y. Measurement and analysis of early-age strain and stress in continuously reinforced concrete pavement. International Journal of Pavement Research and Technology.

2011, 4(2): 89-96.

[10] Kim S, Won M, Mccullough B F. Numerical modeling of continuously reinforced concrete pavement subjected to environmental loads. Transportation Research Record. 1998(1629): 76-89.

[11] 陈亮亮. 美国连续配筋水泥混凝土路面技术实践[M]. 北京: 人民交通出版社股份有限公司, 2018.

第6章 低坍落度混凝土铺面施工特性

6.1 低坍落度铺面混凝土

铺面结构比较适合坍落度在8cm以下的混凝土拌合物,远低于普通构造物使用的结构混凝土拌合物。铺面混凝土具有坍落度低且振动出浆速度快的特征。而且在能满足快速振捣液化条件时,铺面混凝土拌合物坍落度越低越好,可以使用3cm坍落度以下,更可以用维勃稠度15s以内的干硬性混凝土。在低坍落度条件下,可以使用大运量平板载货汽车运输,以满足每天450~1500m³混凝土运量;在低坍落度条件下,混凝土拌合物在工地运输过程中有更好的抗颠簸、抗离析性能,更适于临时便道运输条件;在低坍落度条件下,混凝土的摊铺可以使用履带或者轮式钩机布料;在低坍落度混凝土条件下,更容易实现混凝土铺面施工平整度和保持初始平整度不再变化;在低坍落度混凝土条件下,更能满足滑模施工工艺的需求,在滑模挤压工艺后,混凝土拌合物因振捣排气和液化,混凝土拌合物的坍落度进一步降低,可以满足模板移走之后无模板条件下的立模性能要求;在低坍落度混凝土条件下,混凝土拌合物表层存留的砂浆层厚度比较好控制在3~5mm,以满足后续20~30年的车轮滚动耐磨需求;在低坍落度混凝土条件下,混凝土拌合物的泌水、野外大面积新拌混凝土表面砂浆层的拉毛做面和混凝土拌合物养护更能有效控制。

在配合比设计阶段,低坍落度混凝土的工作性应分三个层次进行设计。第一个层次涉及搅拌、运输,此阶段混凝土配合比设计的诉求是不离析,低坍落度条件下混凝土拌合物搅拌不离析,运输不离析。第二个层次涉及摊铺布料,此阶段混凝土的诉求是较为蓬松,不因低坍落度混凝土的工作性差,而需要更多的动力来布料。第三个层次是涉及混凝土振捣时,此阶段要求混凝土能够快速出浆。

为促使低坍落度混凝土振捣液化,首先需要更大的机械能——高频振捣来达到理想的密实度。在低坍落度条件下,经高频振捣,混凝土过振离析不再是主要问题,而是如何促使混凝土振捣出浆,即能经快速振捣液化是低坍落度混凝土最关注的问题。

低坍落度混凝土在外加剂和掺合料选择方面,关注点不应放在如何减水、如何提高强度等方面;而应关注如何在低坍落度条件下,在高频振捣20~30s的时间段内,混凝土拌合物如何实现振捣密实。引气剂是促进低坍落度混凝土振捣液化的不二选择。在高频振捣作用下,通过引气剂在拌合物中引入的气泡起到滚珠效应,促进细集料和水泥浆在振捣条件下流动;同时气泡凝聚以及气泡上浮过程,犹如沸腾水中翻滚的气泡一样,局部形成饱和状态,有效降低了细集料和水泥浆之间、砂浆和集料之间的剪切力,促使混凝土集料进一步就位、密实。在此原则下,筛选合适的引气剂作为混凝土拌合物振捣液化的助剂,促进混凝土振捣出浆。也就是说,不是所有的引气剂都具有促进低坍落度混凝土快速振捣出浆液化的能力,为此为区别起见,将能够促进混凝土拌合物振捣液化的引气剂重新命名为液化剂。同时从工作性的角度来说,能只用液化剂的地方,尽量只使用液化剂;尽量不在液化剂的基础上再复合减水剂。因为大部分条件下减水剂的考量不仅仅是改善混凝土拌合物工作性,而是混凝土强度不够时,通过减水方式,"提高"混凝土的28d抗弯拉强度。与此同时在更大的机械能下,可以促进混凝土拌合物进一步振捣密实,拌合物密度达到2450kg/m³,实践中常出现2550kg/m³的高密度。

低坍落度理念同时带来混凝土配合比设计方面的革命,低坍落度混凝土的粗集料含量或者粗集料体积占比要高于普通坍落度(8cm以上),因此相应的细集料占比也相对下降,相应砂率在30%左右,由此混凝土的单位用水量,水泥用量都相应减少。在粗集料级配方面,在条件许可时,尽可能选用更大的最大粒径;同时在不离析的前提下,可以采用间断级配,以提供更大的空间给细集料和人为引进去的气泡。

关注粗集料提供空间的同时,也应关注细集料的饱满填充。引气低坍落度混凝土为保证足够的浆体填充,第一,通过引气带来虚拟水泥用量的增加,可以看作适当的引气增加了浆体体积,使得水泥浆体更为丰富,为配合虚拟的水泥增加,应适当提高砂率。第二,要确保细集料中2.36mm筛孔以下的通过量。第三,细集料砂率跟细度模数有关,细度模数越小,则砂率就低;细度模数越大,则砂率则大。其核心就是确保有足够的砂浆填充粗集料形成的空间。多碎石低坍落度混凝土的干缩系数、温缩系数和开裂倾向都明显降低。

常规配合比设计时,计算的含气量也就是振捣完成后的残留含气量。而低坍落度混凝土在液化剂引入之后,配合比设计思路也应做适当调整。配合比设计需要考虑两个阶段:第一个阶段是搅拌、运输和摊铺,第二个阶段是振捣液化。第一阶段使用液化剂超量引气,远大于耐久性需要的含气量(比如引入8%左右的含气量)。考虑到超量的含气量可以改善混凝土搅拌流变性和摊铺流变性,使得混合料在搅拌过程中更加蓬松和低阻力,使得混合料在摊铺布料阶段同样保持蓬松和低阻力;还要求液化剂具有足够的"保持性",在搅拌结束之后2~3h内,确保混凝土拌合物内的引气量不能衰减过快,以确保蓬松性保持在一定范围。第二阶段,要确保高频振捣下引入的气泡快速破灭,促使混凝土拌合物的空隙快速降低,并使得振捣完成后的混凝土残留含气量达到设计值,比如3%。

6.1.1 高频振捣

高频振动机械能是促使低坍落度混凝土振捣液化的必要手段;同时高机械能可以促使低坍落度混凝土中集料达到更高紧装密度。但高频振捣还不能达到沥青路面压路机的机械能,所以硬化后低坍落度混凝土中粗集料的堆积密度要小于沥青混凝土中粗集料的堆积密度(沥青混凝土的堆积密度基本上就是粗集料的紧装密度)。

(1)外部振动

室内外部振动分为振动台或表面振动器。在振动台作用下混凝土拌合物振动既不是简谐振动,也不是规则的阻尼振动,而是一种激振系统振动不变,而混凝土内部摩阻力不断变化的类阻尼振动。由于机械能守恒,所以其混凝土振动状态是由外界因素综合决定的。因此,不能简单地依据混凝土内部振动加速度的最大值来判断混凝土的振捣液化进度,而应该以振动加速度的有效值为评价指标,评价新拌低坍落度铺面混凝土的振捣液化性能。

由于机械能守恒,振动物体的总机械能大小和振幅有关,振幅越大,振动能量就越大。混凝土拌合物在振动台上受阻尼振动,振动过程中振动波不断地克服混凝土内部振捣液化产生的摩阻力,振动波在振捣中不是一定固定值,而是随着混凝土振捣液化过程不断改变,直至混凝土振捣液化结束,混凝土达到密实,如图6-1所示。开始振动时,振动波振幅逐渐变大达到平衡,紧接着随着混凝土拌合物不断地振捣液化趋于密实,混凝土的内部的阻力逐渐增大,此时混凝土内振动波振幅逐渐变小,最后振幅趋于稳定,此时混凝土振捣液化结束。

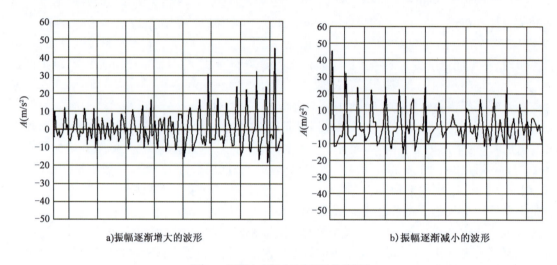

a) 振幅逐渐增大的波形　　　　　　b) 振幅逐渐减小的波形

图6-1　混凝土中振动波实际的传递规律

相同配合比的新拌混凝土,控制其坍落度保持一致(1cm),使其在调频振动台上振捣60s,变换不同频率,测得其振动加速度有效值的变化规律,如图6-2所示。混凝土拌合物中振动加速度有效值和振动台频率呈线性相关。

（2）内部振捣

常用的混凝土内部振捣是插入式振捣棒,其属于使混凝土内部振动的一种机械,相应振动参数如表6-1所示。内部振捣振幅大小分布示意如图6-3a)所示。滑模摊铺机振捣棒机组由数根高频振捣棒组成,其振动示意图如图6-3b)和c)所示。利用插入式振捣棒,对新拌混凝土在振捣棒作用下振捣液化性能进行研究,使用振动黏度系数作为评价混凝土振捣液化性能的评价指标。

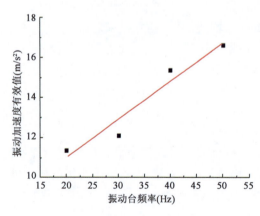

图6-2　振动台频率与混凝土中振动加速度有效值的关系

插入式振捣棒的参数　　　　　　　　表6-1

振捣棒直径 (mm)	振动频率 (Hz)	空载振幅 (mm)	转速 (r/min)	激振力 (kN)
85	200	2.0	12000	650

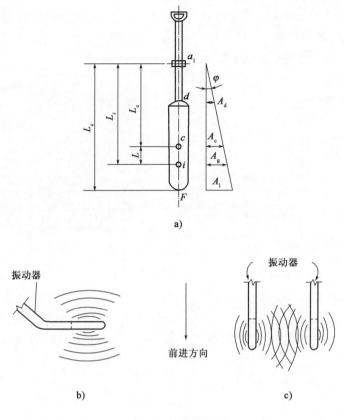

图 6-3 内部振捣

6.1.2 工作性评价

1) 出浆液化

对于低坍落度混凝土,用坍落度筒试验区分度不高;同时用维勃稠度仪看浆体是否布满圆盘也不够精确。为此,改进维勃稠度仪,进一步提出出浆量概念,在规定的时间内测定振出的砂浆质量和混凝土下沉量(松铺系数)。

振动台工作频率 50Hz±3Hz,空载(含筒)振幅 0.5mm±0.1mm。透明圆盘,用透明有机玻璃制成,上装有滑杆。圆板直径 230mm±2mm,厚 10mm±2mm,荷重和滑杆的总质量为 2.75kg±0.05kg,滑杆可通过套筒垂直滑动。滑杆及套筒的轴线与容器轴线重合。配重砝码:两块,共 8.7kg,见图 6-4。

对维勃稠度仪进行改进主要体现在液化出浆筒,出浆筒由金属制成,内径 240mm,内高 200mm,壁厚约 3mm,底厚约 7mm;侧壁从距顶端 20mm 处开圆孔,一直开至底端,圆孔直径 4.75mm,间距 3mm。液化出浆桶应有足够刚度,上有把手,底部外伸部分可用螺母固定在振动台上。

试验前用湿布擦拭出浆筒内壁及透明圆盘的上下面。取质量均匀,有代表性的水泥混凝土试样 16kg;用铁勺等工具将试样分两层轻轻装入出浆内,底层应超过半筒,上层应高出筒口。装料时应避免自由下倒,以防试样离析;每装一层用捣棒从出浆筒周边向中心螺旋形均匀插捣 25 次。插捣底层时,捣棒应贯穿整个深度但不触及筒底;插捣上层时,捣棒应应插入底层表面以下 1~2cm。每层插捣后,用橡皮锤均匀敲击出浆筒周围 10 次,以消除插捣产生的孔洞;上层插捣完毕后,用金属镘刀除去高出筒口的试样,并将表面整平。

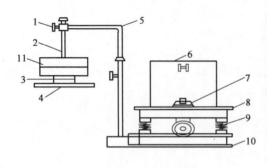

图 6-4 低坍落度水泥混凝土振动出浆仪

1-螺栓;2-滑杆;3-砝码;4-圆盘;5-转向弯杆;6-液化出浆筒;7-固定螺栓;8-台面;9-弹簧;10-底座;11-配重砝码

将装有试样的出浆筒固定于振动台上,并把透明圆盘连同荷重及配重砝码加到拌合物表面。开动振动台,同时按下秒表,20s 后立刻停止振动台。记下振动前出浆筒和混凝土的总质量 m_0,振动结束后用抹布抹去出浆桶外壁浆体并称取质量 m_1。振动结束后,记录下沉高度 h_1。

液化出浆量按式(6-1)计算:

$$m = m_0 - m_1 \tag{6-1}$$

式中:m_0——振动前出浆筒和混凝土的总质量(kg);

m_1——振动结束后用抹布抹去出浆筒外壁浆体称取浆筒和混凝土质量(kg);

m——混凝土液化出浆量(kg)。

出浆量的计算应精确至 1g。

松铺系数按式(6-2)计算:

$$U = \frac{200}{200 - h_1} \tag{6-2}$$

式中:U——松铺系数,结果精确至 0.01;

200——液化出浆筒内高(mm);

h_1——混凝土下沉高度(mm)。

2)新拌混凝土的振动黏度系数

(1)混凝土的振捣液化过程

在振捣之前,新拌混凝土是由固、液、气三相组成,含有大量的空气,空隙率可达 30% 左右。当振捣棒开始作用后,混凝土内部固体颗粒之间内摩擦力降低,开始相互运动而密实。

新拌混凝土振捣、密实是一个连续的过程。在振动过程,混凝土伴随着的振动时间的延长,较大的气泡不断地在混凝土中上升、排出,较小的气泡不断地在混凝土合并、上升、排出,最后混凝土中只留下一些微气泡。这个过程结束以大量混凝土内部的气泡排出为标志。

假设新拌混凝土受到的振动作用时简谐振动,其振动条件为:振动频率 $f = 50$Hz,振幅 $A =$

0.5mm。经过时间 t 后,振源的振动能量和最大振动加速度分别为式(6-3)和式(6-4)所示。

$$E = 4\pi^3 m A^2 f^3 t \sin(4\pi f) \tag{6-3}$$

$$a_{max} = A\omega^2 = 4\pi^2 A f^2 = 5g \tag{6-4}$$

式中:E——振源的振动能量;
　　m——振子的质量;
　　a_{max}——最大振动加速度;
　　ω——振源的角速度。

新拌混凝土振捣液化过程可以将静态的斯托克斯黏度定律来描述新拌混凝土振捣状态。可引入一个球形气泡(如乒乓球),其直径 D = 37.917mm,质量 m = 2.45g,重度 ρ_b = 0.0858g/cm³,则有新拌混凝土的振动黏度系数如式(6-5)所示。

$$\eta = \frac{2gTR^2(\rho_c - \rho_b)}{9H} \tag{6-5}$$

式中:T——气泡上升所需的时间(s);
　　H——气泡上升的高度(cm);
　　$\rho_c - \rho_b$——混凝土的密度与引入气泡密度的差值;
　　R——引入气泡的半径。

新拌低坍落度低坍落度混凝土的振动黏度系数计算式,如(6-6)所示。

$$\eta = 78.2747 \frac{T(\rho_c - 0.0858)}{H} \tag{6-6}$$

式(6-6)中有3个需要测定的未知量,分别为乒乓球(也就是引入的气泡)上升的高度 H,所需时间 T 和混凝土的密度 ρ_b。水泥混凝土在振捣密实之后,密度值一般在2450~2550kg/m³之间。假定不同配合比的混凝土在振捣后,其密度为一常数,那么式(6-6)可以简化为式(6-7)。

$$\eta = k \times \frac{T}{H} = k \times \frac{1}{v} \tag{6-7}$$

式中:k——常数;
　　v——乒乓球上升的速度。

振动黏度系数与乒乓球上升的速度成反比,上升速度越快,其振动黏度系数越小;相反,则振动黏度系数越大。乒乓球上升过程采用平均速度,因此振动黏度系数则为从振动开始到振动结束这段时间内混凝土拌合物的平均振动黏度系数。混凝土在振动过程中,其振动黏度系数伴随着混凝土的振捣液化,从开始振动到振动结束这些不同的阶段里,不断变化。

通过试验,得到混凝土拌合物中乒乓球上升过程中时间和位移对应曲线,曲线上每个时刻点上的斜率即为该时刻点的乒乓球瞬时上升速度,从而得出混凝土拌合物瞬时振动黏度系数。

(2)改进混凝土拌合物瞬态振动黏度系数

试验方案见图6-5,通过一根带有刻度标志的信号线连接并固定在一个乒乓球上,把乒乓球放进一个容器底部,容器底部开一个小口,把线从容器中拉出,依此类推;然后在混凝土振捣过程中，用视频摄像的记录信号线的变短过程。振动完毕以后通过处理采集的视频资料，得到每个时刻点乒乓球的位移情况，绘成一条曲线，可得到乒乓球振动上升过程中的时间位移曲线。

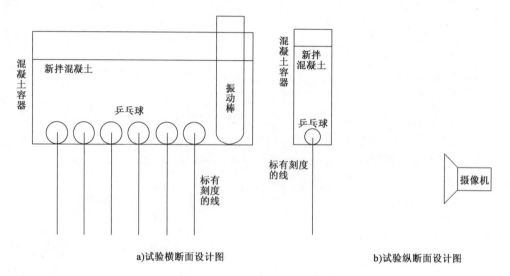

图 6-5　乒乓球法测振动黏度系数试验设计图

测试不同配合比下混凝土中乒乓球运动的时间-位移曲线，其最典型图形如图 6-6 所示。在混凝土振捣液化过程中，乒乓球在混凝土中的运动规律大致可以分为三个阶段。

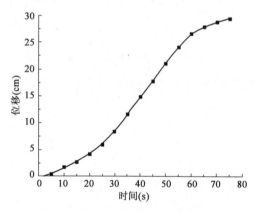

图 6-6　混凝土中的乒乓球运动典型时间-位移曲线

第一阶段，随着振捣棒振动开始，乒乓球在混凝土拌合物缓慢上升。这个阶段新拌混凝土初始黏聚阻力很大。在受到振动波作用时，混凝土的絮凝结构遭到破坏，集料之间相互内摩擦和嵌挤力降低，其黏聚力不断减小，振动黏度系数也随之减小。

第二阶段，混凝土振捣液化加速，乒乓球在混凝土中迅速上升。局部混凝土已经完全液化，内部的黏聚阻力降低至最小。伴随着振动时间的延长，混凝土中的气体不断的上升、合并、排出，其振捣液化的速率也达到最大值，混凝土的瞬态振动黏度系数变化趋于缓和。

第三阶段，随着混凝土振捣液化临近结束，乒乓球在混凝土中上升速率下降，曲线进入平台期。在振动作用下混凝土达到密实，曲线斜率趋于缓和，测不到瞬态振动黏度。

对于平均振动黏度系数相对较小的混凝土，振捣棒开始振动以后，黏聚力迅速变小，混凝土开始振捣液化，并且黏度系数下降速度很快。在混凝土尚未达到振捣液化速率最大值时，乒乓球已经到达混凝土表面。由于混凝土液化速度太快，导致混凝土尚未进入典型曲线的第二、第三阶段，气泡已经排出。混凝土的在振捣液化速率达到最大值后，乒乓球快速浮出混凝土表面，见图 6-7a)；尚未进入典型曲线的第三阶段时气泡即已经排出，见图 6-7b)。

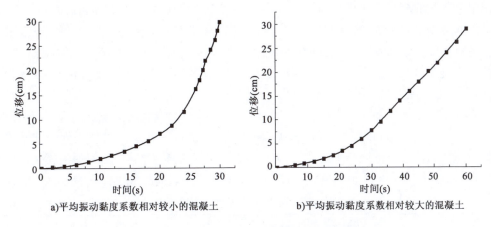

a) 平均振动黏度系数相对较小的混凝土　　　　b) 平均振动黏度系数相对较大的混凝土

图 6-7　混凝土中的乒乓球运动的其他时间-位移曲线

3) 立模特性

滑模摊铺施工没有固定模板，在摊铺机铺筑完成后铺面混凝土便随之失去侧向模板的支撑，因此为确保水泥混凝土铺面不出现塌边等现象，低坍落度混凝土必须具备良好的立模特性。为反映滑模施工中不同砂率混凝土的立模特性——塌边膨胀宽度，采用混凝土立模特性试验槽。该试验槽为方形钢槽，内部宽 300mm、长 400mm、高 250mm，上部开放，两侧钢板可以抽出，以模拟滑模摊铺机中向前滑动的侧向模板，见图 6-8。

先将搅拌好的混凝土倒入立模特性试验槽中，用高频振捣棒对混凝土拌合物进行充分振捣，进行抹面整平，并立即抽出两侧钢板；待混凝

图 6-8　混凝土立模特性试验

土两侧塌边膨胀量稳定后，测量变形后混凝土的总宽度，相比较变形前混凝土宽度，宽度增加量是塌边膨胀宽度，即为立模性能评价。增加量越小，混凝土的立模性越好。

4) 抹面性能评价

硬化后混凝土表面的微观纹理是铺面水泥混凝土重要施工特征，是水泥混凝土铺面提供抗滑特性最重要的安全保障。抹面特性是低坍落度铺面混凝土区别于其他构造物混凝土的重要特征。混凝土抹面性好，则易于抹面，且抹出的混凝土表面平整度高；反之抹面性差，则不易抹面，且抹出的混凝土表面平整度差。除了收面过程的评价外，利用混凝土硬化后表面的粗糙度来反推新拌混凝土的抹面性。

硬化表面的具体评价指标为混凝土表面粗糙度。表面粗糙度是表征材料表面微观几何形状误差的重要指标。一般情况下，表面粗糙度仪主要由千分表以及圆形金属基座两部分组合而成。其中，千分表底部带有测定针，测试范围值在 $0 \sim 1000\mu m$ 之间，测定针的锥尖角度值是 $60°$，针的尖顶半径值是 $50\mu m$；金属基座为空心结构，底部外径值是 25mm。其测量原理为当仪器的基座位于测试表面之上时，基座粗糙度仪的底面即为基准面，在自然状态下，针尖在弹

力的作用之下与混凝土表面接触,此时千分表的读数即测量点和基准面的相对高差。

使用前应先进行标定,将仪器基座放置在水平的玻璃面板上,使测定针的针尖接触玻璃面板且与基座平面一致,转动千分表圆盘外侧圆环调整读数为0μm。接下来,将标定好的表面粗糙度仪放置在待测的已终凝的水泥混凝土面板之上,并读取千分表上的数值,多次测量取平均值,即为所测水泥混凝土的表面粗糙度。

以等坍落度不等砂率混凝土抹面特性为例,在混凝土拌和后,将混凝土倒入长、宽、高分别为300mm、300mm、50mm的定制木模中,振捣密实之后,由同一试验人员使用同一抹平工具进行混凝土面板的抹平。待混凝土终凝后,进行混凝土表面粗糙度的测量,每一混凝土的面板表面随机测量10处,并求平均值。等坍落度不等砂率混凝土表面粗糙度详见表6-2。

等坍落度不等砂率混凝土表面粗糙度 表6-2

砂　率	混凝土表面粗糙度均值(μm)	砂　率	混凝土表面粗糙度均值(μm)
0.30	378	0.45	308
0.35	358	0.50	306
0.40	330		

随着砂率的不断增大,等坍落度混凝土表面粗糙度是不断减小的,当砂率为0.30时混凝土表面粗糙度最大为378μm,此时抹面性最差。当砂率为0.50时混凝土表面粗糙度最小为306μm,此时抹面性最好;其次是砂率为0.45的水泥混凝土粗糙度为308μm,抹面性与砂率为0.50时的混凝土相差无几。

5)流变性能

材料的流变特性是指在适当的外力作用下,材料发生变形与流动的性能,塑性黏度和屈服应力是其重要指标。塑性黏度指的是拌合物的内部结构对流动产生阻碍的一种性能指标。塑性黏度越小,混凝土施工阻力越小,越容易抹面,混凝土抹面性越好。屈服应力则是防治拌合物产生塑性变形的极限应力。当在新拌混凝土承受的剪应力比屈服应力小时,拌合物则不会流动;反之,当剪应力比屈服应力大时,拌合物则会产生流动。因此屈服应力越大,立模特性越好且不塌边。

新拌混凝土流变学特性符合宾汉姆模型,即混凝土在搅拌过程中的扭矩与转速存在线性关系,并且相应转速与扭矩拟合的一元线性方程的斜率与截距分别与混凝土的塑性黏度和屈服应力成正比,分别叫作**塑性黏度**和**屈服应力**。相应的线性方程能够用下式表征:

$$T = g + hN \tag{6-8}$$

式中:T——转矩(N·m);

N——转速(r/min);

g、h——常数。

水泥混凝土流变特性检测试验由三部分组成,分别是混凝土搅拌机、扭矩转速功率测试仪以及记录设备组成。混凝土搅拌机上附有变速电机和扭矩功率转速传感器,同时传感器通过线路与扭矩转速功率仪相连。该水泥混凝土流变仪额定电压380V,频率50Hz,搅拌功率3.0kW,转速范围在0~135r/min之间,扭矩测量范围为0.1~300N.m,测量精度可达0.1%。通过转动转速调节按钮,实时调节变速电机转速,得到混凝土搅拌过程中的转速、扭矩和功率。

6）黏聚性

控制较低的坍落度使得混凝土保证在一定的黏聚性。

7）蓬松性

使用现场贯入阻力仪或者钢钎进行测试,务必保证钢钎轻松插入低坍落度混凝土。

6.2 低坍落度混凝土配合比

6.2.1 液化剂

液化剂是铺面混凝土中最重要的组成部分。有别于普通结构物水泥混凝土中引气剂用于提高混凝土耐久性,为区别起见引气剂被称为液化剂。铺面混凝土中采用液化剂是为改善混凝土工作性能,是特殊施工工艺所必需的,液化剂在混凝土拌合物中起到一个桥梁作用。在搅拌、运输和摊铺中改善混凝土拌合物内黏聚性;液化剂在振捣中起到促使低坍落度混凝土拌合物振捣液化,主要体现在加快混凝土出浆速度、振捣后气泡大量溢出。

液化剂在铺面混凝土拌合物中产生大量稳定、均匀的细微气泡,无数个气泡蕴藏在水泥浆中使水泥浆总体积增大,大大提高了裹覆在粗、细集料表面上的水泥浆量,同时液化剂能在混凝土拌和过程中引入大量微小、均匀独立的气泡,起到了滚珠轴承的作用,使集料颗粒间摩擦力减小,增加了水泥浆的体积,使混凝土和易性得到改善。从而缩短了水泥混凝土的出浆时间;同时,随着振捣作用的持续,大量气泡从混凝土拌合物中被排除,进而降低了引气对混凝土立模特性的影响;最后,硬化后部分细微气泡会保留在水泥混凝土内部,避免了混凝土铺面在养护阶段以及后续使用阶段的开裂。

若想使液化剂在加快混凝土出浆速度、提高混凝土养护阶段,则必须寻找合适的引气剂种类和最优含气量。引气剂本身便是一种表面活性剂,引气剂主要分为:阳离子、阴离子、两性离子以及非离子等。在水泥混凝土的领域中引气剂的分类大都以制造引气剂的原材料来进行划分。目前,主要分为下面几类。

(1)皂苷类:该引气剂主要是从多年生的乔木皂荚树的果实皂角以及皂荚之中淬炼而成,其主要成分是三萜皂苷。具有刺激性气味,辛辣刺鼻。该类引气剂的气泡的直径较小,稳定性好,特殊引气能力较优。

(2)松香类:该类引气剂主要是采用多种加工工艺进行松香的改性,进而得到相应的松香衍生物,其具体又可分成松香热聚物类与松香皂类。一般情况下,松香类引气剂的引气速度较快,产生的气泡直径较中等,且与大多数的外加剂无相互影响。但是,虽然其在初始搅拌的时候引气量较大,可在长时间的搅拌下引气量会不断减少。

(3)脂肪醇磺酸盐类:该类引气剂包括,脂肪醇聚氧乙烯醚和脂肪醇聚氧乙烯磺酸钠以及脂肪醇硫酸钠等。这其中的脂肪醇聚氧乙烯醚通常简称为醇醚,是一种非离子型的表面活性剂。该类引气剂具有较强的耐硬水能力,且引出的气泡直径普遍较大。

(4)烷基苯磺酸盐类:该类引气剂是通过将烷基苯用浓硫酸、发烟硫酸或者液态的三氧化硫用作磺化剂来进行制造。其主要有烷基硫酸钠、烷基苯磺酸钠两种。这其中,烷基磺酸盐类型的引气剂引出的气泡直径较大,且引气速度较快、引气能力较强,同时在搅拌工程中,其引气量不会有明显损失。

(5)其他类型:主要有蛋白质盐、引气减水剂以及石油磺酸盐等。引气减水剂则又包括:聚烷基芳基磺酸盐以及改性木质素磺酸盐。

所有类型的引气剂之中,皂苷类、烷基苯酸盐类、松香类以及一些复合类引气剂在目前的工程中最为常用。因此,为全面反映引气剂对水泥混凝土相关工作性的影响,可选择松香类、烷基苯酸盐类、皂苷类引气剂中最具有代表性的品种进行混凝土工作特性试验,如三萜皂苷引气剂、十二烷基硫酸钠引气剂以及126A松香引气剂。引气剂降低表面张力的能力比较强(35~40之间),伴随低掺量就可以引入大量气泡,气泡透光性好,泡沫直径大。

研究高频振捣作用下液化剂的引气特点、气泡结构、稳泡性能与低坍落度混凝土工作性之间相互作用的关系,建立低坍落度铺面混凝土液化剂的评价方法和评价指标,对控制引气低坍落度铺面混凝土的工作性能,提高路面水泥混凝土的施工质量至关重要。高频振捣后,新拌低坍落度混凝土含气量大幅度降低,不同液化剂的混凝土经高频振捣后其气泡结构有很大差异。

在相同坍落度的条件下,掺液化剂的混凝土,其浆体的和易性、流动性、塑性、浇筑性、捣实性等非检测指标是不掺液化剂的混凝土的浆体所不能比拟的。液化剂引入的微细气泡宛如微细集料,对级配不良,尤其是细颗粒缺少的细集料有补偿作用,可以使混凝土显得砂浆富余;这些微小气泡连接和支撑着水泥颗粒,填塞了水泥颗粒间的空隙,从而阻止或减少了水泥和集料颗粒周围的水流减少混凝土泌水、沉降和离析。同时由于这些气泡的"拨开"和"分散"作用,极大地增加了水泥或细集料的自由表面积,增加了拌合物的黏性和工作性。

道路低坍落度混凝土用的液化剂不同于结构混凝土的引气剂,通常引气剂要求小气泡,气泡稳定也许是针对高流动性混凝土。因为高流动性混凝土中引入的气泡本身不会经历高频振捣,气泡结构改变很小,而起到抗冻融耐久性的混凝土的气泡是大量微小气泡。

对低坍落度混凝土工作性的影响最根本原因是引气气泡结构的变化。搅拌引气(有一个平衡,跟表面活性剂降低混凝土的表面张力的能力相关,搅拌最后达到一个动态的平衡),高频振捣,气泡合并、变大、消失,并残留下没有合并的微小气泡。塑性黏度和屈服应力与气泡结构直接相关,气泡和孔隙是不同的概念,气泡可以看作球形集料,起到滚珠轴承的作用,多引气会降低浆体的塑性黏度,尤其在高频振捣初期这种效果更明显。高频振捣末期大气泡消失后,新拌混凝土又具有高屈服应力。

6.2.2 集料级配

1)逐级填充的集料骨架

混凝土拌合物由粗集料、细集料、矿粉以及水泥组成。现有三种级配设计理论,即最大密度曲线理论、粒子干涉理论和体积设计法。最大密度曲线理论最早由富勒(Fuler)提出,该理论认为"矿料的颗粒级配曲线愈接近抛物线,其密度愈大"。后经其他研究者修正为:最大密度曲线其实是 n 次幂公式,通常 n 在 $0.3~0.7$ 之间。不管 n 为何数,该理论都基于如下两个假设:基本颗粒为规则的球体;同一分级颗粒都相等。

级配组成对其力学性能及使用功能具有十分重要的影响。通常认为拌合物的合理级配是S形级配,即认为粗集料形成良好的骨架,较细集料(如 <1.18mm)充分填充空隙,以便使混合料达到设计空隙率,从而充分发挥粗集料在内摩擦角方面的优势,同时充分发挥细集料在黏聚

力方面的长处。然而在设计和评价水泥混凝土时,关于粗集料的认识常停留于经验的层面上,基于体积分析方法,就骨架填充规律以及如何寻找最优骨架等方面进行探讨。

(1) 骨架特性评价

采用上置式振动器作为击实工具。经研究发现,骨架最终的空隙率与振动器采用的频率无关,只要激振时间足够长,骨架最终的空隙率会趋于一定值。即无论采用何种频率,只要激振力大小合适、激振时间足够长,那么相同级配的骨架,最终得到的空隙率是一致的。所以文中采用45Hz,激振力2kN,激振2min。采用试桶高度为17cm,直径为15.2cm。

区分粗集料和细集料的分界筛孔孔径称为间断点孔径。按照我国现行的分类标准,认为大于4.75mm筛孔的集料为粗集料,也就是说间断点孔径为4.75mm。由于级配的类型不同,颗粒的粒径变化较大,所以间断点孔径应随着级配类型有所不同。通过对资料分析,可以认为最大粒径大于或等于26mm时,间断点孔径为9.5mm;最大粒径小于或等于13.2mm时,间断点孔径为2.36mm。

将大于间断点孔径的集料装入试桶中,经上置式振动器振实,测定间隙率干压条件下的主集料间隙率。测定时首先将集料烘干,分三次装入试桶中,每次用铁棒均匀插实,经振动成型后测定此时的密度。按式(6-9)计算主集料的间隙率 V_{vca}:

$$V_{vca} = \frac{\rho_{ca} - \rho_s}{\rho_{ca}} \times 100\% \quad (6-9)$$

式中:ρ_{ca}——主集料的毛体积密度;

ρ_s——按本方法测定的主集料密度。

在成型的混合料试件中,间断点孔径以上的集料形成骨架,骨架以外的间隙占整个试件的体积百分率为混合料主集料间隙率 V_{mix},见式(6-10):

$$V_{mix} = 100 - \frac{\rho_{mb}}{\rho_{ca}} \times P_{ca} \quad (6-10)$$

式中:ρ_{mb}——混合料的实测毛体积密度;

ρ_{ca}——主集料的平均毛体积密度;

P_{ca}——矿料中主集料所占的比例。

就集料在混合料作用而言,可以认为主集料形成骨架,其他的矿料作为填料填充间隙。如果填充料过粗或过多都将破坏骨架的嵌挤结构,不能形成良好的骨架。良好的骨架必须是主集料形成了石-石嵌挤作用,因而其评判标准是混合料中的主集料间隙率必须接近或者小于干压条件下的主集料间隙率。

(2) 最优骨架的设计

由于成型的骨架是一个松散材料,所以不能采用常规的方法去评价。而CBR方法在一定程度上反映了某一变形级位时荷载同变形的关系,也一定程度反映了骨架抵抗外荷的能力。在试件顶面施加1.27mm/min的变形速率,同时用线性位移差动计(LVDT)和压力传感器记录下荷载压入变形曲线,取压入变形为2.54mm时的压强 $p(MPa)$,并将这一值转换为CBR。并以这个CBR表征骨架力学性能的好坏。

在堆积理论中一般认为:当次级集料完全进入上一级集料所形成的空隙中,且只要这档料的含量不大于某一含量时,该档料就不会对上一级集料产生干涉。事实上,次级料不能恰好填充在上一级集料形成的空隙中,(除非次级集料的粒径足够小)而是随搅拌、装填和压实随机地分布在上一级集料形成的母体中,它只能符合某种统计规律,只能表现出一种宏观规律,至于这种宏观规律又取决于母体的粒径分布、次级粒料与母体的比例关系。

假定存在质量为 V 的集料,将其装入试桶中,那么试件高度为 $H(cm)$。并以此集料为母体,加入 G 克集料(远小于完全填充所需的数量),如果 G 克集料没有分散到母体中,而是按紧装密度平铺于母体之上,那么母体应增高 $H_i(cm)$;如果 G 克集料完全分散且正好分散在母体的空隙中,那么此时母体的体积不会发生任何变化。为验证次级集料加入母体的真实情况,特设计以下试验。试验是以 3000g 集料为母体,以一定数量的次级集料为步长逐次加入,试验结果列于表 6-3。

逐级填充试验结果   表 6-3

试验步骤	试验描述（g）	总体积（cm³）	平铺时增高 H_i（mm）	实增 h_i（mm）	高度变化量 $\Delta h_i = H_i - h_i$（mm）
1	母体 3000	1910	—	—	—
2	加入 250	1998	8.00	5.00	3.00
3	加入 100	2082	3.20	4.60	-1.40
4	加入 100	2095	3.20	0.91	2.29
5	加入 100	2103	3.20	0.08	3.12
6	加入 100	2179	3.20	4.23	-1.03
7	加入 100	2208	3.20	1.75	1.45
8	加入 100	2333	3.20	4.16	-0.96
9	加入 100	2363	3.20	1.44	1.76
10	加入 100	2432	3.20	0.00	3.20

表 6-4 中列出逐次增加一定量次级集料时,相应混合料的级配、密度、空隙率和该骨架的 CBR 值。如在步骤 5(表 6-4)的 CBR 达到峰值,此时加入集料以较大比例(97.5%)起到了填充作用,但此时对应的密度 1690kg/m³ 小于步骤 10(表 6-4)的 1710kg/m³,更小于步骤 13(表 6-4)时的 1860kg/m³。

逐级填充时骨架的空隙率和 CBR   表 6-4

| 步骤 | 试验描述（g） | 筛孔尺寸（mm） | | | | | 密度（kg/m³） | 空隙率（%） | CBR（%） |
| | | 4.75 | 9.5 | 13.2 | 16 | 19 | | | |
		通过百分率（%）							
1	母体 3000	0	0	35	65	92	1580	43.2	15
2	加入 250	3.85	7.70	40.0	67.7	92.6	1630	41.3	—
3	加入 100	5.2	10.4	41.8	68.7	92.8	1610	42.1	—
4	加入 100	6.5	13.0	43.5	69.6	93	1640	41.1	26
5	加入 100	7.8	15.5	45.1	70.4	93.2	1690	39.2	55

续上表

步骤	试验描述（g）	筛孔尺寸（mm）					密度（kg/m³）	空隙率（%）	CBR（%）
		4.75	9.5	13.2	16	19			
		通过百分率（%）							
6	加入100	8.9	17.8	46.6	71.2	93.4	1680	39.6	28
7	加入100	10.0	20.0	48.0	72.0	93.6	1700	38.8	44
8	加入100	11.1	22.1	49.4	72.7	93.8	1710	38.5	32
9	加入100	13.0	25.9	51.9	74.1	94.1	1690	39.2	30
10	加入100	13.9	27.7	48.1	74.7	94.2	1710	38.5	33
11	加入100	17.8	35.5	58.1	77.4	94.8	1740	37.4	35
12	加入500	16.7	33.3	61.0	79.0	95.2	1750	37.1	35
13	加入500	30.0	60.0	74.0	86.0	96.8	1860	33.1	34

采用CBR法可以确定某一档集料的最佳含量，同样也可以确定次档集料的最佳含量，依此类推就可以得到混合料的最优骨架。但在什么组合下才能得到最优的骨架（CBR最大），是以上一档集料的最佳含量和母体形成的新母体为基础呢？还是多档料按不同含量的组合？以某一档集料的最佳含量和母体形成新的母体为底，寻找次级集料的最佳含量而得到的骨架性能最优。这也就说，最优骨架具有良好的继承性，下一级骨架的最优组合依赖于上一级骨架的最优组合，上一级骨架的最优组合遗传给了下一级骨架的最优组合。例如，表6-5中列出了寻找第一级填充料最佳含量的试验结果。由表可见，步骤5对应的CBR最大，为53。为比较不同性能的一级骨架（由一级集料填充形成），对二级填充料形成的骨架特性的影响，分别选步骤4和步骤5所形成的骨架为新母体，进行二级填充料掺入试验，其结果见表6-6。加入二级填充料所得到的最佳骨架是以最佳一级骨架为基础的，而不是其他组合（对应CBR可达到60）。

一级填充试验 表6-5

步骤	筛孔尺寸（mm）							空隙率（%）	CBR（%）
	4.75	9.5	13.2	16	19	26	31.5		
	通过百分率（%）								
1	0	12.1	18.4	24.7	31.0	65.5	100	45.0	30
2	9.1	20.1	25.8	31.5	37.2	68.6	100	39.9	28
3	11.8	22.4	28.0	33.6	39.1	69.6	100	40.3	38
4	14.3	24.7	30.0	35.5	40.8	70.4	100	40.3	37
5	16.7	26.7	32.0	37.2	42.4	71.2	100	38.8	53
6	18.9	28.7	33.8	38.9	44.0	72.0	100	37.0	48
7	21.1	30.6	35.6	40.6	45.6	72.8	100	37.7	33
8	23.1	32.4	37.2	42.1	47.0	73.5	100	36.6	51

二级填充试验 表6-6

二级填充时采用的母体	次数	筛孔尺寸(mm)								空隙率(%)	CBR(%)
		2.36	4.75	9.5	13.2	16	19	26	31.5		
		通过百分率(%)									
步骤5	1	7.7	23.1	32.3	37.2	42.1	46.9	73.5	100	38.1	48
	2	10	25.0	34.0	38.8	43.5	48.3	74.1	100	36.0	60
	3	12.2	26.8	35.6	40.2	44.9	49.5	74.8	100	40.0	52
步骤4	1	7.9	21.1	30.5	35.5	40.5	45.5	72.8	100	38.1	30
	2	10.3	23.1	32.3	37.2	42.1	46.9	73.5	100	35.6	45
	3	12.2	25.0	34.0	38.8	43.5	48.3	74.1	100	34.5	42
	4	14.6	26.8	35.6	40.2	44.9	49.5	74.8	100	32.0	50
	5	16.7	28.6	37.1	41.7	46.2	50.7	75.4	100	38.0	30
	6	18.6	30.2	38.6	43.0	47.4	51.8	75.9	100	34.2	33

利用这一性质探讨如何寻求骨架结构有着重要的意义,利用骨架继承性寻找最佳的骨架组合,可以减少寻求良好骨架的盲目性,使骨架寻优工作系统化。

2)铺面混凝土级配

沥青混凝土施工方式是振动压路机,因此可以将沥青胶浆和粗集料强力挤压,最理想的状态是干压碎石形成的空隙,由沥青胶浆填充;也即是粗集料矿料间隙率VCA,由沥青胶浆填充,此时沥青混合料由粗集料形成点接触的骨架加密实填充的胶浆组成,可以得到最大密实度,从而得到最佳路用性能。

沥青混凝土配合比设计时,一般先测粗集料干压紧装密度D_0,然后获得干压粗集料中的空隙体积VCA(一般在38%~40%的孔隙率),然后设计沥青胶浆(沥青、细集料和2%的孔隙率)填充剩余这38%~40%的体积。

对于普通结构混凝土的配合比设计,通常关注工作性(包括离析)和强度。工作性是在正常条件下装填和50Hz振捣下,相应混凝土的配合比设计应该符合这个条件。沥青混凝土可以通过碾压做到粗集料骨架点接触,但是水泥混凝土基本上很难做到粗集料点接触,不得不需要足够富余的砂浆来撑开这个粗集料骨架。可以将这个过程用砂浆拨开系数描述,当这个拨开系数为1.0,表示粗集料点接触;当拨开系数为1.2,表述粗集料被撑开20%。

对于硬化后的混凝土而言,其粗集料的空间分布就是被撑开的粗集料状态,这个硬化混凝土中粗集料的状态和干压碎石紧装状态相比,就是拨开系数。

反之,也可以定义硬化混凝土中粗集料的密度D除以粗集料紧装密度D_0为粗集料利用率。粗集料紧装密度和硬化混凝土中粗集料紧装密度示意图见图6-9。

1968年Goldbeck和Gray提出的没有振动时的粗集料利用率,在注释中建议当有振动时,可以适当提高10%,见表6-7。Shilstone的将级配分为三段,第一段以9.5mm为分界线的Q,这一段越多越好,以减少砂浆含量;第二段为2.36~9.5mm的中间段I,这一段用于填充空隙,如果这一档碎石棱角和扁平偏多,混凝土工作性就偏涩;第三段为小于2.36mm的W,这一段类似于滚珠,对混凝土工作性影响很大,见图6-10。

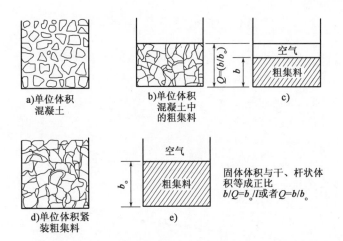

图 6-9　粗集料紧装密度和硬化混凝土中粗集料紧装密度示意图
b-单位体积混凝土中,粗集料的体积;b_o-单位体积粗集料中,粗集料的体积

不同细度模数和最大直径对应的粗集料在硬化混凝土中的体积占比　　　表 6-7

最大粒径 (mm)	细 度 模 数								
	1.8	2.0	2.2	2.4	2.6	2.8	3.0	3.2	3.4
16	0.71	0.68	0.66	0.69	0.63	0.61	0.60	0.58	0.55
19	0.76	0.74	0.72	0.72	0.68	0.66	0.65	0.62	0.60
26.5	0.81	0.79	0.77	0.75	0.73	0.71	0.69	0.67	0.65
31.5	0.85	0.82	0.80	0.79	0.77	0.75	0.73	0.72	0.68
37.5	0.85	0.84	0.83	0.81	0.81	0.78	0.77	0.75	0.73

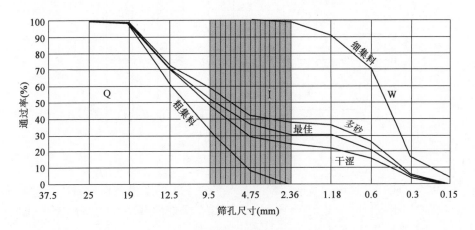

图 6-10　级配曲线图

根据这个假设,Shistone 提出了粗糙系数 CF 和工作系数 WF,见图 6-11。

$$CF = \frac{Q}{R} \times 100 \tag{6-11}$$

$$WF = W + \frac{2.5 \times (C - 564)}{94} \tag{6-12}$$

式中：Q——9.5mm 筛孔的累积筛余；
　　　R——4.75mm 筛孔的累积筛余；
　　　W——4.75mm 筛孔的通过率；
　　　C——胶凝材料总量(lb/立方码)。

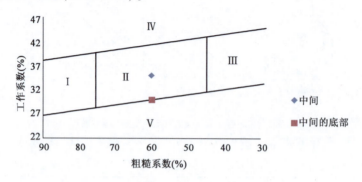

图 6-11　粗糙系数 CF 和工作系数 WF 关系图

在美国传统的铺面混凝土配合比设计中，粗集料体积占 60%、细集料体积占 40%。当碎石过多，混凝土工作性较涩；细集料过多，混凝土工作性过黏。一般均采用断级配。间断级配在混凝土坍落度极低条件下，并不会导致混凝土离析，因此间断级配可以空出更大的空间来容纳细集料和引气，更多的细集料和引气有利于在高频振捣条件下快速出浆。对比 ASTM 中推荐的级配变迁，近年的版本更倾向于断级配(图 6-12)。

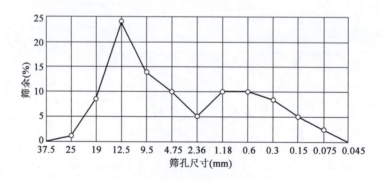

图 6-12　分计筛余曲线图

选择间断级配应选择合理的砂率。较低的砂率会导致粗集料离析或者出现蜂窝麻面，过度的砂率又会增加用水量并导致混凝土密实度减低。合理的砂率在 25%～35% 之间。当加入液化剂后，砂率还可以提高到 45% 以内。

3) 砂

除了用细度模数来表征标准外，控制相应关键筛孔也很重要。例如德国按 0～2mm、2～8mm 来分类，以保证有足够的细集料。ASTM 中规定 0.3mm 的通过率 10%～30%，最好大于 15%；0.15mm 筛的通过率要求 2%～10%。

6.2.3 低坍落度混凝土配合比

根据美国艾奥瓦州立大学 Peter 试验,试验中采用较大的平板浇筑混凝土,并振捣成型,结论如图 6-13 ~ 图 6-17 所示。

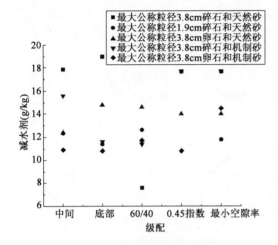

图 6-13　不同级配和减水剂的关系

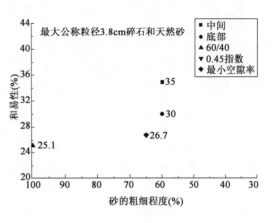

图 6-14　砂的粗细程度和混凝土和易性

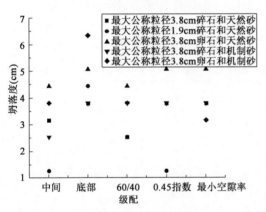

图 6-15　不同级配与坍落度关系

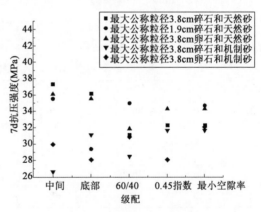

图 6-16　不同级配 7d 抗压强度

图 6-13、图 6-14 和图 6-15 表明 Shilstone 提出的配合比跟混凝土振捣液化关系不明显。在高频振捣下,中间档集料对振捣液化作用不明显;坍落度试验更适合大坍落度混凝土,平板试验更接近滑模摊铺。Shilstone 级配中线和体积比 60/40 的级配更容易成型和抹面。图 6-16 表明所有含有中间档料的级配,7d 抗压强度都超过 25MPa。图 6-17 表明最小孔隙率和 0.45 富勒指数级配的 28d 抗压强度高于体积比 60/40 的级配。

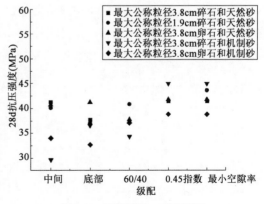

图 6-17　不同级配 28d 抗压强度

6.3 低坍落度混凝土拌合物的流变特性

试验用水泥 P.O 42.5 级,砂为河砂,相关技术指标详见表 6-8。

砂的相关技术指标　　　　表 6-8

表观密度(kg/m^3)	细 度 模 数	泥块含量(%)	含泥量(%)
2730	2.67	0.0	0.6

粗集料为石灰岩碎石,级配合格,压碎值指标是 17.1%。减水剂为萘系高效减水剂。液化剂分别选用三萜皂苷引气剂、十二烷基硫酸钠引气剂和 126A 松香引气剂。

6.3.1 砂率对混凝土特性影响

从流变特性和施工特性入手,使用水泥混凝土流变仪检测混凝土拌合物在搅拌过程中的转速与扭矩,并推算出其相对塑性黏度和相对屈服应力。研究砂率对混凝土的塑性黏度和屈服应力规律水泥混凝土滑模施工中,挤压、搓平抹面特性和塑性黏度有关,立模特性与屈服应力相关。进一步研究砂率对混凝土工作性的影响,寻找低塑性黏度且高屈服应力的最优砂率。研究不同砂率对应的混凝土出浆时间、表面粗糙度和塌边膨胀宽度的规律。

选取等坍落度不等砂率混凝土,保持水灰比和水泥用量不变,砂率分别设定为 30%、35%、40%、45%、50%。通过调节外加剂的掺量来使 5 组混凝土坍落度保持一致,混凝土坍落度控制在 30mm,具体配合比见表 6-9。

等坍落度不等砂率混凝土的配合比(kg/m^3)　　　　表 6-9

序号	坍落度(mm)	砂率	水泥	水	砂	粗集料	外加剂(%)
1	30	0.30	420	176	549	1280	
2	30	0.35	420	176	640	1189	
3	30	0.40	420	176	731	1097	0~1.5
4	30	0.45	420	176	823	1006	
5	30	0.50	420	176	914	914	

1)等坍落度不等砂率混凝土流变特性

采用水泥混凝土流变仪,在相同试验环境下分别测量等坍落度不等砂率的混凝土拌合物在搅拌过程中的转速与扭矩值,并将搅拌过程转速与扭矩的采集值进行线性拟合,求得不同砂率下转速与扭矩的线性方程,见表 6-10 和图 6-18。

等坍落度不等砂率混凝土的相对塑性黏度、相对屈服应力　　　　表 6-10

序　号	砂　率	相对塑性黏度(Pa·s)	相对屈服应力(Pa)
1	0.30	48.91	17.82
2	0.35	41.95	10.39
3	0.40	48.25	17.63
4	0.45	30.07	35.68
5	0.50	29.98	31.54

随着砂率增加,混凝土塑性黏度和屈服应力均先减小后增大再减小。相对屈服应力在砂率为 0.45 时最大,在砂率为 0.40 时最小;同时,相对塑性黏度在砂率为 0.30 时最大,在砂率为 0.50 时最小。

从流变学角度出发,塑性黏度反映拌合物内部结构对流动产生阻碍的大小;塑性黏度越小,混凝土施工阻力越小,混凝土抹面性越好。屈服应力则是阻碍拌合物产生塑性变形的极限应力,屈服应力越大,立模特性越好。当砂率为 0.45 时,混凝土具有高屈服应力和低塑性黏度,此时混凝土施易抹面且好立模,是满足滑模摊铺混凝土工作性的最优砂率。

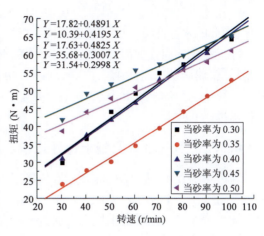

图 6-18 等坍落度不等砂率混凝土转速与扭矩的关系

2)等坍落度不等砂率混凝土出浆速度

混凝土拌和后,先进行出浆速度测试,等坍落度不等砂率混凝土出浆用时间详见表 6-11。

等坍落度不等砂率混凝土出浆用时　　　表 6-11

砂　率	混凝土出浆用时(s)	砂　率	混凝土出浆用时(s)
0.30	20.3	0.45	15.5
0.35	16.4	0.50	16.6
0.40	15.6		

随着砂率的增加混凝土出浆时间先减小后增大。当砂率为 0.30 时混凝土出浆用时最长,出浆速度最慢;当砂率为 0.45 时,混凝土出浆用时最短,出浆速度最快。

3)等坍落度不等砂率混凝土立模特性

振捣完成后,立即将混凝土两侧钢板抽出,以模拟滑模摊铺机施工中移动成型的特点,待混凝土塌边膨胀宽度稳定后,测量混凝土塌边膨胀宽度。结果详见表 6-12。

等坍落度不等砂率混凝土塌边膨胀宽度(mm)　　　表 6-12

砂　率	混凝土塌边膨胀宽度均值	砂　率	混凝土塌边膨胀宽度均值
0.30	6.54	0.45	2.06
0.35	9.01	0.50	3.14
0.40	5.71		

随着砂率不断增大,其塌边膨胀宽度先增大后减小再增大。当砂率为 0.45 时,混凝土塌边膨胀宽度最小为 2.06mm,此时混凝土立模特性最优;当砂率为 0.35 时,混凝土塌边膨胀宽度为 9.01mm,此时混凝土立模特性最差。其次是砂率为 0.30 的水泥混凝土。这与等坍落度不等砂率混凝土相对屈服应力的变化规律也是相一致的。

以出浆时间、立模特性、表面粗糙度这三个指标进行滑模摊铺水泥混凝土工作性最优砂率评判。相比于其他砂率,当砂率为0.45时,水泥混凝土具有最短的出浆用时和最小塌边膨胀宽度,即此时水泥混凝土出浆速度最快,立模特性最好。

在混凝土抹面性方面,虽然砂率0.45的混凝土表面粗糙度略大于砂率0.50的混凝土表面粗糙度,屈居易抹面性第二位,但是两者相差并不大,且在出浆速度及立模特性方面砂率0.45的混凝土均优于砂率为0.50的混凝土。因此满足滑模摊铺水泥混凝土铺面施工特性的最优砂率为0.45。

6.3.2 引气量对混凝土特性影响

在砂率为0.45配合比基础之上,选择不同种类引气剂,通过改变引气剂掺量,调节混凝土的含气量分别为1%、2%、3%、4%、5%,同时通过增减外加剂来保持坍落度一致为30mm,具体配比见表6-13。在混凝土振捣之前流变特性检测,此时混凝土内部含有大量气泡;而施工特性检测分别是在混凝土振捣时和振捣后进行检测,此时水泥混凝土中气泡含量已发生巨大变化。

等坍落度不同引气剂种类和含气量混凝土的配合比　　　　　表6-13

序号	引气剂种类	含气量(%)	引气剂掺量(‰)	减水剂掺量(%)
1	三萜皂苷引气剂	1	0.00	0.95
2		2	0.10	0.90
3		3	0.20	0.80
4		4	0.26	0.72
5		5	0.30	0.65
6	十二烷基硫酸钠引气剂	1	0.00	0.95
7		2	0.80	0.65
8		3	1.00	0.60
9		4	1.25	0.60
10		5	1.40	0.55
11	126A松香热引气剂	1	0.00	0.95
12		2	0.05	0.85
13		3	0.10	0.70
14		4	0.15	0.65
15		5	0.20	0.63

(1) 等坍落度不等含气量混凝土流变特性

采用宾汉姆模型,将添加不同引气剂的等坍落度不等含气量混凝土搅拌过程中的转速与扭矩的采集值进行线性拟合,求得添加不同引气剂的等坍落度不等含气量混凝土转速与扭矩的线性方程,见图6-19。各线性方程的系数和截距分别表征混凝土在搅拌过程中的相对塑性黏度和相对屈服应力,具体数值详见表6-14。等坍落度不等含气量混凝土相对塑性黏度和相对屈服应力如图6-20所示。

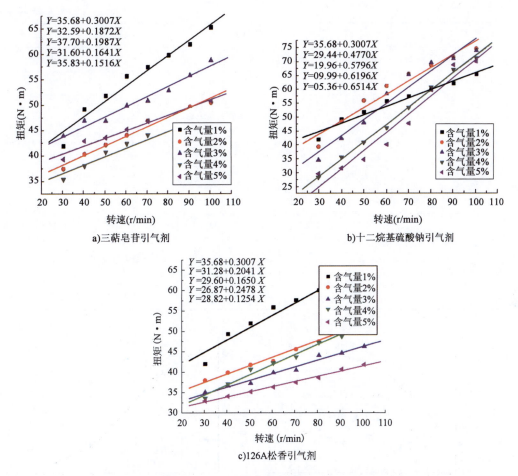

图 6-19 等坍落度不同引气剂下含气量混凝土转速与扭矩的关系

等坍落度不同引气剂下含气量对混凝土塑性黏度和屈服应力影响　　表 6-14

皂苷引气剂			
序号	含气量(%)	相对塑性黏度(Pa·s)	相对屈服应力(Pa)
1	1	30.07	35.68
2	2	47.70	29.44
3	3	57.96	19.96
4	4	61.96	9.99
5	5	65.14	5.36
十二烷基硫酸钠引气剂			
序号	含气量(%)	相对塑性黏度(Pa·s)	相对屈服应力(Pa)
1	1	30.07	35.68
2	2	18.72	32.59

续上表

十二烷基硫酸钠引气剂			
序号	含气量(%)	相对塑性黏度(Pa·s)	相对屈服应力(Pa)
3	3	19.87	37.70
4	4	16.41	31.60
5	5	15.16	35.83
126A 松香引气剂			
序号	含气量(%)	相对塑性黏度(Pa·s)	相对屈服应力(Pa)
1	1	30.07	35.68
2	2	20.41	31.28
3	3	16.50	29.60
4	4	24.78	26.86
5	5	12.54	28.82

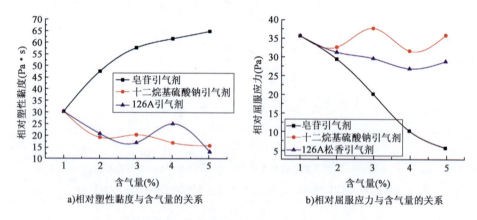

a) 相对塑性黏度与含气量的关系　　b) 相对屈服应力与含气量的关系

图 6-20　等坍落度不等含气量混凝土相对塑性黏度和相对屈服应力

在添加皂苷引气剂情况下,随着含气量的提高,相对塑性黏度不断增大,由不添加引气剂时的30.07,一直增加到65.14;相对屈服应力不断减小,由不添加引气剂时的35.68,一直减小到5.36。添加三萜皂苷引气剂后,混凝土相对塑性黏度均大于未添加引气剂混凝土的相对塑性黏度,相对屈服应力均小于未添加引气剂混凝土的相对屈服应力。

添加十二烷基硫酸钠引气剂时,随着含气量的提高,相对塑性黏度整体呈下降趋势。当含气量为3%时,塑性黏度值略微反弹,但是其相对塑性黏度值也远小于不添加引气剂混凝土的相对塑性黏度值。相对屈服应力整体呈波动状态。当含气量为3%时,相对屈服应力值最大为37.70;当含气量为4%时,相对屈服应力最小为31.60,这与不添加任何引气剂时含气量为1%的相对屈服应力值35.68相差不大。

在添加126A松香引气剂的情况下,随着含气量的提高,相对塑性黏度先减小后增大再减小,并且含气量在2%~5%之间的塑性黏度值均明显小于不添加引气剂混凝土的相对塑性黏度值。随着含气量的提高,相对屈服应力先减小后增大,且添加引气剂后的混凝土相对屈服应力均小于不添加引气剂混凝土的相对屈服应力值,但是相比于十二烷基硫酸钠引气剂,其对混凝土屈服应力的影响还是较大。

相对于三萜皂苷引气剂和126A松香引气剂,十二烷基硫酸钠引气剂即可以大大减小混凝土的相对塑性黏度,又对混凝土的相对屈服应力基本无影响。

(2) 等坍落度不同含气量混凝土出浆速度检测

等坍落度不等含气量混凝土出浆用时,详见图6-21。

将引气剂加入混凝土后,随着含气量的提高,混凝土出浆速度均先提高后降低,且在含气量为3%~4%时混凝土出浆速度达到最快。添加引气剂后会有利于水泥混凝土出浆速度提高,且相比于三萜皂苷引气剂,十二烷基硫酸钠引气剂和126A松香引气剂在相同含气量下对提高混凝土出浆速度的作用效果更优。

(3) 等坍落度不同含气量混凝土抹面特性

以表面粗糙度为指标,对等坍落度不同含气量混凝土抹面性结果,见图6-22。在引气剂种类相同的情况下,混凝土的表面粗糙度均随着含气量的增大而不断增大,并且增幅随含气量的增大而逐渐变缓。添加引气剂会有利于混凝土抹面特性。相较于三萜皂苷引气剂而言,十二烷基硫酸钠引气剂与126A松香引气剂对混凝土抹面性的改善作用不大。

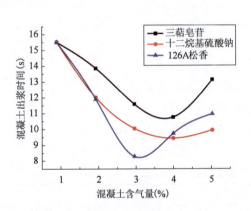

图6-21 不同引气剂种类出浆用时

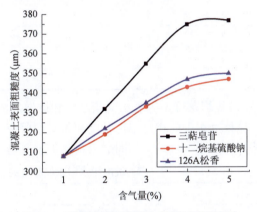

图6-22 不同含气量对混凝土表面粗糙度的影响

(4) 等坍落度不同含气量混凝土立模特性

对不同引气剂种类及含气量混凝土进行立模特性检验,见图6-23。

随着混凝土含气量的增大,添加任一种类引气剂的混凝土的塌边膨胀宽度均有所增加。引气剂对混凝土的立模特性有一定的不利影响。但是相对于三萜皂苷引气剂,十二烷基硫酸钠引气剂和126A松香引气剂对混凝土立模特性的影响程度很小。

在混凝土中加入引气剂有利于混凝土出浆速度的提高和抹面性能。另外,随着引气剂的添加对立模特性会产生一定的不利影响。相对于三萜皂苷引气剂,十二烷基硫酸钠引气剂与126A

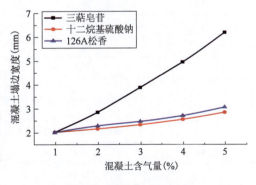

图6-23 等坍落度不同引气剂种类下含气量对混凝土塌边膨胀宽度的影响

松香引气剂在加速混凝土出浆方面作用更加明显;而在立模特性的影响方面影响相对较小。同时,在十二烷基硫酸钠引气剂与126A松香引气剂相比之下,十二烷基硫酸钠相对更优。因此,在这三种引气剂中,十二烷基硫酸钠适宜滑模摊铺。在含气量方面,振捣后残留含气量以控制在3%左右为宜,使得尽量满足滑模摊铺混凝土工作特性要求的同时,又能充分发挥引气剂防冻、抗裂等作用。

6.3.3 吸水树脂对混凝土特性影响

吸水树脂具有极高的吸水能力,增加吸水树脂质量10倍的水。通过调节外加剂掺量来保持混凝土坍落度保持一致,坍落度仍保持在30mm。砂率为0.45的配合比基础之上,选择细度为50目、100目、200目的吸水树脂,相应量均分别为水泥质量的0.00%、0.10%、0.20%、0.30%、0.40%。在混凝土拌和过程中吸水树脂与水泥同时加入,在充分搅拌均匀后上再加入水,具体配合比见表6-15。

不等吸水树脂细度的掺量　　　　　　　　　　　　表6-15

序号	坍落度(mm)	吸水树脂掺量(%)	外加剂掺量(%)
1	30	0.00	0.95
2	30	0.10	0.90
3	30	0.20	0.75
4	30	0.30	0.65
5	30	0.40	0.80

(1)等坍落度不等吸水树脂细度和掺量的混凝土流变特性检测

搅拌过程中的相对塑性黏度和相对屈服应力,具体数值详见表6-16。

等坍落度混凝土在不同吸水树脂细度和掺量下转速与扭矩的线性方程,见图6-24。

不同细度吸水树脂混凝土的相对塑性黏度、相对屈服应力　　　　表6-16

50目吸水树脂			
序号	吸水树脂掺量(%)	相对塑性黏度(Pa·s)	相对屈服应力(Pa)
1	0.00	30.07	35.68
2	0.10	24.22	32.32
3	0.20	18.57	31.61
4	0.30	25.75	32.07
5	0.40	26.64	36.38
100目吸水树脂			
序号	吸水树脂掺量(%)	相对塑性黏度(Pa·s)	相对屈服应力(Pa)
1	0.00	30.07	35.68
2	0.10	28.57	29.27
3	0.20	27.64	22.62
4	0.30	24.93	25.72
5	0.40	30.67	31.18

续上表

200目吸水树脂			
序号	吸水树脂掺量(%)	相对塑性黏度(Pa·s)	相对屈服应力(Pa)
1	0.00	30.07	35.68
2	0.10	26.39	26.8
3	0.20	19.61	23.5
4	0.30	24.19	17.82
5	0.40	24.48	19.36

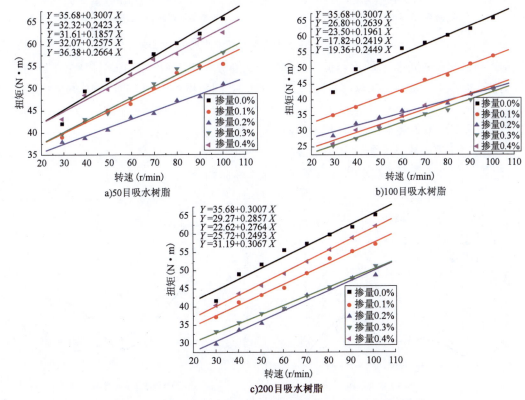

图6-24 等坍落度不等吸水树脂细度和掺量混凝土转速与扭矩的关系

由图6-25可见添加吸水树脂后,水泥混凝土相对塑性黏度和相对屈服应力均随着吸水树脂的掺量的增加而先减小后增加。当吸水树脂细度为50目时,随着掺量的增加,相对塑性黏度先减小后增大,且添加吸水树脂后混凝土的相对塑性黏度整体小于未添加吸水树脂的混凝土的。同时相对屈服应力亦是先减小后增加。

当吸水树脂细度为100目时,随着掺量的增加,相对塑性黏度先减小后增大。当掺量为0.30%时,相对塑性黏度最小为24.93;当掺量为0.40%时,相对塑性黏度最大为30.67。同时,相对屈服应力先减小后增加,但添加吸水树脂后混凝土的相对屈服应力整体小于未添加吸水树脂的相对屈服应力。

当吸水树脂细度为200目时,随着掺量的增加,相对塑性黏度先减小后增大。

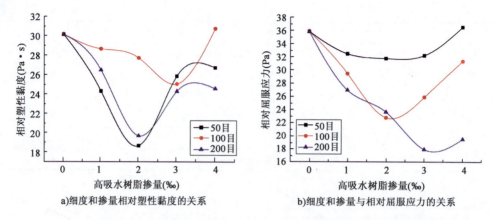

a) 细度和掺量相对塑性黏度的关系　　　b) 细度和掺量与相对屈服应力的关系

图 6-25　等坍落度不等吸水树脂细度和掺量对混凝土黏度和相对屈服应力的关系

选用吸水树脂做混凝土的内养护剂时,50 目细度吸水树脂相对于 100 目与 200 目细度的吸水树脂,能够使混凝土在相对塑性黏度急剧减小,同时混凝土相对屈服应力也相应下降不大。

(2) 等坍落度不等吸水树脂细度和掺量混凝土出浆速度

等坍落度不等吸水树脂细度和掺量混凝土出浆时间,见图 6-26。

(3) 等坍落度不等吸水树脂细度和掺量混凝土抹面特性

使用粗糙度仪,检测等坍落度不等吸水树脂细度和掺量混凝土的表面粗糙度,结果见图 6-27。

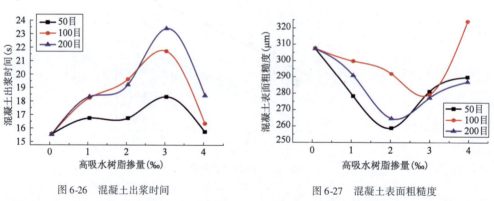

图 6-26　混凝土出浆时间　　　　　　图 6-27　混凝土表面粗糙度

在混凝土中 3‰细度吸水树脂后,随着吸水树脂掺量的增加,混凝土出浆用时均先增大后减小。在吸水树脂掺量为 3‰时,混凝土出浆用时最长,出浆速度最慢。在出浆用时方面,吸水树脂起到了负作用。相比于细度为 100 目和 200 目的吸水树脂,50 目的吸水树脂对混凝土出浆速度的影响相对较小,且当混凝土中添加 1‰、2‰、3‰、4‰水泥质量的 50 目吸水树脂后各出浆用时比未添加吸水树脂的混凝土出浆时间仅分别增加了 7.7%、7.7%、18.1%、1.3%,其对混凝土出浆速度的负影较小。

当吸水树脂细度在 2‰或 3‰时,随着吸水树脂掺量的提高,混凝土表面粗糙度先减小后增大。当吸水树脂掺量在 2‰或 3‰时,混凝土表面粗糙度最小。在混凝土中添加任一细度和掺量的吸水树脂都会降低混凝土表面粗糙度。相对于 100 目、50 目与 200 目的吸水树脂更能有效地降低混凝土表面粗糙度。

(4) 等坍落度不等吸水树脂细度和掺量混凝土立模特性

采用塌边膨胀宽度测量方法,对等坍落度不等吸水树脂细度和掺量混凝土进行立模特性检测,结果见图6-28。

在混凝土中4‰细度的吸水树脂时,随着吸水树脂掺量的提高,混凝土塌边膨胀宽度均先增大后减小。且除添加4‰水泥质量的50目吸水树脂的混凝土塌边膨胀宽度低于原未添加吸水树脂混凝土塌边膨胀宽度外,其余添加任一细度、任一掺量吸水树脂的混凝土塌边膨胀宽度均高于未添加吸水树脂混凝土塌边膨胀宽度,可见吸水树脂对混凝土立模特性有不利影响。

相比于100目、200目细度吸水树脂,50目的吸水树脂对混凝土立模特性的影响相对最小。50目吸水树脂在其掺量为2‰时,对混凝土塌边膨胀宽度的影响最大。其相对于未添加吸水树脂的混凝土塌边膨胀宽度的增加值也仅为9.2%,其他掺量影响更加微小。

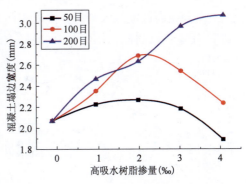

图6-28 等坍落度不等吸水树脂细度和掺量混凝土塌边膨胀宽度

6.4 低坍落度混凝土振捣特性

6.4.1 振动台条件下铺面混凝土性能

材料用普通硅酸盐42.5水泥,砂为河砂,砂的各项指标均符合规范的相关要求,具体技术指标如表6-17所示。

砂的技术指标　　　　　表6-17

项　目	表观密度 (kg/m³)	堆积密度 (kg/m³)	空隙率 (%)	含泥量 (%)	细度模数
技术标准	>2500	—	≤47.0	≤2.0	—
实测值	2650	1520	41.8	0.7	2.67

粗集料为4.75~26.5mm连续级配石灰岩,具体技术指标如表6-18所示。

粗集料的技术指标　　　　　表6-18

项　目	表观密度 (kg/m³)	压碎值 (%)	针片状 (%)	坚固性 (%)	含泥量 (%)	吸水率 (%)
技术指标	>2500	<25	<25	<5	<1.5	<2.0
实测值	2720	15.5	4.8	4.2	0.5	0.49

1) 变频振捣对混凝土振捣液化的影响

试验配合比见表6-19。

混凝土配合比(kg/m³) 表6-19

水泥	水	砂	集料19~26.5mm	集料9.5~19mm	集料4.75~9.5mm
380	152	528	417	695	278

(1)不同振动时间对混凝土振捣液化的影响

使用萘系高性能减水剂调整混凝土的坍落度,分别为0~2cm、2~4cm、4~6cm。50Hz振动频率、不同振动时间作用下,新拌混凝土的密实度(包括密度、强度)、耐磨性(磨耗值)以及振捣液化性能(振动加速度值)等的变化规律。振动时间对混凝土的密实度影响如图6-29所示。

对于不同坍落度的混凝土密度,都存在着相似的振动规律。振动初期混凝土的密度都随着振动时间的增加而不断增加,这一阶段混凝土的密度增长很快;当混凝土逐渐达到密实后,随着振动时间的增加,密度逐渐趋于稳定、变化不大。在振动初期,不同坍落度的混凝土密度增长速度不同,坍落度越大,其密度增长的速度也越快,振捣密实所需的振动时间也较短。在振动的初期下,混凝土受振动的影响逐渐液化,伴随着内部空气不断排除,颗粒同时也受重力的作用做下沉运动,并且相互之间填充和密集,最终颗粒在振动作用下也已经运动到较为稳定的位置,混凝土达到密实。在混凝土达到密实以后,集料之间相互嵌挤,继续延长振动时间不能再提高混凝土的密实度。

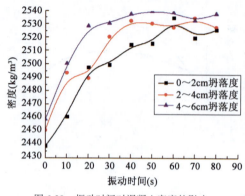

图6-29 振动时间对混凝土密度的影响

0~2cm、2~4cm、4~6cm坍落度的新拌混凝土振捣密实所需的时间分别为60s、40s、20s左右。振动时间对混凝土的抗压强度影响如图6-30所示。0~2cm、2~4cm、4~6cm坍落度的新拌混凝土在振动作用下,抗压强度达到稳定值所需的时间分别为60s、30s、20s左右。振动时间对混凝土的耐磨性影响如图6-31所示。

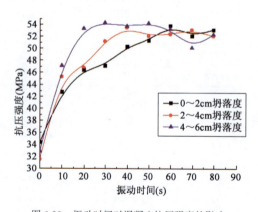

图6-30 振动时间对混凝土抗压强度的影响

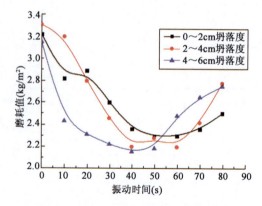

图6-31 振动时间对混凝土磨耗值的影响

在振动第一阶段,混凝土的耐磨性随着振动时间的增加而快速增长;第二阶段,随着振动时间的延长,混凝土耐磨性趋于稳定,基本保持不变;第三阶段,随着振动时间的继续增加,混凝土耐磨性迅速变差,磨耗值不断增加。同时,不同坍落度的混凝土此趋势也有些不同,坍落度越大,振动的第一阶段混凝土耐磨性提高也越快。这是因为在振动作用下,混凝土集料和砂浆不断密集、充实,表面砂浆层的形成提高混凝土的耐磨性。随着振动时间的延长,集料不断下沉,砂浆和气泡不断上升,混凝土表面砂浆层越来越厚,不利于混凝土的耐磨性指标,固磨耗值在稳定一段时间之后又迅速增长。

振动时间的长短对于混凝土的耐磨性并非是越长越好,对于不同坍落度的混凝土,其振动时间应控制在一定范围内,这样才能使混凝土达到最佳的耐磨性能。0～2cm、2～4cm、4～6cm坍落度的新拌混凝土在振动作用下,磨耗值达到最佳所需的振动时间分别应控制在 40～70s、30～60s、10～50s。

振动加速度的有效值反映了混凝土的振捣液化的快慢程度。对于不同坍落度的混凝土振动加速度,存在着相似的振动规律。振动时间对混凝土中加速度有效值的影响如图6-32所示。振动初期,振动加速度有效值随着振动的增加不断升高,此时振动加速度有效值增长速率由快到慢;随着振动时间的延长,加速度有效值逐渐趋于稳定,并且有下降的趋势。混凝土坍落度越大,加速度有效值的增长也越快,达到稳定所需的时间也越短。

0～2cm、2～4cm、4～6cm坍落度的新拌混凝土在振动作用下,振动加速度有效值达到稳定所需的时间分别为50s、30s、20s左右,见图6-32。

振动时间对混凝土的振捣液化性能影响较大,是控制混凝土振捣液化性能的主要因素之一。在振动过程中,振动加速度有效值不断提高,混凝土振捣液化也越来越快,其密度、强度和耐磨性也越来越好。对于相同坍落度的混凝土,在相同的时间段内,其振动加速度有效值、密度、抗压强度和磨耗值均达到最佳。说明混凝土的振捣液化性能对混凝土的密实度、强度和耐磨性影响较大。

在振动频率控制在50Hz时,不同工作性的混凝土,其振捣液化性能、密实度、强度和耐磨性均达到最佳时的振动台最佳振动时间,如图6-33所示。

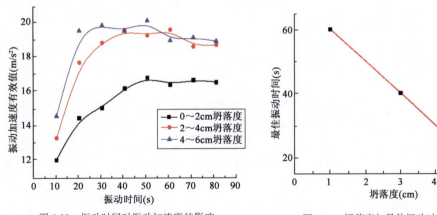

图6-32 振动时间对振动加速度的影响　　　　图6-33 坍落度与最佳振动时间的关系

不同坍落度与混凝土振捣液化性能的规律,如图6-34所示。对于不同坍落度的混凝土,其振动加速度有效值在最初阶段(0～30s)呈线性增长。坍落度越大,其不同时段的振捣液化的性能也基本线性增长,说明新拌铺面混凝土的坍落度对其振动的液化性能影响较大,是控制混凝土振捣液化性能的主要因素之一。

（2）不同振动频率对混凝土振捣液化的影响

在不同振动频率作用下时，混凝土的振捣液化性能变化较大。保持混凝土的基本配合比方案不变，掺入聚羧酸系高性能减水剂0.6%，控制混凝土的坍落度为1cm左右，用变频器调整振动台频率，得到不同振动时间、不同振动频率的加速度有效值曲线，如图6-35所示。

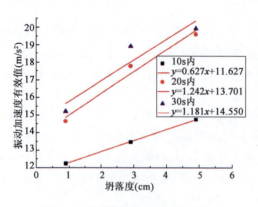

图6-34 坍落度对振动加速度的影响　　　　图6-35 振动时间对加速度的影响

对于受不同振动频率的混凝土，其振动加速度有效值都随着振动时间的延长不断增加，如果时间足够，其振动加速度有效值都会在一个时间段内达到稳定。随着振动频率的增加，混凝土的加速度有效值也随之增加，说明振动频率对混凝土振捣液化性能影响较大，是控制混凝土振捣液化性能的主要因素之一。

2）混凝土振捣液化性能研究

浆集体积比值是单位体积混凝土拌合物中水泥浆绝对体积与集料绝对体积之比；有时也用其倒数表示，称为集浆比。使用外加剂来控制每一组基础的坍落度保持一致，保持混凝土的坍落度为3cm左右。振捣时间40s，采集混凝土内部的振动加速度有效值和抗弯拉强度为评价指标。

（1）水灰比对混凝土振捣液化的影响

水泥用量380kg/m³，砂率0.38，在0.34~0.42之间取5组水灰比，集料的大∶中∶小比例是3∶5∶2，混凝土的基本配合比和实测坍落度如表6-20所示。

混凝土配合比（kg/m³）　　　　表6-20

序号	水泥	水	砂	集料	水灰比	砂率	外加剂(%)	坍落度(cm)
1	380	160	526	1384	0.42	0.38	0.9	2.5
2	380	152	528	1390	0.40	0.38	1.0	3.0
3	380	144	530	1395	0.38	0.38	1.1	3.5
4	380	137	532	1401	0.36	0.38	1.2	2.5
5	380	129	534	1406	0.34	0.38	1.4	3.5

①水灰比对混凝土振动加速度有效值的影响

水灰比对混凝土振动加速度有效值的影响，如图6-36所示。在一定砂率和水泥用量下，随着混凝土的水灰比的增加，混凝土内部振动加速度有效值也随之增加，而且两者之间呈良好的线性关系。

②不同体积比例对混凝土振捣液化的影响

将混凝土配合比中各参数换成体积，如表6-21所示。

体积表征的混凝土配合比　　　　　表6-21

序　号	水　泥	水	砂	集　料	浆集体积比
1	0.127	0.160	0.199	0.509	0.953
2	0.127	0.152	0.199	0.511	0.935
3	0.127	0.144	0.200	0.513	0.918
4	0.127	0.137	0.201	0.515	0.902
5	0.127	0.129	0.202	0.517	0.885

5组混凝土的浆集体积比，其和振动加速度有效值的关系曲线，见图6-37。

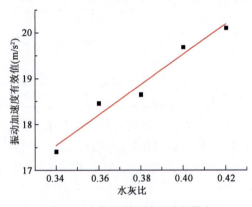

图6-36　水灰比对振动加速度的影响

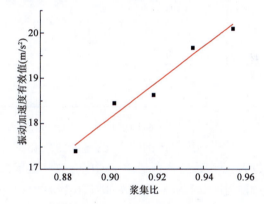

图6-37　浆集体积比与振动加速度的关系

浆集体积比越大，则混凝土内部振动加速度有效值就越大，其振捣液化的性能就越强，见图6-37。浆集体积比变化与振动加速度有效值的关系如式(6-13)所示。

$$a = 39.09x - 17.04 \qquad (6\text{-}13)$$

式中：x——浆集体积比；

a——振动加速度有效值。

(2) 水泥用量对混凝土振捣液化的影响

混凝土水灰比为0.40，砂率为0.38，水泥用量在320~400kg/m³之间取5组，并用外加剂控制其坍落度保持基本一致，集料的大中小比例是3:5:2，参数见表6-22。

混凝土配合比（kg/m³）　　　　　表6-22

序号	水泥	水	集料	砂	水灰比	砂率	减水剂（%）	坍落度（cm）
1	320	128	1451	551	0.4	0.38	1.0	2.5
2	340	136	1430	544	0.4	0.38	1.1	3.5
3	360	144	1410	536	0.4	0.38	1.1	3.0
4	380	152	1390	528	0.4	0.38	1.2	3.0
5	400	160	1370	520	0.4	0.38	1.2	2.5

①水泥用量对混凝土振动加速度的影响

水泥用量改变对混凝土振动加速度有效值的影响,如图 6-38 所示。在一定水灰比和砂率下,随着混凝土水泥用量的增加,混凝土内部振动加速度有效值也随之增加,而且两者之间也呈现较为良好的线性关系。水泥用量增加时,水灰比又保持不变,用水量也增加,则水泥砂浆的数量也增加,水泥砂浆除了填充砂石混合料空隙以外,还能够包裹集料表面,并且减少集料颗粒之间的内部摩擦力,使混凝土在振动过程中性能更强,固其振捣液化性能也强,所以振动加速度有效值也就越大。

②混凝土振捣液化的影响因素

将混凝土配合比转换成体积后,如表 6-23 所示。

体积表征的混凝土配合比　　　　　　　　　　　　　表 6-23

序号	水泥	水	砂	集料	浆集体积比
1	0.107	0.128	0.208	0.533	0.830
2	0.113	0.136	0.205	0.526	0.864
3	0.120	0.144	0.202	0.518	0.899
4	0.127	0.152	0.199	0.511	0.935
5	0.133	0.160	0.196	0.504	0.973

浆集体积比和振动加速度有效值的关系曲线,见图 6-39。水泥用量的改变引起了混凝土体积中砂浆和集料比例的变化,这种变化和振动加速度有效值呈良好的线性关系。浆集体积比越大,则混凝土内部振动加速度有效值就越大,其振捣液化的性能就越强。浆集体积比变化与振动加速度有效值的关系如式(6-14)所示。

$$a = 22.1x - 1.62 \tag{6-14}$$

式中:x——浆集体积比;

　　　a——振动加速度有效值。

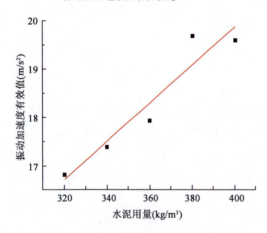

图 6-38　水泥用量对振动加速度的影响

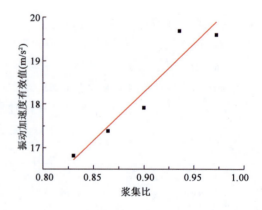

图 6-39　浆集体积比与振动加速度的关系

(3)砂率对混凝土振捣液化的影响

水泥用量为 380kg/m³,水灰比为 0.40,砂率在 0.32~0.48 之间取 5 组,并用外加剂控制其坍落度保持基本一致,集料的大:中:小粒径比例是3:5:2,混凝土的参数见表6-24。

不同砂率的混凝土基本配合比(kg/m³)　　　　　　　　　　　　　表6-24

序号	水泥	水	砂	集料	水灰比	砂率	外加剂(%)	坍落度(cm)
1	380	152	465	1453	0.4	0.32	1.1	3.5
2	380	152	508	1410	0.4	0.36	1.1	3.0
3	380	152	548	1370	0.4	0.40	1.0	3.0
4	380	152	586	1332	0.4	0.44	1.0	3.5
5	380	152	622	1296	0.4	0.48	1.1	2.5

①砂率对混凝土振动加速度的影响

砂率改变对混凝土振动加速度有效值的关系,如图6-40所示。在一定水灰比和水泥用量下,随着砂率的增加,混凝土振动加速度有效值呈现先迅速增大后缓慢减小。砂率可以使集料空隙率、总表面积变化,从而对混凝土的工作性能影响。在水泥浆量一定时,砂率在混凝土中主要影响混凝土的和易性。砂率过大,集料的空隙率和总表面积变大,新拌混凝土在振动情况下,显得比较干稠、流动性小,振捣液化性能也就比较弱。砂率过小,集料的总表面积变小,不能在集料周围形成足够的砂浆层起到润滑的作用,使混凝土的流动性较差,固其振捣液化性能也较差。因此砂率值和振动加速度值的关系曲线才呈现抛物线关系,为使混凝土达到最佳的振捣液化性能,应该选择一个最佳的砂率值。

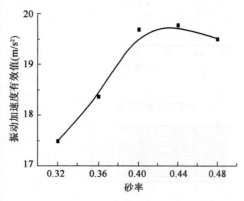

图6-40　不同砂率对振动加速度的影响

②不同水泥用量时砂率对混凝土振动加速度的影响

采用340kg/m³和420kg/m³两组水泥用量,混凝土配合比参数如表6-25所示。

混凝土配合比(kg/m³)　　　　　　　　　　　　　表6-25

序号	水泥	水	砂	集料	水灰比	砂率	外加剂(%)	坍落度(cm)
1	340	136	479	1495	0.4	0.32	1.20	3.0
2	340	136	523	1451	0.4	0.36	1.15	3.5
3	340	136	564	1410	0.4	0.40	1.10	3.5
4	340	136	603	1371	0.4	0.44	1.00	3.0
5	340	136	640	1334	0.4	0.48	1.05	2.5
6	420	168	451	1411	0.4	0.32	1.05	3.0
7	420	168	493	1369	0.4	0.36	1.00	3.0
8	420	168	532	1330	0.4	0.40	1.00	3.0
9	420	168	569	1293	0.4	0.44	0.90	3.5
10	420	168	604	1258	0.4	0.48	0.90	2.5

砂率改变对振动加速度有效值的关系曲线,如图6-41所示。

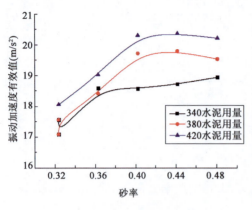

图6-41 不同砂率对振动加速度的影响

随着砂率的增加,混凝土内部所测的振动加速度有效值先增大后变小。对于不同的水泥用量,达到最大振动加速度所需的最佳砂率也不同。因为水泥用量较大时,砂浆量也较大,其砂浆需要增加砂率来补充,所以最佳砂率也提高。当砂率达到所用水泥用量的最佳值时,水泥用量越高,其振捣液化性能也最好,因此水泥用量的提高可以提高混凝土振捣液化的性能。340kg/m³水泥用量时最佳砂率为0.36左右;380kg/m³水泥用量时最佳砂率为0.40左右;420kg/m³水泥用量时最佳砂率为0.42左右。

③砂率对混凝土振捣液化的影响

配合比换算成体积,如表6-26所示。

体积表征的混凝土配合比　　　　　表6-26

序号	水泥	水	砂	集料	浆集体积比
1	0.127	0.152	0.175	0.534	0.850
2	0.127	0.152	0.192	0.518	0.907
3	0.127	0.152	0.207	0.504	0.964
4	0.127	0.152	0.221	0.490	1.021
5	0.127	0.152	0.235	0.476	1.077
6	0.113	0.136	0.181	0.550	0.782
7	0.113	0.136	0.197	0.534	0.837
8	0.113	0.136	0.213	0.518	0.892
9	0.113	0.136	0.228	0.504	0.946
10	0.113	0.136	0.242	0.490	1.001
11	0.140	0.168	0.170	0.519	0.922
12	0.140	0.168	0.186	0.503	0.981
13	0.140	0.168	0.201	0.489	1.040
14	0.140	0.168	0.215	0.475	1.100
15	0.140	0.168	0.228	0.463	1.159

浆集体积比和振动加速度有效值的关系,见图6-42,方程见式(6-15)。

$$a = 8.62x + 10.6 \qquad (6-15)$$

式中:x——浆集体积比;

a——振动加速度有效值。

砂率引起混凝土砂浆和集料体积比例变化,会导致混凝土振捣液化性能的变化。基本趋势为浆集体积比越大,混凝土内部振动加速度有效值就越大,其振捣液化性能就越强。为使混凝土达到最佳振捣液化性能,砂率并非是越高越好,应该综合考虑相应水泥用量,使用适合水泥用量的最佳砂率,这样才能使混凝土达到最好的振捣液化性能。

按浆集体积比和加速度有效值整理,见图 6-43。对于新拌混凝土的振捣液化性能,影响因素排序为水灰比＞水泥用量＞砂率。

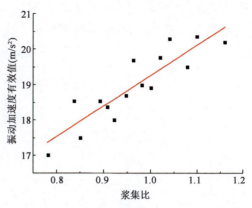

图 6-42　不同浆集体积比与加速度的关系

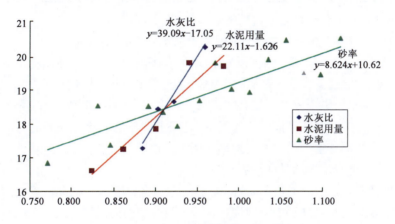

图 6-43　不同配合比对振捣液化性能的影响

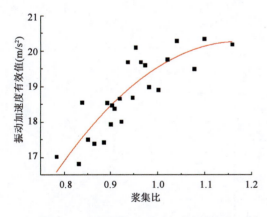

图 6-44　浆集体积比与振动加速度的关系

(4)浆集体积比对混凝土振捣液化的影响

浆集体积比和振动加速度有效值的关系曲线,如图 6-44 所示。

随着水泥混凝土浆集体积比的增加,混凝土内部速度有效值也随之增大,浆集体积比直接影响到水泥混凝土材料的振捣液化性能。最适合振捣液化性能浆集体积比应该选择在 0.85 (46∶54)～1.0(50∶50)之间。

6.4.2　高频振捣棒条件下铺面混凝土工作特性

1)混凝土配合比对振动黏度系数的影响

保持混凝土坍落度为 3cm 左右,采用激振频率 200Hz,取距离高频振捣棒 10cm 处的振动黏度系数值作为特征值。

(1) 水灰比对混凝土振动黏度系数的影响

水泥用量为 380kg/m³,砂率为 0.38,在 0.34~0.42 之间取 5 组水灰比,并用减水剂控制其坍落度保持基本一致,集料的大中小比例是 3∶5∶2,试验结果如表 6-27 所示。

混凝土振动黏度试验　　表 6-27

序号	水 灰 比	浆集体积比	上升高度 (cm)	上升用时 (s)	振动黏度系数 (Ns/m²)	加速度有效值 (m/s²)
1	0.34	0.885	30.0	75.1	482	30.124
2	0.36	0.902	29.5	60.8	464	31.943
3	0.38	0.918	29.5	56.1	447	32.273
4	0.40	0.935	29.0	48.9	433	34.060
5	0.42	0.953	29.5	36.0	420	34.781

①水灰比对混凝土振动黏度系数的影响

水灰比改变对混凝土振动黏度系数的影响规律,如图 6-45 所示。

高频振捣棒作用下,随着混凝土水灰比的增加,混凝土的平均振动黏度系数随之降低,而且两者之间呈良好的线性关系。保持水泥用量不变,其实水灰比的增加就是用水量的增加,用水量对混凝土的黏聚力影响较大。在高频振捣棒的作用下,用水量越多,其颗粒相互之间黏聚力和嵌挤力就较小,因此在振动波传递作用下,混凝土的振捣液化性能就越好,得到的振动黏度系数也就越小,乒乓球在混凝土中受振动作用上升速度越快。

②体积变化对混凝土振动黏度系数的影响

浆集体积比与混凝土振动黏度系数的关系,如图 6-46 所示。浆集体积比越大,则混凝土的振动黏度系数越小,乒乓球的上升速度越快,其振捣液化性能就越强。浆集体积比与振动黏度系数的关系如式(6-16)所示。

$$\eta = -3220x + 3305 \tag{6-16}$$

式中:x——浆集体积比;

η——振动黏度系数。

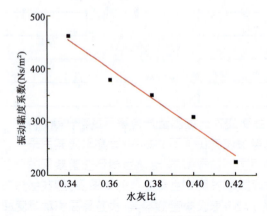

图 6-45　水灰比对振动黏度系数的影响

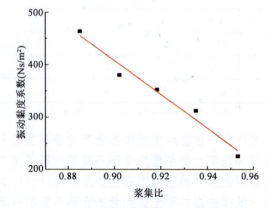

图 6-46　浆集体积比与振动黏度系数的关系

(2) 水泥用量对混凝土振动黏度系数的影响

水灰比为 0.40、砂率为 0.38，在 320~400kg/m³ 之间取 5 组水泥用量，并用外加剂控制其坍落度保持基本一致，集料的大中小比例是 3∶5∶2，试验结果如表 6-28 所示。

振捣黏度系数　　　　　　　　　　表 6-28

序号	水泥用量（kg/m³）	浆集体积比	上升高度（cm）	上升用时（s）	振动黏度系数（Ns/m²）	加速度有效值（m/s²）
1	320	0.830	28.5	77.3	502	29.252
2	340	0.864	27	69.2	474	30.259
3	360	0.899	29	61.3	391	31.195
4	380	0.935	29	38.9	248	33.852
5	400	0.973	29.5	43.4	272	34.105

①水泥用量对混凝土振动黏度系数的影响

水泥用量和混凝土振动黏度系数的影响规律，如图 6-47 所示。

高频振捣棒作用下，在水灰比和砂率不变的情况下，随着混凝土配比中水泥用量的增加，混凝土的振动黏度系数随之降低，而且两者之间也呈现较为良好的线性关系。

②水泥体积比对混凝土振动黏度系数的影响

水泥用量改变时 5 组混凝土配合比的浆集体积比也随之改变，其浆集体积比与混凝土振动黏度系数的关系，如图 6-48 所示。

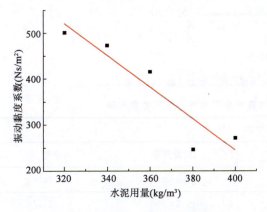

图 6-47　水泥用量对振动黏度系数的影响　　　　图 6-48　浆集体积比与振动黏度系数的关系

高频振捣棒作用下，混凝土水泥用量的改变引起了混凝土中砂浆和集料体积比例的变化，这种体积变化与混凝土振动黏度系数呈良好的线性关系，浆集体积比变化与振动黏度系数的关系如式(6-17)所示。

$$\eta = -1918x + 2110 \quad (6\text{-}17)$$

式中：x——浆集体积比；

η——振动黏度系数。

(3) 砂率对混凝土振动黏度系数的影响

水灰比为 0.40、水泥用量为 380kg/m³，在 0.32~0.48 之间取 5 组砂率，并用减水剂控制其坍落度保持基本一致,集料的大中小比例是 3∶5∶2,试验结果如表 6-29 所示。

水泥用量 380kg 时对应的振动黏度系数　　　　表 6-29

序号	水泥用量（kg/m³）	砂率	浆集体积比	上升高度（cm）	上升用时（s）	振动黏度系数（Ns/m²）	加速度有效值（m/s²）
1	380	0.32	0.85	29.0	78.2	499	30.501
2	380	0.36	0.907	29.5	61.3	385	32.014
3	380	0.40	0.964	29.5	42.2	265	33.953
4	380	0.44	1.021	28.5	46.2	300	34.012
5	380	0.48	1.077	28.0	40.1	265	33.853

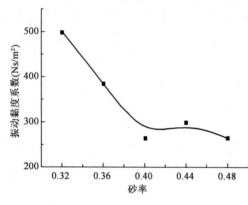

图 6-49　砂率对振动黏度系数的影响

① 砂率对混凝土振动黏度系数的影响

砂率和混凝土振动黏度系数的影响规律,如图 6-49 所示。高频振捣棒作用下,在水灰比和水泥用量不变的情况下,随着砂率的增加,混凝土的振动黏度系数先迅速减小,砂率增加到 0.38 时,振动黏度系数数值上下浮动,保持基本不变。

② 不同水泥用量时砂率对混凝土振动黏度系数的影响

增加了两组水泥用量(340kg/m³ 和 420kg/m³),保持水灰比不变,在 0.32～0.48 之间取 5 组砂率。砂率改变对混凝土振动黏度系数的影响,如表 6-30 所示。

砂率、浆集体积比对应的振动黏度系数　　　　表 6-30

序号	水泥用量（kg/m³）	砂率	浆集体积比	上升高度（cm）	上升用间（s）	振动黏度系数（Ns/m²）	加速度有效值（m/s²）
1	340	0.32	0.782	28.5	83.2	540	29.45
2	340	0.36	0.837	29.0	53.3	340	32.09
3	340	0.40	0.892	29.5	54.9	344	32.06
4	340	0.44	0.946	29.0	51.2	327	31.18
5	340	0.48	1.001	27.0	58.5	401	30.71
6	420	0.32	0.922	29.0	73.7	470	31.33
7	420	0.36	0.981	29.5	58.8	369	33.04
8	420	0.40	1.040	30.0	35.1	217	35.32
9	420	0.44	1.100	29.5	33.0	207	35.86
10	420	0.48	1.159	29.0	31.5	201	34.55

不同水泥用量,砂率改变对混凝土振动黏度系数的影响规律,如图 6-50 所示。

340kg/m³ 的水泥用量时,最佳砂率为 0.35 左右;380kg/m³ 的水泥用量时,最佳砂率为

0.38左右;420kg/m³的水泥用量时,最佳砂率为0.42左右。

③砂率对混凝土振动黏度系数的影响

15组砂率改变时浆集体积比与振动黏度系数的关系,见图6-51。高频振捣棒作用下,混凝土砂率的改变引起体积变化,会导致其振动黏度系数的变化,基本趋势为浆集体积比越大,混凝土的振动黏度系数越小。为使混凝土振动黏度系数达到最小,砂率并非是越高越好,应该综合考虑相应水泥用量,使用适合水泥用量的最佳砂率,这样才能使混凝土达到最小的振动黏度系数。

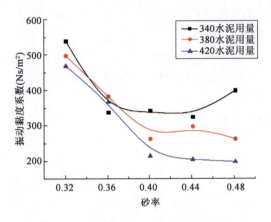
图6-50 砂率改变对振动黏度系数的影响

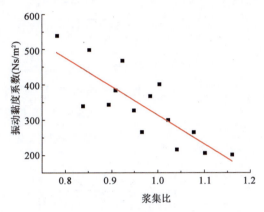
图6-51 浆集体积比与振动黏度系数的关系

浆集体积比和振动加速度有效值之间的关系见式(6-18)。

$$\eta = -819x + 1133 \tag{6-18}$$

式中:x——浆集体积比;

η——振动加速度有效值。

水灰比、水泥用量和砂率改变时,浆集体积比的变化和振动黏度系数呈线性关系,其影响因素排序为水灰比>水泥用量>砂率,见图6-52。

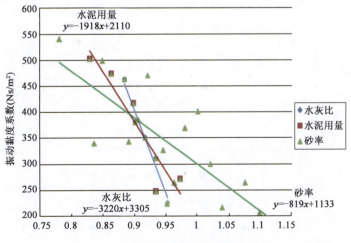
图6-52 不同配合比对振动黏度系数的影响

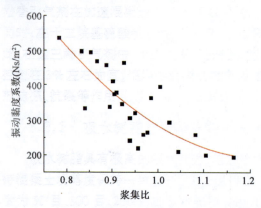

图 6-53 浆集体积比与振动黏度系数的关系

(4) 浆集体积比对混凝土振动黏度系数的影响

浆集体积比和振动黏度系数的关系，如图 6-53 所示。为使混凝土达到最小振动黏度系数，浆集体积比应该选择在 47∶53～51∶49 之间。

2) 振动黏度系数其他影响因素

振动黏度系数除了跟混凝土基本配合比有关，还与距离高频振捣棒的位置及该位置的振动加速度值有关。

(1) 振动黏度系数与位置的关系

分别在距离振捣棒 10cm、18cm、26cm 处引入气泡，测试其振动黏度系数，结果如表 6-31 所示。

水灰比改变时不同位置的振动黏度系数(Ns/m^2)　　　　表 6-31

序号	水灰比	10cm 处平均振动黏度系数	18cm 处平均振动黏度系数	26cm 处平均振动黏度系数
1	0.34	463	506	619
2	0.36	381	491	587
3	0.38	352	411	561
4	0.40	312	397	544
5	0.42	226	312	467

水灰比和振动黏度系数值，如图 6-54 所示。无论距离振捣棒距离的远近，随着水灰比的增加，其混凝土的振动黏度系数都减小。

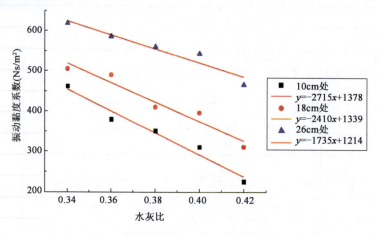

图 6-54 不同水灰比的振动黏度系数

分别在距离振捣棒 10cm、18cm、26cm 处引入乒乓球，测试其振动黏度系数，结果如表 6-32 所示。

水泥用量改变时不同位置的振动黏度系数（Ns/m²）　　　表 6-32

序号	水泥用量(kg/m³)	10cm 处平均振动黏度系数	18cm 处平均振动黏度系数	26cm 处平均振动黏度系数
6	320	502	544	651
7	340	474	535	648
8	360	391	417	573
9	380	248	403	544
10	400	272	332	524

在不同位置处的振动黏度系数值,如图 6-55 所示。随着水泥用量的增加,其混凝土的振动黏度系数都减小,并且,随着与振捣棒距离的增加,混凝土的振动黏度系数增加。

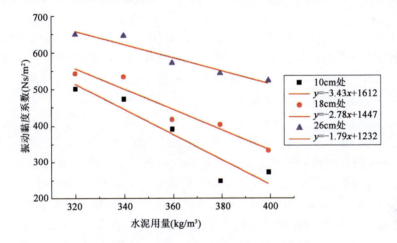

图 6-55　不同水泥用量的振动黏度系数

(2)振动黏度系数与振动加速度的关系

同一位置的振动加速度有效值和混凝土的振动黏度系数,见图 6-56。在同一位置处,不同配合比的混凝土振动波在传递过程中的衰减不同,故测到的振动加速度有效值也不同,随着振动加速度有效值的增加,混凝土的振动黏度系数越小。对于坍落度为 3cm 的混凝土,混凝土内测到的振动加速度有效值与振动黏度系数值线性相关,如式(6-19)所示。

$$\eta = -52.2a + 2041.4 \quad (6-19)$$

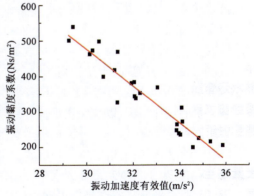

图 6-56　振动加速度与振动黏度系数关系

式中：η——振动黏度系数；
　　　a——振动加速度有效值。

6.5 零坍落度碾压混凝土铺面

碾压混凝土兴起于大坝大体积混凝土,逐渐在20世纪90年代引入公路领域,路面碾压混凝土是一种水泥用量较少的超干硬性混凝土。路面碾压混凝土不同于半刚性基层类材料,因为其有相对较高的水泥用量;而相比于普通混凝土而言,碾压混凝土无坍落度且水泥用量相对较少。从材料特性上分析,不同于骨架悬浮型结构的水泥混凝土,碾压混凝土是一种骨架密实型结构。碾压混凝土的强度不仅取决于水泥的水化,更多地是通过骨架结构自身的嵌挤密实作用来获得较高的强度,多集料的含量使得相对的要求也较高,因此碾压混凝土具有早期强度高、开放交通早的特点。

早期囿于当时的摊铺设备和碾压装备水平,路面平整度大致为15mm/3m直尺。碾压混凝土作为水泥混凝土面层的情况逐渐成为历史,而碾压混凝土在我国逐渐被用作路面结构的基层。

与此同时美国的公路已经使用了碾压混凝土近50年,有的路段至今仍旧在使用中。近20年来,由于沥青摊铺机的完善,美国利用沥青摊铺机摊铺,控制碾压混凝土的初始压实度和平整度,经10~20t光轮静碾压后,再开振动压路机进行碾压,最后用胶轮收面。在美国碾压混凝土可以作为公路面层使用,且国际平整度指数在1.2m/km左右。

相对来说,要满足高等级路面平整度的要求更困难一些,平整度影响因素太多,诸如摊铺机熨平板成型后的路面初压实度、混凝土的提浆性和可碾性等。

ACI 211.R中推荐的最大粒径25mm,级配曲线接近富勒曲线指数为0.45。施工机械对碾压混凝土配合比设计的要求是:除了粗集料应形成稳定的骨架结构外,碾压混凝土中的细集料和砂浆应适度,使得压路机能正常碾压且变形不应太大,从而不影响路面平整度;另外,混凝土的含水率亦应适度,使摊铺机熨平板成型的碾压混凝土铺面有足够高的初始压实度,有良好提浆性,以确保表面质量。目前碾压混凝土用稠度、砂率、水灰比等参数来表征。总之,碾压混凝土配合比设计应满足施工机械和路面平整度要求,并把这一要求提高到首要位置。

抗裂性能也是路面碾压混凝土的重要设计要求,很多混凝土结构往往具有足够的强度,但在外界环境影响下,出现开裂等现象。开裂后碾压混凝土随着裂缝扩展延伸会极大破坏混凝土的结构,会降低碾压混凝土结构的承载能力。水会通过这些裂缝向混凝土结构内部渗透和迁移,侵蚀胶凝材料,混凝土结构耐久性会得到严重的影响。在许多恶劣条件下,特别是温差大、干燥多风的环境,碾压混凝土的开裂问题更加突出。因此应把抗裂性能作为配合比设计最后一项重要的设计指标,以确保实现低开裂碾压混凝土,达到提升碾压混凝土耐久性的目标。

碾压混凝土需要通过振动碾压成型零坍落度混凝土。配合比设计思路可以模仿低2~8cm坍落度的思路,确定粗集料拨开系数,然后确定单位用水量和水灰比。也可以参照土的击实思路,确定最大干密度和最佳含水率。碾压混凝土碾压可以借鉴砂土振动液化。当砂土满足三个条件时,会发生液化现象:①在一定级配范围内(0.075~0.2mm);②含水率一定范围内;③地震波的刺激。地震荷载激振下,砂土空隙间的水进一步被压密,层间水饱和后,砂土层间摩阻力趋于零,砂土形成泥浆,具有了流动性。零坍落度混凝土在碾压成型过程中,始终有振动荷载,那么可以调整细集料和掺合料的级配,重新定义最佳含水率(能振动液化的含水率才是最佳含水率),将砂土液化这个破坏现象变成促进碾压混凝土中的碎石间摩阻力降低,促进碾压混凝土进一步密实。只有振动液化后的碾压混凝土才能达到密实状态,因此有必要针对碾压混凝土的振动液化进行深入的研究。

在大坝碾压混凝土中使用外加剂比较常见,在公路碾压混凝土中较少使用减水剂;引气剂应用也不多见,主要原因是在零坍落度混凝土中引气比较困难,需要更大掺量来保证含气量。因此需要探索零坍落度混凝土中引气的可能性,实现类似低坍落度混凝土中液化剂的作用,促进混凝土振捣密实,同时适当地减水可以提高强度。对于表面局部露骨麻面,可以采用撒水泥粉并磨光进行处理。

6.5.1 振动液化

"液化"的概念多出现于砂土在地震波作用下的液化,一般是指饱和土体在外荷载作用下突然丧失它的抗剪强度并像流体那样流动。无黏性土的抗剪强度,见式(6-20)。

$$\tau = (\sigma - u)\tan\varphi' \tag{6-20}$$

式中:σ——破坏面上的总法向应力;
u——孔隙水压力;
φ'——有效摩擦角。

孔隙水压力 u 的增加造成 τ 的减少。当孔隙水压力增加到 σ 值时,则抗剪强度下降为零,并形成"液化"或流动条件。

在激振状态下,激振力以一定的振幅和频率作用于碾压混凝土表面,在振动开始过程,强大的激振力会迅速破坏骨架结构的静置状态,使得混合料从一个松散的状态在短时间内达到初步紧密状态。混合料中的颗粒会从振动波获得运动加速,导致颗粒会一直在做剧烈的相对运动,且质量较小的颗粒会获得更大的运动加速度。此时混合料内部的水分运动尤为剧烈,由于混合料已经达到了一定的密实状态,颗粒间排列也相对紧密,从而会使得拌和过程中包裹在颗粒表面的水膜以及空隙内部的自由水分不断地聚集在一起,在集料间的空隙形成水分通道,同时由于胶凝材料和水形成了浆体,局部达到饱和状态,集料间摩阻力大幅度降低,增强了集料颗粒的相对运动,使得集料间的嵌挤作用也显著减弱。在不断的运动状态下,浆体最终会充满整个结构的空隙,并泛出混合料的表面。这时候碾压混凝土混合料从最开始的堆积状态失去稳定,结构流动性增强,结构也暂时从弹塑性状态转换到了流动状态,即碾压混凝土出现了液化现象,振动液化中的碾压混凝土处于流体状态,激振器持续地激振力作用会使得颗粒不断向下滑动,并达到尽可能低的位置,形成间隙率较小的骨架结构,流动胶浆会填满所有的空隙,并且有富余的灰浆泛出混凝土的表面。灰浆开始泛出混凝土表面的时间是碾压混凝土振动液化的临界时间,达到这个临界时间后,混凝土的液化效应会迅速增强,并有更多的灰浆泛出混凝土的表面,这个临界时间可以表征混凝土的流动性能,即碾压混凝土的稠度。

除了激振参数影响外,从混合料配合比的角度看,影响碾压混凝土振动液化泛浆的主要因素是单位用水量、胶凝材料用量、所有固体颗粒的比表面积和粗细集料骨架形成的孔隙体积。单位用水量越大,胶凝材料越多,总比表面积越小,则粗细集料骨架形成的空隙总体积越小,越容易出现泛浆效果。但是当单位用水量过大时,振动液化后混凝土内部含水率较大,会影响振动液化后结构的密实性,还会降低可碾性,造成弹簧现象,反而会降低混凝土的密实性。选择合适的单位用水量是保证振动液化后获得最佳密实状态的关键。振动液化的密实性不仅是来自于液化过程浆体充分填充空隙,更多的还是要求混合料自身具有良好的骨架结构。只有在拥有良好的骨架结构的前提下,振动液化后混凝土才会获得最佳密实状态。

振动液化后碾压混凝土达到结构最佳密实状态,灰浆填满结构内部空隙,并能充分包裹在集料颗粒周围,为集料提供较强的握裹力。振动液化后碾压混凝土,不仅密实性能有很大的提升,而且流动灰浆对界面过渡区的增强也很明显,这样会大大提升碾压混凝土的抗裂性能。

"改进VC法"只能判断混凝土振动液化时间的快慢,但不能充分地反映碾压混凝土拌合物的易密实性。

为此对"改进VC法"进行再次改进,通过采用非接触式激光位移传感器采集碾压混凝土表面的位移,见图6-57。当维勃稠度试验开始时,记录随时间混凝土表面位移下降量(振动60s),得出碾压混凝土表面位移随时间变化曲线,通过比较碾压混凝土表面位移达到稳定状态前位移下降的速率和最终位移下降量来比较碾压混凝土振动液化效果,见图6-58。

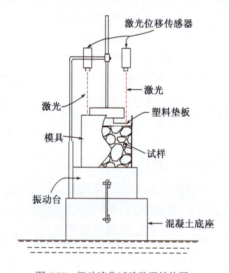

图6-57　振动液化试验装置结构图

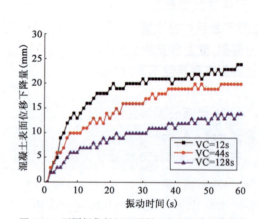

图6-58　不同粗集料级配混凝土表面位移下降曲线

振动碾压初始阶段,在激振力作用下,混凝土会迅速达到一个初步密实状态,混凝土表面位移表现为迅速下降。当达到初步的密实状态后,此时混凝土表面位移下降缓慢,混合料逐步密实。当灰浆充满整个结构内部时,混合料出现了振动液化,液化后的混合料颗粒会在激振力作用下,宏观表现为表面位移进一步下降,但是由于之前混合料已经达到一定的密实性,所以振动液化后的混合料并不会表现出比较大的位移变化。

碾压混凝土RCC的振动液化主要取决于振动参数和配合比。对于细粒式RCC混合料,振动频率应该高一些,而且高频振动波有利于加速灰浆的运动,有益于RCC的液化和提浆。足够大的振幅可以克服混合料之间的黏聚力、吸附力和残余内摩擦力使颗粒运动速度达到液化临界状态。但振幅不宜太大,否则将引起颗粒运动的互相干涉。

1)单位用水量

选用固定的水泥用量、粉煤灰掺量、砂率等参数,粉煤灰替代率为1.5。进行振动液化试验,配合比及试验结果见表6-33,振动液化过程中混凝土表面位移变化见图6-59和图6-60。

参数选取及试验　　　　　　　　　表6-33

组号	单位用水量 （kg/m³）	水泥用量 （kg/m³）	粉煤灰掺量 （%）	砂率 （%）	VC值 （s）	最终位移值 （mm）
1	100	300	20	37.5	92	14
2	105	300	20	37.5	58	18
3	110	300	20	37.5	43	21
4	115	300	20	37.5	27	23
5	120	300	20	37.5	13	24

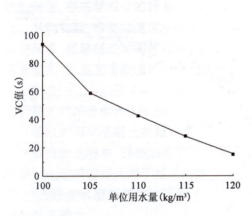

图6-59　单位用水量对VC值影响　　　　图6-60　不同单位用水量下碾压混凝土表面位移下降曲线

单位用水量对改进VC值的影响相当显著。随着单位用水量的增加,改进VC值不断降低,振动液化临界时间减少。随着单位用水量的增加,混凝土试件达到振动液化的时间不断变短,而位移下降量虽然也在增大,但是增大幅度在不断减小。在配合比设计时,不仅需要根据现场情况选用合适的单位用水量,以确保碾压混凝土具有最佳的可碾性和易密实性,还要兼顾水泥水化产生强度,用尽可能少的单位用水量。

2）浆集比

灰浆可以填充细集料的孔隙,并包裹在集料颗粒周围,起到润滑集料的作用。当灰浆含量较多且较稀时,除了润滑作用加强外,有足够的浆体在压力波的作用下于集料间来回运动,导致内摩擦大大减小,加快混合料液化。

选取固定砂率和粉煤灰掺量,通过改变水泥用量来改变浆集比。配合比参数及结果见表6-34。

参数选取及试验结果　　　　　　　　　表6-34

组号	水泥用量 （kg/m³）	集料总量 （kg/m³）	粉煤灰掺量 （%）	单位用水量 （kg/m³）	砂率 （%）	VC值 （s）	最终位移值 （mm）
1	200	2150	20	106	37.5	56	20
2	250	2150	20	108	37.5	49	21

续上表

组号	水泥用量（kg/m³）	集料总量（kg/m³）	粉煤灰掺量（%）	单位用水量（kg/m³）	砂率（%）	VC值（s）	最终位移值（mm）
3	300	2150	20	110	37.5	43	21
4	350	2150	20	112	37.5	39	22

由图 6-61 和图 6-62 可见，当水泥用量增大，浆集比增大，振动液化的临界时间变快。随着水泥用量增大，混合料压实效果会有所提升，但效果不是很明显。

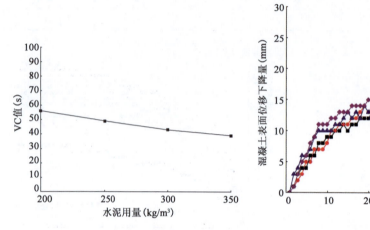

图 6-61　水泥用量对 VC 值影响

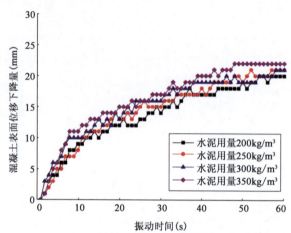

图 6-62　不同水泥用量下碾压混凝土表面位移下降曲线

3）粉煤灰掺量

粉煤灰掺量分别为 0%、10%、20%、30%，水胶比分别为 0.38 和 0.42。

由图 6-63 和图 6-64 可见，掺加少量粉煤灰，能有效地改善碾压混凝土的工作性能，但是当粉煤灰掺量超过 20% 时，碾压混凝土拌合物的工作性能急剧降低。随着粉煤灰掺量增加，碾压混凝土试件密实程度不断增加而且达到密实速度也愈快；当粉煤灰掺量超过 20% 时，碾压混凝土试件的易密实性降低较明显。因此，粉煤灰最佳掺量应在 20% 左右。

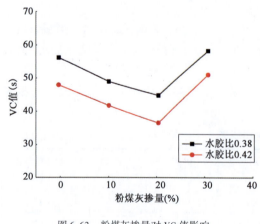

图 6-63　粉煤灰掺量对 VC 值影响

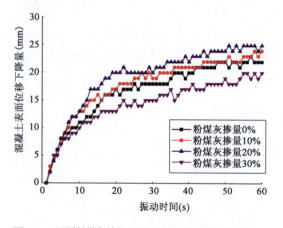

图 6-64　不同粉煤灰掺量下碾压混凝土表面位移下降曲线

4)静置时间

碾压混凝土的混合料拌和好后,在干燥条件下静置,随着水分蒸发和水化反应,会影响碾压混凝土的振动液化。

将混合料在相对湿度50%、温度20℃的环境下,分别静置0min、10min、30min、60min、120min再进行振动液化效果。

由图6-65和图6-66可见,随着搁置时间增长,对振动液化的影响越大,VC值不断变大,混合料达到振动液化临界时间变长,密实性也在减弱。当混合料搁置120min后,对振动液化效果减弱明显,VC值从27s变化到129s,同时位移下降量也从23mm减小到14mm。

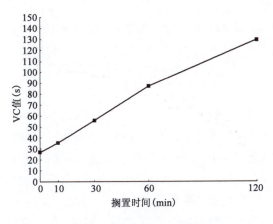

图6-65 搁置时间对VC值影响

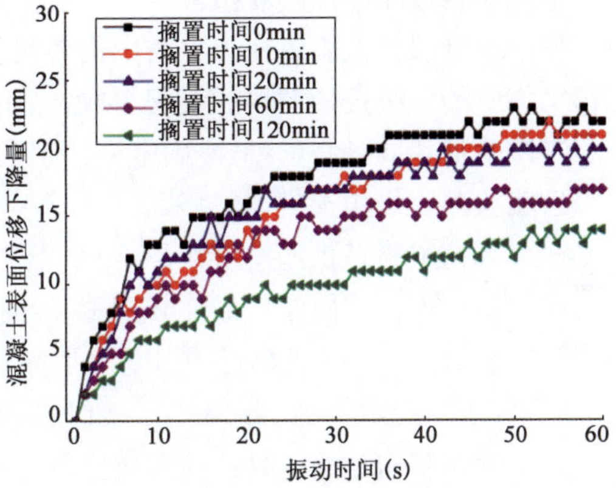

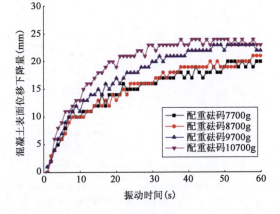

图6-66 不同搁置时间下碾压混凝土表面位移下降曲线

5)配重

改进维勃稠度仪的标准荷重和滑杆质量为2.75kg±0.05kg,标准配重砝码为8.7kg。取配重砝码分别为7700g、8700g、9700g、10700g四种情况。

由图6-67和图6-68可见,配重对碾压混凝土的振动液有着重要的影响,随着配重砝码增加,VC值不断变小,振动液化临界时间所需时间变短,密实性也得到了不断的增强。

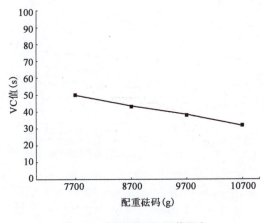

图6-67 搁置时间对VC值影响

图6-68 不同搁置时间下碾压混凝土表面位移下降曲线

6.5.2 零坍落度碾压混凝土配合比

1）粗集料评价方法

日本有关资料提出，路面碾压混凝土粗集料最大粒径不宜大于20~25mm，美国碾压混凝土铺面所用粗集料最大公称粒径一般不超过19mm。当粗集料的粒径较大时，混合料在搅拌是容易出现离析现象，较大的粗集料还会影响路面平整度及质量均匀性。因此，可将粗集料分为19~26.5mm、16~19mm、13.2~16mm、9.5~13.2mm、4.75~9.5mm五级粒径。

采用评价粗集料密实程度的骨架间隙率VCA来分析骨架结构的特性和稳定性，作为嵌挤密实型粗集料级配设计主要指标。

采用逐级填充试验研究粗集料中的各级粒径粒料对碾压混凝土骨架结构的影响，初步确定粗集料中的各级粒径粒料的级配组成；然后用均匀设计试验对逐级填充试验所得的粗集料级配进行验证并加以修正，最终确定嵌挤密实骨架结构的粗集料级配组成。

2）粗集料逐级填充规律

逐级填充试验是将低一级粒径 D_1 以不同比例填充到高一级粒径 D_0 中，选取最小间隙率所对应的集料配合比例作为最佳嵌挤密实结构的组成比例，然后以 D_0 和 D_1 的最佳嵌挤密实结构为基准 D_1'，将下一级粒径 D_2 以不同比例填充到 D_1' 中，得出新的最佳嵌挤密实结构的基准 D_2'；然后依次逐级填充，最终得出各级粒径的不同组成比例与VCA的关系，选出形成最佳嵌挤密实骨架结构是的各级粒径组成比例作为粗集料的最终级配。

试验将粗集料装入容积为10L的试筒中，测定时先把料烘干，分三次装入试筒，每次都用铁棒插捣均匀，测量采用自然插捣填充、无压重振实填充和压重5kg振实填充3种不同集料填充方式的集料间隙率VCA。

随着次级集料的加入，3种骨架间隙率VCA都呈现先减小然后增大的规律，见图6-69。逐级添加次级集料过程中，次级集料开始主要起到填充作用，当达到最小骨架间隙率VCA后，次级集料的干涉的作用不断增大。选取粗集料骨架间隙率VCA最小的组合，可得到最优配比为：19~26.5mm：16~19mm：13.2~16mm：9.5~13.2mm：4.75~9.5mm = 10：23.5：8.5：28：30。

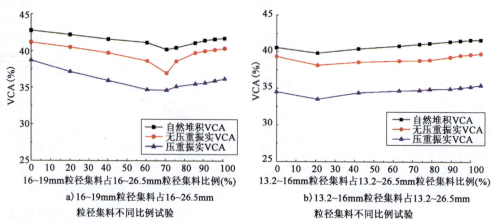

a) 16~19mm粒径集料占16~26.5mm粒径集料不同比例试验

b) 13.2~16mm粒径集料占13.2~26.5mm粒径集料不同比例试验

图 6-69

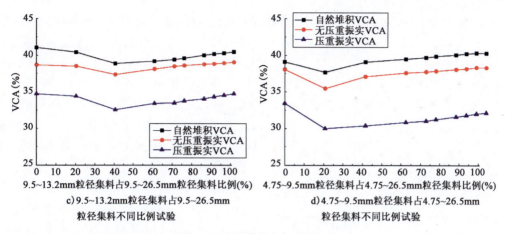

图 6-69 逐级填充试验过程图

3) 粗集料均匀设计试验研究

采用 5 因素 16 水平的均匀设计试验研究粗集料粒径大小、各级粒径含量和关键粒径与粗集料间隙率的相关性,分别以 X_1、X_2、X_3、X_4、X_5 代表集料粒径的五个因素:19～26.5mm、16～19mm、13.2～16mm、9.5～13.2mm、4.75～9.5mm。粗集料均匀设计和 VCA 见表 6-35。

粗集料均匀设计和 VCA(%) 表 6-35

序号	粗集料各粒径比例(mm)					自然堆积	无压重振实	压重振实
	19～26.5	16～19	13.2～16	9.5～13.2	4.75～9.5			
	X_1	X_2	X_3	X_4	X_5	VCA		
1	58	14.5	11.4	8.6	7.5	40.8	37.5	32.1
2	44.7	8.8	7.1	1.2	38.2	37.8	35.6	28.5
3	37.1	2.03	50.1	6.4	4.37	41.1	39.5	33.0
4	31.6	31.5	13.4	2.2	21.3	39.1	37.2	31.4
5	27.2	16.3	6.5	32.8	17.2	38.6	36.8	31.0
6	23.4	6.1	48.9	3.4	18.2	38.2	36.5	29.4
7	20.2	54.7	7.9	12.4	4.8	40.6	38.5	32.7
8	17.3	24.8	4.7	11.5	41.6	37.8	36.0	27.9
9	14.6	11.2	44.9	22.9	6.4	40.7	37.9	32.5
10	12.2	1	23.5	17.8	45.5	38.3	36.6	30.1
11	9.99	35.8	2.6	43.6	8.01	39.2	38.0	31.5
12	7.9	17.5	39.7	12	22.9	38.1	36.1	29.4
13	6	5.18	20.4	62	6.42	38.9	38.0	32.4
14	4.2	52.3	0.7	17.4	25.4	38.0	37.0	30.6
15	2.4	25.3	34	37.1	1.2	39.9	38.2	33.0
16	0.8	10.3	17	33.7	38.2	37.9	36.8	30.3

自然堆积、无压重振实和压重振实三种粗集料间隙 VCA 的变化规律大致相同，粗集料间隙率以粗集料各级集料配比具有良好的相关性，见图 6-70。组合 2 和 8 的三种粗集料间隙 VCA 均最小。配重振实粗集料间隙率 VCA 分别为 28.5% 和 27.9%，为最优嵌挤密实骨架粗集料组合。

选取粗集料级配组成相差不大的两组组合：①级配组合 2、8、16，集料压重振实集料间隙 VCA 分别为 28.5%、27.9%、30.3%；②级配组合 4、6、14，集料压重振实集料间隙率 VCA 分别为 31.4%、29.4%、30.6%。碾压混凝土配合比为：水泥用量 300kg/m³，粉煤灰替代率为 20%，水灰比 0.38，砂率 0.3。各粗集配的位移下降曲线见图 6-71 和图 6-72。

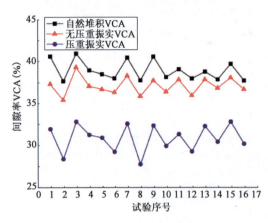

图 6-70 粗集料 VCA 与各种级配组合的关系曲线

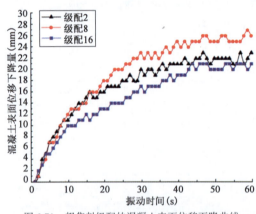

图 6-71 粗集料级配的混凝土表面位移下降曲线

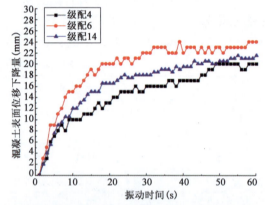

图 6-72 各粗集料级配的混凝土表面位移下降曲线

粗集料间隙率 VCA 越小，混合料经振动碾压 60s 后混凝土表面位移下降量 H_0 越大，且位移下降速率 v_0 也越快。碾压混凝土圆柱体侧表面孔隙结构，粗集料间隙率 VCA 越小则混凝土侧表面更加光滑，孔隙少且小。即粗集料间隙率 VCA 越小的集料级配，经振动液化后混凝土的密实度越高，达到密实状态的时间更快，如图 6-73 所示。

图 6-73 各级配混凝土经振动液化后侧表面孔隙结构

4）灰度关联分析

运用灰色系统理论分析均匀设计试验中粗集料各级粒径含量与压重振实 VCA 的关联度，见表 6-36。

不同粒径的粗集料含量与三种压实方式得到的 VCA 关联度的规律相同。16~19mm、13.2~16mm、4.75~9.5mm 三种粒径集料关联度较大，说明这三种粒径的集料为关键粒径，而 19~26.5mm、9.5~13.2mm 两个粒径的集料为非关键粒径。综合逐级填充试验和均匀设计试验的结果，将关键粒径的集料含量上下浮动 5%，非关键粒径的集料含量上下浮动 2%。得到最优粗集料级配组成范围见表 6-37。

第6章 低坍落度混凝土铺面施工特性

粗集料含量与 VCA 的关联度 表 6-36

名 称	粗集料粒径（mm）				
	19~26.5	16~19	13.2~16	9.5~13.2	4.75~9.5
自然堆积 VCA	0.7035	0.8282	0.8553	0.7814	0.8471
无压重振实 VCA	0.7027	0.8283	0.8538	0.7822	0.8476
压重振实 VCA	0.7061	0.8316	0.8565	0.7871	0.8475

不同的粒径粗集料含量 表 6-37

粗集料粒径（mm）	19~26.5	16~19	13.2~16	9.5~13.2	4.75~9.5
粒径含量范围（%）	12~8	28.5~18.5	13.5~3.5	30~26	35~25

5) 细集料

细集料主要用于填充粗集料形成的空隙,但不能对粗集料骨架结构起到较大的干涉作用。

(1) 砂率

选取 20%、30%、40%、50% 四组砂率做振动液化试验,分析砂率变化与碾压混凝土振动液化性能的相关性,确定相对最佳的砂率取值 S_0。碾压混凝土配比为:水泥用量 300kg/m³,粉煤灰替代率为 20%,水灰比 0.38,见图 6-74。

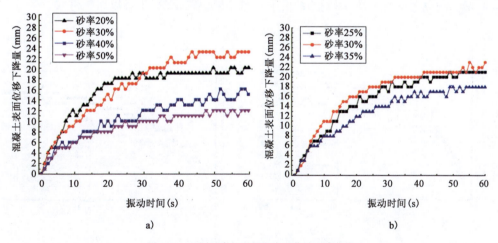

图 6-74 不同砂率的混凝土表面位移下降曲线

砂率为 20% 和 30% 两组混凝土表面位移下降速率 V_0 较快,混凝土表面最终位移下降量 H_0 均较大。砂率为 20% 的混凝土侧表面空隙较多,密实度较差;砂率为 30% 的混凝土表面最终位移下降量为 23mm,混凝土侧表面比较光滑,空隙较少,密实度较好;砂率为 40% 和 50% 两组碾压混凝土振动液化性能很差,所以碾压混凝土振动液化性能最佳时对应砂率为 30%。

(2) 细度模数

碾压混凝土配比:水泥用量 300kg/m³,粉煤灰替代率为 20%,水灰比 0.38。各细度模数砂的配比组成见表 6-38。

不同配比各粒径含量(%)　　　　　　　　　　表6-38

细度模数	粒径(mm)					
	4.75	2.36	1.18	0.6	0.3	0.15
2.0	6	6	15	33	34	6
2.3	9	9	18	38	20	6
2.5	12	12	20	33	17	6
2.6	15	14	15	34	16	6
2.7	18	15	14	32	15	6
2.9	20	18	14	33	9	6
3.1	24	20	13	33	4	6

注：控制粒径大于4.75mm的单粒级配比为0，小于0.15mm的单粒级配为6。

选取细度模数分别为3.1、2.9、2.7、2.6、2.5、2.3、2.0等7组砂进行振动液化试验，随着砂的细度模数的逐渐增大，碾压混凝土的振动液化效果不断增强，当砂的细度模数达到2.6时，振动液化效果最佳，随后振动液化效果逐渐减弱。砂的细度模数在2.5~2.7范围内时，碾压混凝土振动液化效果最佳，见图6-75。砂的细度模数过大，细集料自身骨架结构会产生空隙，降低碾压混凝土的密实性；而砂的细度模数过小时，碾压混凝土难以碾压密实。

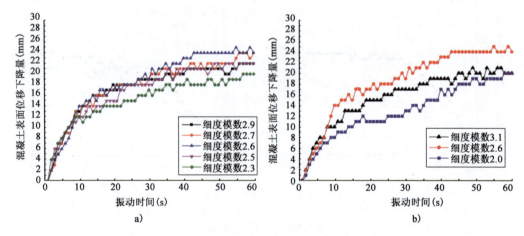

图6-75　不同细度模数砂的混凝土表面位移下降曲线

6) 配合比设计方法

碾压混凝土强度不仅服从水灰比定则，也服从密度定则。通过对碾压混凝土的振动液化机理进行的分析，发现碾压混凝土的密实性能主要依靠骨架结构和细集料及胶凝材料的填充作用，碾压混凝土结构的密实特性为其提供了一个较高的基础强度。而碾压混凝土还服从水灰比定则，包裹在颗粒表面和填充在空隙间的胶凝材料水化后能有效地提升集料的黏结作用，进一步提高碾压混凝土的密实度。

(1) 碾压混凝土配合比设计

在振动碾压的条件下,依靠粗集料建立混凝土的嵌挤密实型骨架,细集料填充骨架间的空隙,灰浆不仅起到填充粗集料和细集料的作用,还能充分包裹在集料颗粒的表面,起到胶结作用及增强界面过渡区强度,并且一定的富余量泛出混凝土的表面,以改善碾压混凝土的表面质量,通过掺入适量的粉煤灰以及结构自身的高密实性达到碾压混凝土低开裂的性能。

配合比设计原理:①细集料恰好能填充粗集料骨架形成的空隙或稍有富余,用细集料的富余系数 K_s 表示填充程度;②灰浆能充满粗集料与细集料产生的空隙,并有一定富余,根据设计抗弯拉强度及表面质量要求调整灰浆富余量;③根据抗裂性要求,在保证工作性和强度的基础上,尽可能多添加粉煤灰。

配合比设计指标主要由:①振动液化性能(稠度和密实性);②抗弯拉强度;③抗裂性能。

根据体积设计方法,可得到式(6-21)、式(6-22)、式(6-23)。

$$K_s = \frac{\dfrac{S}{\gamma_{so}}}{\left(\dfrac{1}{\gamma_{go}} - \dfrac{1}{1000\gamma_g}\right)G} \tag{6-21}$$

$$S = \left(\frac{1}{\gamma_{go}} - \frac{1}{1000\gamma_g}\right)GK_s\gamma_{so} \tag{6-22}$$

$$W + \frac{C}{\gamma_c} + \frac{S}{\gamma_s} + \frac{G}{\gamma_g} + \frac{F}{\gamma_f} = 1000 \tag{6-23}$$

式中:K_s——砂的富余系数;
γ_{go}——粗集料振实密度(kg/m³);
γ_{so}——砂的振实密度(kg/m³);
W——水的体积;
C——水泥质量;
S——砂的质量;
G——粗集料的质量;
F——粉煤灰的质量;
γ_c——水泥的密度;
γ_s——砂的密度;
γ_g——粗集料的密度;
γ_f——粉煤灰的密度。

(2) 碾压混凝土配合比设计步骤

碾压混凝土配合比设计步骤如下。

①首先需要确定粗集料用量,并进行粗集料级配的选择。

a. 按表 6-39 选定配合比中粗集料填充体积率。

粗集料填充体积率 V_g　　　　　　　　　表6-39

细度模数	2.40	2.60	2.80	3.0
粗集料填充体积百分率 V_g(%)	75±2	73±2	71±2	69±2

b. 按式(6-24)计算粗料用量。

$$G_{oc} = \gamma_{cc} \frac{V_g}{100} \tag{6-24}$$

式中：G_{oc}——碾压混凝土粗集料单位体积用量(kg/m³)；

γ_{cc}——碾压混凝土粗集料视密度(kg/m³)；

V_g——粗集料填充体积率(%)。

c. 粗集料级配的选择参照本研究的最佳推荐范围。

②根据绝对设计体积设计法计算砂单位体积用量，按式(6-22)计算。振动液化效果最佳的 K_s 范围在 1.05~1.25 范围内，初步选定一个 K_s。然后根据材料和机械特性，进行振动液化试验调整 K_s 至最佳值。

③选择合适的粉煤灰掺量 F_c，通过粉煤灰掺量对振动液化的影响，F_c 最佳掺量在20%左右，并根据大量试验研究表明，F_c 不应大于20%，否则对碾压混凝土早期强度影响较大。而提高抗裂性能，达到低开裂的目标，F_c 应尽可能大，因此 F_c 应初步选取20%，超量替代率取1.5。

④根据面层设计弯拉强度，初步计算所需基准胶凝材料总量，参考规范。

a. 根据面层设计抗弯拉强度，按公式计算碾压混凝土配制28d弯拉强度，见式(6-25)。

$$f_{cc} = \frac{f_r + f_{cy}}{1 - 1.04c_v} + ts \tag{6-25}$$

式中：f_{cc}——碾压混凝土配制28d弯拉强度均值(MPa)；

f_r——碾压混凝土设计弯拉强度值(MPa)。

b. 按式(6-26)计算基准胶凝材料总量。

$$J = 200(f_{cc} - 7.22 + 0.025F_c + 0.023V_g) \tag{6-26}$$

式中：J——碾压混凝土中单位体积基准胶材总量(kg/m³)。

c. 按式(6-27)和式(6-28)中计算单位水泥用量和粉煤灰用量 C_{ofc}，应确保满足抗冻性要求。

$$C_{ofc} = J\left(1 - \frac{F_c}{100}\right) \tag{6-27}$$

$$F_{cc} = C_{ofc} \times F_{cc} \times k \tag{6-28}$$

式中：C_{ofc}——掺粉煤灰的碾压混凝土单位水泥用量(kg/m³)；

F_{cc}——单位粉煤灰用量(kg/m³)；

k——粉煤灰超量取代系数。

⑤根据经验先初步选定一个单位用水量，然后通过进行振动液化试验，测量其稠度及压实性，调整单位用水量使得 VC 值在 40s 左右。

⑥采用上置式振动成型方法，制作小梁试件，进行抗弯拉强度试验，根据强度大小相应调

整水泥用量和单位用水量。选择合适的碾压混凝土抗裂性能评价方法,进行抗裂性能评价。并根据试验结果调整粉煤灰掺量,并在保证强度和工作性基础上,相应变更水泥用量和单位用水量。进行复查并最终确定施工配合比。

本章参考文献

[1] 何璐. 低坍落度路面混凝土振动液化性能研究[D]. 北京:交通运输部公路科学研究院,2015.

[2] 屈允永. 滑模摊铺水泥混凝土路面平整度控制技术研究[D]. 重庆:重庆交通大学,2016.

[3] 袁野真. 水泥混凝土路面滑模施工平整度控制技术研究[D]. 天津:河北工业大学,2012.

[4] Peter Taylor. Concrete Pavement Mixture Design and Analysis (MDA):Effect of Aggregate Systems on Concrete Properties,2012, http://lib.dr.iastate.edu/intrans_reports.

[5] Shilstone, James M. ,A Hard Look at Concrete[J]. Civil Engineering,1989,1:47-49.

[6] Shilstone, James M. , Sr. Concrete Mixture Optimization, Concrete International, American Concrete Institute, Farmington Hills, Michigan, 1990,6:33-39.

[7] Shilstone, James M. , Sr. Quality Management for Concrete Pavement Under Performance Standards, TRANSPORTATION RESEARCH RECORD 1340.

[8] A. T. GOLDBECK,J. E. GRAY . A Method of Proportioning Concrete for Strength, Workability and Durability,1968.

[9] 柳海文,田波,侯荣国. 基于振动液化的碾压混凝土粗集料级配设计研究[J]. 公路,2014.

[10] 柳海文. 低开裂碾压混凝土性能研究[D]. 重庆:重庆交通大学,2014.

[11] 杨士敏. 集料型材料的力学性质与碾压混凝土的振动液化机理[J]. 混凝土,2000(8):47-49.

[12] 牛开民,李世绮. 大掺量粉煤灰全厚式碾压混凝土路面技术的试验研究[J]. 公路交通科技,1995(3):7-19.

[13] 牛开民,俞建荣,陈荣生. 碾压混凝土路面横向缩缝间距的研究[J]. 公路交通科技,1997(1):42-47.

[14] 牛开民,等. 高等级公路碾压混凝土路面材料的研究[Z]. 国家"八五"重点项目(攻关)专题总报告,1996.

[15] 牛开民,等. 高等级公路碾压混凝土路面的施工技术的研究[Z]. 国家"八五"重点项目(攻关)专题总报告,1996.

[16] 姜福田. 碾压混凝土[M]. 北京:中国铁道出版社,1991.

[17] 交通运输部公路科学研究院. 公路水泥混凝土路面施工技术规范:JTG F30—2003[S]. 北京:中国标准出版社,2003.

[18] 杨士敏. 摊铺机工作装置与碾压混凝土(RCC)相互作用动态特性研究[D]. 西安:长安大学,1997.

[19] 李世绮,牛开民. "全厚式"碾压混凝土路面混凝土配合比特性[J]. 中国公路学报,1996,9(3):7-13.

第7章 新型路面施工技术

7.1 铺面施工平整度控制技术

水泥路面滑模摊铺机施工过程中,其发动机负责提供推进力;机架下方的路面摊铺装置(布料器、振捣棒组、挤压底板、中央拉杆插入器、摆动搓平梁、自动抹平器、边缘拉杆插入器)则负责路面的成型;四周机架与履带则为行进装置,滑模摊铺机行走过程中由机架四承柱上的调平油缸以及与基准线接触的传感器实现自动控制。滑模摊铺机的行走颠簸姿态,本质上是由其本身受力情况决定的,故对滑模摊铺机受力情况的描述是有必要的。

空载行走时,滑模摊铺机仅受到自身重力 G;四履带行驶时地面阻力 f_1、f_2、f_3、f_4;摊铺机发动机造成的行驶推进力 P;滑模摊铺机四承柱支反力 F_1、F_2、F_3、F_4;空载行驶时,控制其行驶于较硬刚性地面上,故可认为 $f_1 = f_2 = f_3 = f_4$、$F_1 = F_2 = F_3 = F_4 = G/4$;此时,在力学上滑模摊铺机行驶推进力 P 是影响滑模摊铺机行进颠簸的主要因素。

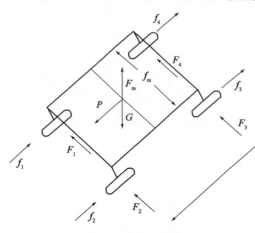

图7-1 滑模摊铺机受力

当滑模摊铺机处于实际工作状态时,则增加了摊铺路面对其的支撑力 F_m;布料行进时的推料阻力 F_t;搓平梁、超级抹平器工作中时左时右的摩擦阻力 F_s,如图7-1所示。

从力学上分析,在摊铺机行走时,其两侧履带行走位置处地基的承载能力不同,导致行走于较软侧的履带时常处于下陷、抬升中,使得 f_1、f_2、f_3、f_4、F_1、F_2、F_3、F_4 处于彼此不相等的状态。滑模摊铺机自动调平装置在此时调节该处油缸,保持其相对平稳地行驶。随着摊铺机使用年限的增加,其传感器、机架处油缸的反应速度以及灵敏性下降,此时油缸的调平升降无法及时保证机器能够恢复平稳,滑模摊铺机行进中的倾斜、恢复过程不断重复,导致行走时呈现颠簸状态。

此外,滑模摊铺机自身发动机的振动效应同样对其颠簸行进产生影响,四履带油缸处的升降与施工中基准线桩距相关,不同的行驶速度、机械型号也是影响其行进颠簸的因素。

7.1.1 国际平整度与线激光

1)国际平整度比较和分析

国际平整度指数(IRI)能够结合人、车、路三要素,较好地反映路面平整度对驾驶舒适性的影响。

世界银行以四分之一车辆模型来计算国际平整度指数。假定车辆以 80km/h 的速度在路面上行驶,见图 7-2。竖向位移量作为输入量来计算国际平整度指数。其计算模型见式(7-1):

$$\begin{cases} \ddot{Z}_s + C_s(\dot{Z}_s - \dot{Z}_u) + k_s(Z_s - Z_u) = 0 \\ \mu\ddot{Z}_u + C_s(\dot{Z}_u - \dot{Z}_s) + k_s(Z_u - Z_s) + k_u(Z_u - Y) = 0 \end{cases}$$

$$\mathrm{IRI} = \frac{1}{L}\sum |Z_s - Z_u| \tag{7-1}$$

式中:$\mu = 0.15$;
$C_s = 6.00\mathrm{s}^{-1}$;
$k_s = 63.3\mathrm{s}^{-2}$;
$k_u = 653\mathrm{s}^{-2}$。

该模型考虑黏性阻尼的两自由度车辆强迫振动模型,Y 是路面各点高程,不同波长的简谐函数叠加,即式(7-2):

$$Y = \sum h_i \cos\left(\frac{2\pi}{\lambda_i}x + \theta_i\right) \tag{7-2}$$

为得到单一路面波长对 IRI 的影响,取路面激励函数 Y 为最简单的简谐函数,见式(7-3)。

$$Y = h\cos\frac{2\pi}{\lambda}x = h\cos\frac{2\pi}{\lambda}vt \tag{7-3}$$

式中:λ——路面波长;
v——车辆行驶速度,$v = 80\mathrm{km/h}$。

在一个完整波长中(一个周期),车身和轮胎累计相对位移为 4 个振幅。

根据国际平整度指数定义,$\mathrm{IRI} = \dfrac{4|\tilde{Z}_u - \tilde{Z}_s|}{\lambda}$,单一波长激励源对国际平整度指数的影响,如图 7-3 所示。

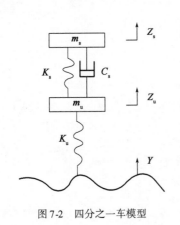

图 7-2 四分之一车模型　　图 7-3 不同长度路面波长产生的 IRI

现有平整度检测方法中对国际平整度指数测试只作了一般性规定，按《公路路基路面现场检测规程》(JTG E60)规定，可采用车载式激光平整度仪进行平整度测定。车载式激光平整度仪主要由下位机、激光信号发射器、距离传感器、电源及 USB 数据线等组成，是一种车载非接触式断面类快速测量系统，以加速度计为惯性基准平面，可以在高速行驶状态下测试路面国际平整度指数 IRI 和均方差指数，其精度达到 0.01m/km，属于世界银行 1 类平整度仪器范畴。目前使用的测量平整度的仪器多为车载式路面激光平整度仪，其核心部分是激光测距系统。在沥青路面检测中没有问题，但当该检测方法应用到水泥混凝土铺面之后，就会发生道面或路面在刻横槽前后对应的 IRI 数值跳跃的现象。

《机械振动 道路路面谱测量数据报告》(GB/T 7031—2005)中按路面功率谱密度把路面分成 A，B，…，G，H 八个等级。我国水泥混凝土铺面平整度都在 A、B、C 三个等级。利用谐波叠加法，模拟这三类路面的高程。

假设三种路面平整度，计算得到三类路面的国际平整度指数如表 7-1 所示。

三类路面国际平整度指数(m/km) 表 7-1

路 面 类 型	IRI
A 类路面	2.35
B 类路面	4.03
C 类路面	8.16

三类路面中不同波长，对其进行频谱分析。波长越长（空间频率越低），路面起伏的幅值越大，但是长波低频意味着路面有纵坡，并不对路面平整度和行车舒适性产生实际不良影响。得到三类路面不同波长对国际平整度指数的实际贡献值，如图 7-4 所示。

从图 7-5 可见，波长在 1.5～16m 范围内的路面波对 IRI 的影响最为显著。《公路水泥混凝土路面施工技术细则》(JTG/T F30—2014)要求混凝土路面抗滑构造施工为矩形槽，槽深度宜为 3～4mm，槽宽宜为 3～5mm，槽间距宜为 12～25mm。在四分之一车模型中，轮胎与地面的接触简化为一个点，轮胎会下落到刻槽之中；而实际上，轮胎与地面的接触是一个圆，刻槽并不会影响车辆的竖向振动，如图 7-6 所示。

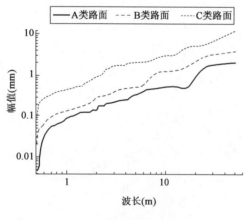

图 7-4 三类路面波长-幅值分析

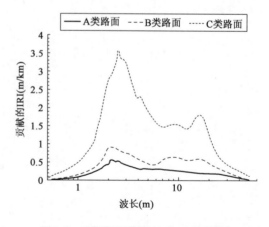

图 7-5 三类路面不同波长对 IRI 的贡献值

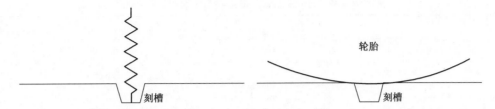

图7-6 四分之一车模型和实际情况

在测试过程中,每个激光测试点可能打在刻槽内,造成测量的路面高程产生系统误差,如图7-7所示。

混凝土路面刻槽数据为,矩形槽槽深度$h=4$mm,槽宽$b=5$mm,槽间距为$l=20$mm。当使用激光点光源测量高程时,有$b/(b+l)=20\%$的测点产生了$h=4$mm的系统误差。

以三条模拟路为例,使用精密水准仪水准测量的准确值和使用激光点光源测量计算的值如表7-2所示。

精密测量和点光源测量 IRI 对比(m/km)　　　　表7-2

路面类型	精密水准仪	激光点光源							两者相对误差
		1	2	3	4	5	6	平均	
A类路面	2.35	3.52	3.42	3.50	4.22	3.74	3.89	3.72	58.1%
B类路面	4.03	4.85	4.59	4.93	5.57	5.53	5.13	5.10	26.5%
C类路面	8.16	8.97	8.72	8.30	8.48	9.33	8.86	8.78	7.6%

在激光平整度检测过程中,由于因自身技术限制,激光点无法避免地落入刻槽,造成采用激光平整度检测技术测量的平整度 IRI 值与实际 IRI 值会产生巨大偏差。

A类、B类、C类路面测得的平整度指数分别比实际情况大58%、26%和7%,路面平整度越好,误差越大。因此,使用点光源激光平整度检测技术尚不具备实用性,尤其是平整度较高的路面,采用点光源方式测量路面高程是不合适的。

为减小点光源测量引起的系统误差,可以使用一定长度的线光源来测量,如图7-8所示。

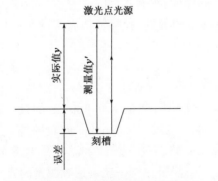
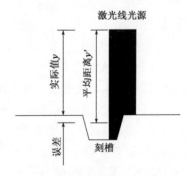

图7-7 激光点光源测距带来的系统误差　　　图7-8 激光线光源测距系统

采用线光源测量将使系统误差将大幅减小。使用不同长度线光源测量计算的国际平整度指数如表7-3~表7-5所示。

精密测量和 5mm 线光源测量得到 IRI 的对比（m/km）　　　　表 7-3

路面类型	精密水准仪	5mm 线光源							相对误差（%）
		1	2	3	4	5	6	平均值	
A 类路面	2.35	2.94	3.08	3.31	3.25	3.17	3.28	3.17	34.9
B 类路面	4.03	4.31	4.53	4.76	4.25	4.49	4.54	4.48	11.1
C 类路面	8.16	8.42	8.31	9.14	8.45	8.32	8.34	8.50	4.1

精密测量和 10mm 线光源测量得到 IRI 的对比（m/km）　　　　表 7-4

路面类型	精密水准仪	10mm 线光源							相对误差（%）
		1	2	3	4	5	6	平均值	
A 类路面	2.35	2.79	2.49	2.57	2.52	2.88	2.53	2.63	11.9
B 类路面	4.03	4.33	4.29	4.34	4.17	4.35	4.16	4.27	6.0
C 类路面	8.16	8.38	8.39	8.08	8.37	8.56	8.30	8.35	2.3

精密测量和 20mm 线光源测量得到的 IRI 对比（m/km）　　　　表 7-5

路面类型	精密水准仪	20mm 线光源							相对误差（%）
		1	2	3	4	5	6	平均值	
A 类路面	2.35	2.33	2.37	2.43	2.39	2.38	2.50	2.40	2.2
B 类路面	4.03	4.12	4.08	4.01	4.10	4.04	4.27	4.10	1.8
C 类路面	8.16	8.26	8.15	8.17	8.24	8.18	8.24	8.21	0.6

当使用的线光源越长，最终得到的国际平整度指数误差越小。当线光源长度为 20mm 时，对于平整度较好的 A 类路面，其误差也只有 2.2%。

2）3m 直尺和其他平整度仪之间换算关系

水泥路面平整度的指标主要有路面最大间隙值、国际平整度指数 IRI 值、直尺指数 SEI 和功率谱密度等。借助规范《公路路基路面现场测试规程》（JTG E60）和《车载式路面激光平整度仪》（JJG 075），使用 3m 直尺测量路面最大间隙值，车载式激光平整度仪和澳大利亚手推式精密断面仪测量 IRI 值，并研究 3m 直尺与后两者间分别的联系，从而实现在不具备测试条件时，对工程中平整度质量控制。

（1）3m 直尺与车载式激光平整度仪

由于规范中要求的水泥混凝土路面 IRI 要求小于或等于 2.2m/km，故基于实际平整度控制意义，对测试段进行分类分析。选择工程试验段中 IRI 值大于 3m/km 的极差路段、正常铺筑中 IRI 值为 2.6 ~ 3m/km 的很差路段、IRI 值为 2.2 ~ 2.6m/km 的较差路段、IRI 值小于 2.2m/km 的合格路段，共 4 种情况每种情况 800m 共 3200m 长的水泥混凝土路面平整度情况进行分析，每段中均采用以下测量方法。即 3m 直尺采用同一轨迹连续测量的方式，每 20m 内共 7 尺的最大间隙平均出一个平均最大间隙值作为对比数据。车载式路面激光平整度仪在每次上路后均进行标定，在测试路段起点终点处设置标记，以此确定汽车在进入测试路段前达到稳定的预定行驶速度。测试过程中车辆行驶速度为 60km/h，并设定测试软件测试间隔为

20m,即每 20m 采集出 1 个数据,对于每一测试路段进行 3 次测试,每个数据取其平均值作为该路段最终数据。测试结果经相关分析后结果如图 7-9 ~ 图 7-12 所示。

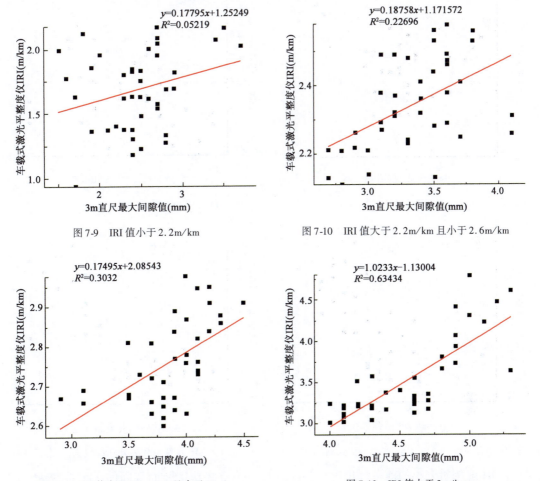

图 7-9　IRI 值小于 2.2m/km

图 7-10　IRI 值大于 2.2m/km 且小于 2.6m/km

图 7-11　IRI 值大于 2.6m/km 且小于 3m/km

图 7-12　IRI 值大于 3m/km

对比试验结果,在 IRI 小于 2.2m/km 和在 2.2~2.6m/km 之间时,两者相关性很差,R^2 仅为 0.05 和 0.22 左右;在 IRI 值在 2.6~3m/km 之间时,R^2 为 0.3032;在 IRI 大于 3m/km 时 R^2 时略高为 0.63434。两者在 4 种不同情况下的 4 个路段上相关系数波动较大,没有在一个相对较小的范围内,且 R^2 均明显低于可以认为具有较好相关性的 0.8。

同时,对二者进行总结性分析,针对 4 组中共 160 组对比数据使用 SPSS 进行回归性验证分析。

从整体上来看,二者之间决定系数 R^2 为 0.814,相对较大且大于 0.8,从自然科学的角度来讲具有较大的相关性,同时 sig 值为 0.000,即可说明该模型基于 t 检验可信。但基于该模型实际的工程情况,R^2 明显不够大。且基于数据精度为 0.1 的实际,模型标准差的 0.31534 明显较大。

(2) 3m 直尺间隙与手推断面仪的关系

手推式精密断面仪在测量每个路段前均进行标定,设定测试间隔同为 20m。测试结果经相关分析,如图 7-13~图 7-16 所示。

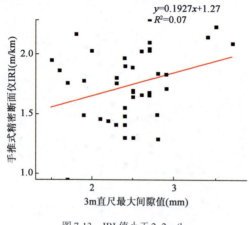

图 7-13　IRI 值小于 2.2m/km

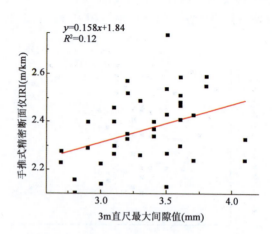

图 7-14　IRI 值大于 2.2m/km 且小于 2.6m/km

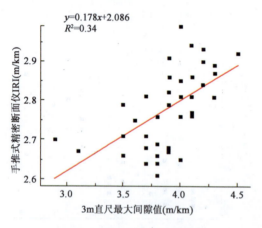

图 7-15　IRI 值大于 2.2m/km 且小于 3m/km

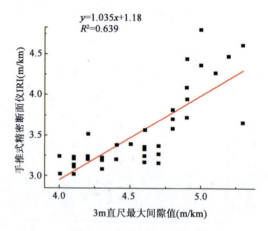

图 7-16　IRI 值大于 3m/km

在 IRI 值相对偏小的前三种情况中,3m 直尺与手推式精密断面仪间的决定系数 R^2 仅为 0.07、0.12 和 0.34;在 IRI 值相对较大的第四种情况中,R^2 稍高为 0.639。

针对 4 组中共 160 组对比数据使用 SPSS 进行回归性验证分析。

二者之间决定系数 R^2 为 0.809,同时 sig 值为 0.000,即可说明该模型基于 t 检验可信。但基于该模型实际的工程情况,R^2 明显不够大。且基于数据精度为 0.1 的实际,模型标准差的 0.31 也明显较大。

3m 直尺与两种较精密仪器间的数据相关性均较差且相似。因两种仪器对于路面 IRI 的测试均较准确、稳定,且彼此间相关性极高。与此相对的,采用 3m 直尺法测量平整度存在以下几点问题:

①人为因素,不能确保每一尺所读数据为最大间隙值。亦即作为评价路面平整度的指标虽效果很好,但精确度为 0.1mm 时保证不了数据的精准性。

②测量位置。由于读取数值与每一尺的摆放位置有关,同一轮迹线上纵向移动一段距离选取的波段所采集的最大间隙值均会产生差异;同时在同一轮迹上横向选取测试位置时与车

辆所测位置产生几厘米的偏差不可避免,横向上的偏差亦会产生差异。产生此类变化均会影响整个数据。虽然整体对路面平整度情况的评价不会产生较大偏差,但数据产生 0~0.5 之间的波动相对于车载式激光平整度仪这类精确仪器亦会对相关性产生较大影响。

同时,虽然数据相关性较差,但随着测试段 IRI 值的增大,相关系数 R^2 也有较明显的增长。分析原因应为在 IRI 值相对较大的路段,亦即路面波动较大,3m 直尺摆放时这两点因素均会有所改善。

(3) 3m 直尺合格率与 IRI 的相关性分析

3m 直尺最大间隙值来直接控制累加读数得到的 IRI 较难,3m 直尺合格率和 IRI 之间的关系进行评估研究。

根据高速公路施工过程中 3m 直尺实测结果,因合格率在 60% 以下的路段平整度水平过差,不符合研究控制的实际情况。故而选取合格率为 60%~70%、70%~80%、80%~90%、90%~100% 共四种情况,每种情况选取 3 段 500m,共 6000m 长的路段进行分析研究。具体测试方法均如下:

①每个 500m 上 3m 直尺采用与规范相同的每 100m 测量 1 处连续 10 尺的方法,共 5 处 50 尺,以规范要求水泥混凝土路面中小于或等于 3mm 为合格值,统计合格率。

②每个 500m 上车载式激光平整度仪均每 100m 统计一个数值,即共 5 个 IRI 数值,与合格率进行比较。

具体测试结果如表 7-6 所示。

3m 直尺合格率与车载式激光平整度仪 IRI 表 7-6

测试分类 (%)	测试分组	3m 直尺			车载式激光平整度仪 IRI(m/km)					
		总尺数	合格数	合格率 (%)	1	2	3	4	5	平均值
60~70	1	50	31	62	3.10	3.25	2.94	2.89	2.91	3.02
	2		32	64	2.89	2.91	2.73	2.94	2.86	2.87
	3		34	68	2.71	2.84	2.67	2.73	2.71	2.73
70~80	1		36	72	2.49	2.51	2.41	2.53	2.44	2.48
	2		37	74	2.54	2.53	2.45	2.51	2.37	2.48
	3		39	78	2.31	2.36	2.51	2.3	2.37	2.37
80~90	1		41	82	2.29	2.36	2.28	2.26	2.31	2.30
	2		43	86	2.23	2.22	2.18	2.26	2.27	2.23
	3		44	88	2.24	2.21	2.25	2.19	2.2	2.22
90~100	1		47	94	2.04	1.98	1.91	2.01	1.95	1.98
	2		48	96	1.91	1.9	1.95	1.92	1.91	1.92
	3		50	100	1.54	1.68	1.76	1.73	1.81	1.70

同时,取 3m 直尺合格率与 IRI 平均值做线性回归分析结果,如图 7-17 所示。

随着 3m 直尺合格率的增长,IRI 值随之减小并在合格率大约在 89% 时达到质量控制所要求的 2.2m/km。且由图 7-17 分析可知,3m 直尺合格率与 IRI 值间的决定系数 R^2 为 0.96448,

同时 3m 直尺合格率与 1~5 组 IRI 间的决定系数 R^2 分别为 0.92、0.94、0.94、0.96、0.95,此两者之间具有很强的相关性。

1~5 组各组间的波动也是存在的,组内最大值与最小值的差在 0.1 附近,在合格率低的组别中部分可以达到 0.2。在 3m 直尺合格率较低即 IRI 值偏大的区域,路面波形变化较大,极可能出现 3m 尺测得了最大间隙值而合格率相同,但由于波形变化过大给 IRI 算法中带来的累计值的积累产生更大影响。同时,IRI 值偏小的区域由于波形变化较小,累计值的差别也会减小,因而组内 IRI 值波动也较小。同时,在 3m 直尺合格率低于 70% 的部分,相同合格率增长带来的平均值减小幅度的变化也比 70% 以上时快很多。相对的,合格率在 70% 以上时,IRI 减小速度趋于稳定,变化幅度也更小。在合格率为 100% 的路段,由于无法确定 IRI 值的下限,亦即无法准确推断出此时的 IRI。但此时路面平整度已达到很高的水平,已经达到了质量控制的目的。

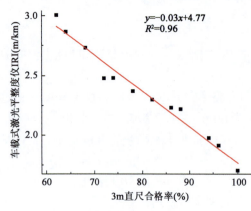

图 7-17 3m 直尺合格率与 IRI 平均值回归结果

7.1.2 滑模施工对平整度的影响

1) 上下坡

而施工过程中道路几何线形指标对滑模施工过程中平整度产生的影响,即几何线形与路面平整度之间的关系;探究滑模摊铺机摊铺路面时纵、横坡度对其施工平整度的影响。

(1) 滑模施工时的力学分析

滑模摊铺机在摊铺行进过程中会受到各种阻力的影响导致对滑模摊铺机的控制变得非常困难,影响水泥路面的平整度,其行进阻力主要包括:①滑模摊铺机自重在纵坡度方向上的分力;②滑模摊铺机推料阻力;③侧模板、挤压舱、搓平梁与混合料间的摩擦、挤压阻力;④与纵坡度的变化无相关性,见图 7-18。

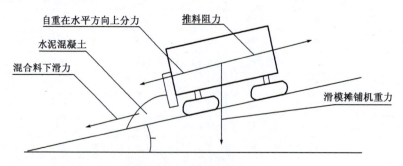

图 7-18 下坡作业时摊铺机受力简图

纵坡度不大时,混合料的下滑力以及滑模摊铺机重力在行进方向上的分力对推料阻力有一定的抵消作用,使得摊铺机行进更为顺畅,控制更为容易。上坡作业时混合料下滑力及自重分力与推料阻力叠加,需要更大的牵引力来维持摊铺速度;加大了控制难度并影响平整度。纵坡越大时这种现象也越明显,对平整度的影响也就越大。

相对于纵坡,横坡对滑模摊铺机的影响主要表现为摊铺机自重的横向分力使得其有向路边滑动的趋势,且随横坡度的增大摊铺机两侧推料阻力不均匀,不利于摊铺机保持平顺行驶;且摊铺机搓平梁受重力横向分力影响导致搓平梁、超级抹平器等对路面的压力不均及新铺路面表层砂浆流动等对平整度造成影响,见图7-19。

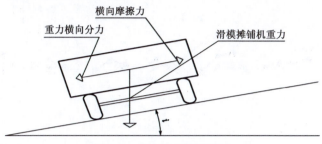

图7-19 横坡度对摊铺机影响

(2)不同纵坡对路面平整度的影响

选取高速公路纵坡度为0.3%、0.7%、1.5%、−0.3%、−0.7%、−1.5%(负为下坡)的路段分别进行IRI值的测定,分别编号为A、B、C、D、E、F,摊铺机摊铺方向均为顺桩号方向,其测试总长度为420m,每20m计算一次IRI值。

由图7-20可见,C路段IRI值明显大于A、B路段的IRI值,均值分别相差1.03m/km、0.87m/km,差异明显;A、B路段均值仅相差0.16m/km,差异性并不明显。摊铺机上坡作业时,当纵坡度大于或等于1.5%时,纵坡的增大对IRI的影响显著。且上坡摊铺时纵坡度越大,阻力越大,对平整度的影响作用十分明显。图7-21则表明当摊铺机沿下坡方向进行作业时,试验路段间IRI值差异性并不明显;当纵坡为1.5%时,滑模摊铺机自重及混合料自重的纵向分力有效地减小了推料阻力;沿下坡方向摊铺对路面平整度有显著的提高。

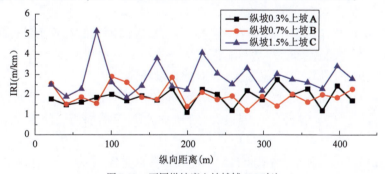

图7-20 不同纵坡度上坡摊铺IRI对比

当纵坡为0.3%时,A路段与D路段间IRI差异不大,IRI均值差异仅0.17m/km,此时可认为滑模摊铺机沿上和下坡进行作业对平整度影响不大。当纵坡为0.7%时,B路段与E路段间IRI均值差异为0.39m/km,沿下坡方向摊铺开始优于上坡摊铺;当纵坡为1.5%时,C路段与F路段IRI均值差达到1.2m/km,差异明显,下坡摊铺明显优于上坡摊铺。

(3)不同横坡对路面平整度的影响

由图7-22可知,整体上横坡度变化对平整度影响作用不如纵坡变化的影响显著;当横坡度为 5%时 IRI 有增大的迹象,平整度相对变差。横坡度为 3%、4%时的 IRI 相对均有所增大,横坡度为 2%时路段 IRI 最低。以横坡度为 2%路段 IRI 为基准组,其余三路段与基准组值相差分别达到 10.3%、18.5%、38.4%。

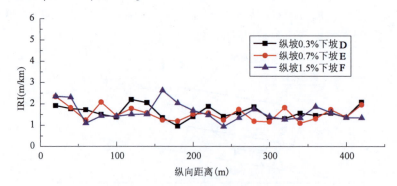

图 7-21 不同纵坡度下坡摊铺 IRI 对比

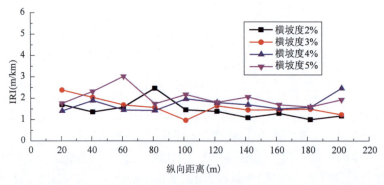

图 7-22 不同横坡度 IRI 对比

造成上述现象的原因有:

①滑模摊铺机进行摊铺作业时由于横坡度的存在,表面砂浆层在重力的作用下会向路边处流动,导致车道两边的砂浆层厚度不均,人工抹边时将靠近边板侧多余的砂浆刮掉,横坡度越大,路面两侧处砂浆层厚度差异性越大,表面越难以处理。

②滑模摊铺机在路面铺筑过程中搓平梁的运动很难做到完全平行于路面行车方向,随着横坡度的加大,搓平梁摆动时自身重力在横向的分力越大,对路面两边的压力不同,导致路面平整度变差。

③摊铺机在超高段行驶中,勾机布料后的混合料在自重作用下出现不均匀的现象,具体表现为硬路肩处料多,中分带处料少的现象,此时滑模摊铺机推料阻力也在呈现一边大一边小的情况,滑模机行进控制难度加大,对施工平整度产生影响。

上述 3 种情况在滑模摊铺施工中相互叠加,对成型路面的平整度产生影响。

可得出如下结论:

①滑模摊铺机沿上坡方向进行摊铺作业时,IRI 值随纵坡的增大而变大。当纵坡达到 1.5%时,摊铺机行进阻力超过自重的 1.5%,此时阻力不能忽略,对摊铺作业造成影响差异性更为明显。

②纵坡度小于0.3%时,滑模摊铺机沿上、下坡方向进行摊铺对平整度影响作用不大;纵坡在0.3%~1.5%时沿下坡方向摊铺平整度有所提高但提高幅度不大,施工中可根据现场情况灵活调整;当纵坡度大于或等于1.5%时沿下坡方向进行摊铺作业平整度明显好于上坡,推料阻力明显减小;摊铺施工中应尽量选择下坡施工。

③由于在超高段推料阻力呈现一边大一边小的现象,对滑模摊铺机的影响作用不如纵坡,故横坡度的增大对水泥混凝土铺面平整度影响不如纵坡度的影响显著,横坡度达到5%时IRI值有所增大,与横坡度为2%的路段相比,涨幅达到38.4%,平整度有所变差。在水泥混凝土铺面线型设计中应考虑到现场施工时的平整度控制。

2) 累积颠簸

滑模摊铺机的颠簸倾角一般可认为是在两个方向(摊铺机行进方向、横向)产生频繁变化的倾角 α、β。简单地讲,理想状态下 α 则应与路面纵坡度相对应,β 应与路面设计的横坡度相对应;但往往滑模摊铺机行进过程中机械自身的振动、基准线桩距、摊铺行进阻力等因素均对其行驶过程中的稳定性产生影响,为定量的测量、分析横、纵方向上的倾角变化规律,采用了Jewell 倾角计进行测量。

Jewell 倾角计的测量理论基础是牛顿第二定律,系统内部的速度一般无法测量,但其加速度则是可测得的。实质上倾角计是一种运用惯性原理的加速度传感器。当倾角计静止时其 X、Y 方向上并无加速度,仅有重力加速度,重力垂直轴与传感器灵敏轴间的夹角即可认为是倾斜角。

对宽幅以及超宽幅摊铺机两种型号的滑模摊铺机,此种设备均属于20世纪90年代生产的老旧机型,但是仍是目前我国水泥混凝土铺面修筑时采用的主要设备之一。

为得到滑模摊铺机行进倾角的波动数据,将 Jewell 倾角计置于空载滑模摊铺机靠近基准线桩最近的纵梁上,靠近最外侧可有效避免滑模摊铺机发动机振动对倾角计测量数据准确性的影响,不仅如此,此侧梁下方布设有滑模侧模板,滑模机的倾角波动对成型路面的影响最大,故倾角计布设于此。

滑模摊铺机在实际摊铺作业时倾角计布置于另一侧走在较硬沥青功能层处的主梁上,其主要目的仍为避免履带沉降对该侧倾角的影响。

随着摊铺机倾角半波长度的增长,颠簸幅值增大,机架的摆动幅度加大,摊铺机行驶稳定性差。且半波长长度大于0.5m时,横、纵两个方向上的幅值增速均愈发加快,且横向幅值增大速率大于纵向;滑模摊铺机颠簸波长对机架横向幅值影响最大,见图7-23和图7-24。

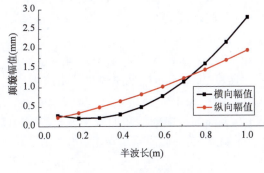

图7-23 半波长-颠簸幅值分析

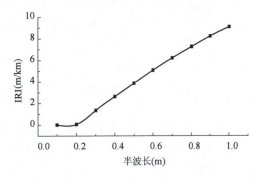

图7-24 半波长-IRI 分析

对于滑模摊铺机颠簸波动与路面波长对 IRI 值影响相近,且其行进颠簸波长一般不会出现低频长波,可将半波长段分为四种:

①半波长 0.1m 以下:对 IRI 值几乎没有影响。
②半波长 0.1~0.5m:对 IRI 值产生一定影响,集中在 4m/km 以下。
③半波长 0.5~1m:对应 IRI 值较大(4~10m/km),对平整度影响较大。
④半波长 1m 以上:此种半波出现后 IRI 值更大,平整度极差。

4 种半波段出现的频率由大到小排列为①>②>③>④;即半波长 0.1m 以下波出现的概率最大,依次递减。

(1)桩距对滑模摊铺机颠簸姿态的影响

桩距控制为 9m 以及 4.5m,行驶距离均为 27m 左右(即 3 个 9m 桩长度),且行走于较硬地面上,保证其不受外部其他条件的干扰;行驶速度控制为 1m/min 左右。

9m 桩横向按半波长占比依次为:54.0%、38.7%、6.7%、0.6%,4.5m 桩则为 64.2%、30.4%、3.4%、2.0%;9m 桩纵向按半波长长度依次为 58.4%、36.1%、3.6%、1.8%,4.5m 桩则为 58.4%、36.4%、2.6%、2.6%。

从图 7-25 可以直观看出,桩距的变化对摊铺机纵向颠簸影响不大;横向颠簸倾角波 9m 桩在 0.1~0.5m 段、0.5~1m 段较 4.5m 桩大 8.7%、3.3%,而 1m 以上段则减小了 1.4%,综合来看,桩距的加密提高了摊铺机的横向颠簸稳定性;对纵向影响不大。

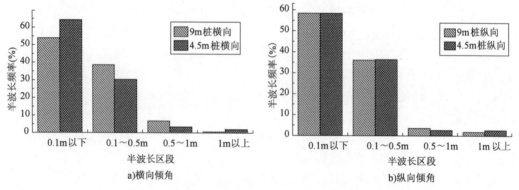

图 7-25 根据不同时倾角半波长频率对比

(2)行进速度对滑模摊铺机颠簸姿态的影响

在空载状态下影响其行驶倾角波动的因素不仅仅有桩距,其行驶速度也可能产生影响,对不同速度下宽幅滑模摊铺机的倾角波动进行了试验,试验速度为 1m/min 以及 2m/min,结果如图 7-26 所示。

速度 2m/min 时,横向倾角各半波长段占比:56.7%、32.3%、6.7%、4.3%;速度 1m/min 时,各半波长段占比 64.2%、30.4%、3.4%、2.0%。速度 2m/min 时,纵向倾角各半波长段占比分别为 55.8%、40.4%、1.9%、1.9%;速度 1m/min 时为 58.4%、36.4%、2.6%、2.6%。

当滑模摊铺机空载行进速度由 1m/min 加快到 2m/min 时,横向倾角曲线半波长在 1m 以上区段占比增加了 2.3%,0.5~1m 段则增加了 3.3%;0.1~0.5m 段则增加了 1.9%,0.1m 以下段有所降低。

当摊铺机行走速度加快时,可有效地降低半波长在 0.1m 以下半波出现的频率,但此方面对实际摊铺效果的影响较低,甚至可忽略不计,但是却大大提高了其影响摊铺的其他半波长段的频率,在 0.5~1m 段增长幅度最高;从纵向倾角来看,则有相反的趋势,其 1m 以上半波长段、0.5~1m 段占比均降低 0.7%,0.1~0.5m 段则升高了 4%,若总体来看,滑模摊铺机摊铺速度提高,其横向颠簸稳定性变差,纵向颠簸稳定性提高。

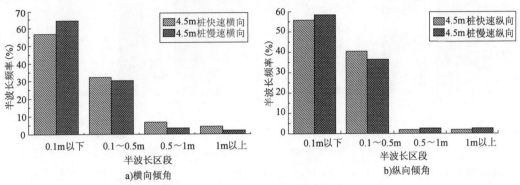

图 7-26　速度不同时倾角半波长频率对比

（3）机型对滑模摊铺机颠簸姿态的影响

由图 7-27 可知,横向倾角中宽幅型摊铺机行走各半波长段频数为:46.8%、49.6%、2.9%、0.7%,超宽幅摊铺机型摊铺机则为:67.0%、28.9%、1.0%、3.1%;纵向倾角宽幅型摊铺机行走各半波长段频数为:53.5%、43.9%、2.5%、0%,超宽幅摊铺机型摊铺机则为:80.0%、16.4%、2.9%、0.7%。

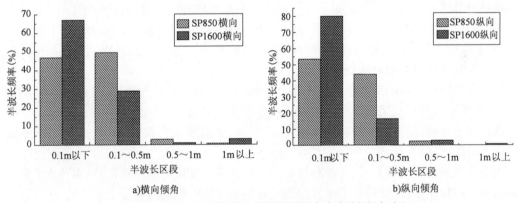

图 7-27　宽幅与超宽幅摊铺机型滑模摊铺机倾角半波长频率对比

超宽幅摊铺机与宽幅相比,其半波长在 0.1m 以下的频率更大,两者相差近 50%,主要原因在于超宽幅摊铺机型摊铺机发动机功率较宽幅大,最大摊铺宽度也为后者的两倍,发动机发动的牵引力 P 也增大。超宽幅摊铺机的机架宽度、自重力 G 同样均较宽幅大,四履带支撑力 F_1、F_2、F_3、F_4 随之增大,起到了抑制颠簸的作用,故其余横、纵倾角曲线半波长范围内频率比则均少于宽幅。

可见,超宽幅摊铺机在正常摊铺施工中的稳定性更强,进行滑模摊铺时采用型号更为先进、摊铺能力更强的超宽幅摊铺机更能摊铺出平整度、舒适度好的路面。

（4）负荷水平对滑模摊铺机颠簸姿态的影响

宽幅型滑模摊铺机在正常摊铺施工时,由于下方有混凝土材料对整体机架进行支撑,与空载行走相比,两者间的负载水平不一致。对滑模摊铺机空载行走以及正常施工状态时的状态进行测量,从其倾角波动曲线中统计其各波长范围内的半波频数,见图7-28。

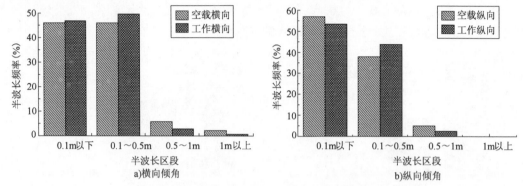

图7-28 宽幅滑模摊铺机空载与工作状态倾角半波长频率对比

横向倾角中空载行走各波长段频数为:46.0%、46.0%、5.8%、2.2%,工作状态下为:46.8%、49.6%、2.9%、0.7%;纵向倾角空载行走各波长段频数为:57.0%、38.0%、5.1%、0%,工作状态下为:53.5%、43.9%、2.5%、0%。

宽幅型滑模摊铺机不论处于何种工作状态时,其横、纵向倾角颠簸0.5~1m、1m以上半波长段的频率均较空载状态下有所降低,新铺混凝土铺面的支反力F_m对滑模摊铺机的行走颠簸起到了抑制作用。有效地减少其大长波段颠簸的产生。而在0.1~0.5m区间段内工作状态下则工作状态略高于空载状态,故当摊铺机处于工作状态时,其小波段颠簸更为显著。

宽幅型滑模摊铺机空载行走以及实际施工状态下的倾角波长分布,得出了以下结论:

①滑模摊铺机行进颠簸波长分析理论认为:当颠簸半波长大于0.1m时,随半波长的增加,路面平整度指标IRI值相对升高。颠簸横向幅值对波长变化更为敏感。提高摊铺机的颠簸稳定性主要应针对其横向颠簸进行改进。

②滑模摊铺机行走的颠簸稳定性本质上是由其受力不同所导致的,其四承柱反力、自身重力、下方混凝土材料对机架的支反力均对其产生影响。

③相较于宽幅,超宽幅摊铺机的摊铺宽度、功率、整机质量均较大,在横、纵两方向上的颠簸稳定性均优于宽幅。

④滑模摊铺机空载行走时,基准线桩距的加密改善了其横向颠簸稳定性;对路面平整度的提高起到了积极作用;摊铺机行进速度的提高有利于改善其纵向颠簸稳定性。

⑤当宽幅型滑模摊铺机负荷水平不同时,工作状态下其大长波段颠簸明显减少,小波段颠簸较为显著。

7.2 高磨光值机制砂混凝土路面

7.2.1 机制砂的耐磨性

1) 岩性对耐磨的影响

机制砂岩性选取石灰岩(MLSO)、花岗岩(MGS)、玄武岩(MBS)、石英岩(MQS)四种。为屏蔽细度模数与石粉含量的影响,调整四种机制砂和河砂的级配基本相同,试验用混凝土水灰比 0.42,砂率 0.35,水泥 360kg/m³,外加剂掺量 0.3%。细度模数在 3.0 左右,石粉含量 7%。试验结果见表 7-7。

机制砂岩性对混凝土强度与耐磨性的影响　　　　表 7-7

编号	粗糙度（s）	压碎值（%）	SiO₂ 含量（%）	坍落度（mm）	28d 强度（MPa） 抗压	28d 强度（MPa） 抗弯拉	磨损量（kg/m²）
MLSO	18.3	17.3	5.05	35	49.7	8.0	1.600
MGS	16.9	13.8	54.23	45	47.7	7.9	1.070
MBS	18.7	11.1	50.53	30	50.8	8.8	0.842
MQS	15.2	7.8	99.22	50	47.4	8.4	1.133

注:粗糙度为 V 型沙漏的流出时间(s)。

表面粗糙度对混凝土行为的影响越来越明显,见图 7-29。集料表面越粗糙,集料之间的啮合越好,浆体与集料之间的黏结力越强,混凝土抗压强度越高,见图 7-30。随集料表面粗糙度大,颗粒流动阻力的增加会降低混凝土的流动性。随细集料粗糙度增大,混凝土抗压强度逐步增加,抗弯拉强度基本呈递增趋势。

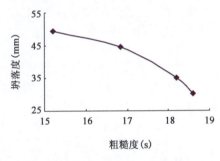

图 7-29　粗糙度与坍落度的关系　　　　图 7-30　粗糙度与抗压强度的关系

机制砂对应母岩压碎值与混凝土抗压强度之间没有明显的相关性,见图 7-31。而对抗弯拉强度有一定影响,见图 7-32。压碎值较小的石英岩和玄武岩配制的混凝土抗弯拉强度值较大,压碎值较大的花岗岩和石灰岩配制的混凝土抗弯拉强度值较小。

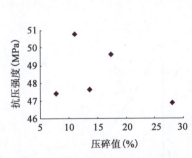
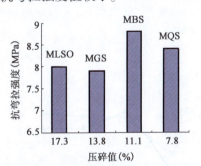

图 7-31　压碎值与抗压强度的关系　　　　图 7-32　压碎值与抗弯拉强度的关系

混凝土耐磨性与细集料粗糙度关系不显著。混凝土的耐磨性随压碎值增大而呈降低趋势,见图 7-33。

在 5 种细集料中,石灰岩机制砂的 SiO₂ 含量最小,但配制的混凝土耐磨性却不是最低的,见图7-34;而SiO_2含量最大的石英岩机制砂,石英岩机制砂虽然压碎值最低,但由于表面粗糙度偏小,集料之间的啮合力偏弱,集料和浆体之间的黏结强度偏低,配制的混凝土耐磨性还是次于花岗岩和玄武岩机制砂混凝土。这说明混凝土的耐磨性的影响,除与硅质砂或者石英砂的含量有关外,还与集料粗糙度、集料压碎值以及本身耐磨性等因素有关,是集料特性的综合结果。

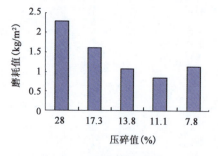

图7-33 压碎值与磨耗值的关系　　　　图7-34 SiO_2含量与磨耗值的关系

2) 机制砂的石粉含量对混凝土耐磨性的影响

水灰比0.42,砂率35%,水泥用量360kg/m³的配合比下,调整机制砂中的石粉含量由4.3%递增至20%,按水泥和石粉总量的0.35%掺入减水剂保证混凝土坍落度在30~50mm之间,研究石粉含量对机制砂路面水泥混凝土强度和耐磨性的影响,试验用混凝土配合比见表7-8。

混凝土配合比(kg/m³)　　表7-8

编号	石粉含量(%)	水泥	机制砂	碎石	水	石粉	减水剂(%)	坍落度(mm)
C1	4.3	360	661.1	1227.7	151.2	0.0	0.35	35
C2	7.0	360	643.2	1227.7	151.2	17.9	0.37	35
C3	10.0	360	623.4	1227.7	151.2	37.7	0.39	40
C4	15.0	360	590.3	1227.7	151.2	70.8	0.42	35
C5	20.0	360	557.3	1227.7	151.2	103.8	0.45	30

随着石粉含量的增大,机制砂混凝土的抗压强度呈先增大、后减小趋势,石粉10%含量时抗压强度达到极大值,见图7-35;抗弯拉强度随石粉含量增大逐步增大,石粉含量大于10%时增量趋小,见图7-36。

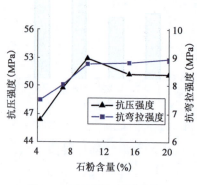
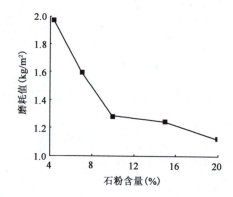

图7-35 石粉含量对强度的影响　　　　图7-36 石粉含量对耐磨性的影响

随着石粉掺量的增加，混凝土磨损量减小，当掺量大于 10% 时，磨损量的减小趋缓。石粉主要由 30~75μm 的颗粒组成，石粉含量在一定范围内可以完善集料的级配，起到润滑和填充作用，改善混凝土的黏聚性和保水性，增加混凝土的密实度，显著改善磨损区域的孔结构，同时石粉微水化效应生成单碳铝酸钙和三碳铝酸钙增加了体系的水化凝胶量，增强了界面的黏结力。孔结构和界面结构的优化直接导致了混凝土强度和耐磨性的改观；当石粉超过一定含量，部分石粉处于游离态，阻隔水泥浆体与集料的界面黏结，对混凝土性能产生不利影响。

3）母岩洛杉矶磨耗对混凝土耐磨性的影响

混凝土的耐磨性基本上是随压碎值增大而呈降低趋势，因为混凝土磨损过程中细集料也参与其中。细集料压碎值越大，颗粒强度越低，则越不耐磨。因此，混凝土耐磨性与其抗弯拉强度的相关性比抗压强度更大，压碎值偏大对混凝土的抗弯拉强度与耐磨性均是不利的。

机制砂在混凝土中不是孤立存在的，与浆体结合的同时还可能存在与其他集料的嵌锁。将三种不同洛杉矶磨耗的片麻岩碎石，在同条件下通过小型颚式破碎机破碎成机制砂（MGGS）。水灰比 0.42，砂率 0.35，水泥 360kg/m³，机制砂石粉含量 7%，保持细度模数一致的配合比，试验见表 7-9。

洛杉矶磨耗对混凝土强度与耐磨性的影响　　　　　　　　　　　　表 7-9

编　号	洛杉矶磨耗值（%）	抗压强度（MPa）	抗弯拉强度（MPa）	磨损量（kg/m²）
MGGS-1	24.6	48.6	8.1	1.521
MGGS-2	38.9	47.8	8.0	1.973
MGGS-3	55.1	48.6	7.9	2.082

母岩洛杉矶磨耗值与混凝土耐磨性关系密切，碎石的洛杉矶磨耗值越小，其破碎而成的机制砂的混凝土的磨损量越小。说明混凝土磨损过程中细集料是直接参与其中，集料耐磨性越好，混凝土耐磨性相应提高。

4）施工抹面方式对混凝土耐磨性的影响

采用木抹子、镁铝抹子以及铁抹子对相同的配合比进行收面，收面后的照片见图 7-37，硬化后摆值见表 7-10。木抹子收面混凝土表面粗糙，局面有坑洞；镁铝抹子收面光洁，粗细适中；铁抹子收面后提浆导致混凝土表面泌水和构造深度丧失，由摆值可知应避免使用铁抹子。

不同抹面工具下的硬化混凝土表面抗滑摆值（BPN）　　　　　　　　　表 7-10

组　　别	状况描述	抗滑摆值
1	木抹子抹面	85
2	镁铝抹子抹面	81
3	铁抹子抹面	52

7.2.2　母岩高磨光值机制砂混凝土配合比

正常情况下禁止使用机制砂用于铺面混凝土，只有母岩的磨光值极高（≥42）的机制砂，并通过专门配合比和收面工艺才有可能用于铺面混凝土。保证抗滑性机制砂混凝土必须降低机制砂的石粉含量。保证多棱角机制砂的混凝土出浆效果。宜掺加高性能混凝土提浆剂，促使表面砂浆中 2.36mm 的抗滑颗粒出露,并使得混凝土黏聚性好,无明显泌水、离析,混凝土在振捣作用下出浆效果明显。

a)木模抹子

b)镁铝合金抹子

c)铁抹子

图 7-37　不同抹面工具得到的表面效果

根据体积法配合比设计的原则,机制砂的密度比河砂大,固定质量下体积砂率降低,混凝土容重增大,因此砂率比普通机制砂(石灰岩)混凝土砂率高 2%～3%,重度也需根据提浆剂效果及混凝土强度的要求控制在 2500kg/m³ 左右,水泥用量可降低至 335～340kg/m³ 推荐的配合比见表 7-11。

母岩高磨光值机制砂混凝土推荐配合比（kg/m³）　　表 7-11

水泥	机制砂	碎石	水	提浆剂
360	798.4	1197.6	144	5.4

母岩高耐磨机制砂混凝土所采用高性能混凝土提浆剂,其主要作用是增加混凝土在路面施工过程中可控的浆体量体积和稠度,改善混凝土黏聚性、包裹性及振捣液化能力,提高单位混凝土在单位振捣时间内的出浆量,提高 2.36mm 细集料的上浮,增加铺面表面细观构造。

当三辊轴机组施工时,应根据混凝土的运输方式设计混凝土的工作性,当采用不同运输工具时应满足表 7-12 的要求。

三辊轴混凝土工作性要求　　表 7-12

运输方式	出机坍落度(mm)	铺筑坍落度(mm)	出机含气量(%)	现场摊铺含气量(%)
混凝土罐车运输	≤120	40～80	≥3.5	≥2.5
自卸车运输	50～80	30～50	≥2.5	≥2.0

7.3 露石混凝土铺面

比利时作为世界上推广应用露石混凝土最早的国家,目前该项技术已经在奥地利、德国、荷兰等欧洲国家广泛应用。

比利时国内高速公路总里程约为1700km,其中40%为水泥混凝土路面。早在20世纪70年代,比利时就开始了露石混凝土路面的研究,并在取得良好的路用效果后进行推广应用。1980年,比利时道路工程师在靠近Bierbeek的E40高速公路项目中采用了露石混凝土技术,这种路面产生的行车噪声较原来路面降低了近4dB(A)。

2003年,为大幅降低路面施工成本,施工使用双层摊铺技术进行。对路面进行降噪性测试,顶层最大集料粒径越小,其噪声等级就越低。

比利时要求4~7mm集料占总体比例不低于60%,强制要求使用纵向刮平器(最好做轨道,让刮平器能刮倒粗集料),最大粒径最好20mm以下,构造深度1~1.5mm。水泥采用42.5级425kg,0~5mm砂为700kg,4~7mm碎石为995kg,水为180kg,引气剂0.6L,减水剂0.6kg,混凝土坍落度25mm。

20世纪90年代中期,荷兰在一些地区开始尝试使用露石水泥混凝土表面,并取得了非常满意的降噪效果。露石混凝土路面的噪声等级,完全可以与透水沥青路面相匹敌的特性。目前,露石混凝土路面在荷兰A1、A73等高速公路的一些路段上得到应用,同时城市公交专用道路也使用了露石混凝土路面。

20世纪90年代,欧洲大量道路的重建、扩宽和改进工程中使露石混凝土路面得以大量运用。1989年,奥地利引进比利时的专利技术,首次在连接维也纳和萨尔兹堡的A1高速公路上使用高质量玄武岩硬质集料,建造了第一条双层摊铺露石混凝土路面。1991年奥地利又在国内其他4个地段修建了露石混凝土路面,这种路面表现出极好的降噪性能。目前奥地利所有新建水泥混凝土路面均采用双层结构铺筑的露石混凝土路面,同时每年有50000~70000m^2的道路采用露石混凝土结构进行改扩建。奥地利采用的集料最大粒径为8mm。

1993年12月,英国在M18公路上的露石混凝土试验段开通,采用露石混凝土路面取代传统水泥混凝土路面拉毛工艺。1995年位于Derbyshire的A50高速公路开通了第二条露石混凝土路面;英国南威尔士A449 Codra-Usk道路大修项目是第三条露石混凝土路面,在对旧水泥路面实施连续配筋混凝土加铺层时,采用了该项技术,预期比传统的刻槽混凝土路面降低噪声3dB(A)。根据露石路面优良的路用使用性能,对60%的主干道中水泥混凝土路面实施"安静表面"处理,对日交通量大于75000辆的道路只允许采用露石混凝土路面。

1993年,德国利用ROBUCO专利技术建造了第一条露石混凝土路面,取得较好的抗滑及降噪使用效果。露石路面降噪效果要比横向及纵向刻槽路面都要好,最高降噪达2dB。

丹麦为提高路面抗滑性能,曾修建了4km长的高速混凝土路面试验路,主要是以刻槽和露石这两种方法进行铺筑。经过多年追踪测试发现,露石混凝土路面的摩擦力优于刻槽混凝土路面,露石混凝土路面摩擦系数损失只有刻槽法的25%~30%。

2000年左右,美国威斯康星州运输部与联邦公路局(FHWA)联合开展研究了路面噪声特性与路面纹理关系,在国内的5个州铺筑将近60多条露石试验路。

1987年日本在九州高速公路金刚山隧道,采用普通的刻槽法进行路面的抗滑处理。而在与其相毗邻的福智山隧道应用了露石混凝土路面,露石路面的抗滑性和耐磨耗性均优于刻槽路面,而且露石路面在隧道内产生的粉尘小。

韩国采用露石混凝土路面最大粒径9mm,坍落度10mm,含气量4%,水灰比0.45,砂率30%,水150kg、水泥333kg、粗集料1281kg和砂542kg。

在露石施工工艺及施工机械方面,国外具有相对完善的配置。专用的施工机械覆膜机械以及清扫机械。施工专用机械的使用,使得铺筑出来的露石水泥混凝土路面性能更稳定,露石效果更均匀,且降低了人工对路面成型过程中的干扰,见图7-38~图7-40。

图7-38 露石剂喷洒机械

图7-39 覆膜机械

图7-40 露石清扫机械

露石混凝土路面进入中国较晚,国内个别水泥路面施工中对露石混凝土路面作了尝试性试验。在黑龙江省哈绥线尚志至亚布力的路段修筑施工中出现这种路面。

2000年开始,国内在铜川进行露石混凝土路面铺筑,并进行100m多的试验路尝试并取得良好的路用效果后,于2001年又铺筑了1.6km这种路面。

随着技术逐步成熟,2004年底到2005年初,国内在西藏铺筑了2.5km长的隧道露石混凝土路面,并在之后的厦门大陡坡路段铺筑了3km长的高抗滑露石混凝土路面。

2007年在内蒙古110国道改扩建工程中,大部分陡坡路段均设计、铺筑为抗滑露石水泥混凝土路面,共8km。

2016年在广东省潮州至惠州高速公路莲花山2号隧道进行露石水泥混凝土路面试铺,共计约2km长的路面。在高速公路上使用滑模进行露石水泥混凝土路面的尝试。

2017年9月在山西省长治至临汾高速公路隧道内部铺筑6km露石水泥混凝土路面。采用双层摊铺工艺,使用三辊轴进行铺筑。

7.3.1 露石剂

露石剂是一种专门针对露石混凝土铺面的施工专用材料,其组成主要是柠檬酸、葡萄糖酸钠、蔗糖和丙三醇和一定量的稳定剂、着色剂的混合物,特点是与新浇筑的混凝土表面时,会渗透到砂浆层去,阻止混凝土表层的水泥砂浆凝固和硬化。

露石剂喷洒工作可采用人工喷洒,见图 7-41a),在露石剂雾化后,均匀喷洒在新铺混凝土表面上,且在混凝土表面上不产生流淌,见图 7-41b)。

a) 人工喷洒

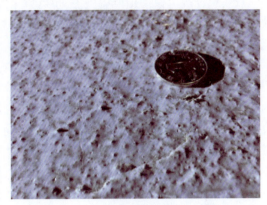
b) 喷洒后的表面

图 7-41 露石剂喷洒

7.3.2 分层摊铺

采用双层湿接是表层露石混凝土及底层低坍落度混凝土通过前后衔接工艺,在混凝土材料初凝前湿接成为一体,见图 7-42。

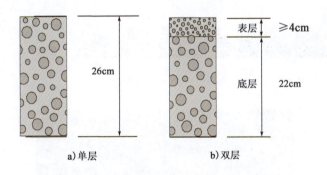

a) 单层 b) 双层

图 7-42 单层混凝土和双层混凝土

双层摊铺工艺主要包括底层低坍落度混凝土施工技术和表层露石匀露匀布技术等关键技术。

区别于单层水泥混凝土摊铺技术,双层摊铺时要求在底层混凝土尚未完成初凝时,尽快摊铺表层露石混凝土,这样在两层混凝土凝固后,层间完美结合,不会出现层间滑移现象。在配合比设计阶段,考虑到二次摊铺,底层混凝土宜采用低坍落度混凝土,表层混凝土坍落度不大于 8cm 的露石混凝土配合比。底层混凝土在满足振捣液化前提下,坍落度越低越好。在底层混凝土松铺和粗平后,经高频振捣后,底层混凝土经排气后,已经具有足够的承载力;这样在摊铺表层混凝土时,才不至于变形和沉陷,最终造成混凝土表面平整度丧失。双层摊铺时要考虑底层混凝土的水化热,并进行成熟度预警、凝结时间预警,尤其在夏天高温季施工时,需要根据混凝土的温度和气温即时摊铺表层混凝土。

双层摊铺既可以采用滑模施工,也可以采用三辊轴施工方法。采用滑模双层摊铺工艺时,核心是表层混凝土的布料问题,既可以用横向布料器进行布料,也可以使用传输带,越过底层滑模摊铺机进行布料。

对于表层混凝土,还有一个难题就是如何振捣液化,表层混凝土厚度基本在 4~6cm,用振捣棒或者"T"振捣棒都可能产生离析或者砂浆带,振动梁来做薄层混凝土的振捣是一个很好的选择,振动梁不但可以振捣液化混凝土,也会起到整平作用,将稍微高处的混凝土刮走。

一般而言,三辊轴相对于滑模施工工艺,是一种落后的工艺。但是对于双层摊铺露石混凝土而言,三辊轴有其不可替代的优势,见图 7-43。三辊轴的三个轴起到整平和调理粗集料的作用。粗集料一般在混凝土中是随机分布的,当砂浆层被清除后,粗集料的棱角可能正好向上,这样汽车轮胎磨耗较大,且噪声大、行车不舒适。如果通过三辊轴的反复调理,表层粗集料的空间位置都经过整形,基本上粗集料都"躺倒了",棱角不再冲上,且粗集料基本上被放在一个统一的平面上。这个过程也可以理解为,类似于沥青混凝土路面的压实过程,经过压路机的碾压,沥青路面平整和均一,见图 7-44。

图 7-43 双层快速振捣液化工艺

图 7-44 露石混凝土表面效果

7.4 金刚砂抗滑表层技术

7.4.1 路用性能

隧道水泥混凝土铺面长期处于潮湿状态,路表易受机油等污染,导致表面抗滑能力衰减速度快,不能满足规范要求值。隧道特别是长大隧道,抗滑衰减很快。彩色抗滑耐磨混凝土功能层通过在未硬化水泥混凝土铺面上表面撒布抗滑耐磨材料,同时引入软拉毛及硬刻槽工艺,提高抗滑构造的耐久性和路表平整度,使得路表在水、油等污染状况下的抗滑衰减得以控制,满足规范要求。通过添加甘红色颜料,提高路表反光能力。彩色抗滑耐磨混凝土功能层包括耐磨材料、着色颜料和功能性辅助材料。

加入抗滑硬化材料的原色混凝土板表面构造深度和摩擦系数,随着抗滑硬化材料添加量的增加而增大,见表7-13。磨料撒布量从1000g/m²到2500g/m²时,构造深度和摩擦系数值显著增加;当磨料撒布量达到2500g/m²以后,构造深度和摩擦系数值变趋于稳定,不再增加。即使磨料撒布量达到3500g/m²,构造深度值为0.58mm。

撒布量和路用性能　　表7-13

类　型	磨料撒布量 （g/m²）	构造深度TD （mm）	规范要求值 （mm）	摩擦系数 BPN_{20}	规范要求值
普通混凝土	0	0.38		49	
原色耐磨材料	1000	0.46		57	
	1500	0.51		63	
原色耐磨	2500	0.57	0.8~1.2	70	≥59
	3500	0.58		70	
彩色耐磨	1000	0.45		56	
	1500	0.53		62	
	2500	0.57		71	
	3500	0.60		72	

注:测试板均为未刻槽的混凝土板块。

对于彩色混凝土板,加入抗滑硬化材料后,其表面构造深度和摩擦系数随着抗滑硬化材料添加量的增加而增大。当磨料撒布量达到2500g/m²以后,构造深度值仍然增加而摩擦系数值变趋于稳定,不再增加,见表7-14。

对于原色混凝土板,添加抗滑硬化材料后,其表面构造深度和摩擦系数随着抗滑硬化材料添加量的增加而增大。磨料撒布量从到1000g/m²到2500g/m²时,构造深度和摩擦系数值显著增加;当磨料撒布量达到2500g/m²以后,构造深度和摩擦系数值变反而稍有降低。

经拉毛处理不同撒布量的路用性能 表7-14

类　型	磨料撒布量（g/m²）	构造深度 TD（mm）	摩擦系数 BPN_{20}
普通混凝土面板	0	0.85	70
原色耐磨抗滑混凝土面板	1000	0.92	78
	1500	0.98	83
	2500	1.05	87
	3500	1.04	86
彩色耐磨抗滑混凝土面板	1000	0.94	80
	1500	0.91	85
	2500	1.10	89
	3500	1.08	90

彩色混凝土板在加入抗滑硬化材料后,表面构造深度和摩擦系数也随着抗滑硬化材料添加量的增加而增大。磨料撒布量从到1500g/m²到2500g/m²时,构造深度和摩擦系数值显著增加;当磨料撒布量达到2500g/m²以后,构造深度值仍然增加而摩擦系数值变趋于稳定。

在试验板上洒水浸湿,模拟隧道路面湿滑状况下,进行抗滑耐磨测试,结果见表7-15。

不同状况的摩擦系数 表7-15

类　型	磨料撒布量（g/m²）	摩擦系数 BPN_{20}		
		基准	饱水72h后	洒机油后
普通混凝土面板	0	70	43	40
原色耐磨抗滑混凝土面板	1000	78	65	55
	1500	83	69	66
	2500	87	77	70
	3500	86	75	68
彩色耐磨抗滑混凝土面板	1000	80	67	60
	1500	85	68	66
	2500	89	75	69
	3500	90	76	70

混凝土面板表面采取拉毛、刻槽等构造处理,但被水和油的污染后,摩擦系数明显降低。有自由水条件时,添加抗滑耐磨材料后的原色混凝土板,摩擦系数能够满足规范要求。路表有油时,磨料撒布量低于1000g/m²时,摩擦系数不能满足规范要求;磨料撒布量从1000g/m²提高到1500g/m²时,摩擦系数增加显著,满足规范要求;而磨料撒布量从1500g/m²提高到2500g/m²时,摩擦系数的增加已经不够明显;磨料撒布量从2500g/m²提高到3500g/m²时,摩

擦系数值甚至有所降低。

同时添加抗滑耐磨材料和颜料后,洒水或洒油后的表面摩擦系数均能够满足规范要求。但洒油后,磨料撒布量为1000g/m²时,摩擦系数为60,非常接近规范要求的59。

添加抗滑耐磨材料和颜料能够保证混凝土表面在水和油污染后的抗滑能力,磨料撒布量为1500g/m²能够达到最优性价比。

7.4.2 关键工艺

混凝土应具有良好的和易性及易密性,严禁出现泌水、离析等病害。混凝土的质量好坏,不仅决定着强度、耐久性等内在指标的高低,而且还影响着路面平整度;三辊轴是浅表层振捣,混凝土的磨耗层通过振捣在面层上形成3~5mm的砂浆层得以体现。保证优质的砂浆层方式有两种:①排振的频率由低频变为高频并延长振捣时间;②掺入混凝土液化剂,改善混凝土流变性能。水泥混凝土配合比见表7-16。

试验用配合比　　表7-16

水泥(kg/m³)	水灰比	砂率(%)	外加剂(%)	液化剂(‰)
420	0.32	36	2.0	1.0

液化剂对混凝土工作性的改善有非常大的效果。坍落度不超过70mm,混凝土表面不泌水、不泌浆,有较好和易性、易插捣,能够显著提高路面平整度。经振捣后,面层混凝土的砂浆层厚度3~5mm,能够保证抗滑耐磨功能层的施工质量。

在控制混凝土振捣出浆和三辊轴整平后,立即用人工撒布方式将含有彩色颜料的金刚砂撒布于新鲜的混凝土表面,静置半个小时以让彩色颜料吸水;待所有颜料洇湿后,用单轴滚杠在砂浆层表面滚动,将金刚砂压入砂浆层。

接着用一个重型钢丝刷放在混凝土表面,然后轻轻推拉金刚砂,往复推拉的目的是用搓揉方式将砂浆和金刚砂混合均匀,并适度控制金刚砂出露比例。待混凝土硬化后,混凝土表面会留下拉毛的纹理,见图7-45~图7-48。

图7-45　撒布彩色金刚砂

图7-46　滚杠压入金刚砂并人工抹面

图 7-47 拉毛

图 7-48 拉毛效果

本章参考文献

[1] 柯国炬. 路面机制砂水泥混凝土耐磨性影响因素研究[D]. 武汉:武汉理工大学,2010.

[2] 胡双达,田波,张志耕. 水泥混凝土路面国际平整度指数测量与计算方法的修正[J]. 公路,2016-09-25.

[3] 胡师杰,田波,何哲,等. 滑模施工过程中路线几何线型对平整度的影响分析[J]. 河北工业大学学报,2018,08.

[4] 胡师杰,权磊,田波,等. 水泥混凝土路面滑模摊铺机行进过程颠簸姿态研究[J]. 公路,2018.

第8章 多孔水泥混凝土铺面

在常规水泥混凝土铺面结构中,常采用封堵防止水渗入路面结构内部,或者选择更耐冲刷的贫混凝土基层或者沥青混凝土功能层来抵抗动水压力的侵蚀。多孔水泥混凝土材料用在路面结构中之后,结构就具有内部排水功能或者降噪功能。根据应用的场景不同,可以分为贫混凝土透水基层和多孔低噪声面层。

贫混凝土透水基层可以及时排走渗入路面结构内部的水,2001年在广西百色水利枢纽工程、2005年在广西南坛石埠得到很好的应用,可以防止混凝土板底脱空,进而大幅度降低断板的发生。

当面层使用多孔混凝土材料之后,不但可以快速排走地面径流,从而大幅度降低雨天水雾现象;同时多孔连通结构可以降低轮胎和路面之间的泵吸,从而达到降噪效果。近年来被作为海绵城市中典型路面结构大为推广。

8.1 贫混凝土透水基层

在多孔贫混凝土材料中,集料的性能对多孔材料的力学性能和渗透性能至关重要。在多孔贫混凝土材料中细集料的含量较少,粗集料间的接触状况多为点接触。在压实过程中易导致集料破碎,从而降低整体的渗透系数和承载力。因此,对集料,特别是集料的压碎值和针片状颗粒含量应提出相应要求。

集料性能的一般要求如表8-1所示。水泥采用普通硅酸盐水泥,强度等级一般为42.5级。

集料路用性能要求　　　　　　　表8-1

项　目	技术要求	项　目	技术要求
集料强度等级	>3级	针、片状颗粒含量(%)	<15
压碎值(%)	<30	含泥量(水洗法)(%)	<1

8.1.1 孔隙率

材料排水能力可以用渗透系数和孔隙率表征。孔隙率是表征多孔隙材料性能的重要指标之一,所以有必要对于孔隙率的概念、大小、影响因素以及测定方法进行细致深入的研究。

目前,材料密度的测定方法有水中重法、表干法、蜡封法以及体积法等。对于多孔贫混凝土材料,其孔隙率多在20%以上。而表干法和水中重法适用于密实、不吸水试件的体积测定。因为蜡很容易进入试件内部,所以蜡封法也不适于多孔材料。因此,体积法是多孔材料目前唯一可以接受的方案。

应用数字图像处理技术研究多孔材料的有效孔隙率。如果假定多孔材料的各断面上孔隙结构完全一致,那么切片取其中一个断面作为研究对象即可。根据断面上孔隙和实体的灰度不同,将断面分为孔隙和实体,进而分析得到孔隙的特征。

图像分割采用把图像中各像素划归到各个物体或区域中,然后再确定边缘像素并把它们连接在一起以构成所需的边界。使图像二值化为只有2种灰度级,当所有灰度值大于或等于该阈值的像素都被判属于孔隙,当所有灰度值小于该阈值的像素都作为背景被排除在集料之外。

8.1.2 试件成型

采用何种方法进行试件成型,首先取决于室内成型方法是否能模拟现场压路机效果,其次要求成型方法对材料级配改变较小,最后要求试件成型方法简单易行。张鹏飞等对多孔水泥碎石材料分别进行静压成型、振动台成型以及现场光轮碾压试验,认为所有成型方法得到的试件在高度方向上孔隙率的分布是不均匀的,静压成型和现场光轮碾压的结果比较一致,并推荐室内采用静压成型。吉青克等采用类似重型击实的方法成型,从下到上依次增加锤击数。

控制压力成型的试件顶-底层孔隙分布比较均匀,见表8-2。控制压力法得到的试件孔隙率(平均28.7%)略小于现场试件的孔隙率(31.3%)。

室内试验方法的描述　　　　　　　表8-2

编号	成型方法	描述	平均孔隙率(%)
1	控制压力	压力为100kN	28.7
2	控制贯入量	贯入量为2cm,压力约为200kN	28.8
3	振动台	振动时间30s	31.9
4	上置式振动	振动时间10s	27.3
5	重型击实	3×98击	22.5
6	插捣法	3层每层25下	31.6

注:控制压力时的试件装填量根据经验做了调整。

控制贯入度的试件得到的孔隙率上下分布极为不均匀,形成试件中间孔隙率小,上片、下片孔隙率偏大。

振动台得到的试件平均孔隙率和现场得到的孔隙率比较接近,同时振动台得到的试件上下孔隙率分布较为均匀,按理是一种比较理想的成型方法,但这种方法得到的试件强度变异性较大,所以不宜采纳。

上置式振动得到的试件,由于振动的作用,在水泥浆较多的时候,可能会引起部分水泥浆下沉的现象。在水泥浆合适的情况下,得到的试件上下孔隙也较为均匀。这种试验方法得到的试件平均孔隙率要小于现场的孔隙率。尽管如此,这种方法在受力模式上更为接近振动压路机的工作模态,同时这种方法得到的试件强度均匀性很好,至于平均孔隙率小于现场的问题,可以通过调整振动激振力、振幅以及时间来完成。

重型击实得到的试件密度完全偏离了现场试件的真实密度,其孔隙率要低9%,同时破坏原有级配,所以不可用。

插捣法得到的试件密度接近现场的试件密度,上下孔隙率也分布均匀,但这种方法得到的试件同样存在强度变异性较大的缺点。

8.1.3 材料级配

为得到多孔结构,可以通过以下两个途径:

(1)控制压实度,即对材料不进行充分压实,使其保持一定量的孔隙。

(2)调整级配。在充分压实的情况下,不同的级配有不同的孔隙率。

调整压实度的方法一般要牺牲材料本身的特性,在经济上是不可取的,因此应主要研究如何调整级配获得透水基层材料。首先研究集料的填充规律,其次研究混合料的渗透性能和力学性能。采用上置式振动方式,振动力幅值为 5kN,频率为 50Hz,激振时间为 30s,振动压实进行 3 次平行试验。

1)单一粒径和体积规律

(1)集料的体积规律

若将颗粒假设为球形,那么单一颗粒装入无限大容器中,按理论计算最密实排列时集料间隙率(VCA)为 26%;当容器直径与粒径比值逐渐变小时,最密实排列时集料间隙率将逐渐增加。根据不同的理论分析表明,当颗粒无破碎压实的情况下,集料间隙率(VCA)在 26% ~ 47.6% 间变化。

对于实际形状不规则的集料,可通过振实和测量获得单级粒径集料间隙率(VCA)。

分别选取 4.75~19mm 之间的单一粒径集料进行成型和测量,数据见表 8-3。

石灰岩的不同单粒径的数据 表 8-3

单粒集料粒径 (mm)	表观密度 (kg/m³)	堆积密度 (kg/m³)	堆积空隙率 (%)	振实密度 (kg/m³)	VCA (%)
19	2720	1430	47.4	1580.0	41.9
16	2720	1390	48.9	1640.0	39.7
13.2	2720	1400	48.5	1670.0	38.6
9.5	2720	1400	48.5	1660.0	39.0
4.75	2720	1380	49.3	1690.0	37.9

(2)试件的体积规律

将单一粒径的集料按集灰比 8∶1 成型试件,待试件硬化后分别测量各试件的全孔隙率,列于表 8-4 中第 3 列。第 6~9 列均为推算的数据。水泥石的体积等于水泥的体积和水化用的水量体积之和,一般水化用水为水泥质量的四分之一。试件密度(列1)减去水泥石的质量(水泥和水泥质量四分之一的水)就等于试件内集料的堆积密度(列 7),于是试件内集料形成的间隙率 VCA(列 6)就可以根据堆积密度和视密度计算得到。最后试件内部集料的 VCA 减去水泥石的体积就等于试件推断孔隙率(列 9)。由列 3 和列 9 可见,这种计算方法可大致推算试件的孔隙率。

先得到集料的振实密度,然后根据水泥用量和水泥质量四分之一的水就可初步推算出硬化后试件的孔隙率。利用这一点可以初步推算试件的孔隙率,验算级配以及水泥用量是否合适,从而减少试验的盲目性。

由集料振实密度推算试件的孔隙率计算表　　　　表 8-4

最大粒径（mm）	实测					推算			
	试件密度（kg/m³）	水泥密度（kg/m³）	试件全孔隙率（%）	集料振实密度（kg/m³）	振实后集料的VCA（%）	试件内集料形成的VCA（%）	试件内集料堆积密度（kg/m³）	水泥石所占的体积（%）	试件孔隙率（%）
	1	2	3	4	5	6	7	8	9
19	1880.0	197.5	29.6	1580.0	41.9	41.3	1633.1	11.3	30.0
16	1903.0	205.0	29.0	1640.0	39.7	40.8	1646.8	11.7	29.1
13.2	1958.0	208.8	26.8	1670.0	38.6	39.0	1697.1	12.0	27.0
9.5	1885.0	207.5	30.0	1660.0	39.0	41.5	1625.6	11.9	29.6
4.75	1840.0	211.3	32.0	1690.0	37.9	43.3	1575.9	12.1	31.2

注：实测密度为混合料的干密度；采用石灰石的试验。

2）多种已知级配的变种及其体积规律

（1）级配

对 SMA 级配、Superpave 级配、泰波公式计算的级配（$n=0.50$）、泰勒公式计算的级配（$n=0.70$），分别截掉其 2.36mm 以下颗粒的用量而获得新级配；同时还采用加州的透水沥青碎石级配、加州的水泥稳定透水基层级配、AASHTO 57 号、AASHTO 67 号、AASHTO 57 号的变种和 AASHTO 67 号的变种。

（2）试件体积规律

选取 10 种级配，采用水灰比为 0.41、集灰比为 8:1 的配合比成型试件，见表 8-5。

试件推测 VMA 和集料振实 VMA　　　　表 8-5

级配编号	实测			推断		比表面积系数
	试件干密度（kg/m³）	集料振实后形成 VCA（%）	试件全孔隙率（%）	试件内部集料的 VCA（%）	100%压实度条件下试件孔隙率（%）	
1	1959	35.72	26.7	39.1	22.9	4.63
2	2134	32.30	20.2	33.6	18.8	4.93
3	1971	35.83	26.2	38.7	23.1	4.27
4	1918	37.70	28.2	40.3	25.3	4.52
5	2088	32.70	21.9	35.0	19.3	5.33
6	2127	33.09	20.4	33.8	19.8	4.83
7	2002	35.79	25.1	37.7	23.0	4.00
8	2102		21.4	34.6		4.22
9	2128	32.68	20.4	33.8	19.3	6.5
10	2030	36.51	24.0	36.8	23.9	7.1

对于多孔材料，由于细集料很少，即使掺入水泥，也不会形成像普通二灰碎石那样的悬浮结构。即细集料不可能撑开粗集料形成的 VCA，不会发生细集料干涉现象，在 100%压实度条

件下集料振实后的 VCA 就等于硬化后试件中集料堆积形成的 VCA。但在试件未被压实的条件下,集料的 VCA 往往要小于硬化后试件中集料堆积形成的 VCA。

在 100% 压实度情况下,松散集料振实后形成的 VCA 就是硬化后试件中集料产生的 VCA;水泥水化的用水量为水泥质量的四分之一,那么水泥石的体积 V_{cement} 为水泥的体积和水化所用水的体积之和;于是试件的全孔隙为松散集料振实后形成的 VCA 减去 V_{cement},即:

$$V = VCA - V_{cement} \tag{8-1}$$

式中:V——试件的全孔隙率(%);

VCA——集料压实后形成的间隙率(%);

V_{cement}——水泥石所占体积比例。

这种预测方法可初步预测试件的全孔隙率。先设计好级配,然后将松散集料振动密实并求得集料的 VCA,接着根据水泥用量推测水泥石的体积 V_{cement},最后就可预估出 100% 压实度条件下试件的全孔隙。

(3)渗透特性、抗压强度和级配之间的关系

设计级配的关键指标是确定渗透系数。能否通过调整级配来达到调整渗透系数,分两种情况讨论。

①100% 压实度时

当水泥用量确定后,渗透系数的大小很大程度上依赖于材料的级配。评价材料级配的指标有集料的 VCA,有效粒径 D_{10}、D_{60},均匀系数和斜率等指标。

D_{10} 是指通过率为 10% 所对应的粒径尺寸,也被称作有效孔径。一般情况下,有效孔径越大,级配越粗,那么渗透系数也越大。但有效孔径还不能有效反映不同级配之间的渗透系数的大小。

D_{60} 是指通过率为 60% 所对应的粒径尺寸。均匀系数为 D_{60}/D_{10},这组级配的均匀系数在 2~6 之间。均匀系数越大,表示相应级配越密实。

一般有效孔径越大同时均匀系数越小,那么级配的渗透系数就越大。也可用 D_{10} 和 D_{60} 之间连线的斜率来综合表示渗透系数的大小,斜率越大渗透系数就越大。这组多孔透水基层的斜率在 3~7 之间。

采用曲线的斜率或均匀系数或斜率和均匀系数的比值可以判断级配的粗细。

②考虑压实度时

设计级配时研究者多将精力集中于级配对孔隙率的影响上,而忽视了压实度对试件孔隙率、渗透系数的影响。其实在相同的击实条件下,试件的压实度不尽一致。显然必须消除不同压实度带来的影响,才能真正评价级配之间差异引起的渗透系数的变化,才能真正判断哪个筛孔是关键筛孔。

对第 1 组和第 2 组级配的试件测定全孔隙率和渗透系数,只有在全孔隙率大于 17.7% 时,试件才能在满足达西定律的常水头下测定渗透系数。也即要求试件的全孔隙率必须大于 17.7%。根据试验的可操作性,试件全孔隙率的极限孔隙率为 17.7%。

对于有效孔隙率,相应的极限有效孔隙率为 14.4%。采用抽真空方法得到有效孔隙率。

8.1.4 配合比设计方法

1) 初始参数

根据已有气象资料、道路设计资料确定透水基层的渗透系数 k 和抗压强度 f_c,并根据排水层厚度选用多孔贫混凝土排水材料的最大公称粒径 D_{max}。

根据孔隙率和渗透系数之间关系就可以反推出材料需要的有效孔隙率。孔隙率和渗透系数之间关系可写为:

$$k = (V_a/20.466)^{4.756} - 0.3894 \tag{8-2}$$

式中:k——渗透系数(cm/s),在水头差30Pa条件下测得;

V_a——试件的有效孔隙率(%)。

2) 成型方法的确定

采用上置式振动器,激振频率50Hz,激振力5kN,振动时间30s,其次可采用振动台成型方法,振动时间30s,同时表面配重5kg。试件每批6个,每个试件单独称重并单独拌和。

3) 级配和集灰比

(1) 级配

根据设计要求贫混凝土透水基层的渗透系数和抗压强度确定后,可通过调整材料水泥用量和级配获得符合要求的材料。试件的渗透系数和抗压强度与试件的孔隙率和水泥用量和级配有关。当级配确定后,集料 VCA 是确定的;当水泥用量确定后,集料形成的 VCA 减去水泥石的体积就是试件的孔隙率。

$$V = VCA - V_{c/A} + (100 - 压实度) \tag{8-3}$$

式中:V——试件的全孔隙率(%);

VCA——集料形成的矿料间隙率(%);

$V_{c/A}$——水泥石所占的体积(%)。

同时水泥用量和集料比表面积有关,那么水泥用量也随级配的确定而初步确定。

运用式(8-3)时是一个动态的过程,首先根据经验确定一个级配并得级配的 VCA,然后根据比表面积计算水泥用量,最后校核试件的孔隙率是否满足要求。如果不满足要求,应调整级配的 VCA,直至达到要求的孔隙率。

所以级配的选择应符合以下原则:

① VCA 合乎要求。

② 渗透系数合乎要求。

③ 级配不离析。

④ 抗压强度高。

合适 VCA 是指:当 VCA 扣除水泥石所占体积后,仍能达到试件孔隙率的要求。VCA 不能过小,否则试件不透水;VCA 也不能过大,否则强度损失过大。确定集料的 VCA 的简单办法是在上置式振动器上振动或在振动台上振动并量测集料的 VCA。

(2) 水泥用量的确定

水泥浆用量可以模仿沥青混凝土计算沥青膜的思路,建立不同水泥用量和级配之间的相关关系。假设每个集料上裹覆的水泥浆膜厚度为一个确定值,见表8-6,那么比表面积总和与水泥膜厚度的乘积就是所用水泥浆的体积,最后水泥浆的体积再乘以水泥浆的密度即为水泥浆的质量。

比表面积计算用系数   表8-6

筛孔(mm)	31.5	26.5	19	16	13.2	9.5	4.75	2.36
相应筛孔的比表面积系数	1.00	1.19	1.70	1.96	2.40	3.34	6.63	13.2

在计算级配的比表面积时,考虑到透水基层的级配中细集料虽然很少,但却对最终的比表面积影响很大。同时0.6mm以下的集料由于缺乏必要的支撑,很难形成骨架,一般会混入水泥浆中,造成集料和浆体离析,导致混合料分层,不计入0.6mm以下集料的比表面积。实践证明仅考虑2.36mm(含2.36mm)以上集料的比表面积,而不考虑0.6mm以下集料的比表面积,最终的计算结果较接近实际情况。

①每立方米压实集料的比表面积

$$A_c = \rho_c A/100 \tag{8-4}$$

式中:ρ_c——振动成型集料的紧装密度(kg/m³);
A——对应级配的比表面积系数(m²/kg);
A_c——压实集料的比表面积(1/m)。

②水泥浆的总体积

$$V_c = A_c F = 1.5 A_c/1000 \tag{8-5}$$

式中:V_c——水泥浆的体积;
F——水泥浆膜的厚度,一般可取1.5mm。

③水泥浆的质量

$$M_c = V_c \rho_c \tag{8-6}$$

式中:M_c——每立方米混凝土含多少水泥浆(kg/m³);
ρ_c——水泥浆的密度(kg/m³);

$$\rho_c = \frac{1 + w/c}{1/3100 + \frac{w/c}{1000}}$$

w/c——水化需要的水灰比,取0.25。

④水泥用量

$$m_{\text{cement}} = M_c/(1 + w/c) \tag{8-7}$$

式中:m_{cement}——水泥用量(kg/m³)。

在相同集灰比条件下,在一定范围内存在最佳水灰比使强度达到最大,但一般强度峰值并不明显。所以寻找最佳水灰比的重点不是追求最大强度,而是追求良好的施工和易性和良好的裹覆性。

目前使集料表面带有金属光泽的水灰比是一个比较理想的水灰比。根据经验常用的水灰比一般为0.39~0.41之间。

8.2 贫混凝土透水基层材料的路用性能

8.2.1 溶蚀试验

当水分进入基层后,在重车的作用下基层材料会因动水压力的作用而产生溶蚀和冲刷破坏。无论是水泥稳定基层、二灰稳定基层还是石灰稳定基层,在路面使用一定时间后,从沥青路面的裂缝或者水泥混凝土铺面接缝处唧出白浆,经检验白浆中 $Ca(OH)_2$ 含量较高。这说明在动水流的作用下,基层材料中的 $Ca(OH)_2$ 产生流失。动水作用下基层材料中的 $Ca(OH)_2$ 逐步被溶出,液相石灰浓度降低,开始由 $Ca(OH)_2$ 溶解加以补偿;在一定的 $Ca(OH)_2$ 溶液中,稳定的水化产物开始分解,主要是水化硅酸盐和水化铝酸盐的分解,导致强度降低,最后变成无胶结能力的 $SiO_2 \cdot nH_2O$ 和 $Al(OH)_3$。

根据溶蚀机理,特设计溶蚀试验。溶蚀试验是在冲刷试验的基础上,将试验中每个时段冲刷下的细泥浆沉淀 12h 后,取溶液进行 Ca^{2+} 含量的测定,与冲刷前的 Ca^{2+} 含量进行比较,试验方法参照水质分析中 Ca^{2+} 含量的 EDTA 滴定方法。

对二灰碎石、水泥稳定碎石、塑性贫混凝土和多孔贫混凝土进行溶蚀试验。多孔贫混凝土是一种非均质的、多孔的材料,在理论上特殊的结构决定了水或其他侵蚀性介质输送过程加快,由此导致的有关物理、化学侵蚀作用便增强。但试验结果显示,在较短的时间内多孔混凝土的 Ca^{2+} 冲刷溶蚀和塑性贫混凝土相差不多。分析 Ca^{2+} 溶蚀的机理,当水泥硬化后,生成游离的 $Ca(OH)_2$ 微溶于水,但空气中的 CO_2 和 $Ca(OH)_2$ 作用生成一层 $CaCO_3$ 硬壳,可防止 $Ca(OH)_2$ 的继续溶解。对多孔混凝土耐久性而言,其材料本身的性能比结构孔隙率在抵抗物理、化学侵蚀方面起到了更加关键的作用。

溶蚀作用迅速降低二灰碎石基层材料的强度,试验中强度降低 30%,并导致试件快速解体;水泥稳定碎石溶蚀后强度波动较大,当溶蚀达到一定程度后,试件迅速解体破坏。多孔贫混凝土溶蚀后强度几乎没有降低,试验结果见表 8-7。对表 8-8 的溶蚀量试验结果进行回归分析,得到式(8-8)、式(8-9)和式(8-10)。

多孔贫混凝土的溶蚀试验　　　表 8-7

多孔贫混凝土 配合比		混合料密度	2000(kg/m³)	实测孔隙率	20%
		水泥:集料:水:三乙醇胺 213:1704:81:0.213		7d 抗压强度	5.0MPa
				质量损失率(%)	冲刷后抗压/劈裂强度(MPa)
时间(min)	冲刷量(g)	Ca^{2+} 溶蚀量(mg/L)	试件质量(g)		
饱水 48h	0	10	5300	0	7.9/1.51
10	24	13.5	5257	0.46	7.9/1.32
20	19	13.0	5242	0.36	6.2/1.38
30	23	14.0	5240	0.44	7.9/1.24
40	27	14.0	5297	0.51	7.1/1.25
50	49	22.0	5326	0.92	7.4/1.26
60	57	44.0	5276	1.08	7.9/1.21

不同材料溶蚀过程中的衰减规律　　　　　表 8-8

材料类型	时间(min)	溶蚀量(mg/L)	强度(MPa)
二灰碎石	0	42.5	1.1
	1	87	0.77
	2	108	0.77
	3	109.3	0.74
	5	116	0.72
	10	120	破坏
水泥稳定碎石	0	44.5	
	10	108	7.5
	20	104	9.3
	30	108	7.8
	40	112	9.1
	50	152	9.3
	60	200	破坏

二灰碎石：
$$C = 58.63 + 24.21\sqrt{t}\, r = 0.897 \tag{8-8}$$

水泥稳定碎石：
$$C = 40.27 + 15.96\sqrt{t}\, r = 0.887 \tag{8-9}$$

多孔贫混凝土：
$$C = 45.56 + 10.67\sqrt{t}\, r = 0.95 \tag{8-10}$$

二灰碎石的溶蚀速度为 $K = 12.1\,\mathrm{mg/(L \cdot min)}$，水泥稳定碎石的溶蚀速度为 $K = 8\,\mathrm{mg/(L \cdot min)}$，多孔贫混凝土的溶蚀速度为 $K = 5.3\,\mathrm{mg/(L \cdot min)}$，可见多孔贫混凝土有较好的抗溶蚀性能。

8.2.2　冲刷

对基层材料抗冲刷性能的研究，许多国家早已提出多种室内试验方法，如法国道路部门利用旋转刷和振动台做了大量的冲刷试验；澳大利亚利用 CBR 筒制备试件，然后用振动台来测定材料的冲刷性能。由于我国水电部门的《混凝土抗含砂水流冲刷试验》较好地模拟了路面基层受冲刷的情况，因此可根据该法进行混凝土及基层材料的冲刷试验。

可得出以下结论：

(1) 冲刷随水泥剂量的增加而减少。

(2) 多孔混凝土的抗冲刷能力最好，强度为 9MPa 的多孔混凝土，其磨损率与强度为 62MPa 的面层混凝土的磨损率几乎相当，其原因在于多孔材料贯通的孔隙起到消能作用。

(3) 二灰碎石的磨损率是密实贫混凝土磨损率的 2~3 倍，是多孔贫混凝土磨损率的 17~54 倍。

8.2.3 多孔贫混凝土材料抗压与抗弯拉强度

建立断块抗压强度(150mm×150mm×150mm 的立方体)、抗弯拉强度(550mm×150mm×150mm 的抗弯拉试件)以及水泥用量之间的回归公式,水泥用量分别为 220kg/m³、200kg/m³、180kg/m³,见式(8-11)。

$$f_r = -22.379 \times e^{\left(\frac{f_c}{W_{cement}}\right)} + 3.54 \times 10^{-4} f_c^{2.995} + 25.82 \quad (8-11)$$

$$\bar{S} = 0.18\text{MPa} \quad R = 75.4\% \quad n = 60$$

式中:f_r——多孔水泥混凝土试件的抗弯拉强度(MPa);

f_c——多孔水泥混凝土试件抗弯拉断块的抗压强度(MPa);

W_{cement}——水泥用量(kg)。

60 组数据中,水泥用量 180kg/m³ 时有 27 组数据,水泥用量 200kg/m³ 时有 28 组数据,水泥用量 220kg/m³ 时有 5 组数据。

一般试件的抗压强度和抗弯拉强度比的范围在 4.57~5.0 之间,小于路用普通水泥混凝土试件抗压强度和试件的抗弯拉强度之比(7.0~10),可见多孔贫混凝土试件具有更大的压折比,显示出很好的抗弯拉性能。

8.2.4 抗压强度

在水泥稳定类材料中,决定其强度的主要因素有水泥剂量、水灰比以及集料级配。其中水泥作为结合料为混合料提供胶结力,水灰比为水泥保证水化用水和施工和易性,集料之间的嵌挤力提供承载强度的骨架结构;在水灰比确定的情况下,水泥剂量的多少决定材料的强度。因此将水泥剂量、水泥强度、集料级配以及试件孔隙率作为控制变量进行材料强度的回归分析。

(1)水灰比的影响

多孔贫混凝土材料优先考虑的是孔隙率和渗透系数。随着水灰比的增大,水泥浆的量也随之增加,从而导致过多的水泥浆下沉,使试件底部孔隙率降低,渗透系数也随之下降。

将 72 个试件的抗压强度、集灰比以及水灰比进行回归,剔除异常数据,有效数据为 64 个,回归公式如式(8-12)所示。

$$f_c = 0.554 \times V_v^{-1.634} + 82.257 \times (C/A) - 22.609 \times (w/c) \quad (8-12)$$

$$S = 0.98\text{MPa} \quad R = 61\% \quad n = 64$$

式中:f_c——圆柱体 28d 抗压强度(MPa),试件尺寸为 $\phi 150 \times 150$mm;

V_v——试件的有效孔隙率;

C/A——灰集比;

w/c——水灰比。

(2)多种级配下 180d 抗压强度的预估

为便于应用,下面采用逐步多元线性回归的方法,对近 80 种级配的水灰比、水泥品种、集灰比和强度之间的关系进行回归,判断和强度最为密切相关的变量,最后再采用非线性回归的方法建立多元非线性回归方程。

以 D_{max}、$P_{26.5}$、P_{19}、P_{16}、$P_{13.2}$、$P_{9.5}$、$P_{4.75}$、$P_{2.36}$、$P_{1.18}$、$P_{0.6}$、$P_{0.3}$、$P_{0.15}$、V_v、A/C、w/c 以及水泥强度等级为自变量，以 f_c 为因变量。

数据涉及两大组试件，第一组为153个试件，50种级配，采用42.5级水泥、集灰比为8:1，水灰比为0.41；第二组为118个试件，39种级配，采用32.5级水泥、集灰比为10:1，水灰比为0.38。试验为180d圆柱体（$\phi150 \times 150mm$）抗压强度。逐步多元线性回归的 F 检验见表8-9。

逐步多元线性回归的 F 检验　　　　表8-9

类别	D_{max}	$P_{26.5}$	P_{19}	P_{16}	$P_{13.2}$	$P_{9.5}$	$P_{4.75}$	$P_{2.36}$
F	0	1.01	0	2.98	1.24	0	2.3	1.23
类别	$P_{1.18}$	$P_{0.6}$	$P_{0.3}$	$P_{0.15}$	V_v	A/C	w/c	Cement
F	2.70	2.71	2.38	2.49	176	333	333	333

由表8-9可见，V_v、A/C、w/c 以及水泥强度和 f_c 的相关性最好。最后再进行多元非线性回归，见式(8-13)。

$$f_c = -168.738 \times V_v^{3.123} - 93.424(w/c) + 1.041 C_{cement} + 131.25(A/C) \tag{8-13}$$

$$R = 85.7\% \quad S = 3.74 MPa$$

式中：f_c——圆柱体180d抗压强度（MPa），试件尺寸为 $\phi150 \times 150mm$；

V_v——试件的有效孔隙率；

A/C——集灰比；

w/c——水灰比；

C_{cement}——水泥强度。

(3) 不同龄期下多孔混凝土抗压强度的关系

在标准养护条件下，多孔混凝土抗压强度的发展规律与普通混凝土相近似，一般其7d强度已达28d强度的75%，90d强度较28d强度无太多增长。多孔混凝土抗压强度与龄期的关系试验结果见表8-10。

多孔混凝土抗压强度与龄期的关系　　　　表8-10

编号	水泥:集料	水灰比	水泥用量（kg/m³）	抗压强度(MPa)/强度增长率(%)		
				7d	28d	90d
1	1:8	0.40	203	7.1/71	10.0/100	10.2/102
2	1:9	0.45	181	6.4/75.3	8.5/100	8.9/105
3	1:10	0.50	163	4.9/73.1	6.7/100	6.7/100

对不同龄期多孔贫混凝土材料的强度增长规律，分别进行3种集灰比（8:1、7:1、6:1）时不同粉煤灰掺量下试件7d、28d、90d 的圆柱体抗压强度试验，结果见表8-11。由于外掺早强剂，所以其7d和28d抗压强度之间的关系不符合0.7倍的关系，而是平均为0.8倍。90d强度约为28d强度的1.1倍。

不同龄期多孔贫混凝土抗压强度的关系 表8-11

灰:集料	粉煤灰掺量(%)	水灰比	密度(kg/m³)	强度(MPa) 7d	28d	90d
1:8	0	0.38	1890	3.8	6.4	6.5
1:8	15	0.38	1920	4.5	5.2	
1:8	20	0.38	1900	5.0	7.3	8.0
1:8	25	0.38	1906	5.0	6.4	7.7
1:8	30	0.38	1900	5.1	6.5	
1:7	0	0.40	2028	8.3	8.6	9.8
1:7	20	0.40	2034	7.2	7.8	9.9
1:7	25	0.40	2083	6.0	8.1	9.4
1:7	30	0.40	2100	6.6	9.1	9.4
1:6	0	0.40	2171	8.6	8.9	11.3
1:6	20	0.40	2170	8.4	9.6	10.8
1:6	25	0.40	2147	7.0	10.8	11.1
1:6	30	0.40	2147	6.9	11.7	11.7

注:均使用三乙醇胺,每组平行试件为3个。

8.2.5 孔隙率和渗透系数

(1)实测有效孔隙率和渗透系数之间的预估关系

渗透系数为完全满足达西定律条件下的渗透系数,水头差为30Pa。回归出有效孔隙率和渗透系数之间的关系,有效孔隙率为采用抽真空测试方法测得,包含5组数据。

①40种级配,集灰比为8:1,水灰比为0.41,集料类型为辉绿岩,水泥用量约为220kg/m³。室内上置式振动器成型91个试件。

②39种级配,集灰比为10:1,水灰比为0.41,集料类型为辉绿岩,水泥用量为180kg/m³。室内上置式振动器成型116个试件。

③集料类型为石灰岩,集灰比为10:1,水灰比为0.41,水泥用量为180kg/m³。室内上置式振动器成型、插捣法成型、振动台成型以及静压成型,获得30个钻芯芯样。

④集料类型为石灰岩,集灰比为10:1,水灰比为0.41,水泥用量为180kg/m³。室外振动压路机成型,获得14个垂直钻芯芯样。

⑤集灰比为8:1和10:1,水灰比为0.41,集料类型为辉绿岩。室内试验板的垂直芯样27个,成型方法为上置式振动器。

最后回归得到的方程见式(8-14)。

$$k = (V_a/20.466)^{4.756} - 0.3894 \quad (8\text{-}14)$$

$$S = 1.10 \quad R = 0.90 \quad n = 278。$$

式中:k——渗透系数,在水头差30Pa条件下测得;

V_a——试件的有效孔隙率。

(2) 图像识别方法测试结果

将40组试件进行全孔隙率的测定和渗透系数的测定,然后对试件进行上端面、下底面拍照,图片数据经背景分割、灰度处理、二值化分割、边缘识别以及相关数据的整理,结果见表8-12。

2.36mm 单一粒径试件的孔隙率和渗透系数　　　　　　　　　　　表8-12

试件编号		1	2	3	4	5	6
图像识别	顶端孔隙率(%)	20.4	21.3	19.1	17.2	21.8	15.7
	底端孔隙率(%)	17.8	19.2	15.9	13.3	15.5	12.5
	平均孔隙率(%)	19.1	20.2	17.5	15.2	18.6	14.1
实测孔隙率(%)		30.5	30.0	29.7	30.7	31.0	30.3
渗透系数(cm/s)		5.42	5.54	4.59			

表中列出上端面孔隙占总体面积的比例——孔隙率,下底面孔隙占底面总体面积的比例——孔隙率,并认为所形成圆台体就是试件孔隙总体积,并进而得到试件的总体孔隙率(体积孔隙率)。同时表中还列出实测孔隙率和渗透系数。

试件顶端孔隙率和底端孔隙率不一致,上端面的孔隙率一般要比下底面的孔隙率大,也证明在成型过程中有部分水泥浆下沉到底部,导致底部密度变大。

试件实测孔隙率一般都很接近,但试件的渗透系数却差异很大,究其原因可能是实测孔隙率为试件宏观的表征,而水的渗透实质上受所有横端面中(假设水的流动方向是垂直于横断面方向)最小过水端面面积的控制,形象的说法是:"像一个漏斗,出水量的大小取决于最小断面的面积",试件渗透系数的大小受最小过水端面面积的控制。

图像识别得到的孔隙率要小于实测孔隙率。原因在于实测孔隙率时,不能扣除试件表面凹凸不平带来的孔隙,而图像识别的孔隙率一般只是端面上的孔隙率,不含边缘凹凸不平带来的部分,所以实测孔隙率要大。

对于混合料,往往孔隙率相差无几,但渗透系数却相差甚远,即单位孔隙的透水能力有高低之分。混合料渗透能力的变化大致分为3个阶段,第一个阶段为平缓阶段,第二阶段为起步阶段,第三个阶段为快速增长期。这3个阶段的差别因试件内部贯通孔隙的差异引起。第一阶段试件内部贯通孔隙较少,所以渗透系数较低;第二阶段,试件内部贯通孔隙逐步增加,渗透系数也随之增加;第三阶段,更多的孔隙贯通,所以渗透系数进一步增大。

由于不同级配的材料其端面灰度可以数字化,那么就可以得到各端面孔隙的大小和分布。各级配之间形成的孔隙千差万别,举例说明:2.36mm 单一粒径和13.2mm 单一粒径的端面孔隙结构明显不同,2.36mm 的孔隙粒径主要分布在50~1050个像素点之间,而13.2mm级配的主要孔隙分布在8050个像素点以上。

(3) 全孔隙率和有效孔隙率的关系

回归出有效孔隙率和全孔隙率之间的关系($n=181$)。有效孔隙率和全孔隙率之间为线性关系,其方程为:

$$V_{全} = 0.721 V_{有效} + 7.51$$
$$R^2 = 95.7\%$$

(8-15)

8.2.6 抗弯拉回弹模量

不同集灰比试件的 90d 抗弯拉回弹模量见表 8-13。

不同集灰比试件的 **90d** 抗弯拉回弹模量（MPa）　　　　表 8-13

编　号	集灰比 10:1		集灰比 8:1	
	抗弯拉回弹模量	抗弯拉强度	抗弯拉回弹模量	抗弯拉强度
1	9583	2.6	10952	2.8
2	8792	2.1	13218	3.3
3	10417	2.8	11275	3.2
4	9680	2.3	9350	3.3
5	11341	2.6	12778	3.6
6	9350	2.4	10088	3.4
7	10360	2.5		
8	12055	2.6		
9	9880	2.7		
10	8873	2.2		
11		2.4		
平均值	10033	2.4	11276	3.3
均方差	1041	0.2	1500	0.3

注：水灰比为 0.41。抗弯拉回弹模量在 50% 的破坏荷载下测得。

由表 8-13 可见,多孔贫混凝土的抗弯拉回弹模量约为 11000MPa。

8.2.7 干缩试验

干缩试验结果见表 8-14。干缩系数是表征基层材料抗裂性的指标,表 8-14 中数据表明,多孔贫混凝土的干缩系数仅为普通水泥混凝土的 67%,具有较好的抗裂性能。其主要原因在于,多孔贫混凝土材料为骨架嵌挤结构,所以受水泥石的化学干缩影响很小。

干　缩　试　验　结　果　　　　表 8-14

材　料	水泥 (kg/m³)	干缩率（$\times 10^{-4}$）					
		3d	7d	14d	28d	60d	90d
湿贫混凝土	144	0.41	0.75	1.66	1.90	1.98	2.01
多孔贫混凝土	180	0.50	1.25	1.75	2.50	2.75	2.64
普通混凝土	300	0.42	0.80	1.69	2.50	3.50	3.90

多孔贫混凝土材料不但干缩小,而且绝大部分收缩在早期完成,试验结果见表 8-15。从表 8-15 可知,多孔贫混凝土的收缩量在 14d 左右已完成 50%,28d 之内完成大部分收缩量,90d 后收缩量基本稳定。当混合料用部分粉煤灰替代水泥时,还可再降低多孔混凝土的干缩率。从干缩试验结果还可知,早期养护对多孔贫混凝土至关重要,因此应在早期保水养护,减少开裂的概率。

多孔混凝土收缩试验结果 表 8-15

材　料	强度 (MPa)	水泥用量 (kg/m³)	收缩值（×10⁻⁴）				
			3d	7d	14d	28d	60d
多孔贫混凝土Ⅰ	6.6	160	0.25	1.00	1.50	1.75	2.24
多孔贫混凝土Ⅱ	8.3	180	0.50	1.25	1.75	2.50	2.75
多孔+粉煤灰混凝土	8.0	153	0.25	0.50	0.75	1.25	2.00

8.2.8 飞散试验

多孔贫混凝土和其他半刚性基层材料抵抗冲击力的大小采用飞散试验评价。试验按照规范《公路工程沥青及沥青混合料试验规程》(JTJ 052)中有关沥青混合料肯塔堡飞散试验的操作规程，由试件在洛杉矶试验机中旋转撞击规定的次数得出不同材料的质量损失，以评价不同基层材料在不同荷载作用下表面集料脱落散失的程度。试验结果见表8-16。

不同龄期的多孔贫混凝土飞散损失试验结果 表 8-16

实测孔隙率(%)	不同龄期(d)	飞散前强度(MPa)	飞散损失(%)
22.6	7	4.5	53.5
22.7	14	5.5	44.1
21.2	28	7.0	34.1

选用42.5级水泥，集料为石灰岩，由表8-16可见，随着龄期的增加，多孔贫混凝土材料的飞散损失逐渐减小，在28d的损失约为34.1%。

其他半刚性基层材料和多孔贫混凝土材料的28d飞散试验结果见表8-17。由表可知，贫混凝土材料的飞散最小，其次是多孔混凝土、塑性贫混凝土、水泥稳定碎石最差，其试件几乎全部松散。

不同材料的飞散试验结果对比 表 8-17

基层材料	配合比 水泥:粉煤灰:砂:石:水:外加剂	密度 (kg/m³)	强度(MPa)		飞散损失 (%)
			7d	28d	
塑性贫混凝土	161:69:659:1338:172.5:1.15	2375	7.9	12.7	55.2
	140:60:659:1338:150:1	2390	6.2	10.2	60.6
干贫混凝土	161:69:677:1400:115:1.15	2450	9.0	16.9	19.2
	140:60:677:1400:100:1	2350	7.0	13.0	19.5
多孔贫混凝土	213:0:1704:81:0.213	2000	5.0	7.9	37.9
	160:53:1704:81:0.213	2010	4.2	7.4	36.9

注：多孔贫混凝土实测孔隙率一般约为20%。

8.3 多孔水泥混凝土面层

工程实际中通常采用吸声系数来描述吸声材料和吸声结构的吸声能力，以 α 表示。试验室中常采用驻波管法测定垂直入射吸声系数，该方法比较简单经济，因此在产品的研制和对比试验中经常使用。

多孔材料在消声降噪方面表现出卓越的能力,应用多孔水泥混凝土面层可以有效降低"车轮/路面"噪声的产生和吸收部分噪声。由于多孔路面厚度很薄,远小于声波波长,所以不需要考虑空气的黏滞性和热传导性。同时由于空气的声阻抗很小,多孔材料不会随声音振动,所以多孔路面材料被当作硬骨骼。对于多孔材料可以使用驻波管进行吸声系数的测量。

8.3.1 孔隙连通结构形式和特征

多孔混凝土配合比见表8-18,孔隙率测试结果见表8-19。

多孔混凝土配合比(比表面积)　　　　表8-18

编号	水泥	水	13.2	9.5	4.75	2.36	1.18	目标孔隙率(%)
1	2084	783			10000	1875	940	25
2	2630	925			9600	1800	900	21
3	3000	1016			9200	1725	860	17
4	1734	624		2580	6020	1960	1230	25
5	2050	701		2580	6020	1960	1230	21
6	2288	1106		2460	5720	1870	1170	17
7	1673	627	690	3310	4975	1150	1035	25
8	2071	725	675	3210	4820	1115	1010	21
9	2336	785	645	3080	4630	1070	965	17
10	2240	671			9280			25
11	2515	698			8660			21
12	2753	759			8540			17

孔隙率测试(%)　　　　表8-19

编号	1-1	1-2	1-3	2-1	2-2	2-3	3-1	3-2	3-3
孔隙率	24.8	24.7	26.6	15.1	15.9	16.7	14.1	14.2	14.5
平均孔隙率		25.4			15.9			14.2	
编号	4-1	4-2	4-3	5-1	5-2	5-3	6-1	6-2	6-3
孔隙率	22.6	24.0	23.1	20.5	17.3	19.8	17.6	16.8	19.1
平均孔隙率		23.3			19.2			17.8	
编号	7-1	7-2	7-3	8-1	8-2	8-3	9-1	9-2	9-3
孔隙率	19.9	23.9	21.5	24.3	22.2	18.8	17.4	14.3	18.1
平均孔隙率		21.7			21.8			16.6	
编号	10-1	10-2	10-3	11-1	11-2	11-3	12-1	12-2	12-3
孔隙率	18.7	18.0	18.7	19.6	21.1	17.6	22.5	23.5	24.4
平均孔隙率		18.5			19.5			23.5	

在多孔路用材料中常使用贯通孔隙率或称有效孔隙率的概念。孔隙是供液体或空气流动的净通道(贯通的细管)。

8.3.2 不同孔隙率下多孔材料的结构和声学特征

1) 相同最大粒径不同孔隙率

分别以不同粒径作为最大粒径,然后调整级配形成不同的孔隙率,最后对试件进行吸声系数和声阻抗测定。

图 8-1 是最大粒径为 4.75mm 时对应的吸声系数。从图中可见,在频域范围内吸声系数呈单峰,最大吸声系数主要集中在 500Hz,而且孔隙率越大吸声效果越好。同时 24.8% 的试件由于孔隙率较大,所以在整个频段内均具有较高吸声效果,大致不低于 0.3;而其他两个试件在 1000Hz 之后,吸声系数均小于 0.2。

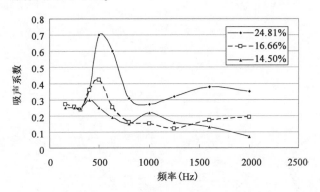

图 8-1 相同最大粒径不同孔隙率的吸声系数

随着最大粒径变化到 9.5mm,吸声系数仍呈单峰趋势。各孔隙率试件的规律仍旧表现为孔隙率越大,吸声效果越好。此时最大吸声系数发生区间稍微提高到 600Hz 左右。

当最大粒径提高到 13.2mm,材料的整体吸声系数明显没有 9.5mm 或者 4.75mm 好。最大吸声范围在 500Hz。孔隙率在 17.4% 时,出现反常情况,吸声峰值出现在 1000Hz,这还要进一步推求原因。

对于单一粒径的试件来说,其吸声系数的规律不同于带级配的试件。吸声系数曲线没有明显的峰值,而且在 500Hz 之后,各频段大致的吸声系数大小保持一致。单一粒径为 4.75mm 的试件,其吸声系数在接近孔隙率条件下,仍然要小于最大粒径为 4.75mm 带级配的试件。这也可能是带级配的试件内部的孔隙分布更为合理,有利于吸收声音。

2) 相同孔隙率

由于不同级配导致材料空间结构不一致,从而导致材料孔隙率大小相近,但有效孔隙率分布不一致,在相近的孔隙率条件下带级配的试件(最大粒径分别为 4.75mm、9.5mm、13.2mm)吸声峰值主要集中在 500Hz,最大粒径 4.75mm、9.5mm 的规律和幅值大致相同,而 13.2mm 试件的幅值要低。同时在频率 1000~2000Hz 之间,4.75mm 单一粒径的试件吸声系数效果最大,见图 8-2。

8.3.3 不同厚度多孔材料的结构和声学特征

路面材料的吸声特征和吸声波长有关,且在不同厚度时有频移现象,如图 8-3 所示。

随着厚度增加,试件吸声效果出现频移现象,当厚度由 2cm 增加到 5cm,峰值由 1300Hz 移到550Hz,见图8-3a)。随着厚度的继续增加,峰值继续向低频移动,同时随着厚度增加,高频部分的吸声系数逐渐提高,在厚度9cm时达到峰值,见图8-3b)。当厚度再增加时,吸声峰值进一步向低频移动,同时在高频部分的吸声效果逐渐减弱,在厚度11cm降到最低。

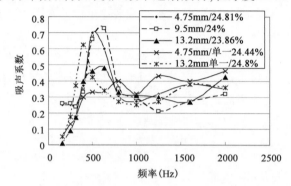

图8-2 不同最大粒径相同孔隙率的吸声系数

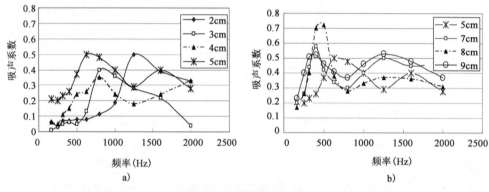

图8-3 不同厚度吸声系数

8.3.4 潮湿状态下多孔材料的声学特征

在雨天孔隙中含有水分,由于此时有水的影响,一方面降低有效孔隙率,另一方面水可能会产生振动而消耗或增加噪声,潮湿状态下多孔材料的能量耗散和声学特征见图8-4。

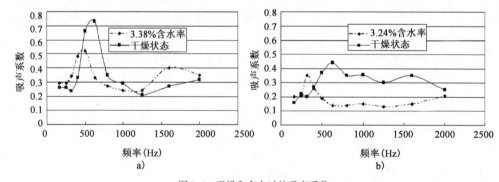

图8-4 干燥和含水时的吸声系数

当试件由干燥变为潮湿,即使含水率仅增加3%,相应吸声系数也急剧下降,这可能是部分水分堵塞有效孔径,从而降低试件的吸声系数。

8.3.5 多孔材料不同厚度组合的声学特征

多层组合多孔结构的声学特征如图 8-5 所示,顶层是孔隙率较低的材料 A,底层为孔隙率较高的材料 B,两层组成复合结构。

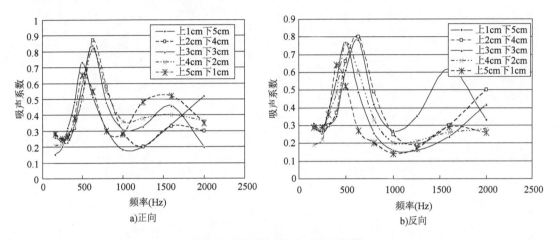

图 8-5 顶层和底层组合时的吸声系数

成型总厚度 6cm 的试件,厚度组合采用 A 上 1cm + B 下 5cm、A 上 2cm + B 下 4cm、A 上 3cm + B 下 3cm、A 上 4cm + B 下 2cm 以及 A 上 5cm + B 下 1cm 五种"顶层孔隙小,底层孔隙大"组合,采用驻波管测定其吸声系数。第一种组合(A 上 1cm + B 下 5cm)出现双峰现象,不但在 600Hz 时吸声系数出现峰值,而且在 1600Hz 时再次出现峰值。说明双层复合结构具有良好的吸声效果,见图 8-5a)。

为对比"顶层孔隙大,底层孔隙小"所对应复合试件的吸声系数,将试件调转方向,便于和原来试件进行比较,调转方向的试件命名仍旧保持原名。翻转试件的吸声系数曲线仍旧呈双峰状,在 1600Hz 左右吸声效果最大的为试件 A 上 1cm + B 下 5cm。(由于试件的翻转,实际上组合为 B 上 5cm + A 下 1cm),见图 8-5b)。

8.3.6 多孔水泥混凝土的材料设计

对铺面磨耗层而言,各方面的要求很高。磨耗层首先要满足抗压强度要求,从而不至于很快发生破坏;其次是达到足够的耐磨性能和抵抗车轮的啃刨作用,同时防止产生飞石现象;然后是满足低噪声的要求;最后是达到足够的孔隙耐久性。

聚合物多孔水泥混凝土的研究选用聚合物 VAE 作为改性剂,分别研究其对多孔材料抗压强度、抗弯拉强度以及韧性等性能的改善程度。

由于聚合物具有提高水泥混凝土韧性的特点,同时能增强水泥混凝土的黏结性,所以常用于特殊地方,如桥面铺装、修补等处。

聚合物具有提高水泥混凝土抗弯拉强度的功能,但几乎不提高抗压强度。由于采用多孔水泥混凝土等量替代普通水泥混凝土,所以要求多孔水泥混凝土不但具有很高的抗弯拉强度,而且有相当的抗压强度。掺适量硅灰可用来提高其抗压强度。不同配合比混凝土的抗压强度见表 8-20。

不同配合比混凝土抗压强度（MPa）　　　　表8-20

w/c	配合比（kg/m³）						坍落度（cm）	强度（MPa）
	水泥	水	碎石	硅灰（%）	VAE707（%）	减水剂（%）		
0.28	370	103.3	1800	6	5	1	0.5	16.7
0.31	370	114.7	1800	6	10	1		12.8
0.31	370	114.7	1800	6	10	无	1	18.9
0.32	370	118	1800	6	无	无	0.5	10.8
0.34	370	124.2	1800	6	5	无	0.5	16.1
0.36	370	133	1800	8	4	无	0.2	15.4
0.27	400	108	1800	6	无	1	散落	25.6
0.28	400	110.9	1800	无	8	无	0.5	18.5
0.31	400	124	1800	无	无	无		18.3
0.32	400	128	1800	6	10	1		13.6
0.39	400	156	1800	6	无	无		19.8

级配研究中考虑最大公称粒径的选择，考虑级配的走向以及由此带来的矿料间隙率和孔隙率的变化。对于磨耗层而言，强度指标并不应局限于抗压强度，而应研究是否增加劈裂强度和飞散试验作为补充指标。同时作为上面层的多孔磨耗层还应研究如何评价多孔磨耗层抵抗车轮啃刨的作用，以避免材料产生飞石等破坏。

（1）在相同水泥用量的条件下，2%聚合物条件下，随着硅灰用量的增加，抗弯拉强度没有明显变化，但抗压强度有明显提高。飞散没有明显规律。

（2）在相同水泥用量的条件下，6%~10%聚合物条件下，随着硅灰用量的增加，抗弯拉强度增加，抗压强度有明显提高。飞散明显降低。

（3）在相同水泥、硅灰用量下，聚合物减少，抗弯拉强度明显提高。

（4）提高水泥用量有利于提高抗弯拉强度。

8.3.7　组合路面结构

当铺设多孔磨耗层后，水泥混凝土铺面实际上变成双层复合路面，由于多孔材料的模量比常规水泥混凝土要低，那么路面的有效厚度会减小，导致路面层底拉应力会增大，所以应研究这种新型路面结构的计算方法和由此带来的相关问题。

制作梁式试件，高260mm，长550mm，宽150mm，采用6种组合；制作圆柱试件，直径150mm，高度300mm，同样为6种组合。成型时先在试模中装入普通混凝土，在振动台上振实，在室温（20℃）环境下等待混凝土出现初凝后，将多孔材料装入试模，用平板振动器振实多孔材料。组合梁尺寸见表8-21。

各组合试件的抗弯拉强度中最大的两个组合是：顶层多孔6cm+底层普通水泥混凝土20cm和顶层多孔16cm+底层普通水泥混凝土10cm，其对应抗弯拉强度分别为：4.92MPa和4.88MPa。完全多孔梁的抗弯拉强度为4.31MPa，完全普通水泥混凝土抗弯拉试件的抗弯拉强度为4.62MPa。

组 合 梁　　　　　　　　　表8-21

抗弯拉强度	编号	组合梁顶层、底层高度分配（mm）		组合梁尺寸（mm×mm×mm）	弯拉模量（MPa）
		顶层多孔材料高度	底层普通水泥混凝土高度		
4.31	1	260	0	550×150×260	22087
4.12	2	210	50	550×150×260	26055
4.88	3	160	100	550×150×260	25732
4.47	4	110	150	550×150×260	24237
4.92	5	60	200	550×150×260	26327
4.62	6	0	260	550×150×260	26552

试件的弯拉模量除了多孔试件为22000MPa以外，其余均在25000MPa左右，没有明显区别。

水泥混凝土试件的抗压强度为30MPa，多孔水泥混凝土试件的抗压强度为20MPa。组合试件的抗压强度，随后随着底层普通水泥混凝土厚度的增加，相应组合试件的抗压强度逐渐增加。

对于劈裂强度而言，原始数据比较离散。从数据上看，多孔材料的圆柱劈裂强度最低，但最大劈裂强度没有发生在完全普通水泥混凝土试件上，而是发生在"顶层多孔材料15cm+底层普通水泥混凝土15cm"对应的试件。组合圆柱体试件试验结果见表8-22。

组合圆柱体试件试验结果　　　　　　表8-22

抗压强度	编号	圆柱顶层、底层高度分配（mm）		组合圆柱尺寸（mm×mm）	劈裂强度（MPa）
		顶层多孔材料高度	底层普通水泥混凝土高度		
20.2	1	300	0	$\phi150\times300$	2.46
17.6	2	250	50	$\phi150\times300$	2.59
17.0	3	200	100	$\phi150\times300$	2.97
22.0	4	150	150	$\phi150\times300$	3.57
27.3	5	50	250	$\phi150\times300$	3.02
29.6	6	0	300	$\phi150\times300$	3.36

本章参考文献

[1] 谭华,田波,梁军林,等.山区贫混凝土透水基层[R].南宁:广西交通科学研究所,2005.

[2] 田波,谭华,牛开民,等.多孔贫混凝土材料路用性能研究[M].中国公路学会2005年学术年会论文集(上),2005,06.

[3] 牛开民,田波,等.低噪音水泥混凝土路面研究[R].北京:交通运输部公路科学研究所,2007.

[4] 田波,牛开民,穆占领,等.贫混凝土透水基层材料渗透性能室内试验[J].长安大学学报(自然科学版),2008.

第 9 章　混凝土铺面养护技术

9.1　养护与决策

水泥混凝土路面养护可分为日常养护、预防养护、修复养护和应急养护,为落实各项工作内容和要求,做到全面、科学、合理。将日常巡视、定期检测与评价、养护决策咨询、养护设计、养护施工、养护质量检查与验收等工作应作为养护工作的重要技术内容。

水泥混凝土路面日常养护和应急养护,应储备一定的养护材料,并配备相应养护装备。

各类养护工作应提前做好年度计划和安排,落实养护费用与各项管理程序。各类养护工作应建立资料档案和积累数据,定期进行分析、整理与利用。

日常养护应包括日常巡检、路面清扫保洁、接缝护理和轻微病害局部修补处理等工作内容。

由单个或多个因素,可能会导致一个特定的病害。决策制定过程中考虑的关键因素是:该养护方案不仅能够减轻病害恶化,同时也要把找出造成病害的因素摆在首位。耐久性的问题主要与材料性质有关,如 D 型开裂和碱集料反应(ASR)。

预防性养护技术是针对可能对路面结构产生负面影响的不足或缺陷,不涉及结构性修复。预防性养护技术的目的是延缓未来的恶化,并保持或改善路面系统的功能状态(没有显著提高结构的能力)。预防养护应以养护路段为单元,定期安排下列一项或者多项养护内容:

(1)全面维修各种路面接缝、更换填缝料。
(2)对板底脱空路段进行稳板灌浆处理。
(3)对抗滑性能降低、错台或者不平整路段进行纵向金刚石铣刨,以修复路面表面功能。
(4)全面维护路面内部排水系统,降低路面结构内部湿度。

水泥混凝土路面的各种病害应及时修复,制订修复工程方案,建全施工安全管理,保留修复过程中的检查与验收记录,及时转入日常养护。

遇到下列突发性事件时,应启动水泥混凝土路面应急养护:

(1)滑坡、泥石流、水毁等灾害造成路面中断交通时。
(2)路面积雪、结冰等造成抗滑能力不满足安全要求时。
(3)路面沉陷、拱胀等威胁路面行车安全时。
(4)事故造成路面严重破损,或受到油料及其他化学物质污染时。

断板率、平整度、抗滑和结构承载力中,单个或者多个指标不满足规定时,应采取措施予以改善和提高。养护质量标准见表 9-1。

养护质量标准　　　　　　　　　　　　　　　　　表9-1

项　目		质　量　标　准				检测方法
		高速公路、一级公路		二级及二级以下公路		
		极限值[a]	验收值[b]	极限值	验收值	
断板率(%)		10	≤2	15	≤5	
平整度	IRI[d] (m/km)	4.2	≤3.2	5.8	≤4.2	JTG E60
	3m 直尺高差 合格率(%)	5mm 60	3mm ≥80	8mm 50	5mm ≥70	JTG E60
抗滑	横向力系数 SFC	38	≥45	35	≥42	JTG E60
	摆式仪抗滑值 BPN	40	≥45	35	≥42	JTG E60
弯沉 (0.01mm)	落锤弯沉仪 FWD[e]	30	≤15	30	≤20	JTG E60
	贝克曼梁弯沉仪[f]	40	≤20	40	≤30	JTG E60
错台(mm)		7	≤2	10	≤8	
传荷能力[c](%)		60	≥80	50	≥70	

注：[a] 极限值是必须采取措施予以改善的界限值。
　　[b] 验收值是采取措施改善后进行验收时应达到的最低要求。
　　[c] 混凝土板弯沉的检测加载位置位于混凝土板接缝一侧，分别记录受荷端与未受荷端的弯沉，计算传荷能力。
　　[d] IRI 测试时的车速是 80km/h，SFC 测试对应车速为 50km/h。
　　[e] 冲击荷载设定为 5t。
　　[f] 车辆单轴轴重 10t。

在决策制定过程中考量最重要的因素，包括结构完整、平整度、抗滑和破坏类型以及养护施工效果的耐久性。路面平整度直接关系到乘坐舒适性，这可能是最重要的单一从乘客角度考虑的路面表面特性。不平整的路面不仅造成油耗增加、车辆磨损，还对驾驶员的安全造成不利影响，同时也对路面的耐久性造成负面影响。因此，为提高乘坐质量必须提高路面平整度。路面结构耐久性恢复是养护决策制定的另一个重要考虑因素。路面结构耐久性恢复依赖于路面的结构、交通负荷、环境条件以及建设实践的基础条件。

9.1.1　资料收集和调查

现场病害调查对于路面破损状况评价和处治方法选择有着重要意义。根据工程的大小以及自然状况，现场病害调查可以通过人工调查、检测设备自动采集以及封闭交通进行详细的路面病害调查等方式进行。作为病害调查的主要组成部分，需要对病害类型、严重程度、路面平整度、路面摩擦系数以及含水率等问题进行调查。

必要的时候需要对现有路面进行现场取样和检测，其目的是量化路面现有病害的严重程度。现场取样和检测的类型取决于现有路面的破损状况和结构完整性。例如，若考虑路表特性，就要对路面平整度进行测试；若考虑路面抗滑能力损失，就要对路面的抗滑能力进行测试；若考虑混凝土板下脱空或传荷能力降低对结构承载力的影响，就要进行弯沉测试。

现场取样和检测以及室内试验的开展都能够全面描述现有路面的结构特性，以便选择相应适当的处治方案。根据实际工程要求，现场应该进行路面钻芯取样来测试施工现场的路基土强度。

若有需要,需进行室内试验对现场病害调查所得结果进行检验、证实和量化,以便更深入地了解路面病害产生机理,为恰当的处治方案提供参考依据。室内试验可以提供以下试验参数:非稳定类材料的 CBR 值、混凝土抗折强度、集料坚固性以及混凝土或其他材料的弹性模量。

路面损害程度调查内容见表 9-2。路面常见病害见图 9-1。

路面损害程度调查内容　　　　　表 9-2

病害类型	调查内容	测试指标
裂缝类	纵向裂缝、横向裂缝、角隅断裂和破碎板	裂缝分布、条数、宽度、长度和错台量。按条数或板数统计
接缝类	填缝料损坏、啃边、错台、脱空或唧泥、拱胀	填缝料损坏长度比例、啃边宽度、错台量、脱空板数、拱胀板数
表层类	纹裂或网裂、耐久性裂缝、剥落、坑洞、磨损或磨光	表层类病害板块数、损害面积;坑洞个数及总面积
其他类	断板、路肩车道分离、修补块破损、路面沉陷	断板块数、啃边宽度;车道路肩分离宽度、修补块损坏数量、沉陷量

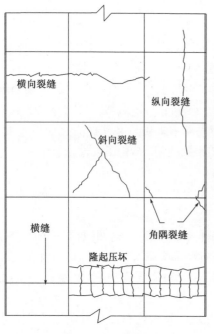

图 9-1　破坏示意图

(1) 横向裂缝

混凝土在水化过程中会发生化学收缩和塑性收缩,这些收缩可能引起混凝土内部产生微裂纹。同时水泥混凝土在温度的作用下会热胀冷缩,当切缝时间较晚时,就会引起板块的早期损伤并渐渐发展成为横向裂缝;同时当板底约束较强时,约束应力也会引起横向断裂。

重荷载作用下产生的荷载应力也可能引起板块的横向断裂;或板块较长,在荷载、温度应力共同作用下板块也可能发生断裂。

实际上横向裂缝是板块自我形成的一个没有传力杆的接缝,接缝之间靠集料的嵌锁传递荷载。当裂缝张开过大时,为防止雨水下渗和恢复接缝传荷能力,应及时进行修补。

(2) 纵向裂缝

尽管荷载经面层板传递到基层顶面的应力很小,但基层的作用仍旧极为重要。一般来说,在新老路基结合部,或填挖结合部,新路基和填方段会出现沉陷,从而导致板块支撑条件恶化,于是在板块自重和行车作用下产生过大应力,从而引起混凝土板沿纵向脱空、断裂。

(3) 斜向裂缝

这种裂缝最常见的原因是底基层或基层的沉陷或突起。沉陷或突起一旦出现,因在面板上的纵向和横向程度不一样,从而产生的裂缝一般来说方向也不相同。

(4) 角隅裂缝

角隅裂缝是由于接缝处缺乏传荷能力,也可能是温度翘曲或不同湿度产生了过大应力;板角脱空也会导致角隅裂缝。

裂缝类病害采用目测和测量的方法进行检查。根据裂缝形态、分布、宽度和长度,初步确定成因类型。已经修复的板不计入裂缝板,但可能因修复增加板块总数。裂缝类破损用断板率表示。

$$断板率 = \frac{裂缝板数量}{评价路段板块总数量} \times 100\%$$

接缝类病害采用目测和量测的方法按条数进行统计分析,对局部接缝边缘破碎,应初步查明原因。

接缝类破损按缩缝和胀缝分别统计,用接缝损坏率表示。

$$接缝损坏率 = \frac{损坏接缝条数}{接缝总条数} \times 100\%$$

错台用最大错台量表示,表明每条接缝或裂缝的错台程度。

唧泥可采用目测方法检查;脱空可采用敲击方式、拖铁链或车辆通过时的颤动程度判断。预防养护工程应采用弯沉仪测定接缝两侧的弯沉值或者弯沉差,按表9-3判断脱空程度。抽样或者逐板采用弯沉检测接缝两侧的弯沉差或接缝的传荷能力,以判断混凝土板是否脱空。

脱空程度评价标准   表9-3

项　目	高速公路、一级公路		二级及二级以下公路	
	无或微脱空	脱空	无或微脱空	脱空
板中总弯沉(0.01mm)	<30	≥40	<40	≥40
接缝两侧弯沉差(0.01mm)	<15	≥15	<20	≥20
接缝传荷能力(%)	>60	≤60	>50	≤50

板中加载位置为板中部。弯沉差加载位置位于板的角隅,加载轮距离接缝小于20cm。

表层类病害采用目测的方法进行初步检查。对于磨损或磨光,可测摆值确定其摩擦系数,并进一步划分成因类型;对于坑洞,目测尺寸及影响范围,必要时检测坑洞的尺寸和影响面积。

路面沉陷类病害,应检查路床填料及排水情况。填方路堤、填挖交界、结构物回填部位的路面沉陷还应检查路基差异沉降、路基与结构物的稳定性等,记录路基病害情况,对病害成因进行细致分析。

路面平整度采用快速自动检测方法检测,国际平整度指数;对于局部路段或者零星板块,可采取3m直尺进行检测,按最大间隙和合格率进行评价。水泥混凝土路面平整度按公路等级及检测指标分为5个等次,见表9-4。

水泥混凝土路面平整度划分标准　　　　　　表9-4

评价指标及标准		优	良	中	差	次
高速公路、一级公路	IRI(m/km)	2.2	2.5	3.0	3.5	4.2
	3m直尺 最大间隙(mm)	3			5	
	3m直尺 合格率(%)	90	85	85	70	60
二级及二级以下公路	IRI(m/km)	2.5	3.0	4.0	5.0	6.0
	3m直尺 最大间隙(mm)	5			8	
	3m直尺 合格率(%)	90	85	85	70	60

路面抗滑性能用横向力摩擦系数车进行测定；局部路段或者零星板块，可测定摆值。水泥混凝土路面抗滑性能按公路等级及检测指标划分为5个等次，见表9-5。

水泥混凝土路面抗滑性能划分标准　　　　　　表9-5

评价指标及标准		优	良	中	差	次
高速公路、一级公路	横向力系数SFC	0.55	0.50	0.45	0.40	0.38
	摆式仪抗滑值BPN	65	60	55	50	40
二级及二级以下公路	横向力系数SFC	0.45	0.42	0.40	0.38	0.35
	摆式仪抗滑值BPN	55	50	45	40	35

在水泥混凝土路面结构补强前，应进行结构承载能力调查和现场测试，取得结构补强设计参数。可使用贝克曼梁或者落锤式弯沉仪测定混凝土板中弯沉，按整个路段或者指定路段长度的20%进行检测，检测安排应避开混凝土板温度梯度最大时段。应采取钻芯取样方法测定板厚和混凝土劈裂抗拉强度，确定结构设计参数。宜在路肩位置采用干钻方式进行钻探，取样测定路基土的物理力学参数；可采用动力触探等标准贯入试验方法，检测土基强度、模量和承载能力。

为掌握路面破损的真正原因和寻找可替代的方法，应对所需要的实质性信息，在适当的时候，确定可实行的维修方法。对已选择的处理方法进行大量评估，比较实行各种处理方法的投入费用以及维修路面的使用寿命循环。美国联邦公路局给出的不同维修所需的调查项目，具有一定的参考价值，见表9-6。

不同维修养护方法所需进行调查项目（FHWA,2001）　　　表9-6

调查项目	无法使用	传力杆补设	局部深度修复	全深度修复
现存路面结构	√	√	√	√
原建筑物数据	*	*	*	*
使用时间	*		*	*
材料性能	√		*	*
等级划分				
气候条件				
破坏情况	√	√	√	√

续上表

调查项目	无法使用	传力杆补设	局部深度修复	全深度修复
路面磨光	*			
交通事故	*			
非破坏性测试	√	√		*
破坏性测试/取样	*	*	√	√
平整度	*			
路表轮廓	√			
路面排水系统	√			√
维修历史	*		*	*
交通设施				√
交通控制权	√	√	√	√

注:√必须调查项;*建议调查项;[空白]不做要求。

调查数据来源:
①先前的设计报告;
②先前的设计图纸/说明书;
③先前试验室测定的或者研究报告当中的材料和土壤性能资料;
④历史上路面情况调查数据;
⑤无损调查和必要时破坏调查数据;
⑥养护维修情况;
⑦根据交通量调查和预测,评估路面使用寿命;
⑧环境/气候调查研究或者该区域内气候数据;
⑨路面管理部门的年度报告。

9.1.2 性能要求

刚性铺面维修养护包括以下内容:
①接缝密封和裂缝密封。将接缝密封胶广泛用于裂缝或带接缝的混凝土铺面接缝密封。沥青玛蹄脂、橡胶沥青、硅酮也被使用。这些材料的使用寿命长短不一,大约在2~5年间,这主要取决于它们应用于现有的路面状况、路面结构、交通水平。
②金刚石纵向铣刨。金刚石纵向铣刨在国外被广泛用于平整度和路面抗滑构造的恢复。预估使用周期为5~10年,平均为8年。其施工后使用效果主要取决于交通荷载、路面结构、环境因素、整体路面条件。
③浅补或者全深度修复。这种养护方法主要用来修复如剥落所造成的病害。预估使用周期3~5年。
④补设传力杆。补设传力杆作为路面功能恢复的技术,预估使用周期为4~8年。
⑤换板。对严重开裂的板块和不稳定的板块进行换板处理。这种养护方法延长路面使用寿命3~15年不等,其施工质量主要取决于路面整体情况和板块更换的施工质量。如果需要

修复的板块很多,可以采用换板的方式进行。

表 9-7 为美国加州交通部提供的一个基于使用周期延长的刚性路面养护方法,表中还提供了各种养护方法的触发值。根据气候和交通条件的影响对方案进行评估,并制定这些条件的具体触发值。因为地理位置和交通条件不同,所选养护方案费用可能会有所不同。具体项目进行养护预算时,应单独进行甄别。

混凝土铺面各养护方法的触发值和预期寿命　　　表 9-7

养护方案	触发值	气候分区[a]				日平均交通量(辆)			延长使用周期(年)
		沙漠	山谷	沿海	山地	<5000	>5000	>30000	
裂缝密封	>1/4(in)	>1/4	>1/4	>1/4	>1/4	>1/4	>1/4	>1/4	4~7
金刚石纵向铣刨	错台 >1/4(in)	>1/4	>1/4	>1/4	>1/4	>1/4	>1/4	>1/4	10~18
	平整度 95(in/mile)	>190	>95	>95	>190	>190	>125	>95	
局部板块维修	破损面积 <1.2(yd²)	<1.2	<1.2	<1.2	<2.4	<2.4	<1.2	<1.2	8~12
整板更换	三级开裂或不稳定的板	相同触发值。对于沙漠、高山,日平均交通量 <5000 的情况需要进行修正							8~12
补设传力杆	传荷能力 <60%	<40	<70	<70	<50	<50	<70	<70	8~17
	错台 >1/4(in)	>1/4	>1/4	>1/4	>1/4	>1/4	>1/4	>1/4	
	最大开裂率(%)	20	10	10	20	20	10	10	

注:[a] 气候区的位置,请参考路面气候地图:http://www.dot.ca.gov/hq/oppd/pavement/guidance.htm。
1in = 0.0254m,1mile = 1609.344m,1yd = 0.9144m。

9.1.3 制订养护方案

养护方案应根据不同养护类型和内容分别编制,日常养护方案应按年度计划进行编制,年度计划可根据实际情况调整一次。预防养护方案应按专项方案编制。修复养护方案宜逐板进行技术措施的选取,相邻板块宜采用同种措施,按养护路段、养护项目逐层汇总统计分析。编制方案时,应适当考虑从编制方案到工程实施阶段的病害增长率。

水泥混凝土路面每 1000m 路段中有 200m 及以上路段,其断板率、平整度、抗滑和结构承载力中,单个或者多个指标不满足表 9-1 的规定时,经过技术经济分析和方案论证,可对该路段整体采用预防养护措施。

①以一定年限为周期交替更换全部填缝料,其中改性沥青和氯丁橡胶类填缝料更换周期不宜超过 3 年,聚氨酯、有机硅橡胶类填缝料更换周期不宜超过 5 年。

②当判断路面板底脱空时,应采取针对性灌浆措施。在第一次板底灌浆之后,每间隔 2~3 年宜再进行新的灌浆。

③路面平整度或抗滑性能处于中及以下,或路面接缝错台量超过极限值时,宜采取金刚石纵向铣刨处理,铣刨周期宜为 5~8 年。

④湿热区、潮暖区和季冻区水泥混凝土路面,宜设置纵向排水系统,排水系统每 2 年宜进行一次全面疏通,每 5~8 年应进行一次排水系统全面检修。

修复养护应根据不同病害类型和轻重程度,按年度进行安排,高速公路、一级公路每年安排不宜少于2次,二级及二级以下公路每年安排不宜少于1次,在每年雨季来临或进入冬季之前完成。

裂缝类病害应根据病害成因、损害程度,采取结构性修复或密封处理措施,可参照表9-8裂缝类病害修复对策。

裂缝类病害修复对策 表9-8

病害类型	损害程度	修复措施	预期使用年限(年)
纵向裂缝横向裂缝	轻	不处理、密封、钻孔注胶	1～3
	中	传荷能力恢复、条带修补、全厚式混凝土补块	3～5
	重	全厚式混凝土补块、整板更换	3～5
角隅断裂	轻	不处理	1～2
	中	全厚式混凝土补块	5～7
	重	全厚式混凝土补块、整板更换	5～7
破碎板	轻	不处理	1～2
	重	整板更换	5～7

接缝类病害应根据病害类型、病害成因、损害程度,采取针对性修复措施,可参照表9-9选择。

接缝类病害修复对策 表9-9

病害类型	损害程度	修复措施	预期使用年限(年)
填缝料损坏	轻	补灌填缝料	0～1
	中	更换填缝料	1～2
	重	更换填缝料、修改密封设计	1～2
啃边	轻	局部浅层修补	1～2
	中	局部浅层修补、更换填缝料	1～2
	重	全厚式混凝土补块	3～7
错台	轻	不处理	1～2
	中	错台研磨、传荷能力恢复	3～5
	重	传荷能力恢复、灌浆稳板	3～5
脱空或唧泥	轻	不处理、边缘排水	1～3
	中	传荷能力恢复、灌浆稳板	3～5
	重	综合排水、综合灌浆	3～5
拱胀	轻	不处理	1～2
	中	设置隔离缝	1～2
	重	设置隔离缝、板块切除	1～2

表层类病害应根据病害成因、病害程度及工程经验,参照表9-10选择修复技术措施。

表层类病害修复对策   表9-10

病害类型	损害程度	修复措施	预期使用年限(年)
纹裂或网裂	轻	不处理	3~5
	重	薄层修补、罩面	3~5
耐久性裂缝	轻	不处理	1~2
	中	局部浅层修补、全厚式混凝土补块	1~2
	重	全厚式混凝土补块、整板更换	2~3
剥落	轻	不处理、局部薄层修补	1~2
	中	局部薄层修补	1~2
	重	局部薄层修补、罩面	3~5
坑洞	轻	不处理、坑洞修补	1~3
	中	坑洞修补	3~5
	重	坑洞修补、局部浅层修补、全厚式混凝土补块	3~5
磨损或磨光	轻	不处理、化学处理	1~3
	重	机械刻槽、金刚石纵向铣刨	5~8

其他类病害可根据养护历史和工程经验,参照表9-11选择修复养护措施。

其他类病害修复对策   表9-11

病害类型	损害程度	修复措施	预期使用年限(年)
冲断	轻	不处理	1~3
	中	边缘浅补、错台研磨	1~3
	重	全厚式混凝土补块	3~7
路肩与车道分离	轻	密封处理	1~2
	重	补设拉杆、传荷能力恢复、路肩硬化	3~5
修补块再破损	轻	不处理	1~2
	中	扩大修补块尺寸、全厚式修补块	3~5
	重	全厚式修补块、整板更换	3~7
沉陷	轻	路床灌浆、板底灌浆	1~3
	重	综合灌浆、路基路面变形协调	3~5

可行性是决定养护决策得重要因素,以解决路面功能性和非结构性的病害,同时也满足未来养护的需求。一个解决路面病害的可行性养护方案需要能够在限制范围内保证养护工程质量。这些限制可能包括:施工窗口期、交通流条件、旧板清除以及资金。

美国加州交通厅在表9-12中所提供的信息可能被用来作为一种可行的养护方案选择的指引。此表主要针对加州刚性路面结构中常见的病害类型。

刚性路面病害和相关的养护/预防性养护方法　　　　　表 9-12

病害类型		预防性养护技术	养护技术
结构性病害	横向开裂	封缝	全深度修复； 补设传力杆
	纵向开裂	封缝； 稳板	全深度修复； 补设传力杆
	断角	封缝； 接(裂)缝再封堵； 稳板	全深度修复
	二、三级开裂	封缝； 稳板	全深度修复； 补设传力杆； 换板
	剥落	部分深度维修； 接(裂)缝再封堵； 全深度修复	
	唧泥	接(裂)缝再封堵； 稳板	全深度修复； 补设传力杆
	拱起	全深度修复	接(裂)缝再封堵
功能性病害	错台		金刚石纵向铣刨； 传力杆补设； 稳板； 接(裂)缝再封堵； 内部排水结构恢复
	平整度		金刚石纵向铣刨
	沉降		金刚石纵向铣刨
	表面磨光		金刚石纵向铣刨； 刻槽
	噪声		金刚石纵向铣刨
	表面剥离	金刚石纵向铣刨	
	坑洞	金刚石纵向铣刨	

根据实际情况选取几种养护方法,有了多个备选方案,每个方案的优点和缺点都可以进行比选。并从以下方面进行考虑,如初始投资成本,使用周期成本,施工性,预期性能,寿命预估等。一旦养护的方法确定后,将每种方法的限制因素进行比较,以确定该方法是否合适。养护方案比选的限制因素包括路面变形,路面结构状况,路面平整度和透水性能等。

美国混凝土铺面协会(ACPA,1998 年)对普通混凝土铺面(JPCP)、钢筋混凝土铺面(JRCP)、连续配筋混凝土铺面(CRCP 路面)的养护确定了触发值和限定值,其中 JPCP 和 JRCP 触发限值列于表 9-13 和表 9-14。

普通混凝土铺面养护方案的触发和限值（ACPA，1998年）　　表 9-13

普通混凝土铺面（接缝间距<19.7ft[6m]）		触发/限定值[a]		
交通量(辆)		高 (ADT>10000)	中 (3000<ADT<10000)	低 (ADT<3000)
结构性病害	从低到高的严重性疲劳开裂(%)	1.5/5.0	2.0/10.0	2.5/15.0
	啃边(%)	1.5/15.0	2.0/17.5	2.5/20.0
	断角(%)	1.0/8.0	1.5/10.0	2.0/12.0
	错台(%)	0.08/0.5	0.08/0.6	0.08/0.7
	耐久性病害(%)		中/高	
	填缝料损坏(%)		>25/	
	接缝传荷能力(%)		<50/	
	抗滑性能		当地最低可接受水平/	
功能性病害	国际平整度指数 IRI(inch/mile)	63.4/158.4	76.0/190.1	88.7/221.8
	铺面现况服务能力评分值 PSR(%)	3.8/3.0	3.6/2.5	3.4/2.0
	加州平整度仪(%)	12/60	15/80	18/100

注：[a] 根据当地的条件进行调整。修复的实际比例可能会更高，如果路面修复几次。

钢筋混凝土铺面养护方案的触发和限值（ACPA，1998年）　　表 9-14

钢筋混凝土铺面（接缝间距<19.7ft[6m]）		触发/限定值[a]		
交通量(辆)		高 (ADT>10000)	中 (3000<ADT<10000)	低 (ADT<3000)
功能性病害	从低到高的严重性疲劳开裂(%)	2.0/30.0	3.0/40.0	4.0/50.0
	啃边(%)	2.0/10.0	3.0/20.0	4.0/30.0
	断角(%)	1.0/10.0	2.0/20.0	3.0/30.0
	错台(%)	0.16/0.5	0.16/0.6	0.16/0.7
	耐久性病害(严重性)(%)		中/高	
	填缝料损坏(%)		>25/	
	接缝传荷能力(%)		<50/	
	抗滑性能		当地最低可接受水平/	
结构性病害	国际平整度指数(inch/mile)	63.4/158.4	76.0/190.1	88.7/221.8
	铺面现况服务能力评分值 PSR(%)	3.8/3.0	3.6/2.5	3.4/2.0
	加州平整度仪(%)	12/60	15/80	18/100

注：[a] 根据当地的条件进行调整。修复的实际比例可能会更高，如果路面修复几次。

9.1.4 方案比较

当比较这些不同的养护方案，应首先考虑养护费用和养护效果。另外需要考虑的因素包括：成本效益、交通水平、施工窗口期、天气、开放交通时间等。最理想的养护方案能够提供最低的寿命周期成本，不论是效益，改善条件，延长路面的使用寿命，还是养护质量。所有提高使用周期或其他成本效益的措施均应执行。

全寿命周期成本分析(LCCA)是根据经济学原理建立的分析方法,以评估长期的可选择性投资。全寿命周期成本分析,是针对一个可行的或替代的养护方案中相关的所有费用,年度平均成本(EUAC)与现值(PV)之间的比较。

LCCA方法通常包括以下步骤:制定养护方案、确定分析周期、确定折现率、确定养护维修的频率、估价机构和用户的使用成本、计算全寿命周期成本、选择养护方案。

通常情况下,在进行路面养护方案的选择时,一般选择全寿命周期成本最低的方案。在作出最后决定时,应综合考虑其他因素:路网的整体管理政策、交通管制要求(安全性和拥堵)、可用封闭交通时间、现有的几何设计的问题和制约因素,可能会阻碍养护施工、可用的材料和设备、施工方的专业知识、建设工期、使用再生材料、材料和能源的保护、气候问题、当地材料的可用性、在施工期间工人的安全、试验室的能力以及项目的资金和范围。

在分析过程中要考虑的关键因素,如初始投资成本,全寿命周期成本,预计养护的寿命,用户的使用成本,经验与可行的养护方案。各因素的重要性可以通过分配给它的权重来表征,其值可能在1~10或1~100。加权可以由团体的管理人员和其他决策者,根据项目的实际情况和影响因素的重要程度进行分配。

每一个可行的养护方案,应使用一个统一的关键因素的权重,如1~5或0~100,然后独立评分。这意味着只有一种养护方案最符合这一标准的最高评级。各影响因素的权重乘以指定的评级得出各分项的分数,然后将各分项得分汇总,得出每种方案的总分,将总分从高到低进行排列,得出排名顺序,最后选择得分最高的方案为实施方案。

9.2 金刚石纵向铣刨

9.2.1 工艺特点

金刚石纵向铣刨是一种性价比非常高的混凝土铺面修复工艺。该工艺使用密集排列的金刚石锯片纵向铣刨混凝土铺面表层5~7mm,目的是产生平整,通常更加安静的行车路面。纵向铣刨之后形成的密集沟槽让行车路面具备了良好的纹理和摩擦特性。

纵向铣刨主要目的在于修复行车路面的品质与纹理,从而减少滑水现象与事故发生。从设计的角度看,纵向铣刨与刻槽的主要区别在于沟槽之间的距离,刻槽工艺的沟槽距离是纵向铣刨工艺的6倍。图9-2是纵向铣刨之后的道路表面。

金刚石纵向铣刨工艺最常见的用途是去除因路面接缝错台引起的不平整。但如果接缝和裂缝的传荷能力无法恢复,错台很有可能再次发生。

金刚石纵向铣刨是恢复现有混凝土铺面平整度和抗滑的一种成熟有效方法。在新建路面上,它可以修正因施工问题导致的不平整并实现一致的抗滑性与外观。在美国佛罗里达州将该方法用于减少轮胎与新建路面相互作用产生的噪声。

金刚石纵向铣刨只能用于恢复路面的平整度和抗滑等某些功能性特征。如果路面存在结构性或材料性缺陷,金刚石纵向铣刨将无法修复或缓解这些缺陷。采用金刚石纵向铣刨工艺应慎重,仅在需要时使用,因为它也能减少路面厚度,影响路面的长期性能。

图 9-2　金刚石纵向铣刨之后混凝土道路表面

金刚石纵向铣刨与其他路面恢复工艺相比,优点在于:
①性价比高,兼顾混凝土铺面恢复工艺的成本与延长道路使用年限。
②可在非高峰时段完成,车道关闭时间短且不会占用相邻车道。
③路面可在不显著影响结构性功能的前提下再次纵向铣刨 2~3 次。
④纵向铣刨一条车道时无须纵向铣刨表面性能良好的相邻车道。
⑤相比罩面方案,在高速公路入口、出口等处可无须长时间封路。
⑥不会影响桥下间隙或路边石的排水性能和市政道路的排水。
缺点:
①如果传荷能力不足,路面接缝处的错台很可能再次发生。若传荷能力未被其他混凝土铺面恢复工艺修复,问题将继续产生。
②纵向铣刨无法修正任何结构性问题(如板块裂开)或材质问题(如碱集料反应)。
③纵向铣刨减少了路面厚度,这可能影响其抗疲劳性能。混凝土铺面纵向铣刨厚度最好不要小于 200~230mm,因为纵向铣刨后的路面厚度将无法保证足够的结构承载能力,而且会导致路面在出现重型车辆荷载时断裂。
④小型机动车和摩托车可能会在经过刻槽过的路面上发生"摆动"(微小的横向运动)。

9.2.2　触发时机

金刚石纵向铣刨可以从多个方面解决混凝土铺面的功能特性:
①提高抗滑,减少滑水风险(安全性)。
②修复接缝和裂缝处的错台。
③修复接缝处板块的不平整。
④修复施工或翻新时造成的不平整。
⑤通过修正横向坡度改善排水性能。
⑥降低轮胎-路面相互作用造成的噪声。

横向接缝和裂缝处出现过度错台现象是纵向铣刨混凝土铺面(JPCP)的最常见原因。当两个相邻板块之间的相对高度(错台)达到约 2.5mm 时,进行纵向铣刨的最佳时机。通常金刚石纵向铣刨应在错台达到或超过 4mm 之前进行。如果平均错台超过 13mm,根据交通的繁忙程度,可能已经错过了使用金刚石纵向铣刨成功解决这类问题的最佳时机。

在干燥气候下，板块可能在接缝处发生弯曲变形。较长的接缝间距和坚硬的地基支持可能导致板块弯曲；接缝高于板块中间，让行车变得颠簸。金刚石纵向铣刨可以用于恢复路面平坦和弯曲板块表面的不平整。

如果新建的混凝土铺面不符合平整度，那么可以使用金刚石纵向铣刨消除施工过程导致的不平整。根据规格要求和性价比，可以选择实施面或点处理。金刚石纵向铣刨可让维修区域和原始路面融为一体，恢复行车质量。

通过金刚石纵向铣刨恢复光滑表面的摩擦特性。增加混凝土表面的宏观纹理可以改善其抗滑。此外，金刚石纵向铣刨可通过轮胎花纹和路面沟槽之间的咬合提供方向稳定性。

轮胎与路面之间的噪音通常与总体的纵向平整度直接相关。金刚石纵向铣刨在磨损的路面上重新形成纵向纹理，通常会让路面变得更安静。金刚石纵向铣刨还可用于恢复路面横向坡度。

若能在恰当的时间运用，金刚石纵向铣刨是一种高性价比的处理工艺。在道路寿命周期中采用的时间过早或过晚，它的优势可能变得不明显或成本会变得不必要得高。"最佳时机"指金刚石纵向铣刨在高性价比的情况下能产生预期优势（显著延长使用年限）的时间段。

为更好地定义"最佳时机"，从错台、IRI 国际平整度糙度指数、抗滑或接缝传荷等角度，提出"触发因素"和"限制因素"。触发因素的数值表明高速公路部门应在何时考虑用金刚石纵向铣刨恢复行车质量。限制因素的数值表明路面劣化到何种程度时，纵向铣刨工艺已不再是一种高性价比的方案。

表 9-15 和表 9-16 提供了美国联邦公路局针对不同路面类型和交通流量的金刚石纵向铣刨触发值和限制值。

金刚石纵向铣刨的触发值（美国联邦交通局，2006） 表 9-15

项　　目	混凝土铺面			连续配筋混凝土铺面		
交通流量	高	中	低	高	中	低
错台（inch）	0.08	0.08	0.08			
抗滑	局部可接受的最低水平					
铺面现况服务能力评分值（PSR）	3.8	3.6	3.4	3.8	3.6	3.4
IRI（inch/mile）	63	76	90	63	76	90

注：高：AADT>10000；中：3000<AADT<10000；低：AADT<3000（AADT 为平均日交通量）。

金刚石纵向铣刨的限制值（美国联邦公路局，2006） 表 9-16

项　　目	混凝土铺面			连续配筋混凝土铺面		
交通流量	高	中	低	高	中	低
错台（inch）	0.35	0.5	0.6			
抗滑	局部可接受的最低水平					
铺面现况服务能力评分值（PSR）	3.0	2.5	2.0	3.0	2.5	2.0
IRI（inch/mile）	160	190	222	160	190	220

注：高：AADT>10000；中：3000<AADT<10000；低：AADT<3000（AADT 为年度日平均交通量）。

美国用于纵向铣刨的通用指导经验包括：

①路面提供更加平整的行车体验，IRI 临界值为 2.5m/km。

②错台不低于 2.5mm。

③车辙不低于 2.5mm。

④摩擦系数低于 0.30。

⑤如果项目中需要更换的板块超过 10%，那纵向铣刨不再具有高性价比。

⑥传荷能力不良的接缝应当加装应力杆。

其他特定于项目的因素，如集料的硬度，可能对纵向铣刨成本有直接影响。路面使用的集料硬度越高，那么纵向铣刨的时间和工作量就越高（硬度高的如火成岩或河砾石；硬度低的比如石灰石）。

为金刚石纵向铣刨和混凝土铺面恢复选择正确的项目时通常既要考虑工程因素，又要考虑经济因素。路面的功能和结构状况、成本和处理的时机都是决策阶段需要衡量的重要因素。

金刚石纵向铣刨延长的平均使用年限估计为 14 年。在加州这个数值更大，平均为 16~17 年。加州金刚石纵向铣刨的平均寿命为 16.8 年，对应的预测可靠性为 50%，平均 IRI 比值为 1.78m/km。可靠性为 80% 时使用年限延长约 14 年。

虽然水泥混凝土板块在纵向铣刨后会变薄，但最近的研究认为，由于混凝土的强度会随时间增加，厚度变薄引起的强度降低并不会显著影响路面的寿命。在多数情况下，混凝土铺面最多可纵向铣刨 3 次。但是必须注意，要避免把路面纵向铣刨得过薄或在发生结构性缺陷时使用纵向铣刨工艺。

9.2.3 性能参数

（1）金刚石纵向铣刨

沟槽宽度一般在 2.5~3.5mm，深度在 1.5~5mm 之间。槽距对路面的摩擦阻力有影响。要获得最佳的结果，含有软质集料，如石灰石的混凝土铺面推荐采用较大的槽距或锯片间距。对于硬质集料，较窄的锯片间距可产生最好的效果。表 9-17 中的数值是加利福尼亚州的常用值。

加利福尼亚州金刚石纵向铣刨设计常用的数值　　　　表 9-17

参　数	数　值	参　数	数　值
槽宽(mm)	2~3	沟槽数量(个/m)	180~200
槽深(mm)	1.5~2		

扩大锯片间距可能会提高软质集料混凝土铺面的摩擦特性，但轻型机动车和摩托车会体验到车辆横向移动受限的效果；缩小沟槽之间的距离可能会减少这种效果。

（2）金刚石刻槽

表 9-18 提供了高速公路金刚石刻槽建议的尺寸。

金刚石刻槽建议尺寸（联邦公路管理局，2004）（单位：mm）　　　　表 9-18

参　数	数　值	参　数	数　值
槽宽	3	槽距(中心到中心)	20
槽深	3~6		

9.2.4 施工工艺

施工过程包括交通管制、纵向铣刨或刻槽、路面修整后的质量控制和质量保证。包括金刚石纵向铣刨和刻槽设备、增加工作效率的策略和实施金刚石纵向铣刨的工作顺序的指南,以及其他混凝土铺面恢复工艺。

纵向铣刨和刻槽通常在多车道道路上进行,使用一个移动式单车道封闭装置,让车辆继续在相邻车道上通行。借助恰当的工作顺序,在实施纵向铣刨作业和其他混凝土铺面恢复工艺时保持临近车道畅通,让所维修的道路在高峰时段完全开放。在美国联邦公路局采取交通管制措施时需要考虑下列方面:

①确认标志和设备与合同文件中所述的交通管制计划一致。
②确保遵守当地部门的交通管制程序和设备的使用规定。
③确认在所有设备和人员从工作区离开前维修路面不得通车。
④确认在不需要标志时将其移走或遮盖。
⑤确保将任何不安全状况上报主管(承包商或代理)。

根据工程的地点、规模和工作量选择下列交通管制的一种:
①路完全关闭。
②车道连续关闭。
③周末关闭。
④夜间关闭。

图9-3给出了纵向铣刨机的示意图。实际的纵向铣刨操作通过纵向铣刨头的双重动作完成:旋转和作用于路面的压力实现。纵向铣刨头由排列紧密的金刚石刀片组成。图9-4、图9-5所示的研磨头(纵向铣刨头)已经装上金刚石锯片。常见研磨头的宽度为1.2m。

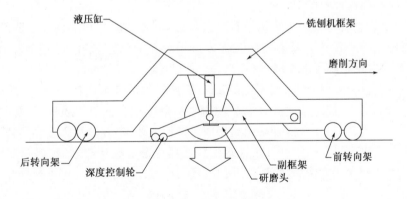

图9-3 纵向铣刨机示意图(MnDOT,2005)

研磨头的宽度通常约1.2m。为纵向铣刨到一条车道的整个宽度,纵向铣刨机需要往返不止一次。建议两次之间的重合部分不要超过50mm。为增加大型项目的生产率并降低交通关闭时间,通常同时使用多台机器一次性加工整个车道宽度。需要一台纵向铣刨机三四遍或数量更多的纵向铣刨机覆盖整个路面宽度,产生所需的纹理需要每米165~200个锯片。

路面经过修整后行车质量和摩擦特性都不会受纵向铣刨方向的显著影响。但为获得最佳结果,在开始和结束时纵向铣刨方向应垂直于路面中心线,在起点和终点之间并平行于中线。纵向铣刨作业应沿车道连续进行,宽度与整个车道相同,包括车道线。

图 9-4　常见纵向铣刨机

图 9-5　纵向铣刨锯片

纵向铣刨机应当配备一条基准光束,以便将现有路面用作参考。通常要求在 1m×30m 的测试路段中,至少有 95% 的面积被纵向铣刨操作所覆盖。

纵向铣刨完成后,锯刃之间的路面上形成的混凝土薄片会残留在经过修整的路面上。这些薄片在经过滚子滚过一两次或在正常交通状况下会很容易破碎。如果不是这样,说明纵向铣刨头可能过度磨损或锯刃间距应当缩小。

9.3　二次拌和的水泥混凝土快速维修技术

二次拌和的水泥混凝土快速维修技术特点就是将促凝剂放在现场加入。先长途运输普通的水泥混凝土,然后在现场加入促凝剂。

先在室内试验时,先选取施工现场原材料进行试验;将外加剂和水均分成两份,一份用于配置大流态混凝土,一份用于现场搅拌时加入。先配置大流态混凝土,混凝土坍落度宜在 22cm 左右。要求大流态混凝土不离析,不扒底。往已经配置好的外加剂和水混合溶液中加入促凝剂,促凝剂的总掺量不超过水泥用量的 2%,搅拌均匀后加入已经静置 2h 的大流态混凝土中,并进行二次充分搅拌。二次搅拌后的混凝土坍落度不宜低于 12cm。反复调整配合比,直至混凝土第一次搅拌、第二次搅拌均满足相应工作性的要求,并测试强度满足通车要求和最终强度达到设计要求。可用硫铝酸盐水泥等量替代部分普通硅酸盐水泥,提高混凝土强度增长速度。在试验室配合比确定后,再模拟一次现场温度和运输情况,方可进行拌和楼拌和和现场施工。

现场需根据砂石材料的含水率及拌和站混凝土拌合料的和易性等进行配合比微调。然后把减水剂、水分成两份,第一份在拌和楼搅拌过程中加入,所以控制混凝土的出机坍落度在 18~20cm。然后采用罐车进行远距离运输,等运输罐车到达现场后,将剩余的外加剂、水和促凝剂搅拌均匀,并在罐车的出料口加入。启动罐车旋转功能,保持 32r/min 匀速搅拌,待搅拌均匀后,排料。现场添加早强剂搅拌均匀后的坍落度在 10~12cm,拌合物和易性、黏聚性和保水性较好。浇筑、整平和收面工序应紧密衔接,保证每个工序工作到位。

由于早强混凝土强度提升较快,现场添加早强剂的混凝土在 30min～1h 内完成施工。补块养护宜采用养护剂,其用量根据养护材料性能确定。做接缝时,将板中间的各缩缝锯切到 1/4 板厚处,将接缝材料填入缩缝内。混凝土抗压达到强度 20MPa 后,即可开放交通。快通混凝土路面宜采用内部养护,在混凝土搅拌时加入高吸水聚合物养护剂。表面宏观纹理构造应采用机械硬刻槽制作,混凝土强度和路面抗滑性能符合要求后方可开放交通。

在 6～48h 时通车,这样较传统养护方式(14d)节约养护时间。施工现场浇筑快通混凝土的同时成型同条件养护抗压试件及弯拉试件,当试件强度达到通车要求时施工单位将实体工程路面开放交通(图 9-6)。

图 9-6　早强剂的二次添加

从现场取得芯样的效果来看,混凝土级配良好,没有出现离析现象,如图 9-7 所示。同时,粗集料较为密实,集料之间有足够的水泥砂浆填充,没有明显的空隙存在,振捣效果较好,且没有出现明显的离析现象。

图 9-7　现场芯样

9.4 传荷能力恢复

9.4.1 施工机具

主要包括用于对传力杆进行锯断、对支架钢筋进行折弯处理的钢筋锯断机、折弯机。用水泥混凝土铺面切缝机进行增补传力杆处的混凝土铺面进行切槽,以及对增补传力杆后的混凝土进行锯缝处理。具体规格要求为:在切槽处理时,最大开槽深度应不小于15cm;在进行锯缝处理时,最大锯缝深度应大于混凝土板厚的1/3。用风镐机组对切槽处混凝土进行破碎清理,要求风镐钎的端头为扁平铲,以利于混凝土的破碎清理。用空气压缩机对风镐机组提供动力以及对切槽清理后的工作基面进行吹扫处理。用混凝土搅拌及运输设备进行混凝土搅拌及运输。手持式振捣棒、整平梁用于修补混凝土的振捣及整平。灌缝机用于对修补混凝土切缝的灌缝处理。养护设备主要用于对修补混凝土的洒水养护。

9.4.2 施工工艺

(1)确定开槽位置

开槽位置为行车道路面板缩缝两侧,补设传力杆所开坑槽布设间距25cm,槽宽10cm,槽长70cm,长度在缩缝两侧对称布置。传力杆布设于轮迹位置,如图9-8所示。

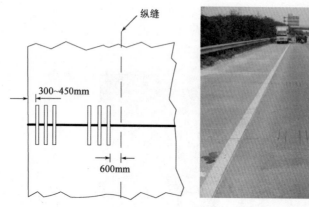

图9-8 确定补设传力杆位置

(2)开槽

补设传力杆恢复接缝传荷能力时传力杆槽的施工方法推荐采用金刚石锯片切缝机切割施工。

在施工过程中,首先使用金刚石锯片切缝机对每个传力杆槽平行切割两刀,切割深度控制在板厚的一半多2cm。目前的金刚石锯片切缝机主要有三种,如图9-9所示。其中功效最高的切缝机可同时切割3到6个槽(在1个或2个轮迹带上),使用这一切割方法每天可施工大约2500个槽。

图 9-9　切割传力杆槽

(3) 混凝土的凿除

对于切割好的传力杆槽采用风镐将槽内混凝土破除至所需深度，清理碎渣，在此过程中不得损坏混凝土铺面切割边。用气泵吹扫槽内残余的灰尘和松动的混凝土渣，并检查松动的混凝土是否完全去除。槽周边宜垂直表面切除，下部呈向内扩展状，如图 9-10 所示。

图 9-10　凿除槽内混凝土

(4) 槽壁凿毛处理

在去除槽内混凝土之后，应在光滑的切面处进行凿毛处理，以提高新旧混凝土之间的黏结能力。为避免遭到污染，应注意对已凿好的传力杆槽进行保护，如图 9-11 所示。

(5) 预制传力杆及钢筋支架

将传力杆进行除锈处理后，建议采用喷塑的方式进行传力杆表面处理，处理时应将传力杆全长进行静电粉末喷涂，然后放入烘箱烘烤，温度控制在 220℃以上，时间为 1h；在条件受限的情况下，也可以采取涂沥青的方式进行传力杆表面处理。将喷塑处理好的传力杆穿入预先做好的支架内，调整支架的支脚，并在传力杆两端安装

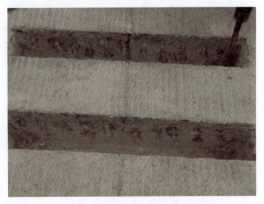

图 9-11　传力杆槽侧壁凿毛

套筒,如图9-12所示。

(6)界面处理

传力杆安装前,槽壁应用水泥净浆均匀涂刷一遍。施工时,涂刷界面浆液应与安装传力杆同时进行,高温天施工时,应注意不能过早涂刷界面浆液,以免浆体干燥硬化,影响黏结效果,如图9-13所示。

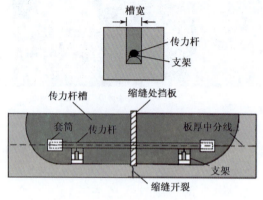

图9-12　传力杆支架及埋设示意图　　　　　图9-13　传力杆槽侧壁涂刷界面剂

(7)安装传力杆及浇筑修补材料

先用少量的混凝土将槽底填平,厚度约2cm,然后将传力杆置于混凝土上,并适当调整底部混凝土,确保传力杆处于板中部位置,同时应注意传力杆应布置在缩缝的对称位置上,严格控制传力杆的偏差角度在5°的范围内。

将混凝土轻轻灌入槽内,用插入式振捣棒振捣,振捣部位尽量在传力杆槽的两端,同时注意振捣传力杆槽中部的混凝土时不要触及所补设的传力杆,以免发生偏位,影响使用效果,见图9-14。补设传力杆恢复接缝传荷能力的主要施工工序如图9-15所示。

图9-14　安装传力杆和振捣修补材料

(8)整平处理

采用抹平器对摊铺后的混凝土进行抹平。除规定的切边处,任何超过5mm的路面边角坍落处都应在混凝土硬结前修整好。在整平过程中,禁止进行洒水处理。

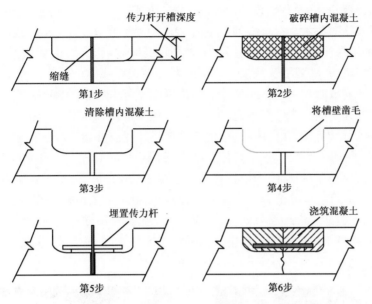

图9-15 补设传力杆恢复接缝传荷能力主要施工工序

(9) 设置表面构造及养护

混凝土整平后,用帆布或棉布洒水湿润后做拉毛处理,保证足够的细观抗滑构造。宏观抗滑构造可采用软拉,也可采用硬刻的方法制作。采用软拉的方法,应在混凝土表面泌水完毕20~30min内进行拉槽。拉槽深度应为2~4mm,槽宽3~5mm,槽间距15~25mm。硬刻应在混凝土抗压强度达到40%后进行,硬刻后应随即将板体冲洗干净,并恢复养护。

混凝土养护可采用覆盖保湿膜、土工毡、土工布、麻袋、草袋、草帘等洒水湿养护方式,不宜使用围水养护方式。混凝土养护初期,在达到设计强度的40%以前,严禁踩踏。

无论采用何种养护方式,以不压坏细观抗滑构造为准。在风速较大的工地,宜在饰面工序后,尽早覆盖塑料薄膜,待混凝土抗压强度达到5MPa以上时,才能覆盖其他较厚的保温材料。

(10) 重设横向缩缝

采用假缝形式,施工8h后切缝,切缝宽度为3~8mm,深度为面层板厚的1/3,注意保持与原缩缝一致,不得有任何中断,偏差应控制在3mm以内。

缝锯好后,应立即彻底清除所有锯屑和杂物。锯出的细屑料应在混凝土干硬之前用水冲洗出路面。

(11) 开放交通

增补传力杆路面养护24h后,在抗弯拉强度达到3.5MPa以上可以开发交通。在开放交通之前,应清扫干净路面,封闭好所有接缝。

9.5 预制拼装

1956年在俄亥俄州试验场,美国陆军工程师设计了一组预制水泥混凝土板,作为导弹发射的基础,28d强度为40MPa。1968年,在南达科他州布鲁金斯附近的高速公路首次采用了预制水泥混凝土路面,该路面上的每块板都为宽 6ft、长 24ft、厚 4.5in。在此之后,密歇根州使用预制混凝土板修复道路的技术。每块板的规格为 12ft 长,宽度有 6ft、8ft、10ft、12ft 不同尺寸的变化,并在板间有了简易传荷装置。美国提出了米勒超级平板系统、Kwik 面板系统、罗马石系统、密歇根系统、伊利诺斯公路系统、拉瓜迪亚国际机场系统等成熟的体系。总体工艺已发展为根据自己国家不同要求而预制的不同尺寸的水泥混凝土板,通过吊装运输至现场后采用各工艺中不同的接缝方式拼接完成后养护通车。对板间连接的传力部位进行加强,并非采用普通的传力杆,而是采用雌雄板的联锁体系,用钢构件加强处理,有钢筋接头,有连接器插座。当旧板破坏,需要进行拆切替换时,首先需把接头处灌浆切割破坏处理。因灌浆料为后浇筑,且本身强度并不如路面板本身,因此破碎掉较容易。把接头处清理好后,对于病害板本身破碎切割处理。移除病害板后将连接处清理干净,接下来与预制拼装工艺相同,先进行新板的拼接工作,最后在清理好的连接部位进行灌浆处理,完成换板工作。这种方式类似于传力杆的位置加入设计的连接构件,通过铰接或嵌锁等连接方式进行连接并传力,然后依旧在连接部位的空隙采用灌浆方法填充(图 9-16)。

a)槽位加强细节　　　　　　　　　　b)板块传力部位

图 9-16　传荷部位加强装置

日本 PCP 工程中提出了一种新式传荷系统,采用的是"喇叭"式的连接部件。相邻板之间的整个通道采用螺旋钢筋棒固定,通道中心放置圆弧形传力杆进行传力,最后再通过通道两端灌浆口灌浆。整体上采用预制钢筋混凝土板放置在沥青夹层,板坯和夹层之间的间隙用灌浆材料填充。这种方式在机场等对板强度要求更高的地方有进一步改进,将该"喇叭"型通道改进为采用压缩接头装置,如图 9-17 所示。在这个压缩连接装置中,应力筋(无黏结)通过接头安装,并将其两端固定在板上。但由于制作这种压缩装置较复杂且成本相对较高,在日本的预制拼装工程中通常将其与未改进的"喇叭"式连接部件组合使用,仅在必要的部位采用压缩装置。

连接部位构件采用钢筋制品或是使用加筋固定,对于连接部位的保护很好,这也方便了新板换旧板的拆卸操作,其操作方式与第一种加固传力结构相似。

连接方式的选取主要取决于工程实际的需求与限制,选取之前需先清楚以上两种连接方式的优劣区别。两种方式的共同点均为使得预制板可拆卸,并对连接部位进行一定程度上的加强。区别在于传荷部位加强装置实施结构本身相对简易,精度不高但由于位置较多且需各自处理操作相对麻烦,同时使用钢材量较多,材料费用上有一定的增加;可拆卸式连接构件本身结构相对复杂,需提前生产且精度较高,但相对地放置时可直接放置在混凝土与沥青间夹层且数量较传力杆少操作较为简易,最主要的为传力效果优于传力杆,属于精细且较复杂的构件。

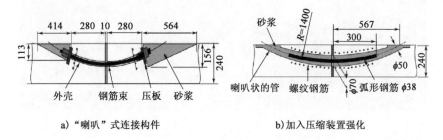

图 9-17 可拆卸式连接构件(尺寸单位:mm)

考虑在大面积建设的路段采用传荷部位加强装置,如城市内公路、机场等。在小面积建设且需要传荷加强、经济预算允许的精细部位采用可拆卸式连接构件,如某一设施附近的整修、交通量较大且仅设计为双向两车道的部位。

9.5.1 预制拼装板配筋设计

综合考虑疲劳应力,吊装施工的灵活性,接缝数量等因素,预制板的平面尺寸宜采用 5m×2.5m 的小板。保证预制板在吊装中的安全,首先对预制板进行建模分析,确定预制板在吊装过程中所承受的应力分布情况。通过建立有限元模型分析得到(图 9-18),在吊装过程中拉应力最大约为 0.33MPa,最大竖向位移为 0.05mm,均集中在吊点附近。

确保预制板的吊装安全和预制板在使用过程中的耐久性,需要对预制板进行配筋设计,板中钢筋的设置除保证吊装安全外,还可以保证预制板的承载能力。

预制板被吊装就位后,可以将其简化为四周支承并且其长短边之比值小于 2 的双向板,所以应该在板底纵横向均应布置钢筋。具体计算过程如下:

取预制板板厚 26cm,钢筋保护层厚度 20mm。混凝土强度等级为 C40,f_c = 19.1,f_t = 1.71。钢筋标号选用 HRB335,$f_x = f_y = 300$。

纵向恒载集度:$G_k = G_{混凝土}/S_{板} = 6.37\text{kN/m}^2$;

纵向活载集度:$Q_k = 0$;

纵向跨距:$l = 5\text{m}$;

纵向每延米弯矩:$M = (1.2G_k + 1.4Q_k) \times l^2/8 = 23.888\text{kN·m}$;

$\alpha_s = \dfrac{M}{b h_0^2 f_c} = 0.0154$;

$\varepsilon = 1 - \sqrt{1 - 2\alpha_s} = 0.0155$;

$\varepsilon_b = \dfrac{0.8}{1 + \dfrac{f_y}{E \times 0.0033}} = 0.550$;

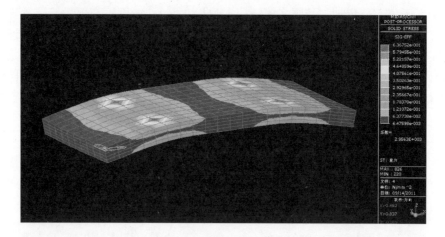

a) 整体应力云图

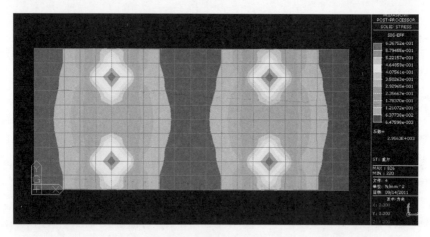

b) 顶面应力云图

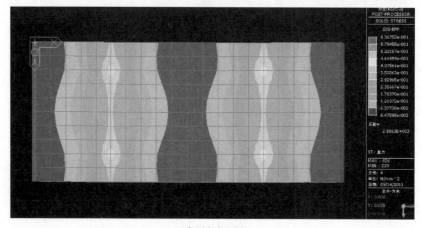

c) 底面应力云图

图9-18 混凝土预制拼装板吊装应力有限元分析

配筋计算：$A_s = \varepsilon \times f_c \times b \times \dfrac{h_0}{f_y} = 444 \text{mm}^2/\text{m}$；

又因为受弯构件的配筋百分率不应小于 $45f_t/f_y$，同时不应小于 0.20，而 $\dfrac{45 \times f_t}{f_y} = 0.2565 > 0.20$；

所以，$\rho_{\min} = 0.2565$；

因此纵向配筋 $A_s = \dfrac{\rho_{\min} \times b \times h_0}{f_y} = 385 \text{mm}^2/\text{m}$。

又因为当板厚 $h > 150\text{mm}$，钢筋直径通常选 $12 \sim 16\text{mm}$。从经济性考虑，在配筋时选用直径 12mm 的钢筋，配筋间距为 255mm。

同理：

横向恒载集度：$G_k = G_{混凝土}/S_{板} = 6.37 \text{kN/m}^2$；

横向活载集度：$Q_k = 0$；

横向跨距：$l = 2.5 \text{m}$；

横向每延米弯矩：$M = (1.2G_k + 1.4Q_k) \times l^2/8 = 5.972 \text{kN} \cdot \text{m}$；

$\alpha_s = \dfrac{M}{b\,h_0^2 f_c} = 0.0019$；

$\varepsilon = 1 - \sqrt{1 - 2\alpha_s} = 0.0019$；

$\varepsilon_b = \dfrac{0.8}{1 + \dfrac{f_y}{E \times 0.0033}} = 0.550$；

配筋计算：$A_s = \varepsilon \times f_c \times b \times \dfrac{h_0}{f_y} = 109 \text{mm}^2/\text{m}$；

受弯构件的配筋百分率不应小于 $45f_t/f_y$，同时不应小于 0.20，而 $\dfrac{45 \times f_t}{f_y} = 0.2565 > 0.20$；

所以，$\rho_{\min} = 0.2565$；

因此横向配筋 $A_s = \dfrac{\rho_{\min} \times b \times h_0}{f_y} = 770 \text{mm}^2/\text{m}$。

当板厚 $h > 150\text{mm}$，钢筋直径通常选 $12 \sim 16\text{mm}$。从经济性考虑，在配筋时选用直径 12mm 的钢筋，配筋间距为 145mm。

拼装时在板底进行纵横向配筋，配筋直径均选为 12mm，纵向配筋间距为 255mm，横向配筋间距为 145mm。

9.5.2 路面接缝传荷设计

预制拼装路面由于预制板块尺寸和形式制约，导致预制拼装路面接缝较多，并且板与板之间的接缝是贯通的。从预制拼装路面板承受荷载的能力来看，由于接缝的存在，在不考虑预制板与预制板之间接缝传荷能力的前提下，预制板为单独受荷板，因此导致预制拼装后的路面整体性特别差,特别是当荷载作用在接缝的边缘时,预制板和地基都将产生较大的应力集中,因此,这将导致预制板的整体承载力有所降低。所以,提高预制拼装路面整体承载能力的关键是如何提高和保持预制板之间接缝的传荷能力。

为解决预制拼装板之间传荷能力的问题,结合预制拼装板自身特点,综合考虑预制拼装板受力情况。

1)集料嵌锁法

集料嵌锁法主要是通过在预制板之间的接触面上填塞集料,增加预制板之间接触面上的摩擦力来提高相邻预制板之间的剪力传递能力。该方法无论从预制板的后场预制,还是预制板的现场拼装,施工均特别简便。后场预制时仅需按照设计尺寸对板块进行预制,现场拼装时,也仅需将预制板吊装至预定位置即可。

接缝处理施工同样方便快捷,施工过程中,需要向接缝内挤嵌大粒径碎石,填塞施工时,尽可能选用与缝隙同宽的单粒级碎石,以提高预制板间的摩擦力,从而增强预制板间的传荷性能。碎石填塞时应配以钢钎插捣,保证密实填充,填至距板顶面1~2cm后,用填缝材料密封,防止表面流水浸入板底。板顶密封前,应用毛刷将缝壁刷净,特别是将旧混凝土板壁面的砂石、淤泥等杂物清除干净,使用热沥青密封时,还需要使用汽油喷灯将待浇注部位的缝隙喷烤30s左右,并一边喷烤,一边浇筑,确保密封材料与缝壁黏结牢固。

采用集料嵌锁法处理预制拼装路面接缝,其传荷能力可达到60%左右,如表9-19所示。

集料嵌锁法接缝传荷能力   表9-19

测点	非承荷板位移 (×0.02mm)	承荷板位移 (×0.02mm)	传荷系数 (%)	平均值 (%)
1	9	13	69	
2	12	21	57	
3	9	19	47	
4	11	18	61	63
5	19	39	49	
6	13	13	100	
7	12	20	60	

水泥混凝土铺面预制拼装快速养护接缝传荷处理方式,由于施工方便,工程造价低,接缝传荷能力一般,因此主要适用于交通量较小但对保障道路畅通要求较为严格中低等道路。

2)企口搭接法

企口搭接法主要是通过对预制板边缘进行设计,通过预制板之间的榫接来实现预制板之间的荷载传递。该方法在预制板的后场预制过程中较为复杂,并且对板块预制精度要求较高,需要对模板提出特殊要求,将板块预制成一端为"凹"型界面、一端为"凸"型界面的形式,以保证预制板之间的企口搭接;同样在现场拼装施工时,也需要格外注意,避免出现拼装板企口搭接失败的情况。

现场施工过程中,首先将一侧为平面,另一侧为"凹"型界面的拼装板吊装就位,然后顺次吊装剩余拼装板。吊装过程中,待拼装板块与前一板块之间空出稍许距离,以便板块之间的搭接,通过目测确定企口搭接缝之间的误差,待调整误差后,将待拼装板块与前一板块榫接在一起,见图9-19。预制板企口搭接后需要用填缝材料对接缝进行密封,防止表面水分侵入板底。接缝密封前,应用毛刷将缝壁刷净,特别是将旧混凝土板壁面的砂石、淤泥等杂物清除干净,使用热沥青密封时,还需要使用汽油喷灯将待浇注部位的缝隙喷烤30s左右,并一边喷烤,一边浇筑,确保密封材料与缝壁黏结牢固。

采用企口搭接法处理预制拼装路面接缝,其传荷能力可达81%左右,如表9-20所示。

图9-19 设置企口缝的预制板

企口搭接法接缝传荷能力测定表　　　　表9-20

测点	非承荷板位移 (×0.02mm)	承荷板位移 (×0.02mm)	传荷系数 (%)	平均值 (%)
1	13	16	81	81
2	15	18	83	
3	19	22	86	
4	18	24	75	

该水泥混凝土铺面预制拼装快速养护接缝传荷处理方式对于预制要求较高,但其传递荷载能力较优,因而适用于交通量较大,对保障道路畅通要求较为严格中低等道路。

3)预埋传力杆法

预埋传力杆法主要是通过在板块预制过程中预先埋设的传力杆将相邻的拼装板连接起来,通过传力杆来传递相邻板之间的荷载。该方法具有施工方便、传荷能力好的优点,同时还可以通过传力杆的连接作用,对拼装路面实现初步的平整度控制要求。

在预制板的后场预制过程中,将传力杆预先埋设在预制板一侧边缘处,埋设长度为传力杆长度的一半,埋设深度为板厚的一半,同时在传力杆埋设之前进行表面喷塑处理,以保证传力杆表面的光滑与防腐;相对于传力杆埋设的另一侧设置传力杆槽,槽口向下,既有利于相邻板块的传力杆连接,又可以保证路面的平整。传力杆槽在设置过程中与传力杆一一对应,并且其长度略大于传力杆长度的一半,深度比板厚一半多一个15mm,槽宽为40mm。在拼装施工时,首先在原有路面的侧面1/2板厚处钻出比传力杆直径稍大的孔,然后将传力杆植入进去,并用环氧树脂或砂浆将其固定。将预制拼装板带传力杆槽的一侧与原有路面植好的传力杆连接,调整板块的位置,使拼装板与原有路面保持平整,然后顺次依法吊装剩余板块。由于传力杆在板与板之间可以起到架立支撑的作用,因此可以起到保证拼装路面平整的作用,而由此所引起的拼装板板底稍许的空隙可以通过灌浆的方式进行弥补。拼装后的路面经过灌浆、磨平和灌缝后,即可开发交通。

采用埋设传力杆法处理预制拼装路面接缝,其传荷能力可达93%左右,如表9-21所示。

预埋传力杆法接缝传荷能力　　　　　　表9-21

测点	非承荷板位移 (×0.02mm)	承荷板位移 (×0.02mm)	传荷系数 (%)	平均值 (%)
1	12	13	92	92
2	5	5	100	
3	7	8	88	
4	10	11	91	
5	9	10	90	
6	8	8	100	
7	8	9	89	
8	13	15	87	
9	9	10	90	
10	8	9	89	

该水泥混凝土铺面预制拼装、快速养护接缝传荷的处理方式由于施工方便，并且具有优异的接缝传荷能力，因此可以满足各种等级道路维修中对传荷的要求，特别适合交通量较大，对保障道路畅通要求较为严格的高等级道路。

预制拼装的主要优点体现在快速开放交通上，还需要在施工工艺、流程和施工组织安排上做到统筹兼顾、有条不紊，这就要求对工艺、流程做出科学、严谨的设计：首先要对旧路面现场破坏状态进行调查，并通过档案调查和钻芯取样等手段确定旧路面的结构组成；对预制板的平面尺寸、厚度、配筋等数据进行设计；然后进行现场工程的实施，具体的工序流程如图9-20所示。

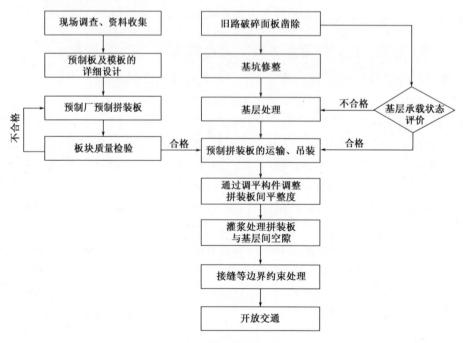

图9-20　预制拼装混凝土铺面施工流程图

9.5.3 板块预制

板块的预制工艺包括:搭模板→钢筋绑扎→混凝土搅拌→浇筑→振捣→抹面→养护→脱模→堆放。

(1) 搭模板

板块预制应选在开阔、平整、坚实的场地,条件允许的情况下可以搭建地台,支立模板前,底部场地应铺一层塑料薄膜或在底模板上刷涂隔离剂,起隔离作用,防止浇筑时混凝土与基础黏结,不便起吊。预制板按 5m×2.5m 进行预制,端头可预留小于 2cm 的空隙,以便顺利吊装就位,同时方便进行接缝处理。模板拼接时应按设计尺寸准确控制,误差不得超过 5mm。模板优先采用钢模,且应具有足够的刚度,防止浇筑时变形,影响预制精度。模板的允许偏差如表 9-22 所示。

模板允许偏差(mm)   表 9-22

高度偏差	局部变形	垂直边夹角(°)	底面平整度	侧面平整度	纵向变形
±1	±2	90±2	±1	±2	±2

(2) 钢筋绑扎

板体配筋原则是保证预制板在吊装时不发生折断,并不考虑结构补强作用。在板底设置纵横向配筋,配筋直径均选为 12mm,纵向配筋间距为 220mm,横向配筋间距为 110mm。

配置钢筋时,为保证拼装路面平整度以及灌浆所用的构件牢固地绑扎在底部钢筋上,每块预制板宜设置 4 个。

(3) 吊钩设计

以往施工过程中,吊钩一般设计成"冂"字形。同时有两种设置方法,一种是凸出预制板表面,吊装就位后将其切断;另一种是低于路面板,混凝土浇筑后,将其挖出,吊装就位后再用早强快硬材料将其填平。采用前一种吊钩,板体安装结束后处理较容易,但在预制阶段,不便利用辊杠整平,板体的预制平整度稍差;采用后一种吊钩,板体预制时可利用辊杠整平,板体平整度较好,但吊装后不易修复,或者早强快硬材料强度效果不佳,不能及时开放交通,或者材料黏结性能不佳,在使用后剥落,且修补砂浆的痕迹与预制板的颜色不一致,影响路容美观。

因此,在改进后的施工时将吊环设计成加装外丝螺杆的形式。在板块预制过程中,构件顶端与预制板块齐平,便于板块的整平,吊装时将吊环拧入构件,吊装完毕后将吊环拧出,可以重复利用。由于改进后的吊装构件便于拆卸,可重复利用,避免了以往施工中存在的问题。

(4) 混凝土搅拌

混凝土搅拌应采用强制式间歇搅拌机,严禁使用自落式滚筒搅拌机,也不得采用人工拌和。搅拌时,原材料计量应准确,混凝土要搅拌均匀,具有足够的黏聚性。搅拌时间宜不小于 35s。

搅拌机应具有足够的生产容量,保证首盘混凝土拌合物终凝前,完成单板的浇筑、振捣、收面等工序。

(5) 混凝土浇筑与振捣

当预制场地与搅拌楼距离较远时,应考虑拌合物的坍落度损失。当气温较高时,应掺加适量的缓凝剂,保证工作性。

混凝土可采用插入式振捣棒振捣密实。混凝土浇筑时,应随浇随振,并注意均匀振捣,不得漏振、欠振或过振。振捣棒在每一处的持续振动时间,应以拌合物全部振捣液化,表面不再冒气泡和泛水泥浆为限。振捣棒的移动间距不宜大于500mm;至模板边缘的距离不宜大于200mm。振捣棒应轻插慢提,不得猛插快拔,严禁在拌合物中推行或拖拉,应避免碰撞模板和钢筋。

(6)收面

振捣结束后,应拖动辊杠往返2~3遍提浆整平,拖滚后的表面宜采用刮尺精平收面,精平饰面后的面板应无抹面印痕,致密均匀,无露骨,平整度应达到规定要求。并用帆布或棉布洒水湿润后做拉毛处理,保证足够的细观抗滑构造。

宏观抗滑构造可采用软拉,也可采用硬刻的方法制作。采用软拉的方法,应在混凝土表面泌水完毕20~30min内进行拉槽。拉槽深度应为2~4mm,槽宽3~5mm,槽间距15~25mm。硬刻应在混凝土抗压强度达到40%后进行,硬刻后应随即将板体冲洗干净,并恢复养护。采用纤维混凝土时,必须采用硬刻。软拉和硬刻均可采用等间距或不等间距的抗滑槽,不等间距的槽可减小噪声。

(7)养护

可采用覆盖保湿膜、土工毡、土工布、麻袋、草袋、草帘等洒水湿养护方式,不宜使用围水养护方式。养护时间宜为14~21d,高温天气不宜少于14d,低温天不少于21d,并应注意前7d的保湿保温养护。混凝土养护初期,在达到设计强度的40%以前,严禁踩踏。

无论采用何种养护方式,以不压坏细观抗滑构造为准。在风速较大的预制场地,宜在饰面工序后,尽早覆盖塑料薄膜,待混凝土抗压强度达到5MPa以上时,才能覆盖其他较厚的保温材料。薄膜的厚度应适宜,宽度应大于覆盖面600mm。两条薄膜搭接时,搭接宽度应不小于400mm,养护期间应始终保持薄膜的完整性。

(8)脱模

混凝土抗压强度大于8.0MPa后,方可拆模。拆模时应采用专用的拔楔工具,严禁采用大锤强击拆除,拆模时不得损害板边、板角。拆模后应继续撒水养护至规定的龄期。采用平缝嵌锁集料传递荷载的预制板,应对预制板的侧面进行凿毛处理,确保提供更高的传荷能力。

(9)堆放

脱模后的预制板可堆放在一起,堆放场地应牢固坚硬,避免预制板堆放时发生变形开裂。预制板的堆放高度不能过高,以免失稳坍塌,一般以不超过6层为宜,每层之间应使用垫块支承,上下层间的垫块应对齐摆放。

(10)预制拼装混凝土板外观质量、尺寸偏差技术要求

用于预制拼装混凝土铺面的预制拼装板块在浇筑养护完毕后,其外观质量及尺寸偏差应符合表9-23要求。

预制拼装混凝土板尺寸偏差及外观质量要求(mm) 表9-23

项目	长度、宽度允许偏差	厚度允许偏差	平整度允许偏差	垂直度允许偏差	贯穿裂纹	分层
数值	±2.0	±2.0	≤2.0	≤2.0	不允许	不允许

9.5.4 施工工艺

(1) 旧板开挖

对于路面板破碎较为严重的板块,建议采用液压破碎清除,清除过程中采用切割机沿破碎板四周进行全厚切割,破碎锤作业点严格控制在距板边 30cm 以上的板内,边缘的剩余部分用液压镐或风镐破除的方式进行;对于路面板破碎较为规整的情况,建议采用切割吊装清除的方式进行,首先将原有破碎板切割成若干块,并在分割块中钻孔植入膨胀栓,然后用吊机将分割后的板块整体起吊并转运。

(2) 基层检测及处治

保证施工后预制拼装路面的使用性能,待破碎混凝土板块清除后,需要对基层进行检测,观测基层是否存在松散和开裂的情况,对于基层松散部位需要进行清除,对于基层开裂部位需要进行裂缝封堵。

基层破损最深厚度在 5cm 以内,可将破损处统一凿成与破损最深点同深度的规整矩形坑槽,并将该坑槽底面整平。

对于基层破损深度大于 5cm 的情况,建议采取水泥混凝土铺面现浇快通混凝土的养护方式进行修复。

(3) 运输与吊装

根据预制板的重量,需用选择适宜吨位的吊车进行预制板的移位。在预制板的装卸过程中,应按照施工工序及拼装顺序进行,以保证吊装施工的有序进行。

对于行车道的拼装养护:吊车的停放位置位于所要修复区域的前方(以行车方向为标准),运输板块的车辆从紧急停车带上倒车进入修复区域的右侧,将板块按顺序卸下摆放。

此方式的优点在于:对于长距离的预制拼装养护施工,拼装后的路面可以作为吊车的摆放区域,保证长距离施工的有序进行。

对于超车道及匝道的拼装养护:在进行超车道和匝道的养护施工时,由于施工区域的限制,势必要占道进行,因此,预制拼装的养护施工可以选在交通量较小的夜晚封闭车道进行。

拼装板在吊装就位前需要将预埋的调平螺栓拧出,以便后续调整拼装板与旧板之间高差的施工。

将运至现场的板块,摆至调平层上,第一块板与旧路面尽可能靠紧,依次吊装就位。在具体吊装过程中,需安排经验丰富的吊装人员观察板块在放置时的位置,随时指挥吊车操作人员调整板块的位置,争取一次性吊到位,以保证施工的快速、准确、安全。

(4) 预制拼装路面后处理施工

预制拼装路面的后处理施工主要指预制板块的调平、板底的灌浆、局部路面的研磨或铣刨以及接缝的填灌等施工。

保证预制拼装板与原有路面之间以及拼装板与拼装板之间的平整度,可以通过调整调平螺栓的伸出长度,来保证新旧路面之间以及预制板块之间的平整度。

消除调平后的拼装路面与基层之间的局部脱空,采取板底灌浆的方式。通过试验段的施工主要发现存在浆液流淌方向的问题,具体表现在:浆液从高处向低处流动,当低处浆液灌满后,由于板与板之间的缝隙未进行封堵,浆液仍向低处流动,从缝隙出流出,导致高处浆液灌注效果不佳。

考虑到匝道以及转弯半径较小处的施工时,由于路拱横坡的存在,针对这种情况,在施工过程中应采取由低处向高处灌注的顺序进行,并根据实际情况调整灌浆料的流动性能以及凝结时间。

当板块的预制厚度超出要求或者板块在预制过程中由于人员的原因造成预制板的表面不平整,可以在板块拼装完成后采取研磨或铣刨等措施,以保证拼装后路面的平整度要求。

在完成板底的灌浆以及局部路面的研磨或铣刨后,应及时对接缝进行填缝料填灌的施工,避免水分或杂物的进入,影响拼装板的使用耐久性。填缝料的填灌施工按照新建水泥混凝土铺面接缝填缝料施工方式进行。

预制板厚26cm,平面尺寸200cm×450cm,底部单层配筋,配筋形式为10mm@170mm,钢筋网距板底距离为1/3板厚。预制板块模板采用钢模板,底部预留四个"十"字形灌浆槽,"十"字形灌浆槽的交叉点处放置用于调平、吊装和灌浆用的构件。预制板块前需要在底模板和侧模板上刷涂隔离剂,以便预制板块的脱模。

混凝土设计弯拉强度5.0MPa,设计配合比如表9-24所示,水灰比0.37,砂率39%。混凝土在集中拌和楼搅拌,现场实测坍落度18cm。

混凝土配合比(kg/m³)　　　　　　　　　　　　　　　　　表9-24

项目	水泥	水	砂	碎石	外加剂
数值	390	143	705	1112	100

混凝土浇筑后,采用插入式振捣棒振捣,并用辊杠提浆整平,表面用刮尺收面,用棉布洒水湿润后做拉毛处理,制作细观抗滑构造。覆盖塑料薄膜,保湿养护14d。

混凝土碎板用大功率的液压破碎锤清理,并对现场清理的碎块统一收集处理。基层采用干拌砂浆和乳化沥青碎石封层进行处理,砂浆配合比参见表9-25,水泥采用42.5级普通硅酸盐水泥,砂为中砂。

基层处治砂浆配合比(kg/m³)　　　　　　　　　　　　　　表9-25

项目	水泥	砂	水
数值	329	1645	100

由于板块较大,采用中型卡车运输,现场采用25t吊车进行吊装,采用干拌砂浆处治基层的试验板待下层的砂浆刮平后,将预制板块吊装就位;采用乳化沥青碎石封层处治基层的试验板待乳化沥青破乳、石屑嵌入乳化沥青后,将预制板吊装就位。具体施工如图9-21和图9-22所示。预制板块通过设置传力杆提高接缝传荷能力,接缝传荷系数为92%。

9.5.5　效果评价

对于拼装后的路面采取3m直尺进行路面平整度测量,测试位置为板块的轮迹位置处;同时在拼装后的路面运营1年后,再次采取3m直尺对其平整度进行测量,测试位置同样取在轮迹位置处,两次测试结果如表9-26所示。从表中测试数据,依据《公路水泥混凝土路面养护技术规范》(JTJ 073.1)中相关规定,采取调平、打磨等措施处理后的预制拼装路面平整度完全符合技术要求,并且经过运营1年后,仍可保持路面平整度符合规范中相关要求,见表9-26。

a) 刷涂隔离剂并布置钢筋网

b) 成型

c) 破碎

d) 基层处治

图 9-21　基层准备

a) 钻孔植入传力杆

b) 吊装

c) 灌浆

d) 拼装运营半年后路面

图 9-22　施工工艺图

试验段3米直尺平整度测量结果(mm)　　　　　　　　　表9-26

测量位置编号	行车道外侧轮迹		行车道内侧轮迹	
	拼装后	运营1年后	拼装后	运营1年后
1	2.4	2.4	1.0	1.0
2	0.6	0.8	1.0	1.2
3	0.4	0.4	0.6	0.6

对于拼装后的路面接缝进行弯沉测试,以检验接缝传荷性能。测试同样选取拼装完毕后和运营1年后,两次测试结果如表9-27所示。通过表中的测试数据,采取传力杆传荷的拼装路面接缝具有较高的传荷能力。

试验段接缝传荷能力　　　　　　　　　表9-27

测点	拼装后			运营1年后		
	非承荷板位移(×0.02mm)	承荷板位移(×0.02mm)	传荷系数(%)	非承荷板位移(×0.02mm)	承荷板位移(×0.02mm)	传荷系数(%)
1	5	5	100	6	6	100
2	15	16	94	16	17	94
3	4	4	100	6	6	100

9.6　板底脱空与灌浆

板底封堵就是用一定的压力将大流动性材料压入板底,用这些材料填充板底的空隙。板下的封堵作为一种预防性的措施,目的在于恢复板的支撑条件,从而预防唧泥和错台的进一步发展,减小荷载在板上的应力。板下的灌浆不能矫正沉降,不能提高结构抵抗荷载的设计能力,更不能消除错台量。

9.6.1　脱空评价

贝克曼梁法是一种简单易行量测挠度的手段。由于水泥混凝土路面的特殊性,即荷载的影响范围较大,为尽可能消除荷载对梁支点的影响,最好采用5.4m长的贝克曼梁。贝克曼梁的放置位置可以有三种情况:一是顺行车方向,和重车在同一车道;二是垂直于行车方向,位于与重车相邻的车道上;三是与行车方向呈斜交,尽可能使梁支点不位于与待测板相邻的板块上。三种摆放位置中,从支点受影响最少的角度来看,以第三种为最好。但对于交通量大的道路,往往不能中断交通,所以不得不采用第一种方案。

脱空往往产生在板角处,且在脱空条件下,挠度会比正常支撑时大,挠度和荷载之间呈非线形关系。为放大脱空的影响和提高量测的相对精度,宜采用大荷载,同时由于双联轴在板角上产生挠度要大于单轴产生的挠度,所以建议用双轴-双轮型车辆。如,双后轴重为220kN。

车辆的停靠位置见图9-23。不论脱空检测还是封堵效果的检验都可按规定程序。相对于车辆前进方向,当车辆后轴作用于横缝后侧时得到的挠度为驶进弯沉,而车辆驶过该横缝而得到的挠度为驶离弯沉。获得各接缝弯沉后,需进行脱空判断。脱空与否和脱空程度的判断是一个比较复杂的事情。对于雨天车辆通过路面时,接缝处有大量的泥浆冒出或当重车通过时,板有明显的上下松动的情况,那么肯定有脱空发生。除此以外,只有综合从板角挠度、板的传荷能力、板厚、错台量以及荷载的大小等方面来判断。由于驶进弯沉和驶离弯沉在完全相同的荷载下产生,所以当接缝两侧的板块的支承条件不一样时,驶进弯沉和驶离弯沉会有所差别。一般来说脱空程度比较大时,如若同一横缝的驶进弯沉和驶离弯沉相差较大,则意味此横缝的周围有明显脱空发生。但具体的脱空量及脱空程度有待于从一些经验来判断,比如该块板灌入浆的数量来判断脱空。

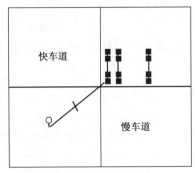

图 9-23　推荐弯沉检测车位

在检测程序中,没有采用依次测得同一横缝的驶进弯沉和驶离弯沉,而采用先测得所有的驶进弯沉(或驶离弯沉),然后再测得所有的驶离弯沉(或驶进弯沉)。这是因为当车辆驶过接缝后,由于受接缝传荷能力影响,千分表的读数可能反弹而不是下降。同时要是考虑前轮的影响,那么接缝两侧的荷载根本不一致。

为摸索灌浆封堵的经验,选取 A、B 两段作为试验路段,长度皆为 100m。该段路为低填方路段,板厚 22cm,服役期在 10 年左右,有轻微错台,当重车通过时可感觉到板块有明显松动。载重车为大通双后轴,后轴总重 22t,轮胎充气压力为 0.75MPa。贝克曼梁采用 5.4m 长,并考虑到如若板底不脱空,那么弯沉量较小,而即使脱空时,一般也不会超过 1mm,所以采用千分表而不是百分表。测试在早上 10 点到 11 点之间,大气温度在 27~28℃,板块表面温度在 40℃左右。贝克曼梁摆放方向与行车方向成一定夹角。重车停于快车道。考虑到系统误差,为保证脱空检查和封堵效果检查前后两个试验数据的可比性,应使用同一套贝克曼梁和千分表,且人员尽量不变动。

从图 9-24 中,除个别点外,弯沉平均为 0.5mm,结合后继的单块板灌浆数量来推知脱空程度。当板厚在 22~26cm 之间时,在双轴-双轮组车辆其后轴轴重 220kN 的作用下,驶进弯沉和驶离弯沉的差值 δ 大于 0.3mm 时,如第二点,认为有脱空发生。但有时也可能发生差值 δ 较小,这时很难由驶进弯沉和驶离弯沉的差值 δ 判断板底的脱空情况,但如果驶进弯沉和驶离弯沉的绝对值都比较大,其值往往数倍于该结构的理论计算弯沉或远大于该路段的平均弯沉。一般来说,0.5mm 的弯沉在上述条件下,已经很大,所以不论驶进弯沉还是驶离弯沉都大于 0.5mm 时,如倒数第二点,也应认为有脱空发生。

灌浆效果评价是脱空检测的逆过程。在灌浆完成 28d 后,为了解灌浆效果,同样采用驶进弯沉和驶离弯沉法来检验封堵效果。在 A 段中灌浆材料采用了纯水泥浆,B 段采用加入膨胀剂的水泥浆。封堵后的弯沉测量结果见图,表示 A 段的灌浆前后效果对比,从两图的比较中在灌浆后所有弯沉都下降明显,证明这 100m 路段不同程度地发生了脱空;同时同一接缝的驶进弯沉和驶离弯沉也趋于相等,这说明驶进、驶离板较弯沉比较法是可行的。

9.6.2　灌浆材料组成及性质指标

脱空在板角、接缝处较大,但由于这些脱空的分布是间断的,各脱空部分之间大约只有 1~

2mm 的间隙相连,所以为使浆体能够在一定的压力下,挤入各脱空部分,浆体的首要指标是流动性。而其余 4 项指标只能作为验算指标。即,首先在满足大流动性的前提下,验证强度指标、初凝和终凝时间、抗冲刷能力、收缩率。

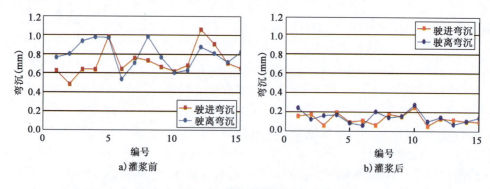

图 9-24 灌浆前后弯沉对比

流动性指标的确定了综合考虑室内试验和现场灌浆的实际情况。在室内试验中,要求在 23℃的温度条件下,流动性应在 15~26s 之间。流动性指标参照 ASTM C-939 中的锥形漏斗(体积 1725mL±5mL)制定,以流出的时间(s)为标准。在承包商提供现场采用的材料和掺加剂后,应在室内进行浆体配合比设计。材料可以是纯水泥净浆,或水泥与粉煤灰的混合物。由于粉煤灰具有微玻璃球体,所以它具有很好的分散效果,水泥净浆中加入粉煤灰后,可以防止水泥浆的离析,但为达到同样的流动性,水灰比应做适当提高,同时须加入减水剂改善流动性。同时粉煤灰具有活化作用,可以提高混凝土的后期强度。但不能无限制的加入粉煤灰,因为普通硅酸岩水泥中已大约含有 15% 的粉煤灰且过大的粉煤灰会影响混凝土的早期强度,不利于及早开放交通。所以应根据现场的材料,进行试验以确定粉煤灰的掺入量和符合最佳流动性的水灰比。表 9-28 中列出了在标准条件下,不同水灰比,不同材料配比之间的流动性结果。水泥净浆不管在掺减水剂或不掺时,其流动性都比相同条件下水泥粉煤灰浆体的流动性要高。而不同比例的水泥粉煤灰浆体的流动性并没有随粉煤灰的增加而单调增加,这是由于二级灰的单位体积的需水量要大于水泥的,所以导致在相同的水灰比下水泥粉煤灰浆体的流动性要差一些。为提高水泥粉煤灰浆体的流动性应尽量采用一级灰,以便发挥粉煤灰的玻璃微珠效应。综合各种因素,不管何种材料其流动性最大应不大于 26s,而最小不应小于 15s。为达到早凝结的要求,粉煤灰的比例不应大于 40%。同时为满足干缩性小的要求,可选用不降低流动性的膨胀剂来抵消干缩,如铝粉(铝粉的剂量为灰质量的万分之 2~3);在缺少膨胀剂的时候,也可采用较低水灰比,如 0.35。

不同材料的流动性试验 表 9-28

不掺减水剂			掺减水剂(掺量 1.0%)				
水灰比	水泥:粉煤灰	时间	水灰比	水泥:粉煤灰	时间	水泥:粉煤灰	时间
0.38	水泥净浆	33″12	0.32	水泥净浆	2′30″13		
0.4		21″13	0.35		15″93		
0.42		12″66	0.38		16″18		

续上表

不掺减水剂			掺减水剂(掺量1.0%)				
水灰比	水泥:粉煤灰	时间	水灰比	水泥:粉煤灰	时间	水泥:粉煤灰	时间
			0.33	100∶25	1′27″42	100∶35	1′20″67
			0.36		45″00		40″33
			0.39		25″70		27″57
			0.35	100∶45	50″10	100∶60	40″71
			0.38		41″08		20″68
			0.4		32″06		16″48

注:粉煤灰为袋装Ⅱ级灰。

而对于室外流动性,应依据灌浆现场的温度、风力条件在室内确定好的流动性基础上适当调整。一般环境温度越高,那么浆体的流动性也应有所提高。在缺乏试验条件的情况下,可采用表中的数据。在此基础上,考虑现场的温度、风力情况,对流动性作出适当调整。

在泵送过程中,除在具有大流动性的前提条件下,浆体也应具有足够的强度(7.07cm×7.07cm×7.07cm 试块的 7d 抗压强度不小于 20MPa)、干缩性小以及为了满足及早开方交通的要求浆体应尽早凝结。

由于压入浆体的作用不可能提高原结构的承载力,所以强度指标不需要太高,7d 抗压强度在 20MPa 左右即可。初凝时间不小于 2h,而终凝时间不大于 5h。

浆体正处于板与地基之间,为防雨水下渗,引起冲刷,所以有抗冲刷能力大小的要求。抗冲刷能力按一定时间内试件被刷损失量确定,但如果粉煤灰掺量不超过 40% 可不予考虑。

9.6.3 施工工艺

选定几块试验板,直观地观察浆体在板底的流动情况,按板上布 5、4、3 及 2 个孔位的形式进行。在正常灌浆和养护后,将板块破碎、移走,以便观察浆体的走向及灌入的情况。

在一般脱空情况和正常的灌浆压力下,每个孔有效影响范围在 1.2～1.5m 内。板底浆体厚度随着远离中心逐渐减薄。但靠近接缝处的孔,由于接缝填料的部分流失,所以既有一定的密封作用,同时又起到透气的作用,从而使得一部分浆体从接缝处流出,另一部分被挤入相邻的板块,其影响范围要大一些。但若接缝破坏严重,此时板与板之间不能形成一定的密封压力,此时大量浆体会无谓从接缝处冒出,那么灌入范围要大受影响。

对于 5 孔形式来说,由于板一般不会在板中脱空,所以中间孔的作用充其量只能算一个透气孔。对于脱空程度不大的板块,该孔很难起到联通的作用,这时切不可给该孔灌浆。在试验中发现,此时若要压浆,板块极易发生裂缝。而脱空程度大的板块,则无须这一孔,浆体就可充满所有的空隙。

对于 4 孔形式,能很好地填充板底的孔隙,这对于孤立的一块板是可行的,但若对许多板块进行连续灌浆,考虑到板块之间的相互影响,及浆体的扩散,那么每块板上 4 个孔就显得太多。所以可采用 3 孔或 2 孔的形式代替 4 孔形式。

不管采用何种布孔形式,由于车道有快车道和慢车道之分,而不同横断面的道路,快车道和慢车道又有功能之分。即对于没有分隔带的路面,快车道是承受荷载的主要车道,所以快车道是重点,而有分隔带的路面,重车主要在慢车道上行驶,所以重点是慢车道。即使在同一块上不同孔的情况也有差异,所以对于不同的位置,灌浆压力和灌浆时间也应做相应调整。如对于发生错台的路段,同一块板一侧高而另一侧低,脱空常发生在较低的一侧,所以重点灌板的较低一侧,如图9-25所示。

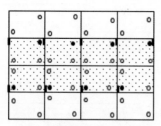 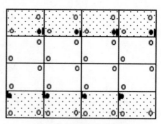

a) 对于中间没有分隔带的路面　　　　b) 对于有分隔带的路面

说明:图中阴影部分表示应重点灌注的区域,实心圆圈表示重点灌注孔。图中小粗短线表示错台现象。

图9-25　不同断面形式灌浆孔布置图

钻孔顺序最好沿一个车道边灌边钻,切不可多个车道一起钻开。这是因为灌当前孔时,浆体会从其他相邻的板块的孔中冒出,堵塞孔,等回头再灌时,不得不重新再钻;在试验中,发现这样的话,灌浆非但没有起到稳固的作用,却增大了板的挠度,部分点挠度提高了50%。

钻孔位置一般距接缝0.8~1.2m;当某一个孔灌不进去时,应向外或向里补孔再钻。

对于板已发生纵向或横向贯通裂缝的板块,对于发生纵向或横向贯通裂缝的板块,由于裂缝间隙不大,尚达不到局部修补或换板的地步时,可以采用压浆稳固的方法。根据实际断板的情况,酌情增加钻孔的孔数。但应注意在细小裂缝尚未贯穿整个板时,灌浆时要压力保持较小的压力,实时观察板的情况。

钻孔深度要求穿透混凝土板,插入地基2~3cm即可。深度的判断可从钻头伸入的大小来判断;也可以钻头带水的颜色为标准,当颜色发生变化后,只需再钻一会儿即可。孔径一般在$\phi 30 \sim 50$mm即可。

在制备浆体时,要严格控制水灰比以及各种材料的比例。首先往制浆机中加入一定量的水,由于现场不宜控制加水量,所以要求事先在制浆机中标记一些记号(如用小铁块焊在筒壁上表示刻度线)作为刻度线,当水加到该线时,就表示水已有多少升了。接着应先加水泥,水泥要一袋一袋地往制浆机中加,并不停地用搅拌棍搅碎浆体中的结块。搅拌到水泥浆成为比较均匀的胶浆时,才可加其他材料(如粉煤灰),也要求搅拌均匀。最后加入外加剂,等浆体混合的比较均匀时方可将其排到储浆筒中进行储存。所有过程的搅拌时间,以目测均匀为准。

当出现以下现象时,应立即停止灌浆:

①当灌浆压力急剧达到或超过1.5MPa时。

②当浆体从接缝或裂缝或路肩处大量冒出时。

③当板被抬高1.5cm时,应立即停止。因为过高抬起板,可能导致板折断,或产生新的不均匀支撑。

本章参考文献

［1］田波,彭鹏,等.水泥混凝土路面快速养护技术［R］.北京:交通运输部公路科学研究所,2007.

［2］刘卫.水泥混凝土路面预制拼装快速修复技术研究［D］.天津:河北工业大学,2011.

［3］贺凯涵.混凝土快速预制拼装技术研究［D］.重庆:重庆交通大学,2018.

［4］田波,李志明,吴青峰,等.水泥混凝土路面脱空与对策［J］.华东公路,2002-02-25.

［5］王金秀(译).美国路面修复手册［M］.中国人民解放军空军工程设计研究局,中国公路学会水泥混凝土路面学组,1991.

［6］李华,缪昌文,金志强.水泥混凝土路面修复技术［M］.北京:人民交通出版社,1999.

［7］中华人民共和国交通部.公路水泥混凝土路面设计规范［S］.北京:人民交通出版社,2003.

［8］Caltrans. MAINTENANCE TECHNICAL ADVISORY GUIDE,2008.

［9］Flor E. Bautista & Imad Bashee. r Jointed Plain Concrete Pavement (JPCP) Preservation and Rehabilitation Design Guide,2012.

［10］TEXAS TRANSPORTATION INSTITUTE. Guidelines for Routine Maintenance of Concrete Pavements, 2008.

［11］WISCONSIN DEPARTMENT OF TRANSPORTATION. Concrete Pavement Rehabilitation Manual, 1992.